CONSTRUCTION CONTRACTS ARBITRATION CASES

深圳国际仲裁院 中国国际仲裁研究院 编著
刘晓春 主编 何音 刘哲玮 副主编

TYPICAL ARBITRATION CASES AND PRACTICAL ESSENTIALS
OF CONSTRUCTION CONTRACTS FOR CONSTRUCTION PROJECTS

建设工程施工合同纠纷
典型仲裁案例与实务精要

图书在版编目(CIP)数据

建设工程施工合同纠纷典型仲裁案例与实务精要／深圳国际仲裁院，中国国际仲裁研究院编著. —北京：北京大学出版社，2023.2
ISBN 978-7-301-33663-2

Ⅰ.①建⋯ Ⅱ.①深⋯ ②中⋯ Ⅲ.①建筑施工—合同纠纷—审判—案例—中国 Ⅳ.①D923.65

中国国家版本馆CIP数据核字(2023)第004002号

书　　　名	建设工程施工合同纠纷典型仲裁案例与实务精要 JIANSHE GONGCHENG SHIGONG HETONG JIUFEN DIANXING ZHONGCAI ANLI YU SHIWU JINGYAO
著作责任者	深圳国际仲裁院　中国国际仲裁研究院　编著
责 任 编 辑	陈　康
标 准 书 号	ISBN 978-7-301-33663-2
出 版 发 行	北京大学出版社
地　　　址	北京市海淀区成府路205号　100871
网　　　址	http://www.pup.cn　http://www.yandayuanzhao.com
电 子 邮 箱	编辑部 yandayuanzhao@pup.cn　总编室 zpup@pup.cn
新 浪 微 博	@北京大学出版社　@北大出版社燕大元照法律图书
电　　　话	邮购部 010-62752015　发行部 010-62750672　编辑部 010-62117788
印 刷 者	三河市北燕印装有限公司
经 销 者	新华书店
	650毫米×980毫米　16开本　26.5印张　448千字 2023年2月第1版　2024年1月第2次印刷
定　　　价	88.00元

未经许可，不得以任何方式复制或抄袭本书之部分或全部内容。
版权所有，侵权必究
举报电话：010-62752024　电子邮箱：fd@pup.cn
图书如有印装质量问题，请与出版部联系，电话：010-62756370

建设工程施工合同纠纷
典型仲裁案例与实务精要
编辑委员会

主　编
刘晓春

副主编
何　音　刘哲玮

学术委员会
（以姓氏拼音为序）

傅郁林　郭　雳　郭小慧　郭晓文　黄显辉　黄亚英　蒋小文
梁爱诗　梁定邦　刘春华　刘晓春　潘剑锋　Peter Malanczuk
沈四宝　王桂壎　袁国强　张守文　张勇健　赵　宏

编委会成员
（以姓氏拼音为序）

安　欣　蔡书馨　陈　昕　陈巧梅　董连和　樊奇娟　范文静
黄郭勇　李　治　李秋良　林一飞　王素丽　谢卫民　熊天宝
杨　涛　曾银燕　曾宇洁　赵　枫　赵彦莹　周　毅　周春玲
朱　宏　邹长林　邹处平

编辑部成员
（以姓氏拼音为序）

邓凯馨　付汶卉　何　音　李一鸣　孟　伟　庄淮清

撰稿人

（以姓氏拼音为序）

曹文衔　陈梦伶　郭宁华　贺倩明　黄明明　雷　霆　李建华
李　琪　李志永　梁智锐　刘　伟　鲁　潮　孙　傲　孙　巍
孙雅莲　王成义　辛正郁　杨　涛　查晓斌　张国平　钟国才
周　龙　周　泉　朱　滔　朱茂元　庄淮清

序

2021年1月1日,《中华人民共和国民法典》开始施行,最高人民法院《关于审理建设工程施工合同纠纷案件适用法律问题的解释(一)》以及住房和城乡建设部、国家市场监督管理总局于2020年11月25日公布的《建设项目工程总承包合同(示范文本)》(GF-2020-0216)也于同日开始施行。在新法背景下,我国建设工程领域的法律体系面临着深刻调整,建设工程争议解决实践也受到深远影响。如何正确理解与适用上述与建设工程相关的法律、司法解释并发挥好合同示范文本的指导作用,提升我国境内外工程项目的合同管理水平,进一步促进我国建设工程法律体系与国际工程法律实务的接轨,成为法律界和工程界共同关注的焦点问题。

此外,自2019年年底起暴发的新冠肺炎疫情持续影响着境内外工程建设领域的各个环节,也给建设工程合同的签订和履行带来了挑战。据商务部对外投资和经济合作司统计,2021年,我国对外承包工程业务完成营业额9996.2亿元人民币,同比下降7.1%,新签合同额16676.8亿元人民币,同比下降5.4%。① 我国企业在"一带一路"沿线的60个国家新签对外承包工程项目合同6257份,新签合同额8647.6亿元人民币,同比下降11.4%;完成营业额5785.7亿元人民币,同比下降7.9%。② 2022年度美国《工程新闻记录》(ENR)"国际工程设计公司225强"榜单已于2022年8月10日发布,中国内

---

① 参见中华人民共和国商务部对外投资和经济合作司:《2021年我国对外承包工程业务简明统计》,载 http://hzs.mofcom.gov.cn/article/date/202201/20220103238998.shtml,访问日期:2022年8月12日。

② 参见中华人民共和国商务部对外投资和经济合作司:《2021年我对"一带一路"沿线国家投资合作情况》,载 http://hzs.mofcom.gov.cn/article/date/202201/20220103239000.shtml,访问日期:2022年8月12日。

地有23家企业上榜,上榜企业数量仅次于美国(79家)和欧洲(54家),居第三位。① 该榜单显示我国工程企业整体业务规模位居全球行业前列,我国工程企业在国际工程领域仍大有可为。

深圳国际仲裁院(又名华南国际经济贸易仲裁委员会、粤港澳大湾区国际仲裁中心、深圳仲裁委员会,曾名中国国际经济贸易仲裁委员会华南分会、中国国际经济贸易仲裁委员会深圳分会)创立于1983年,是中国改革开放之后各省市设立的第一家仲裁机构,也是粤港澳地区第一家仲裁机构。深圳国际仲裁院长期身处建设工程争议解决前沿,迄今为止已处理了大量建设工程合同纠纷,在建设工程仲裁领域积累了丰富经验。为帮助业内相关人士了解建设工程施工合同纠纷仲裁案件的裁判要点,我们系统梳理和筛选了近年来深圳国际仲裁院处理的代表性案例,在对当事人信息进行脱密处理的前提下,组织实务专家结合《中华人民共和国民法典》及相关司法解释进行了深度评析。相信本案例集的出版将有助于业界和相关当事人掌握建设工程仲裁的裁判动向,为新形势下建设工程法律风险的防范以及纠纷的化解提供参考和指引。

---

① 参见《2022年度ENR"国际工程设计公司225强"和"全球工程设计公司150强"榜单发布》,载微信公众号"中国对外承包工程商会",2022年8月11日。

致　谢

以下成员(以姓氏拼音为序)为本书选编仲裁案例的仲裁庭组成人员，特在此表示衷心感谢！

白明韶	陈　涤	陈　军	陈光龙	陈君尧	陈治民	崔　军	
丁晓文	范　健	冯　东	顾东林	郭明忠	韩　健	贺倩明	
黄昌鸿	黄振辉	贾红卫	姜同光	李　琪	李建华	李燕兵	
李志永	李志勇	李茁英	梁慧星	梁智锐	刘彦甫	鲁　潮	
罗旭红	闫齐双	闫三军	秦玉秀	石永青	孙　剑	孙　巍	
孙晓光	孙雅莲	陶景洲	万佳基	王成义	王陆海	王先伟	
吴晓辉	肖黄鹤	辛正郁	许奋飞	杨　朔	杨玉亭	余劲松	
曾正宏	张　旗	张　忠	张加文	张善华	钟国才	钟文雅	
朱　滔	朱茂元	卓洁辉	左德起				

编　者
2022 年 12 月 1 日

凡 例

1. 深圳国际仲裁院,又名华南国际经济贸易仲裁委员会、粤港澳大湾区国际仲裁中心、深圳仲裁委员会,曾用名中国国际经济贸易仲裁委员会华南分会、中国国际经济贸易仲裁委员会深圳分会。

2. 法律文件名称中的"中华人民共和国"省略,例如《中华人民共和国民法典》,简称《民法典》。

3. 除非另有注明,各案例所涉币种均为人民币。

4. 深圳国际仲裁院仲裁规则,简称《仲裁规则》,如无特别注明,均指该案受理时适用的《仲裁规则》。

5. 最高人民法院《关于适用〈中华人民共和国民法典〉总则编若干问题的解释》(法释〔2022〕6号),简称《民法典总则编解释》。

6. 最高人民法院《关于审理建设工程施工合同纠纷案件适用法律问题的解释(一)》(法释〔2020〕25号),简称《工程施工合同解释(一)》。

7. 最高人民法院《关于民事诉讼证据的若干规定(2019年修正)》(法释〔2019〕19号),简称《民事诉讼证据规定》。

8. 最高人民法院《印发〈关于当前形势下审理民商事合同纠纷案件若干问题的指导意见〉的通知》(法发〔2009〕40号),简称《指导意见》。

9. 《全国民事审判工作会议纪要》(法办〔2011〕442号),简称《民事审判纪要》。

10. 《第八次全国法院民事商事审判工作会议(民事部分)纪要》(法〔2016〕399号),简称《八民纪要》。

11. 《全国法院民商事审判工作会议纪要》(法〔2019〕254号),简称《九民纪要》。

12. 最高人民法院《关于审理建设工程施工合同纠纷案件适用法律问题的解释》(法释〔2004〕14号),简称《工程施工合同解释》,已失效。

13. 最高人民法院《关于审理建设工程施工合同纠纷案件适用法律问题的解释(二)》(法释〔2018〕20号),简称《工程施工合同解释(二)》,已失效。

14. 最高人民法院《关于适用〈中华人民共和国民法总则〉诉讼时效制度若干问题的解释》(法释〔2018〕12号),简称《民法总则诉讼时效解释》,已失效。

15. 《房屋建筑工程质量保修办法》(中华人民共和国建设部令第80号,自2000年6月30日起施行),简称《工程质量保修办法》。

16. 《建设工程价款结算暂行办法》(财建〔2004〕369号),简称《工程价款结算办法》。

17. 《建筑工程施工发包与承包计价管理办法》(中华人民共和国住房和城乡建设部令第16号),简称《计价办法》。

18. 北京市高级人民法院《关于审理建设工程施工合同纠纷案件若干疑难问题的解答》(京高法发〔2012〕245号),简称《北京高院工程案件解答》。

19. 江苏省高级人民法院《建设工程施工合同案件审理指南(2021)》,简称《江苏高院指南》。

目　录

案例 1　工期延误、责任归属及损失赔偿范围如何判断 …………… 001
案例 2　政府行为导致工程停工的责任如何认定 ………………… 014
案例 3　申请顺延工期及工期延误损失等的认定 ………………… 024
案例 4　共同延误的认定与法律后果 ……………………………… 039
案例 5　工期延误违约责任的认定 ………………………………… 052
案例 6　表见代理与工期延误免责条款 …………………………… 065
案例 7　停工、窝工损失及约定索赔期限性质的认定 …………… 079
案例 8　阶段性工期延误的责任承担 ……………………………… 092
案例 9　工期的法律性质及开工、竣工日期的认定方法 ………… 108
案例 10　工期延误情况下的违约责任及其仲裁时效 …………… 140
案例 11　建设工程质量"安全第一"的原则及其法律运用 ……… 154
案例 12　施工图纸设计缺陷引发的工程质量缺陷的责任承担
　　　　问题 ……………………………………………………… 174
案例 13　施工人工程质量缺陷的认定及保修责任的承担 ……… 186
案例 14　在施工合同无效但工程质量合格的情形下，竣工结算
　　　　协议中关于保修金支付期限的变更约定如何认定 …… 199
案例 15　建设工程施工合同发包人擅自使用未经竣工验收的建设
　　　　工程的责任范围以及保修期的认定 …………………… 208
案例 16　发包人委托第三方代为维修的费用合理性问题 ……… 221
案例 17　未经工程质量司法鉴定情况下建设工程纠纷各方当事人
　　　　的责任认定 ……………………………………………… 237
案例 18　消防验收通过的消防工程质量责任的认定 …………… 250
案例 19　承包人安装的发电机组中的发电机品牌与合同约定的

	字面品牌不一致是否属于质量瑕疵 ……………………	261
案例20	工程预付款、进度款以及结算款的逾期利息计算 ………	278
案例21	审计机关未在合理期限内出具审计意见时工程价款的结算依据 ……………………………………………………	291
案例22	当事人自行委托的第三方造价咨询机构出具的工程造价意见的效力认定 ……………………………………	304
案例23	招投标文件中漏量漏项的价款是否可以调整 ……………	313
案例24	工程结算的四项材料造价调差及其金额的认定 …………	325
案例25	工程款利息及违约金能否一并主张 ………………………	336
案例26	建设工程措施项目费的认定和调整 ………………………	349
案例27	建设工程价款支付与竣工结算的支付条件 ………………	361
案例28	工程进度款支付时间以及口头约定的款项往来是否应排除在工程款以外的认定 …………………………	376
案例29	工程款支付条件是否已经成就以及是否应计付利息的认定 ……………………………………………………	388
案例30	合同未明确约定的爆破工程措施费用不必然排除在爆破工程价款以外 ……………………………………	401

案例1　工期延误、责任归属及损失赔偿范围如何判断

仲裁要点： 对于工期是否延误，首先应判断实际开工日期和竣工日期与施工合同约定时间是否一致，若开工令载明的开工时间与合同约定的开工时间不一致的，应以开工令为准。承包人抗辩工期顺延的，若无法证明存在工期应当顺延的事由及该事由影响工期的实际天数，则需承担举证不能的不利后果。发包人作为法定的消防设计申报责任主体，因消防备案错误导致工程实际移交时间延误的责任应由其自行承担。工期延误损失赔偿一般以约定为准，申请人主张额外损失需证明该损失在延误期间内产生、损失与工期延误存在必然因果关系，且主张的损失在可预见范围内。

一、案情概要

2014年6月13日，被申请人B公司对申请人A公司招标的某大厦工程项目进行了投标，并于2014年6月29日中标。2014年6月30日，申请人与被申请人签署《某大厦工程施工合同》（以下简称《施工合同》），被申请人具有建筑工程施工总承包一级资质，合同中被申请人法定代表人签名处为自然人C。《施工合同》约定：合同总价为6200万元；计划开工日期2014年7月1日（以开工令为准），竣工日期2015年7月30日，合同工期总日历天数395日历天；因工程变更和不可抗力等造成的工期延误，工期顺延；因承包人原因影响工程进度的，总工期每延期一天，承包人向发包人赔偿2万元，累计违约金不超过合同总价的5%。

2014年7月1日，被申请人与自然人C签署《企业内部项目承包施工责任书》，约定被申请人将该项目工程交由自然人C组织施工，实行企业内部项目承包施工责任制，C须服从被申请人的监督管理。

2014年8月5日,涉案工程取得《建设工程规划许可证》,2014年9月20日取得《建设工程施工许可证》。

2014年11月25日,申请人签署工程开工令。2016年12月19日,被申请人向申请人提交《某大厦建筑工程竣工验收报告》(以下简称《竣工验收报告》),该报告经过五方单位签字盖章,同意通过竣工验收。涉案工程实际开工日至实际竣工验收日共计755天,工期逾期计360日历天。

就工期延误问题,申请人与被申请人方工作人员召开相关会议,会议记录显示,被申请人方工作人员认为,前期工期延误系原工程施工负责人自然人C管理失控导致,后期由被申请人接手施工,申请人则表示保留追究违约责任的权利。被申请人表示在施工过程中存在工程变更、水电审批及施工道路不能使用等问题导致工期延误,但未向申请人书面提出工期顺延申请。

申请人于2013年11月12日进行了涉案大厦1号楼配套服务与研发厂房的消防设计备案,高度为46.75米。2016年11月9日,申请人办理完成涉案工程竣工验收消防备案,高度为46.75米。但由于1号楼实际高度为50.75米,申请人在后续装修时重新按照1号楼的实际建筑高度进行申报,并于2017年6月15日取得《建设工程消防验收意见书》。同日,被申请人将涉案工程移交给申请人,双方签署了竣工移交清单。因1号楼重新办理消防验收备案,涉案工程竣工验收至实际交付使用共计延误178日历天。

2017年7月5日,申请人、被申请人与工程造价咨询公司三方签署《工程造价结算书》,明确最终结算总造价,双方在结算中未明确工期延期问题如何处理。除质保金外,申请人已支付其他工程款项。

2018年10月20日,申请人依据涉案合同中的仲裁条款向深圳国际仲裁院申请仲裁,提出如下仲裁请求:

1. 裁决被申请人向申请人承担逾期竣工违约金3100000元。

2. 裁决被申请人增加赔偿申请人超出逾期竣工违约金部分的实际经济损失4308965.91元。

3. 裁决本案仲裁费用由被申请人承担。

关于被申请人与自然人C因涉案工程垫付工程款事宜发生的纠纷,法院经审理认为,被申请人与申请人签订的《施工合同》,被申请人的法定代表人签名处系由自然人C签署。

二、当事人主张

(一)关于《施工合同》的效力

1. 申请人主张

首先,被申请人及其法定代表人明知本工程并进行了投标、与申请人签订了《施工合同》,合同的签订是其真实意思表示;其次,被申请人具有建筑工程施工总承包一级资质;最后,涉案工程已取得《建设工程规划许可证》和《建设工程施工许可证》,该工程合法。因此,《施工合同》合法有效。

2. 被申请人主张

《施工合同》系自然人 C 借用被申请人名义与申请人签订的,自然人 C 是涉案工程实际施工人。自然人 C 于 2014 年 6 月 30 日以被申请人名义与申请人签订《施工合同》后,接着于 2014 年 7 月 1 日与被申请人签订《企业内部项目承包施工责任书》,同时出具《项目工程承担(组织)施工申请书》,明确涉案工程由其承包施工,涉案工程施工一切责任由其负责。依据原《工程施工合同解释》第 1 条的规定,没有资质的实际施工人借用有资质的建设施工企业名义的,涉案《施工合同》无效,涉案工程一切责任应由自然人 C 负责,与被申请人无关。

(二)关于涉案工程工期延误的责任归属

1. 申请人主张

(1)对于第一部分工期延误,即约定竣工日 2015 年 12 月 25 日至第一次竣工验收通过的时间 2016 年 12 月 19 日,逾期 360 日历天,在实际施工过程中,被申请人没向申请人提出过工期顺延申请,申请人对该部分延误没有任何过错。根据合同约定,被申请人应当承担 310 万元(6200 万元 × 5%)的违约金。

(2)对于第二部分工期延误,即第一次竣工验收通过的时间 2016 年 12 月 19 日至第二次竣工验收通过的时间 2017 年 6 月 15 日,逾期 178 日历天,申请人的租金损失为 2902609.33 元。该部分延误是因为 1 号楼没有通过消防验收以及被申请人未及时按照约定如实申报造成的。由于申请人也是申报主体,存在部分过错,故具体责任归属由仲裁庭酌情确定。

2. 被申请人主张

(1)《施工合同》无效,故合同约定的工期对双方无约束力。涉案工程由自然人C作为实际施工人组织施工,并于2016年12月19日完成竣工验收,申请人也已经接收实际施工人完成的工程,并结算支付工程款。因此,客观上不存在工期违约的事实。

(2)既然不存在工期延误,也就不涉及责任归属问题。同时,在施工过程中,涉案工程存在工程变更过多、施工道路不能使用、恶劣天气等障碍,造成工期顺延或停工。根据《施工合同》的约定,工程变更、恶劣天气等都是影响工期的因素,因工程变更和不可抗力造成的工期延误,工期顺延。

(3)申请人未按约主张工期延误责任的索赔,未在进度款或结算款中主张扣减,已过索赔时效,不应得到支持。

(三)关于申请人主张超出合同约定违约金标准的损失有无法律依据

1. 申请人主张

根据广东省高级人民法院《关于印发〈关于审理建设工程合同纠纷案件的暂行规定〉的通知》(粤高法发〔2000〕31号)(现已失效)以及广东省高级人民法院《关于审理建设工程施工合同纠纷案件若干问题的指导意见》(粤高法发〔2011〕37号)(现已失效)的规定,申请人可以主张超出合同约定违约金标准的损失。

2. 被申请人主张

(1)若合同有效,违约金条款则应当遵照执行。违约金条款系双方在充分考虑违约承受能力的情况下签订的,申请人主张超出合同约定违约金标准的损失并无依据。

(2)对于申请人提出的第二部分工期延误,申请人于2013年11月12日申请消防设计备案,1号楼的备案高度为46.75米;2016年11月9日申请竣工验收备案,1号楼的备案高度与设计备案的高度一致。上述工作均由申请人独立完成,本案实际施工人自然人C根据申请人提交的设计图纸和方案完成涉案工程施工,综合验收、消防备案以及消防检查均由申请人负责完成,与实际施工人自然人C无关。因此,申请人主张第二部分工期延误没有任何事实和法律依据。

(3)申请人主张合同约定之外的租金损失赔偿无依据。

三、仲裁庭意见

(一)关于《施工合同》的效力

涉案《施工合同》经过合法招投标程序签订,被申请人具有建筑工程施工总承包一级资质,系申请人与被申请人双方真实意思表示,不存在因被申请人不具有施工资质而导致合同无效的情形。至于自然人C与被申请人是否存在挂靠关系,该挂靠关系是否影响《施工合同》的效力判定,需结合相关法律规定及本案实际情况具体分析。

住房和城乡建设部《关于印发〈建筑工程施工发包与承包违法行为认定查处管理办法〉的通知》(建市规〔2019〕1号)第9条规定:"本办法所称挂靠,是指单位或个人以其他有资质的施工单位的名义承揽工程的行为。前款所称承揽工程,包括参与投标、订立合同、办理有关施工手续、从事施工等活动。"首先,从参与投标活动而言,投标文件均盖有被申请人的公章及被申请人法定代表人的签名章,涉案工程由被申请人进行投标。其次,从订立合同而言,被申请人与申请人签订《施工合同》的时间早于与自然人C签订《企业内部项目承包施工责任书》的时间,被申请人未提供证据证明双方在签订合同时申请人知晓涉案工程是由自然人C负责施工的情况,虽然自然人C在《施工合同》落款被申请人法定代表人处签字,但该合同也由被申请人加盖单位公章,其作为单一证据证明申请人知晓涉案工程是由自然人C进行投标和签订合同并不充分。再次,从办理有关施工手续而言,被申请人未提供证据证明涉案工程施工手续由自然人C负责办理。最后,从参与施工活动而言,根据《企业内部项目承包施工责任书》,自然人C须服从被申请人的管理,且施工过程中的会议记录、工程竣工验收报告、设备竣工移交清单、工程造价结算书均有被申请人方的项目经理签字,以上证据说明被申请人参与了涉案工程实际施工与管理,涉案工程并非与被申请人无关。至于被申请人主张另案已生效裁定书认定被申请人与自然人C为挂靠法律关系,涉案合同应当认定为无效,仲裁庭认为,该裁定书并未明确自然人C与被申请人系挂靠与被挂靠的关系,其仅仅表达一种观点,并非对事实的认定,对本案不当然具有约束力,若被申请人为被挂靠人,则应有充分的证据予以证实,但被申请人并无充足的证据证明本案中自然人C挂靠被申请人承接了涉案工程。

此外,涉案工程已取得《建设工程规划许可证》《建设工程施工许可证》,不存在违反原《合同法》《建筑法》等相关法律强制性规定的法定情形,《施工合同》合法有效。

(二)关于涉案工程工期是否存在延误

《施工合同》约定,开工日期以开工令为准,合同工期为395日历天。涉案工程的开工令时间为2014年11月25日,395日历天后,应在2015年12月25日竣工,而《竣工验收报告》显示,涉案工程实际竣工验收时间为2016年12月19日,工期延误360日历天。根据《施工合同》的约定,若出现工程变更或者不可抗力情形,被申请人可以申请工期顺延。但被申请人提供的"工程建设监理表/临时施工道路复耕现场图片/平面图"等证据无法证明施工场地无进出材料道路导致工期延误的情形和延误工期的天数,也未提供证据证明因工程变更影响具体工期的天数,所提供的S市气象资料未说明其达到影响涉案工程工期的程度及具体工期天数,被申请人应承担举证不能的不利后果。

(三)关于消防备案错误导致工程实际移交时间延误的责任承担

涉案工程消防设计备案由申请人负责申报,且备案时间早于《施工合同》签订时间。申请人申报的1号楼高度为46.75米,而实际施工人自然人C根据申请人提交的施工图纸与方案完成涉案工程施工,1号楼的实际施工高度为50.75米。因此,申请人重新办理1号楼消防验收备案,于2017年6月15日办理完成并取得《建设工程消防验收意见书》,由此导致涉案工程在2016年12月19日竣工验收后到2017年6月15日才实际移交。申请人作为法律规定的消防设计申报责任主体、实际竣工验收组织者,应承担消防设计申报、组织竣工验收备案工作的责任,因涉案工程消防设计备案申报、消防备案验收错误所引发的责任应由申请人承担。

(四)关于涉案工程工期延误损失赔偿

《施工合同》约定,因承包人原因影响工程进度的,合同总工期每延期1天,承包人向发包人赔偿2万元,从期中支付或者结算中扣除且由此引起的一切损失由承包人承担,累计违约金不超过合同总价的5%。如前所述,就工期延误360日历天的情况,被申请人未能提供证据证明具有可以顺延工期的情况及天数，应就其所导致的工期延误承担违约责任，按《施工合同》约定每逾期1天支付2万元计，合计应支付违约金720万元。由于该金额超过了双方约定的"累计违约金不超过合同总价的5%"，故被申请人应支付310万元的违约金(合同总价6200万元×5%=310万元)。

至于申请人主张的被申请人增加赔偿申请人超出逾期竣工违约金部分的实际经济损失4308965.91元，申请人提供了租赁合同及租金支付证明，需结合该份证据具体分析申请人的主张是否成立。首先，对于该证据材料，申请人的租金损失从2013年到2018年不等，超出了涉案工程竣工延误期间即2015年12月25日至实际竣工日期2016年12月19日；其次，申请人没有证据证明该等租赁及装修款损失与工期延误存在必然的因果关系；最后，申请人也无法证明该等损失在被申请人缔约时可以预见的范围内。综上，申请人提供的证据无法证明实际发生的损失高于310万元的违约金，故对申请人主张的超出逾期竣工违约金部分的实际经济损失4308965.91元部分不予支持。

四、裁决结果

1. 被申请人向申请人支付逾期竣工违约金3100000元。
2. 驳回申请人的其他仲裁请求。
3. 本案仲裁费由申请人承担58%、被申请人承担42%。

五、评析

本案涉及数个法律争点，因篇幅有限，下文仅对建设工程的工期延误及其损失赔偿进行评析。本案申请人主张因被申请人原因导致工期延误，被申请人应赔偿申请人相关损失，仲裁庭的论述主要围绕工期是否存在延误、工期延误的责任归属以及工期延误损失赔偿的范围展开，故结合本案，笔者分别对上述三个问题进行讨论。

(一) 工期延误的判断

1. 开工日的确定

工期延误判断的首要因素就是确定开工日期及竣工日期。而开工日期是工期计算的起始点,直接影响工期的认定。施工过程中,常常因受政府政策、审批流程及不可抗力等因素的影响,发包人难以确定开工日期、监理人延迟发出开工通知,施工过程中可能会出现不同的开工时间点:①建设工程施工合同中约定的开工日期;②开工令或开工报告中载明的开工日期;③施工许可证上载明的开工日期;④承包人实际进场施工的开工日期。对此,《工程施工合同解释(一)》第8条①对不同情形的开工时间认定作出规定,包括有开工通知载明开工日期的;虽有开工通知但尚不具备开工条件的;虽未发出开工通知,但承包人经发包人同意实际进场施工的;未发出开工通知,也无证据证明实际开工日期的。

但若开工令或开工报告中载明的开工时间与施工合同约定的时间不一致,应当如何认定开工日期? 司法实践中,一般以开工令或开工报告中载明的时间为准。② 因为开工令或开工报告通常形成于实际开工日之前,且最接近实际开工日,承包人向发包人递交开工报告的行为至少表明其已经认可开工条件已经具备,其开工准备工作已经基本完成,而经发包人同意、最终由监理单位发出开工令的行为也可表明发包人认可开工条件已经充足,符合双方对工期的预期。本案中,开工令载明时间为2014年11月25日,《施工合同》约定的计划开工日期为2014年7月1日。基于双方明确约定开工日期以开工令载明日期为准,合同约定的开工日期仅为计划开工日期,且考虑到开工令形成于施工合同之后,开工令实际改变了合同约定的计划开工日期,故本案最终认定以2014年11月25日为开工日。

2. 竣工日的确定

一般而言,工程竣工后即进行工程验收,五方验收合格后移交使用。但实践中,竣工至验收合格,再到移交使用通常存在时间差,实际竣工日期的确

---

① 《工程施工合同解释(一)》第8条规定:"当事人对建设工程开工日期有争议的,人民法院应当分别按照以下情形予以认定:(一)开工日期为发包人或者监理人发出的开工通知载明的开工日期;开工通知发出后,尚不具备开工条件的,以开工条件具备的时间为开工日期;因承包人原因导致开工时间推迟的,以开工通知载明的时间为开工日期。(二)承包人经发包人同意已经实际进场施工的,以实际进场施工时间为开工日期。(三)发包人或者监理人未发出开工通知,亦无相关证据证明实际开工日期的,应当综合考虑开工报告、合同、施工许可证、竣工验收报告或者竣工验收备案表等载明的时间,并结合是否具备开工条件的事实,认定开工日期。"

② 参见浙江省高级人民法院民事审判第一庭《关于审理建设工程施工合同纠纷案件若干疑难问题的解答》(2012年2月23日)第5条、安徽省高级人民法院《关于审理建设工程施工合同纠纷案件适用法律问题的指导意见(二)》(2013年12月23日)第3条。

定又直接影响工期长短的认定,还涉及工程款支付时间、利息起算时间、工期延误等判断。对此,《工程施工合同解释(一)》第9条规定,在对实际竣工日期有争议的情况下,工程验收合格的,验收合格日为竣工日期;承包人提交竣工验收报告,而发包人拖延验收的,提交验收报告之日为竣工日期;若发包人未经验收擅自使用的,则以转移占有之日为竣工日期。本案中,涉案工程于2016年12月19日经五方验收合格,故仲裁庭将此日确定为竣工日期。

3. 施工合同效力对工期认定的影响

本案中,被申请人抗辩,另案法院生效文书已认定自然人C借用被申请人资质,涉案合同应属无效,合同中关于工期及损失赔偿的约定亦自始无效。仲裁庭认为,即便已有法院对涉案工程相关纠纷进行了审理,也需要审查原案审理的范围、法律关系,更要独立判断法律观点及案件事实。前述法院经审理虽认定涉案《施工合同》系由自然人C以被申请人法定代表人的名义签署的,但仅是一种观点表达,并非法院查明事实,不产生免证的效力及约束力。相反,仲裁庭查明的一系列事实足以证明自然人C受被申请人内部管理,被申请人实际参与涉案工程施工、建设,自然人C与被申请人之间系内部承包关系,而非挂靠法律关系。因此,涉案合同有效。

延伸一点,对于建设工程施工合同存在无效事由,发包人是否有权参照无效合同的工期与工期违约责任主张工期索赔,司法实践中也存在不同观点。第一种观点与本案中被申请人的观点一致,涉案合同存在无效事由,合同条款不再对双方当事人具有约束力,合同中关于工期的约定及工期违约责任条款均归于无效,合同无效后的损失赔偿范围仅限于因缔约过失行为产生的信赖利益损失,而不包括因违反合同约定造成的履行利益损失。第二种观点则认为,根据《工程施工合同解释(一)》第2条的规定,可以参照合同约定的工期及延误责任确定。① 第三种观点认为,无效施工合同中的工期条款可参照适用,当事人可以就工期延误损失主张索赔,但需就过错、损失大小、过错与损失之间的因果关系承担举证责任。第四种观点认为,可以通过对工期进行鉴定以确定合理工期,从而判断工期是否延误以及是否存在工期延误实

---

① 广东省高级人民法院《关于审理建设工程施工合同纠纷案件若干问题的意见》(粤高法发〔2006〕37号)第3条规定:"建设工程施工合同无效,但按照《解释》第二条的规定可参照合同约定计算工程价款的,如承包人存在延期完工或者发包人存在延期支付工程款的情形,当事人应参照合同约定赔偿对方因此造成的损失。"相似观点可见最高人民法院(2016)最高法民终736号、(2017)最高法民申1230号裁判文书。

际损失。① 本案中因涉案合同有效，尚不涉及合同无效后工期延误及违约责任的认定。

(二)工期延误的责任归属

1. 工期延误的责任主体及过错判定

关于工期延误责任，申请人主张工期延误，要求被申请人承担违约责任；而被申请人抗辩工期顺延，因此不承担违约责任。该种情况在同类案件中屡见不鲜，如何准确区分工期延误与工期顺延，是判断工期延误责任归属的关键。

实践中，导致工期延误的原因多种多样，可能是发包人原因导致的工期延误，如发包人提供的设计图纸不合规、提供的施工场地不具备施工条件等；也可能存在因承包人原因导致的工期延误，如施工技术不达标、采购材料不合规，因拆除、修复导致的延误；还有可能是不可归责于双方当事人的工期延误，如不利物质条件、异常恶劣气候条件、不可抗力等因素。当出现工期延误情形时，承包人以何种理由可得有效抗辩？

目前法律、司法解释规定了如下情形：①发包人未及时检查隐蔽工程；②发包人未按照双方约定的时间和要求提供原材料、设备、场地、资金、技术资料；③不可抗力；④竣工前因工程质量争议进行鉴定，且鉴定结果为合格，鉴定期间可作顺延处理；⑤发包人或监理人通过签证方式确认工期顺延或未取得确认但承包人在约定期限内按合同约定事由向前述人员申请过工期顺延。② 除上述法定事由之外，承包人得以合理抗辩的事由还包括合同约定的情形，如本案合同就约定了因工程变更和不可抗力等造成的工期延误，工期顺延。

仲裁庭在对工期延误及顺延责任的判定上，重点依赖双方对此的举证。发包人主张工期延误的，需证明工期延误的存在，此项证明义务只需发包人出示施工合同及竣工验收文件进行对照，以证明实际工期天数、开工日期或竣工日期与施工合同约定不一致即可。而承包人抗辩工期顺延的举证责任应分为两个层次：一是存在工期应当顺延的事由，二是该事由实际影响工期

---

① 参见最高人民法院(2017)最高法民再 55 号民事判决书。
② 参见李敏：《浅析如何认定工期顺延》，载微信公众号"青岛建纬城乡建设调解中心"，2022 年 4 月 26 日。

的天数。本案中,被申请人虽主张存在道路条件障碍、天气原因障碍、工程重大变更导致工期顺延,但其提供的一系列证据均无法证明上述原因足以导致工期延误及具体的延误天数,应承担举证不能的不利后果。

至于消防设计备案错误导致的工程实际移交时间延误的过错判定,需根据建设单位、设计单位、监理单位、施工单位对消防设计备案的职责确定。《建设工程消防设计审查验收管理暂行规定》(住房和城乡建设部令第51号)第8条至第13条规定了上述单位对消防设计、施工质量的责任与义务。其中,建设单位依法对建设工程消防设计、施工质量负首要责任,负责依法申请建设工程消防设计审查、消防验收、办理备案并接受抽查等;施工单位则需按照消防设计要求、施工技术标准等施工,保证消防施工质量。因此,消防设计备案责任主体为建设单位即本案申请人,被申请人仅依设计图纸施工,不存在工程质量缺陷,故无须承担工期延误的责任。

2. 发包人逾期索赔与承包人逾期申请工期顺延的影响

本案中,申请人还主张被申请人在施工过程中并未申请工期顺延,被申请人对此抗辩称,通用条款明确约定,若存在工期延误事实,应于28天内提出索赔请求;专用条款亦约定,工期延误违约金应在当期进度款或结算款中扣除,但申请人直至结算、付款日均未索赔,已过约定时限。

对于承包人未及时申请工期顺延问题,仲裁庭认为,工期顺延等事由属于当事人意思自治范畴,若合同明确约定未在规定时间内提出工期顺延申请,即视为工期不顺延的,应遵照执行。但建筑市场中,施工主体法律意识、合同意识、程序意识略有欠缺,不一定会及时书面申请工期顺延,且发包人或监理人处于优势地位,有利益倾向不予理睬或拒绝确认承包人按约提起工期顺延的申请。合同未明确约定逾期申请视为工期不顺延的,应当理解为有关工期延误的签证的程序性约定,并不代表承包人放弃实体性权利。在这一过程中,实际就是将是否存在工期顺延情形及顺延事由是否正当的最终决定权交给了裁判者,体现了对交易弱势一方的关照及合理平衡双方利益的考虑。①

至于发包人逾期索赔问题,合同虽约定发包人需限期进行工期索赔或价款抵扣,但经仲裁庭查明,在双方履行合同过程中,申请人对被申请人表达过

---

① 参见肖峰、严慧勇、徐宽宝:《〈关于审理建设工程施工合同纠纷案件适用法律问题的解释(二)〉解读与探索》,载《法律适用》2019年第7期。

保留追究工期延误的违约责任，有多方会议、例会予以证明，并且在庭审时，被申请人也自认申请人口头表达过索赔意愿，双方于结算时对工期延误索赔未能谈妥，搁置了相关争议。基于此，仲裁庭认为工期延误事实既定，申请人已及时表达索赔意愿，故不产生失权的法律效果。

（三）工期延误损失赔偿的范围

《民法典》第584条规定了损失赔偿的范围，即"当事人一方不履行合同义务或者履行合同义务不符合约定，造成对方损失的，损失赔偿额应当相当于因违约所造成的损失，包括合同履行后可以获得的利益"，此赔偿范围不因违约方责任财产之多寡、违约过错之大小而有所区别，故谓"完全赔偿原则"[①]。该条但书部分规定"不得超过违约一方订立合同时预见到或者应当预见到的因违约可能造成的损失"，则系对完全赔偿原则的可预见性限制规则，即损失赔偿不能超过违约方订立合同时可预见的范围。

实践中，发包人主张的工期延误损失主要为材料差价损失、逾期交付工程导致收益损失或逾期向第三方交付房屋的违约损失等；承包人主张的工期延误损失则主要为停工、窝工、倒运、机械设备调迁、材料和构件积压等损失和实际费用[②]，以及工期延长导致的材料差价损失、设备租赁期延长造成的损失、增加的管理费损失、赶工措施费等。主张损失赔偿的一方需证明：①存在工期延误的事实；②工期延误可归责于另一方；③发生的损失与工期延误之间有因果关系且可以预见，其诉求方可得到支持。此外，根据《民法典》第591条第1款"当事人一方违约后，对方应当采取适当措施防止损失的扩大；没有采取适当措施致使损失扩大的，不得就扩大的损失请求赔偿"以及第592条"当事人都违反合同的，应当各自承担相应的责任。当事人一方违约造成对方损失，对方对损失的发生有过错的，可以减少相应的损失赔偿额"之规定，若当事人双方都对工期延误存在违约行为，则应当按照各自过错承担工期延误损失；而若非违约方放任停工损失的扩大，也不得请求违约方承担扩大的损失部分。

---

① 参见徐建刚：《论损害赔偿中完全赔偿原则的实质及其必要性》，载《华东政法大学学报》2019年第4期。
② 《民法典》第804条规定："因发包人的原因致使工程中途停建、缓建的，发包人应当采取措施弥补或者减少损失，赔偿承包人因此造成的停工、窝工、倒运、机械设备调迁、材料和构件积压等损失和实际费用。"

若当事人就工期延误损失赔偿存在特别约定,根据《民法典》第585条第1款"当事人可以约定一方违约时应当根据违约情况向对方支付一定数额的违约金,也可以约定因违约产生的损失赔偿额的计算方法"的规定,则以约定为准。实践中,还会存在如本案中发包人要求承包人承担约定违约金以外其他损失的情形。根据《民法典》第585条第2款的规定,"约定的违约金低于造成的损失的,人民法院或者仲裁机构可以根据当事人的请求予以增加",裁判者确有酌增违约金的权力,但前提是违约金低于违约方造成的损失,而前述损失应当遵循《民法典》第584条确立的完全赔偿原则和可预见性限制规则,故仲裁庭综合考虑申请人主张的额外损失并非完全在延误期间发生的,申请人未能证明该损失与工期延误之间存在必然的因果关系,且主张损失并非承包人可预见范围,最终裁决不支持申请人该项主张。

(本案例由深圳国际仲裁院仲裁员贺倩明编撰)

案例 2 政府行为导致工程停工的责任如何认定

仲裁要点：申请人承包 S 市政府下属某单位发包的余泥渣土受纳场施工项目后，因 S 市政府在全市开展余泥渣土受纳场隐患排查与专项整治工作，申请人施工项目因而停工，申请人依照合同约定和法律规定主张被申请人赔偿停工损失。尽管申请人施工项目停工非因被申请人自身行为所导致，但是，被申请人属于 S 市政府下级部门，基于合同相对性原则，被申请人为合同相对方，停工原因应当归属被申请人，其应承担赔偿申请人停工损失的责任。

一、案情概要

2014 年 8 月 5 日，申请人 A 公司中标 S 市政府下属某单位关于某余泥渣土受纳场工程项目。2014 年 10 月 29 日，S 市政府下属某单位与申请人就该余泥渣土受纳场工程项目签订了《S 市建设工程施工（单价）合同》（工程编号：440×××××××702），约定由申请人承包涉案余泥渣土受纳场施工项目。

受 2015 年 S 市某事件影响，涉案余泥渣土受纳场工程自 2015 年 12 月 21 日至 2017 年 5 月 8 日期间停工。

2016 年 2 月 5 日，根据 S 市《关于调整建筑废弃物管理职能及机构编制的通知》，涉案余泥渣土受纳场的管理机构由 S 市政府下属某单位调整为被申请人（S 市 B 部门），被申请人承接涉案合同项下发包人的权利义务。

2017 年 3 月 22 日、2017 年 6 月 26 日，申请人两次向被申请人提交关于涉案余泥渣土受纳场项目停工造成损失的函件，要求被申请人核查确认补偿申请人的损失。2018 年 11 月 2 日，申请人再次向被申请人提交关于申请给予补偿损失的函件。被申请人委托 C 工程管理有限公司对涉案余泥渣土受纳场自 2015 年 12 月 21 日至 2017 年 5 月 8 日期间施工项目、运营项目停工损失的费用进行审核,C 工程管理有限公司出具了审核报告书。被申请人于 2018 年 11 月 16 日向申请人发送《关于告知某受纳场停工补偿费用审核情况的函》,核定涉案余泥渣土受纳场施工项目停工补偿费用为 271 万元。

此后,为解决停工损失及承担争议事项,申请人与被申请人于 2019 年 3 月 21 日签订了《仲裁协议书》,约定将该争议事项提交深圳国际仲裁院仲裁。

2019 年 4 月 1 日,申请人向深圳国际仲裁院申请仲裁,提出如下仲裁请求:

1. 裁决被申请人支付申请人涉案余泥渣土受纳场工程施工项目自 2015 年 12 月 21 日至 2017 年 5 月 8 日期间停工损失 271 万元。

2. 裁决本案仲裁费用由被申请人承担。

二、当事人主张

(一)停工事实情况

1. 申请人主张

受 2015 年 S 市某事件影响,涉案余泥渣土受纳场工程自 2015 年 12 月 21 日至 2017 年 5 月 8 日期间停工。

2. 被申请人主张

(1)第一阶段停工情况

2014 年 10 月 29 日,S 市政府下属某单位作为发包人与申请人签订了涉案合同,由申请人承包涉案受纳场项目的建设工作。因 2015 年 12 月 20 日发生某事件,S 市政府立即在全市开展余泥渣土受纳场隐患排查与专项整治工作,申请人按照政府指令,所有机械及人员全面停工待命,涉案余泥渣土受纳场工程全面停工,且当地街道办事处在受纳场唯一出入口处设置执法道闸,进行封场。

(2)第二阶段停工情况

鉴于涉案余泥渣土受纳场经相关单位及专家进行设计复核、安全评估,结果为安全,S 市政府于 2016 年 4 月 12 日作出会议纪要,原则上同意在确保安全的前提下恢复涉案余泥渣土受纳场的建设运营,并请当地政府允许运输车辆进场。S市建筑废弃物管理办公室亦向当地街道办发函,请其对涉案余泥渣土受纳场进场施工材料、车辆予以放行。但是,当地街道办仍在涉案余泥渣土受纳场唯一入场道路入口处设置执法道闸,继续阻拦车辆进场,导致涉案余泥渣土受纳场无法按照申请人申请的2016年10月17日复工。后经协调,当地街道办在2017年5月8日取消执法道闸,涉案余泥渣土受纳场工程得以复工。

(二)关于停工损失的责任承担

1. 申请人主张

申请人认为,当事人双方已形成合法有效的合同关系,申请人作为承包人在合同履行期间受S市某事件影响,涉案余泥渣土运营项目被迫停工并遭受损失。原《合同法》第284条规定:"因发包人的原因致使工程中途停建、缓建的,发包人应当采取措施弥补或者减少损失,赔偿承包人因此造成的停工、窝工、倒运、机械设备调迁、材料和构件积压等损失和实际费用。"涉案合同第二部分通用条款第19.3条约定,"因发包人或工程师的行为或失误造成停工,给承包人造成损失和(或)导致工期延误的,发包人应赔偿承包人损失和(或)顺延延误的工期"。据此,申请人的停工损失应当由作为发包人的被申请人承担。

被申请人已委托C工程管理有限公司出具了审核报告书,核定了涉案余泥渣土受纳场运营项目停工补偿费用并函告申请人,申请人无异议。故申请人有权要求被申请人支付涉案余泥渣土受纳场运营项目自2015年12月21日至2017年5月8日期间停工损失271万元。

2. 被申请人主张

(1)关于申请人要求赔偿损失的情况

申请人于2017年3月22日和6月26日两次向被申请人提交《申请给予赔偿损失的函》,主张由于非其原因所致的停工期间,所有机械设备及人员全部在岗,遭受重大经济损失,希望被申请人核查确认补偿其损失。被申请人就申请人的损失补偿问题,多次组织相关单位召开会议讨论研究。2018年11月2日,申请人再次向被申请人提交《关于申请给予补偿损失函》和《报审表》以及其自行编制的《工程造价计算书》,要求补偿停工损失。为此,被申请人委托C工程管理有限公司就申请人提交的相关资料,对涉案余泥渣土受纳场停工期间施工部分和运营部分损失的费用,分别进行造价预算审核,该公司于 2018 年 11 月 7 日出具了审核报告。被申请人据此于 2018 年 11 月 16 日向申请人发出《关于告知某受纳场停工补偿费用审核情况的函》,明确施工项目停工补偿费用为 271 万元,运营项目停工补偿费用为 55 万元。

(2)申请人要求被申请人补偿停工损失,缺乏依据

被申请人认为,根据原《合同法》第 284 条的规定以及涉案合同第二部分通用条款第 19.3 条的约定,发包人承担责任的前提为,工程中途停建、缓建是"发包人原因"造成的。而在本案中,涉案余泥渣土受纳场工程停工的原因,第一阶段是受 2015 年 S 市某事件影响,即 S 市政府指令涉案余泥渣土受纳场工程停工进行隐患排查;第二阶段是当地街道办在涉案余泥渣土受纳场入口处设置道闸,致使车辆无法通行。这两个阶段的停工都不是由于被申请人的行为导致的。相反,被申请人一直积极主动地与各方协调,努力解决问题。因此,申请人要求被申请人作为发包人补偿其停工期间的损失,缺乏法律以及合同依据。

三、仲裁庭认定的事实

(1)根据 S 市政府下属某单位于 2014 年 8 月 5 日发出的《中标通知书》(编号:20140×××02A),申请人中标涉案余泥渣土受纳场工程,编号:440×××××××702。

(2)S 市政府下属某单位与申请人于 2014 年 10 月 29 日签订涉案合同。该合同显示,工程名称:某余泥渣土受纳场工程,工程编号:440×××××××702,发包人为 S 市政府下属某单位,承包人为申请人。该合同第一部分协议书第 3 条约定,开工日期:2014 年 7 月 1 日(具体开工日期以开工报告为准),竣工日期:2016 年 6 月 30 日;第二部分通用条款第 19.3 条约定:因发包人或工程师的行为或失误造成停工,给承包人造成损失和(或)导致工期延误的,发包人应赔偿承包人损失和(或)顺延延误的工期。

(3)申请人于 2015 年 12 月 21 日提交《停工报告》,主要内容为:①工程名称为某余泥渣土受纳场工程;②承包单位为申请人;③工程开工日期为 2014 年 10 月 23 日;④工程停工日期为 2015 年 12 月 21 日;⑤停工原因是受 S 市某事件影响,自明天起余泥渣土受纳场工程全面停工,待各有关单位检查评估后,另行通知开工,同时由执法人员封住进场道路,所有大型车辆不准进出场,申请人按通知做好安保工作,所有机械及人员停工待命;⑥要求合同

工期顺延，不产生赔偿问题，其他相关事项按照政府相关规定执行。同日，监理单位 S 市 D 公司在《停工报告》上签字盖章，建设单位 S 市政府下属某单位在《停工报告》上注明"情况属实"并签字盖章。

（4）S 市机构编制委员会办公室于 2016 年 2 月 5 日印发《关于调整建筑废弃物管理职能及机构编制的通知》，确定在被申请人下设 S 市建筑废弃物管理办公室，主要承担建筑废弃物管理工作等职责。

申请人与被申请人均确认涉案合同中的合同主体 S 市政府下属某单位变更为被申请人。

（5）2018 年 11 月 16 日，被申请人向申请人发出《关于告知某受纳场停工补偿费用审核情况的函》，该函与本案争议有关的主要内容有：①受 S 市某事件影响，涉案余泥渣土受纳场工程自 2015 年 12 月 21 日至 2017 年 5 月 8 日期间被迫停工；②S 市建筑废弃物管理办公室已委托 C 工程管理有限公司分别出具了涉案受纳场停工期间施工项目、运营项目费用审核报告书，其中施工项目费用核定为 271 万元，运营项目费用核定为 55 万元。

四、仲裁庭意见

（一）关于涉案工程停工的归因

涉案余泥渣土受纳场工程自 2015 年 12 月 21 日至 2017 年 5 月 8 日期间被迫停工。申请人主张是作为发包人的被申请人的原因，被申请人主张不是因其原因造成的。根据《停工报告》，涉案工程停工原因是受某事件影响，需待各有关单位检查评估后，另行通知开工，同时由执法人员封住进场道路，所有大型车辆不准进出场，申请人按通知做好安保工作，所有机械及人员停工待命。被申请人确认，因受 2015 年 12 月 20 日 S 市某事件影响，S 市立即在全市开展余泥渣土受纳场隐患排查与专项整治工作，申请人按照政府指令，所有机械及人员全面停工待命，涉案余泥渣土受纳场工程全面停工停运。由此可见，涉案工程停工非被申请人的原因，而是政府的原因。

涉案余泥渣土受纳场经相关单位及专家进行设计复核、安全评估，结果为安全，S 市政府于 2016 年 4 月 12 日形成会议纪要，原则上同意在确保安全的前提下恢复涉案余泥渣土受纳场的建设运营。被申请人提交了一系列证据证明其自 2016 年 4 月 12 日起多次协调当地政府和街道办，以便涉案工程尽快复工。仲裁庭认可被申请人尽责尽力，认定造成涉案工程迟迟不能复工的原因仍然在于政府，并非在于被申请人。

仲裁庭认为，虽然涉案工程停工归因于 S 市政府、当地政府和街道办的行为，并非被申请人的行为，但是，基于合同相对性原则，被申请人是涉案合同当事人，又是 S 市政府组成部门，其应当承受停工责任，否则，申请人与政府的纷争不止。

（二）关于停工损失费用承担

涉案合同第二部分通用条款第 19.3 条约定：因发包人或工程师的行为或失误造成停工，给承包人造成损失和（或）导致工期延误的，发包人应赔偿承包人损失和（或）顺延延误的工期。原《合同法》第 284 条（《民法典》第 804 条）规定："因发包人的原因致使工程中途停建、缓建的，发包人应当采取措施弥补或者减少损失，赔偿承包人因此造成的停工、窝工、倒运、机械设备调迁、材料和构件积压等损失和实际费用。"如前所述，涉案工程停工归因于被申请人。据此，申请人要求被申请人赔偿停工损失符合合同约定和法律规定。

《停工报告》要求合同工期顺延，不产生赔偿问题。但是，涉案工程停工近一年半，非当事人所预料，何况 S 市政府于 2016 年 4 月 12 日形成会议纪要，原则上同意在确保安全的前提下恢复涉案余泥渣土受纳场的建设运营后，涉案工程又因行政机关之间协调问题拖延一年多才复工。从保护行政相对人信赖利益的角度来看，申请人的正当权利亦应予以维护。因此，申请人坚持要求被申请人赔偿停工损失理由正当。

涉案工程自 2015 年 12 月 21 日至 2017 年 5 月 8 日期间停工，双方没有争议。被申请人函告申请人涉案工程停工期间施工项目费用核定为 271 万元，运营项目费用核定为 55 万元。申请人请求被申请人支付停工损失 271 万元，表明申请人认可被申请人核定的停工期间施工项目损失金额，双方亦没有争议。据此，被申请人应当承担申请人停工损失 271 万元。

五、裁决结果

1. 被申请人支付申请人涉案余泥渣土受纳场工程施工项目自 2015 年 12 月 21 日至 2017 年 5 月 8 日期间停工损失 271 万元。

2. 本案仲裁费由被申请人承担。

六、评析

本案事实表明,造成工程停工并非申请人原因,亦非被申请人自身原因,而是因为 S 市政府及其他行政机关的行为。被申请人认为,申请人要求被申请人赔偿停工损失,缺乏依据。对于被申请人的抗辩,仲裁庭的分析认定主要围绕政府原因导致停工的责任承担和信赖利益保护。申言之,认定本案被申请人是否应当承担赔偿申请人停工损失的责任,涉及政府行为能否构成合同一方的免责事由、因第三方行为导致合同履行不能的责任承担,以及合同履行不能情况下无过错受损方信赖利益保护三个问题。笔者仅就此进行讨论。

(一)关于政府行为能否构成合同一方的免责事由

导致本案工程停工系因政府行为,非因双方当事人自身行为。事实上,非因合同当事人事由而发生合同履行不能,很多是因不可抗力引起的。《民法典》第 180 条规定:"因不可抗力不能履行民事义务的,不承担民事责任。法律另有规定的,依照其规定。不可抗力是不能预见、不能避免且不能克服的客观情况。"原《合同法》第 117 条也有类似规定。由此,不可抗力属于法定免责事由。因合同履行不能主张免责的一方,往往祭出不可抗力条款。但是,我国立法中并未对不可抗力的具体情形进行列举,而是采取了概括性规定的立法模式,从而导致其内涵和外延的边界不明确、实践中认定存在混乱不一的情况。①

政府行为能否构成不可抗力,理论界的观点和司法实践并不一致。学者刘凯湘教授、张海峡不赞同将政府行为列入不可抗力的范围,他们认为,"如果把政府行为列为不可抗力,容易导致对不可抗力制度的滥用,从而严重影响经济秩序,腐蚀契约精神"②。我国法律并未明文规定政府行为与合同履行及其责任之间的关系。由此,为避免争议,合同中不乏对不可抗力事件的范围进行描述性约定,比如不可抗力包括战争、自然灾害、社会突发事件

---

① 参见刘晓春主编:《不可抗力与情势变更典型仲裁案例选编》,北京大学出版社 2020 年版,第 108 页。

② 刘凯湘、张海峡:《论不可抗力》,载《法学研究》2000 年第 6 期。

等,甚至也将政府行为列为不可抗力范围。合同明确约定不可抗力包括政府行为,是否就确定能够免责了呢？崔建远教授认为,如若合同将政府行为列为不可抗力事件,不违背公序良俗,不违反强制性规定,该约定必要且允当,依据意思自治原则,理应承认其法律效力。①

司法实践并不排斥政府行为构成不可抗力,但也不是一概认可合同约定不可抗力的效力。福州城市客运场站运营有限公司诉福建索天信息科技股份有限公司承揽合同纠纷再审案中,法院认为,"无论基于法律规定还是合同约定,政府行为均可能成为不可抗力的具体情形,但亦应符合当事人在签订合同时不能预见、不能避免并不能克服的客观要件。换言之,应限于政府为了应对重大、突发的自然灾害、危及公共安全的各种社会事件等作出的具有宏观性应对措施,或者针对社会经济生活作出具有全局性影响的重大政策调整等。如果政府出于一般社会管理需要,就社会生活中某一具体的事项作出的具体行为,并不具有宏观和全局的社会影响,在合同法领域则不能将该政府行为定性为不可抗力,而应属于商业风险的范畴"②。

最高人民法院上述裁判要旨实际上是将政府行为区分为宏观性和具体性,符合行政法上将政府行为分为抽象行政行为和具体行政行为的理论。抽象行政行为是指行政主体运用行政权,针对不特定相对人所作的行政行为,包括行政立法和行政规范性文件。政府抽象行政行为一般被认定为不可抗力。具体行政行为是指行政主体运用行政权,针对特定相对人设定权利义务的行政行为,分为依申请行政行为和依职权行政行为。依申请行政行为主要有行政许可、行政给付、行政奖励、行政确认和行政裁决。依职权行政行为主要有行政规划、行政命令、行政征收、行政处罚和行政强制。具体行政行为一般不被认定为不可抗力。至于本案,因某事件的发生,S市政府责令全市余泥渣土受纳场停工排查隐患,S市政府该行为仅针对特定的余泥渣土受纳场,并不具有宏观和全局的社会影响,属于具体行政行为,因此,不能将该政府行为定性为不可抗力。

(二)关于因第三方行为导致合同履行不能的责任承担

合同系特定当事人订立,合同关系、权利义务及违约责任也限于特定当

---

① 参见崔建远:《论合同漏洞及其补充》,载《中外法学》2018年第6期。
② 最高人民法院(2021)最高法民申6537号民事裁定书。

事人之间,这是合同相对性基本原则的要求。在因第三人的行为造成债务不能履行的情况下,债务人仍应向债权人承担违约责任;债务人在承担违约责任以后,有权向第三人追偿,债务人为第三人的行为向债权人负责,既是合同相对性原则的体现,也是保护债权人利益所必须的。①《民法典》第 593 条规定:"当事人一方因第三人的原因造成违约的,应当依法向对方承担违约责任。当事人一方和第三人之间的纠纷,依照法律规定或者按照约定处理。"原《合同法》第 121 条也有相同规定。原《民法通则》第 116 条规定:"当事人一方由于上级机关的原因,不能履行合同义务的,应当按照合同约定向另一方赔偿损失或者采取其他补救措施,再由上级机关对它因此受到的损失负责处理。"合同相对性原则体现在合同的主体、内容、责任三个方面,上述立法主要是就合同责任相对性进行规定,即违约责任只能在特定的合同关系当事人之间发生,合同关系以外的人不负违约责任。

本案被申请人为 S 市政府下级部门。涉案工程停工系因 S 市政府行为,复工受阻系因当地政府和街道办行为。本案工程停工事实、审理和裁决均发生在《民法典》出台之前,应适用原《合同法》《民法通则》的相关规定。基于合同相对性原则,根据原《民法通则》的相关规定,因被申请人的上级机关 S 市政府行为导致涉案工程停工,责任应当归属被申请人;根据原《合同法》的相关规定,因当地政府和街道办的行为导致涉案工程复工受阻而延长停工期间,责任亦应当归属被申请人。由此,依据涉案合同第二部分通用条款第 19.3 条的约定和原《合同法》第 284 条的规定,被申请人应当承担赔偿申请人停工期间的损失。

(三) 关于合同履行不能情况下无过错受损方的信赖利益保护

守法者利益不应受到损害。本案申请人遵守 S 市政府命令停止施工,并无过错,但其遭受损失。对于行政相对人因信赖政府而遭受的利益损害,我国行政法理论和司法实践建构了权利救济机制——信赖利益保护。信赖利益保护作为一项行政法原则,是指行政机关实施的行为引发了相应的法律状态,公民、法人善意地信赖这一法律状态作出了相应安排,因此而产生的正当利益应该受到法律的承认和保护。"国家机关因其权威性与民主性而为民众所信赖,民众因信赖国家机关而根据其指引行为,故国家机关应当珍视并保

---

① 参见王利明:《王利明学术文集:合同编》,北京大学出版社 2020 年版,第 248 页。

护民众对其的信赖,这便是信赖利益保护原则的价值。"①信赖利益保护原则与民法诚实信用原则密切相关,诚实信用原则与信赖利益保护如一枚硬币的两面,前者是缔约人应主动遵循的行为义务,后者是缔约人对缔约行为的信任和依赖,其体现的法律精神完全一致。我国民事立法没有对信赖利益赔偿作出明确规定,但我国司法实践一直对合同履行中的信赖利益提供保护。例如,在黑龙江贝因美现代牧业有限公司和北京鑫茂中牧进出口有限公司委托合同纠纷案中,最高人民法院认为,被告已经履行了委托合同中的义务,原告不得请求差价支付,且应当支付被告在延期交付中所支出的各项费用。②

本案被申请人为S市政府部门,在合同履行过程中,申请人因执行S市政府命令而停工,其基于对政府的信赖而形成的信赖利益理应受到保护。同时,本案被申请人为合同相对方,申请人基于合同约定"因发包人或工程师的行为或失误造成停工,给承包人造成损失和(或)导致工期延误的,发包人应赔偿承包人损失和(或)顺延延误的工期",亦形成期待被申请人赔偿损失的履约信赖利益。虽然两种信赖利益在法律性质上不同,但事实上形成交织,且均指向应当给予保护的政府一方,由此,被申请人理应承担保护申请人信赖利益的责任,赔偿申请人的停工损失。

综观本案,仲裁庭认定被申请人承担停工损失赔偿责任,简言之,为可归责原则的应用,即如果因可归责于债务人的事由而致履行不能,债务人应对自己在违约中的过错负责。③ 在排除政府具体行政行为构成不可抗力情况下,本案仲裁庭适用合同相对性原则和信赖利益保护原则,将造成工程停工的事由和责任承担归属于被申请人,此即本案裁决要旨。

(本案例由深圳国际仲裁院仲裁员王成义编撰)

---

① 胡若溟:《行政诉讼中"信赖利益保护原则"适用——以最高人民法院公布的典型案件为例的讨论》,载《行政法学研究》2017年第1期。
② 参见王利明:《王利明学术文集:合同编》,北京大学出版社2020年版,第474—475页。
③ 参见南京大学中德经济法研究所编:《中德经济法研究年刊》,南京大学出版社1992年版,第103页。

案例3 申请顺延工期及工期延误损失等的认定

仲裁要点：在建设工程施工合同纠纷中，申请人和被申请人均确认存在工期延误的事实，但对延误的原因各执一词，申请人主张存在设计变更，已向监理单位提出了工期顺延申请并获批准，但未得到被申请人确认。在双方签署的补充协议中仅对工期延误主材价格进行了调差补偿，未对其他费用作出约定。在上报结算和工程结算报告书出具后，申请人确认结算金额，未提出工期延误损失索赔问题，仅于发生工程款纠纷时，双方当事人以涉案工程工期延误向对方提起索赔的仲裁请求和反请求。此情形下，相关仲裁主张一般无法获得支持。

一、案情概要

2017年5月10日，A公司(本案仲裁本请求申请人及仲裁反请求被申请人，以下简称"申请人")与B公司(本案仲裁本请求被申请人及仲裁反请求申请人，以下简称"被申请人")签订《某厂区项目前期工程施工合同》(以下简称《施工合同》)，申请人为被申请人位于S市L区的某厂区项目施工前期工程，包括场地平整和边坡支护。《施工合同》第4条"合同工期"约定，计划开工日期：2017年5月15日(具体开工日期以监理单位发出的开工报告为准)；计划竣工日期：2017年7月15日；工期总日历天数：60个日历天(大雨天气、被申请人变更、不可抗力等因素工期顺延，但每次需要向监理单位提交顺延报告并得到被申请人的批准)。《施工合同》第6条约定，签约合同价为12390000元，含11%增值税专用发票。《施工合同》第7条"付款方式"约定：按工程形象进度支付：①场地平整完成，支付完成工程量70%的进度款；②边坡支护完成工程量的50%，支付完成工程量70%的进度款；③完成所有工程并报发包方确认后15日内支付工程造价的80%;④项目验收合格并办理结算后15日内,土石方工程支付到最终结算金额的100%,边坡支护工程支付到最终结算金额的95%;⑤边坡支护结算金额5%作为质保金,工程实际竣工验收满一年后,申请人向被申请人申请返还保修金,被申请人在接到申请人返还保修金申请后15日内会同申请人按照合同约定的内容进行核实,如无异议,被申请人应在核实后15日内,将剩余工程质量缺陷保修金支付给申请人,但并不免除申请人在保修期内的保修责任。《施工合同》第13条"违约责任"约定:①被申请人违约:被申请人未按本合同约定支付约定的合同款,则被申请人应自逾期付款之日起,每天按逾期付款总金额的0.3‰向申请人偿付逾期付款违约金。②申请人违约:因申请人原因导致工程质量不达标,申请人应返工、整改达标并承担相应费用,同时申请人应向被申请人赔偿相关直接经济损失;若本项目申请人未能按期完成施工(因被申请人原因造成工程延误除外),则申请人应自逾期之日起每天按总承包合同金额0.3‰向被申请人偿付逾期违约金。涉案工程即某厂区项目前期工程于2017年5月26日开工。

2018年1月29日,申请人与被申请人签订《补充协议》,约定以下主要内容:①涉案工程由于林地指标未获政府批复,导致项目工期滞后。2017年12月28日,被申请人取得使用林地审核同意书,同日,被申请人委托监理公司以正式书面形式通知申请人可以全面复工。②原合同计划2017年7月15日竣工,实际竣工时间预计为2018年4月20日,所以实际竣工时间比原计划延后约9个月。经过双方协商,被申请人同意将土方、石方的弃置费、钢筋、水泥三项按照市场价作适当的调整,共预计补偿1437823.27元。申请人如果不能按照双方约定的工期完成,被申请人有权对申请人进行处罚:申请人应自逾期之日起每天按10000元支付罚款,所罚款项直接从工程款中扣除。③竣工验收后45日内,由第三方审计单位办理竣工结算审计并出具审计报告。结算完成15个工作日内依合同约定支付工程尾款。

2017年12月29日,申请人与被申请人签订了《某厂区项目临时用电费用协议》,约定了以下主要内容:①关于现场临时用电,被申请人已安装完500KVA变压器一台,且通过供电局检验合格,从2017年9月20日开始已经供电。关于临时用电费用,现经双方协商一致同意,临时用电费用先由被申请人垫付,后期工程结算时,以实际电费缴纳发票为准从申请人工程款中扣除。②临时用电产生费用的时间为从2017年9月20日至2017年12月31

日,最终费用以实际电费缴纳发票为准。

2018年3月28日,被申请人组织监理单位、项目管理公司和申请人参加专题会议,形成《会议纪要》,确定:对于红线外电塔侧堆土,如后期政府相关部门介入调查,由被申请人通知申请人,申请人负责协调处理。

在《工程竣工验收申请表》中,监理单位确认:"已按合同约定完成任务,具备验收条件,同意验收。"经申请人、被申请人、监理单位等方签章确认的《工程质量竣工验收记录》的"综合验收结论"中确认:"符合设计及规范要求,同意验收。"经申请人、被申请人、监理单位等方签章确认的《工程竣工验收报告》的"工程完成情况"中确认:"本工程已完成施工设计内容及合同约定的全部施工内容。"经申请人、被申请人、监理单位签章确认的《完成验收移交书》中也确认:"一、验收区段评定:某厂区项目前期工程1-1-10-10剖面场地平整、土石方外运及边坡支护现已施工完毕,2018年5月21日经建设单位、监理单位、施工单位三方共同验收各剖面符合设计标高和规范要求且验收合格。质量评定为合格。"

2018年8月15日,申请人与被申请人签订的《报建工作协议书》中约定:申请人已按《施工合同》完成工程施工并已移交给被申请人。报建工作由被申请人主导办理,申请人配合被申请人报建。需申请人准备的备案资料由申请人按备案表要求的内容准备并交予被申请人。本次报建工作是应S市L区住房和城乡建设局的要求实施的,申请人秉着友好合作原则准备相关资料并全力配合被申请人的工作。报建过程中全部手续费用、建设主管部门可能实施的由于先建后报的行政罚款、建设主管部门对本项目的验收检测合格的费用均由被申请人承担(如果验收不合格,该费用由申请人承担;因为申请人原因该检测而没有检测的补充检测费用由申请人承担),但申请人应该承担已完成的边坡支护工程质量的全部责任。

2018年3月22日,申请人收到设计院的关于MNOP段支护扩界至用地红线的纸质设计变更通知单。就此次设计变更,申请人通过《工程施工联系单》向监理单位和被申请人提出延期30天,获得监理单位认可。申请人施工工程于2018年5月21日通过竣工验收,质量评定为合格,并移交被申请人。

2019年6月25日,被申请人聘请的具有专业资质的第三方造价审核公司出具了《建筑工程结算审核书》(被申请人仅向仲裁庭提交了3页),确定工程审核核算金额为15298521.35元,并以邮件形式发送给申请人。申请人于2019年7月1日以邮件的形式表示对该审核结果无异议。被申请人确认,申请人主张已付工程价款金额为13916342.60元。

因被申请人未向申请人支付剩余工程款和延期损失,2020年1月16日,申请人依据涉案合同中的仲裁条款向深圳国际仲裁院申请仲裁,提出如下仲裁请求:

1. 裁决被申请人向申请人支付剩余工程款1539348.60元。

2. 裁决被申请人向申请人支付延期支付剩余工程款所产生的利息,自2018年8月13日起按照每日0.3‰至付清为止。至仲裁申请日金额为226284.24元。

3. 裁决被申请人向申请人支付因被申请人原因导致的工期延误造成的直接损失含税436415.92元。

4. 裁决被申请人承担全部仲裁费用。

被申请人针对申请人的仲裁申请,提出如下仲裁反请求:

1. 裁决申请人向被申请人支付逾期完工的违约金300000元。

2. 裁决申请人向被申请人支付边坡支护拆除重建费用1976427.24元。

3. 裁决反请求仲裁费用由申请人负担。

二、当事人主张

(一)关于工程造价结算金额

1. 被申请人主张

(1)申请人提交的《某厂区场地平整、边坡支护工程结算书》中的结算总价,未经第三方审计机构审计。结算报告中申请人未提出发生停工、窝工的损失。工程结算书未扣减申请人延期完工的违约金,也未扣减因申请人在红线外电塔侧堆土被申请人运走支出的费用。

(2)2019年6月25日,被申请人聘请的有专业资质的第三方造价审核公司出具了《建筑工程结算审核书》,确定工程审核核算金额为15298521.35元。申请人于2019年7月1日以邮件的形式表示对该审核结果无异议。

(3)双方在《补充协议》中虽约定竣工验收后45日内由第三方审计单位出具审计报告,但2019年7月1日申请人的负责人"邹工"在给被申请人的负责人回复邮件时,已经明确表示对审核结果无异议,请求出具正式报告,说明双方已实际认可审计报告的延期。因此,应将被申请人提交的《建筑工程结算审核书》作为工程造价结算依据,而且扣减项目应在此基础上扣减,反请求项金额也应予以抵销。

2. 申请人主张

(1)被申请人提交的由第三方造价审核公司出具的《建筑工程结算审核书》,申请人至今未收到书面正式文件,而且也未经过第三方、建设方和施工方书面确认,仅是被申请人单方委托造价审核公司出具的结算书,因此结算报告一直未完成,该证据不能作为最后结算依据。

(2)双方签订的《补充协议》第6条约定:竣工验收后45日内,由第三方审计单位办理竣工结算审计,并出具审计报告,结算完成15个工作日内依合同约定支付工程尾款。此《建筑工程结算审核书》严重超过约定期限。被申请人一再找理由不支付工程款,申请人才依合同约定提出了《某厂区场地平整、边坡支护工程结算书》,此应视为被申请人对申请人提出的结算金额的默认。

(3)申请人预算人员于2019年7月1日以电子邮件形式确认对第三方造价审核公司出具的《建筑工程结算审核书》结算金额无异议,目的是希望被申请人尽快出具书面结算报告,尽快完成结算付款,但是结算报告一直未真正完成,因此,被申请人提交的由第三方造价审核公司出具的《建筑工程结算审核书》不能作为最后结算的依据,而应当以申请人提交的《某厂区场地平整、边坡支护工程结算书》作为双方工程款的最后结算依据。

(二)申请人是否存在延期完工问题

(1)被申请人认为,根据申请人与被申请人于2018年1月29日签订的《补充协议》,经变更工期后双方约定的最后完工时间为2018年4月20日,但申请人实际完工时间为2018年5月20日,延迟完工30天,根据《补充协议》第3条的约定,申请人应每日向被申请人支付10000元违约金,违约金金额共计为300000元,应从工程款中扣除。

(2)申请人认为,申请人提供《工程施工联系单》,是在收到设计院设计变更通知单后,认为工程量变大,施工难度高,需要延期30天,监理单位也签署情况属实,最后被申请人未同意延期,是因被申请人现场项目经理从来不会签署此等书面意见,申请人无办法解决。而监理单位作为被申请人委托机构,代表被申请人,申请人也仅能认可监理单位的签署。

(三) 被申请人致工期延误造成申请人损失问题

(1) 被申请人认为,监理单位已证实,2017年6月至2017年12月边坡工程停工期间,申请人的机械设备已全部撤出工地,因此,申请人主张机械闲置费损失没有事实依据。申请人对人工费、机械闲置费、临时水电费等费用的计算方法有误,证据明显不足。申请人没有提供员工花名册、劳动合同、机械购置合同、租赁合同等证据材料;工资表没有员工签名、工资支付没有公司账户的转账凭证;提供的施工日志没有单位盖章,也没有申请人现场人员签字,更没有被申请人和监理单位签字盖章,材料真实性不足。

(2) 申请人认为,被申请人因林地指标等原因造成的工期延误9个月,导致申请人项目部费用增加、工人闲置、机械台班搁置,造成实际损失。根据现有证据,因被申请人原因导致的工期延误给申请人造成的损失为436415.92元。

三、仲裁庭意见

(一) 关于工程造价结算金额

(1) 申请人与被申请人于2018年1月29日签订《补充协议》约定:竣工验收后45日内,由第三方审计单位办理竣工结算审计并出具审计报告。结算完成15个工作日内依合同约定支付工程尾款。2018年6月13日,申请人向被申请人出具了其制作的《某厂区场地平整、边坡支护工程结算书》,确定工程结算总价15455691.20元,此结算书为申请人单方审核出具,不符合由第三方审计单位办理竣工结算审计并出具审计报告的约定;而2019年6月25日由被申请人聘请具有专业资质的第三方造价审核公司出具《建筑工程结算审核书》,审定工程审核核算金额为15298521.35元,对此申请人工作人员于2019年7月1日以电子邮件的形式表示对该审核结果无异议,此份《建筑工程结算审核书》的出具虽然时间有所延误,但符合申请人与被申请人的约定,且得到双方当事人的认可,由第三方审计单位办理竣工结算审计并出具审计报告,属双方意思表示一致的充分体现,对申请人和被申请人均属公平合理。因此,仲裁庭认为,涉案的工程造价结算金额,以具有专业资质的第三方造价审核公司出具的《建筑工程结算审核书》确定的审核造价15298521.35元为涉案工程结算价款依据,符合申请人与被申请人的约定。

(2)被申请人向申请人支付剩余工程款的金额应当作如下计算,即根据具有专业资质的第三方造价审核公司出具的《建筑工程结算审核书》,审核确定的工程总造价为15298521.35元,且申请人与被申请人均确认已付工程价款13916342.60元,故被申请人欠付申请人剩余工程款金额应为1382178.75元(15298521.35元-13916342.60元)。依约被申请人应于2019年7月1日结算完成的15个工作日内向申请人支付剩余工程款,即应于2019年7月22日前支付申请人,但被申请人至今未支付,属被申请人违约,应承担相应的违约责任。

(3)双方签订的《施工合同》第13条"违约责任"中约定,被申请人未按本合同约定支付约定的合同款,则被申请人应自逾期付款之日起,每天按逾期付款总金额的0.3‰向申请人偿付逾期付款违约金。据此,被申请人应承担延期欠付剩余工程款的违约金,即自2019年7月22日起按照每日0.3‰计算至付清为止。

(二)申请人是否存在延期完工问题

在申请人与被申请人签订的《施工合同》第4条"合同工期"中约定,工期总日历天数:60日历天(大雨天气、被申请人变更、不可抗力等因素工期顺延,但每次需要向监理单位提交顺延报告并得到被申请人的批准)。在申请人与被申请人签订的《补充协议》中约定:"……三、原合同计划2017年7月15日竣工,实际竣工时间预计到2018年4月20日……"

(1)参照《工程施工合同解释(二)》第6条第1款的规定:"当事人约定顺延工期应当经发包人或者监理人签证等方式确认,承包人虽未取得工期顺延的确认,但能够证明在合同约定的期限内向发包人或者监理人申请过工期顺延且顺延事由符合合同约定,承包人以此为由主张工期顺延的,人民法院应予支持。"

(2)申请人于2018年3月22日收到设计院的关于MNOP段支护扩界至用地红线的纸质设计变更通知单,就此次设计变更,申请人通过《工程施工联系单》向监理单位和被申请人提出延期30天,获得监理单位认同。被申请人虽未在联系单上签字确认,但亦认可工程存在设计变更的事实。涉案工程于2018年5月21日通过竣工验收,质量评定为合格,并移交被申请人。实际竣工的时间比《补充协议》预计的2018年4月20日多出30天,与申请人提出的延期时限相吻合。

(3)综上,仲裁庭认为,参照《工程施工合同解释(二)》第6条的规定,申请人虽未取得被申请人的工期顺延许可,但其以《工程施工联系单》证明了在合理期限内已向被申请人和监理人申请过工期顺延,申请人以此为由主张工期顺延,仲裁庭亦应予采信。因此,对涉案工程施工,申请人认为不存在延期完工问题,不应当按照合同约定承担每天10000元罚款的主张,仲裁庭予以采信。因而对被申请人要求申请人向其支付逾期完工违约金300000元的仲裁请求,仲裁庭不予支持。

(三)被申请人致工期延误造成申请人损失问题

(1)申请人与被申请人于2017年5月10日签订的《施工合同》第3条"工程承包范围及说明"中约定,工程清单范围内所有工程量总价包干,如清单漏项部分、清单内有工程量误差,甚至计算错误,视为申请人已知晓其内容并将其价格包含在报价中,被申请人不额外支付任何费用;且申请人在其出具的《中标承诺函》第3条中已承诺对未来可能出现异常因素引起的任何费用的增加将承担全部风险,不以任何理由要求发包方调整总价(除不可抗力、被申请人的原因提出变更以外)。此后,申请人与被申请人却于2018年1月29日签订《补充协议》约定,"一、某厂区项目前期工程由于林地指标未获政府批复,导致项目工期滞后。2017年12月28日甲方(被申请人)取得使用林地审核同意书……三、原合同计划2017年7月15日竣工,实际竣工的时间预计到2018年4月20日,所以实际的竣工时间比原计划延后约9个月。经过双方协商,甲方(被申请人)同意将土方、石方的弃置费、钢筋、水泥三项按照市场价作适当地调高,共预计补偿1437823.27元"。

(2)从上述《补充协议》的签订过程看,涉案工程由于林地指标未获政府批复,确实导致工期滞后。为此,双方通过协议方式将部分主材价格作了调整,对申请人给予一定补偿。由于工期滞后原因在先,签订《补充协议》在后,因此通常情况下,申请人与被申请人应当首先在《补充协议》中就工期延误产生的现场管理人员工资、伙食费、临时水电费等费用索赔问题予以解决。而本案中,既然双方在《补充协议》中着重强调了工期延误,却未在《补充协议》中约定最应当约定的索赔事宜,而是约定了调高主材价格,应当理解为双方通过主材价格调高,解决包括索赔事项在内的相关工期延误等所有事宜。申请人于庭审中主张,现场管理人员工资、伙食费、临时水电费的索赔事项,待结算时再主张,但其自行制作的《某厂区场地平整、边坡支护工程结算书》,以及第三方造价审核公司出具的《建筑工程结算审核书》中,均未提及工期延误导致的上述费用索赔事宜,因此,申请人此主张与建设工程施工惯例不符。对此主张仲裁庭不予采纳。综上,对申请人要求被申请人支付因其导致工期延误,给申请人造成直接损失含税 436415.92 元的主张,仲裁庭不予支持。

四、裁决结果

1. 被申请人向申请人支付剩余工程款 1314969.35 元。
2. 被申请人向申请人支付延期支付剩余工程款 1314969.35 元所产生的利息(违约金),自 2019 年 7 月 22 日起按照每日 0.3‰ 计算至实际付清之日止。
3. 本案本请求仲裁费由申请人承担 20%、被申请人承担 80%;本案反请求仲裁费全部由被申请人自行承担。
4. 驳回申请人的其他仲裁请求。
5. 驳回被申请人的全部仲裁反请求。

五、评析

本案涉及诸多争议点,较为复杂,现仅就本案中申请顺延工期及工期延误损失等的认定这一核心争议点进行相关评析。本案申请人和被申请人均主张发生了工期延误,均要求对方对工期延误承担违约责任,通过仲裁本请求和反请求提出索赔要求。本案中当事人双方的举证看似已近穷尽,实则不然,本案虽不涉及较深层次的法律问题,但是通过深入分析,对建设工程承发包方及建设工程风控管理和相关纠纷代理工作,均有启示意义,为此,笔者结合本案,试对申请顺延工期及工期延误损失等的认定展开探讨。

(一)顺延工期的认定

工程期限是建设工程施工合同的实质性必备条款,是指在合同约定的承包人完成工程所需的期限即按总日历天数(包括法定节假日)计算的承包天数,包括按照合同约定所作的期限变更。① 一般情况下,建设工程施工的开

---

① 参见王勇:《建设工程施工合同纠纷实务解析》,法律出版社 2017 年版,第 223 页。

工日期与竣工日期之间的天数差就是实际工期。实际工期超出合同约定工期的天数差就是顺延或延误工期。因此顺延工期的认定直接涉及开工日期和竣工日期的认定。

1. 开工日期

开工是指实际施工人进场开始施工。开工标准,一般应当以实际施工人的机器、设备、人员等进场开展施工工作为实际标准。开工日期就是实际开工日期。开工的节点标志性文件就是业主单位、总包单位、监理单位等向承包人或实际施工单位发出的"开工令"或"开工通知"等施工过程文件。在建设工程施工实践中,往往出现实际开工日期与当事人合同约定不相符的情况,此时,应从实际出发确定开工日期,而不应盲目地"从其约定"。在仲裁或审判实务中,笔者认为,应本着实事求是的基本原则从以下几方面认定开工日期:以开工令、开工通知或开工报告为依据;以开工条件即施工条件成就时间确定。施工条件主要包括,施工用水、电力、通信线路、交通等施工所必备条件;施工现场周边管线、邻近建筑物、林木等保护工作;合同约定其他施工条件。无开工文件的,应以实际开工时间确定,特别是一些会议纪要、第一工序施工时间、竣工验收文件、工程结算资料等文件反映的实际开工时间。二次进场的应当以实际两次进场施工时间认定开工日期。前述对开工时间的认定,均应优先于建设工程施工合同中约定的开工日期。

2. 竣工日期

通常工程施工完成后,业主单位、发包单位等均要进行验收,确认合格,从而完成竣工验收,确定为竣工日期。实践中,承包人工程完工之日和竣工验收时间经常有时间差,所以确定竣工日期很重要,因为涉及工程款的支付时间和利息的起算时间、逾期竣工违约和违约金的数额、工程风险转移等重要问题。[①] 实践中,对实际竣工日期的认定基本取得共识,即双方签字确认的,以双方确认的最后日期为准。如果无双方签字确认,应从以下几方面认定竣工日期:工程验收合格的,以提交竣工验收报告之日或竣工验收合格之日为竣工日期;施工完成后,拖延竣工验收的,以施工人提交工程验收报告之日为竣工日期;如擅自使用未经竣工验收的工程,以工程转移占有之日为竣工日期;如有重大整改事项,以整改事项验收合格之日为竣工日期。

---

① 参见王勇:《建设工程施工合同纠纷实务解析》,法律出版社2017年版,第234页。

3. 顺延工期

根据实际开工日期与实际竣工日期计算出工期总日历天数为承包人完成工程实际工期总日历天数。与约定或计划工期相比，即为工期提前或延误天数。①

(1) 申请顺延工期属当事人权利

《工程施工合同解释（一）》第10条规定："当事人约定顺延工期应当经发包人或者监理人签证等方式确认，承包人虽未取得工期顺延的确认，但能够证明在合同约定的期限内向发包人或者监理人申请过工期顺延且顺延事由符合合同约定，承包人以此为由主张工期顺延的，人民法院应予支持。当事人约定承包人未在约定期限内提出工期顺延申请视为工期不顺延的，按照约定处理，但发包人在约定期限后同意工期顺延或者承包人提出合理抗辩的除外。"

因此，在建设工程施工过程中，对常见的工期顺延情形，承包人是有权及时提出工期顺延申请的。常见工期顺延情形主要包括：隐蔽工程迟延验收；发包人未履行约定或法定义务，影响工程正常施工；施工期间的工程或材料等的质量鉴定；工程的设计变更；增加工程量；自然灾害影响正常施工。

(2) 顺延工期申请程序

第一，应当在建设工程施工过程中。承包人面对发包人对隐蔽工程迟延验收，未履行约定或法定义务，影响工程正常施工，施工期间的工程或材料等的质量鉴定，工程的设计变更，增加工程量，自然灾害影响正常施工等影响正常工期情况时，承包人有权及时提出工期顺延申请。第二，应当向业主单位、发包人或者监理单位提出。承包人申请顺延工期的对象，首先是施工合同的对方当事人，即合同的发包人；其次是工程的监理单位；最后是总包单位和业主单位等。第三，申请顺延工期的方式，应当采用建设工程常用的工程签证单、工程联系单或申请书等方式，同时，也要求申请顺延工期以工程签证单等方式得到发包人、监理人、业主单位等的确认，当然在实操中，想真正取得前述人员或单位的确认有一定困难，但并不影响承包人正常行使此项法定权利。第四，申请顺延工期，应当在约定时间或合理期限内提出申请，并据实计算工期合理顺延期限。

---

① 参见邬砚：《建设工程合同纠纷：254个裁判规则深度解析》，法律出版社2017年版，第90页。

(3) 申请顺延工期的认定

基于上述,笔者认为司法实践对申请顺延工期基本已达成以下四条认定规则:一是在建设工程施工过程中,承包人面对发包人对隐蔽工程迟延验收,未履行约定或法定义务,影响工程正常施工,施工期间的工程或材料等的质量鉴定,工程的设计变更,增加工程量,自然灾害影响正常施工等影响正常工期情况时,承包人有权要求顺延工期。二是在建设工程施工过程中,只要承包人在约定时间或合理期限(事件发生后的1~2个月)内提出了工期顺延申请,即使未得到发包人、监理人、业主单位等的确认,也应当认定合理的工期顺延期限。三是排斥单纯为增加工程款,在工程结算或争讼阶段的工期顺延的主张。四是对工期顺延时间的计算,可以采取价款比例法即(最终确定的包含增加工程在内的工程款÷原定工程量对应的工程款)×原定工期=最终工期,从而确定应当延长的工期,或采取工程量比例法即(最终确定的工程量÷原定工程量)×原定工期=最终工期,从而确定应当延长的工期。① 目前法院在司法裁判中多采用前述方法确定合理的工期顺延期限,但笔者认为,取两种比例法的算术平均值,则更接近实际合理的工期顺延期限。

本案中,申请人与被申请人均确认工期存在延误的事实,但对延误的原因各执一词。正因为申请人提交的《工程施工联系单》充分证明其在合理期限内,就施工工程设计变更,已向被申请人和监理人提出过申请工期顺延,有监理人员签名证实,虽然未取得被申请人签章认可工期顺延,但其工期顺延30天的主张,仍得以为仲裁庭采信。

(二) 工期延误损失等的认定

本文所谈的工期延误损失,即是建设工程中的索赔。在《建设工程施工合同(示范文本)》(GF-1999-0201)中,索赔是指合同履行过程中,对于并非自己的过错,而是应由对方承担责任的情况造成的实际损失,向对方提出经济补偿和(或)工期顺延的要求。② 笔者认为,此定义并不周延。《建设工程工程量清单计价规范》(GB50500-2013)第9.14.5条规定:"若承包人的费用索赔与工期索赔要求相关联时,发包人在作出费用索赔的批准决定时,应结

---

① 参见邬砚:《建设工程合同纠纷:254个裁判规则深度解析》,法律出版社2018年版,第94、95页。

② 参见王勇:《建设工程施工合同纠纷实务解析》,法律出版社2017年版,第235页。

合工程延期,综合作出费用赔偿和工程延期的决定。"① 显然,索赔应专指"费用赔偿或经济补偿",与"工期顺延"存在一定交叉关系,在建设工程中,"费用赔偿"与"工期顺延"可并存亦可单独存在。工期延误的费用赔偿则在工程索赔中最具代表性。学界将工期延误概括为因发包人原因导致的工期延误(近十项)、因承包人原因导致的工期延误(二十余项)和不可归责于双方当事人的工期延误(包括不利物质条件、气候和不可抗力等)②。但事实上,工期延误的费用赔偿远比这复杂,就建设工程的参与人,包括政府监管部门、业主单位、总包人、承包人、发包人、分包人、监理单位、项目管理单位、实际施工人、材料供应商、劳务单位和台班班组等,任何一方的行为或举动,均可引起工期延误和费用赔偿,从而传导至施工合同的双方当事人。

1. 工期延误的费用索赔程序

无论是从《工程施工合同解释(一)》第10条规定,还是从《建设工程工程量清单计价规范》(GB50500-2013)及《建设工程造价鉴定规范》(GB/T51262-2017)等规定看,索赔是工程发包人和承包人的法定权利,是建设工程合同的组成部分,是工程量清单计价部分,是建设工程造价的组成部分。总之,宽泛地讲,索赔也是建设工程的一部分,是"变量"部分,即影响工程量或工程价款增加或减少。因此,工期延误的费用索赔程序,应当与施工变更的过程相类似。

第一,在建设工程施工过程中,承包人、发包人均有权及时提出工期延误的费用索赔。第二,索赔内容完整,不但要完整阐述索赔事件,亦要完整计算具体费用索赔金额,并附以完整的事件和金额的发生依据。第三,向业主单位、合同相对方或者监理单位提出。第四,索赔方式应当采用建设工程常用的工程签证单、工程联系单、申请书、会议纪要等方式,同时,索赔要得到业主单位、合同相对方或者监理单位等的书面签章确认。虽然在实操中,取得确认有困难,但不影响当事人正常行使权利。第五,最终形式,要求承包人、发包人应于相关的工程结算报告书和第三方审核的工程结算书中予以反映。

2. 工期延误费用索赔的认定

笔者认为,在仲裁和司法实践中,工期延误费用索赔的认定,虽尚未形成完整系统性认定规则,但检索相关建设工程案件,仍有章可循:一是强调以在

---

① 参见《建设工程工程量清单计价规范》(GB50500-2013)。
② 参见王勇:《建设工程施工合同纠纷实务解析》,法律出版社2017年版,第236—240页。

建设工程施工过程中形成的工期延误费用索赔的"过程资料"为基础,"过程资料"应在合同约定时间或合理期限(事件发生后的1～2个月)内形成。二是"过程资料"的完整性。索赔内容完整,不但要完整阐述索赔事件,亦要完整计算具体索赔金额,并附以完整事件和金额的发生依据。索赔的"过程资料"形式,不限于工程签证单、工程联系单、申请书、会议纪要、谅解协议、补充协议等非单方资料。三是当事人主张权利的持续性。承包人、发包人除应当在索赔事件发生后的合理时间内形成基础的"过程资料"主张权利,还应当在建设工程的工程结算报告书和第三方审核的工程结算书中体现索赔主张。四是对单纯为了增加或减少工程款,在争讼阶段主张工期延误费用索赔的,一般不予认定和支持。五是在特别情况下,对确有清晰、明确的索赔"过程资料",且经审查工期延误事实确凿的,可以通过当事人要求第三方审核单位在工程结算书中对索赔内容进行补正,或直接予以认定工程款的增加或减少。

本案中,申请人主张,被申请人因林地指标等原因造成工期延误9个月,导致申请人项目部费用增加、工人闲置、机械台班搁置,造成实际损失436415.92元。但其提供的补充协议约定,经过双方协商,被申请人同意将土方、石方的弃置费、钢筋、水泥三项按照市场价作适当的调整,共预计补偿1437823.27元。也就是说,工期延误所导致的各项费用损失早就存在,既然双方已经就土方、石方的弃置费、钢筋、水泥三项调整了价格,申请人理应就其他费用增加、工人闲置、机械台班搁置的费用一并提出索赔,因此,该补充协议应当理解为双方就索赔达成协议,被申请人除以上三项外不补偿其他费用,申请人也予以认可。何况,申请人在其自行制作的《某厂区场地平整、边坡支护工程结算书》中,以及第三方造价审核公司出具的《建筑工程结算审核书》中,均未主张工期延误导致这几项费用增加并提出索赔,因此,此项工期延误费用索赔请求,未得到仲裁庭的支持。

3. 工期延误索赔中的司法鉴定

在工程实践中,由于工期延误原因和工期延误损失问题等均极为复杂,承发包双方就工期延误责任主体、工期顺延天数、工期延误索赔金额等多难以达成一致意见,有人建议通过仲裁或诉讼借助司法鉴定来解决争议。但是笔者认为,在工期及延误索赔鉴定理论和方法尚不成熟的情况下,特别是在尚未明确工期延误责任主体和当事人未能提供相对完整基础性工期延误索赔"过程资料"时,盲目启动司法鉴定,难以避免出现"以鉴代审""以鉴代裁"将裁判工作引入歧途的尴尬局面;同时又造成当事人时间和金钱的浪费,因此,就工期延误索赔问题启动司法鉴定应慎之又慎。但对涉及工期约定是否为合理工期、顺延工期的合理时限及工期延误索赔具体金额等涉及"量"的计取争议,可委托具有司法鉴定资质的工程咨询机构出具司法鉴定结论。

综上,建议承发包合同的双方当事人,均应在建设工程施工过程中对工期顺延及工期延误索赔的签证等施工过程资料予以充分重视,在签署有关会议纪要、谅解协议、补充协议时充分表达诉求,明确意思表示,避免因工期延误造成自身财产损失而得不到赔偿的情况发生。本案仲裁庭关于工期延误索赔的分析,望对仲裁实践起到抛砖引玉的作用。

(本案例由深圳国际仲裁院仲裁员孙雅莲编撰)

案例4 共同延误的认定与法律后果

仲裁要点：共同延误又称混合原因延误，是指在同一时间发生了两个以上延误事件，其中一个延误事件是业主风险事件，另一个延误事件是承包商风险事件，且发生了相互影响的延误。本案双方当事人对工期延误均有过错，共同导致工期延误的结果，属于共同延误。在一般情况下，共同延误构成双方违约，除非当事人就共同延误的处理规则进行特别约定，否则应各自承担相应的违约责任。

一、案情概要

2016年4月19日，A公司（发包方，本案仲裁本请求申请人及仲裁反请求被申请人，以下简称"申请人"）与B公司（承包方，本案仲裁本请求被申请人及仲裁反请求申请人，以下简称"被申请人"）签订了《某酒店公寓装饰工程施工合同》（以下简称《施工合同》）。《施工合同》约定的开工日期为2016年4月6日，双方确认实际开工日期为2016年4月6日。工期为114日历天，双方约定的竣工日期为2016年7月30日。双方同意仅在验收合格且竣工资料齐全后，按以下方式进行结算：综合单价包干，依《施工合同》附件《工程预算书》确认的价款，工程合同总价暂定为22500000元。《施工合同》还约定了工程预付款为合同总价的20%，工程进度款按月进度80%的比例支付。被申请人在履行合同中承担违约责任的上限不超过合同价款的3%。

申请人提供的《验收报告》载明，涉案工程的验收时间为2017年1月17日，工程验收结果为通过。申请人认可涉案工程于2017年1月17日初步验收并交付申请人使用。被申请人主张，2016年8月15日与申请人约定，交付第一批15—22楼，2016年12月中旬交付使用第二批14楼以下部分，但未提供交付使用的证据予以证明。双方确认,本案工程已交付使用,但未进行结算。

申请人于2016年8月26日向被申请人发出《关于装修进度及施工问题的沟通函》,主要内容为:截至2016年7月26日,申请人已支付进度款13500000元,达到项目总价的60%。工程总量350间客房,截至2016年8月26日,被申请人仅勉强完成16—22层132间客房中的111间,完成度不足工程总量的35%。申请人要求被申请人对施工过程中存在的管理混乱、不守工期承诺、工人欠薪等问题制订切实可行的解决方案,尽快完成项目。2016年9月6日,被申请人向申请人出具《关于装修进度及施工问题的回函》,对工程的工期、进度款的支付和项目管理过程中存在的问题作了回复。申请人与被申请人在前述往来函件中认可本案工程的约定竣工日期为2016年7月30日。

2016年10月26日,申请人法定代表人满某某与被申请人工作人员签署了被申请人报送的《增加工程量清单汇总》(后附增加工程量清单及明细表),对工程施工过程中增加的工程量进行了确认,但对价格未予确认。申请人与被申请人均确认,《增加工程量清单汇总》没有包含G型房项目。

申请人从2016年4月25日起至2017年8月3日止,合计向被申请人支付工程款共计17362070元。其中,截至工程交付日2017年1月17日,申请人向被申请人支付工程款合计为16757760元。

申请人认为,被申请人缺乏契约精神且管理严重缺位导致项目工期延误、返工频繁,给申请人造成了损失,于2017年5月4日依据涉案合同中的仲裁条款向深圳国际仲裁院申请仲裁,并提出如下仲裁请求:

1. 裁决被申请人赔偿申请人因逾期完工遭受的损失合计8731818.18元(其中包含租金7226219.35元,员工工资837669.89元,水费25260.28元,电费139163.24元,员工宿舍租金51152.69元,宽带、电话费89032.13元,有线电视费14335.65元,物业管理费348984.95元)。

2. 裁决被申请人返还申请人代垫付的施工期间的物业垃圾清运费和水电费合计1278506.58元。

3. 裁决被申请人向申请人支付逾期完工的违约金845000元。

4. 裁决被申请人赔偿申请人律师费180000元。

5. 裁决被申请人承担本案的仲裁费用。

被申请人认为,其已完成《施工合同》的义务,并将工程移交申请人投入实际使用，申请人应向被申请人结清所有工程款，遂于 2017 年 6 月 29 日提出以下仲裁反请求：

1. 裁决申请人向被申请人支付工程款 9962485.31 元(不含 3%的质保金)。

2. 裁决申请人向被申请人支付违约金 810000 元(即从 2017 年 1 月 10 日起至工程款全部付清之日止期间的违约金按 5000 元/天，暂计至 2017 年 6 月 22 日为 810000 元)。

3. 裁决申请人向被申请人支付滞纳金 4841767.86 元(即从 2017 年 1 月 10 日起至工程款全部付清之日止期间的滞纳金按 0.3%/天，暂计至 2017 年 6 月 22 日为 4841767.86 元)。

4. 裁决申请人承担被申请人支付的律师费 160000 元。

5. 裁决申请人承担本案的全部仲裁费用(包括本案仲裁费、保全费及保全担保费等)。

6. 裁决被申请人就申请人所欠工程款项对工程折价或者拍卖的价款依法享有优先受偿权。

2017 年 10 月 30 日，被申请人提出对 G 型房的工程造价和《增加工程量清单汇总》中所涉的增量工程的造价进行鉴定，深圳国际仲裁院依程序指定 C 公司(以下简称"评估公司")为本案评估鉴定机构，对前述造价进行鉴定。2018 年 4 月 11 日，评估公司作出《C 公司报告书》(以下简称《报告书》)，确定 G 型房装饰装修价值为 677024 元，《增加工程量清单汇总》装饰装修价值为 1481519 元，两项合计 2158543 元。

二、当事人主张

(一)申请人主张

《施工合同》签订后，申请人依约向被申请人支付了工程款并完成了相应施工准备及相关各方的协调工作。被申请人于 2016 年 4 月 6 日进场施工，但因被申请人缺乏契约精神且管理严重缺位等原因导致项目工期长期延误、质量频繁返工。原定于 2016 年 7 月 30 日完工的项目，延误至 2017 年 1 月 17 日才完成初步验收。工期的严重延误直接导致申请人的酒店错过了暑假、"国庆黄金周""元旦假期"等一系列旅游旺季，经营损失惨重。

除工期延误外，被申请人对其属下项目工人完全无法管理和控制，项目工人多次采用野蛮手段无理冲击项目,进一步影响了工程的推进和项目的运营。申请人为了避免项目因被申请人的行为而烂尾,承担了大量超出预期的责任和成本,该等损失应由被申请人全额承担。

(二)被申请人主张

1. 工程工期延误的主要责任在于申请人,申请人无权要求被申请人承担工期延误责任。在施工过程中,因申请人在具体分包工程衔接过程中配合不到位,导致被申请人施工项目不能如期进行,此系导致工期延期的首要原因。

2. 申请人未依照《施工合同》按时足额向被申请人支付工程进度款,也是造成工期延误的主要原因。根据《施工合同》约定的"付款条款",申请人应按照工程进度向被申请人支付工程进度款。被申请人每月都会向申请人发送工程量,但申请人并未依约向被申请人支付阶段工程款。

3. 申请人在施工过程中反复增加、变更施工图纸,造成工程量增加,此系工期延误的另一重要原因。在施工过程中,由于申请人又增加了拆除、砌筑、G户型由布草间改客房、新增卫生间、墙面修复、栏杆加固等工程量,导致工期延长,此种情况延长的工期应予顺延工期,而非延误,更不能归责于被申请人。

4. 因申请人未能按照《施工合同》约定协调各施工单位的关系,使得分包工程多次整改且迟迟不能符合被申请人施工所需的条件,各分包工程的多次整改对工期的延长造成了较大影响,因此工期应相应顺延。

三、仲裁庭意见

(一)关于《施工合同》的效力问题

《施工合同》是申请人与被申请人的真实意思表示,主体适格,内容没有违反我国法律、行政法规的禁止性规定,合法有效,双方当事人应依约履行。

(二)关于工程结算造价的认定问题

申请人与被申请人确认,工程结算按照合同暂定价加上增量工程的造价计算。

1. 合同暂定价的认定

依据《施工合同》及其附件《工程量清单报价表》的约定,工程的合同暂定价为22500000元。

2. 增量工程价款的认定

双方当事人对增加的工程量,于2016年10月26日签署了《增加工程量清单汇总》(后附增加工程量清单及明细表)予以确认,仲裁庭予以认可。增加工程量的造价,经仲裁庭委托鉴定,评估公司作出鉴定《报告书》,确定《增加工程量清单汇总》装饰装修造价为1481519元。鉴于鉴定报告出具程序合法,依据充分,仲裁庭予以采纳,仲裁庭认定涉案增量工程造价为1481519元。

3. G型房造价的认定

鉴于《施工合同》为综合单价包干合同,G户型客房虽然未在确定合同暂定价的《工程量清单报价表》中的《某酒店室内装饰装修工程汇总表》中列明造价,但已包括在合同约定的合同暂定价之中,且双方确认的增量工程中也未包括G型房。因此,涉案工程结算价不应再另行计算G型房的造价。被申请人主张涉案工程结算造价应增加G型房造价,证据不足,仲裁庭不予采信。

综上,仲裁庭认定涉案工程的工程结算造价为23981519元(合同暂定价22500000元 + 增量工程造价1481519元)。

(三)关于申请人尚欠工程款的认定问题

涉案工程的工程结算造价为23981519元,申请人已向被申请人支付工程款17362070元,扣除施工合同约定的质保金719445.57元后,申请人尚欠被申请人工程结算款5900003.43元(未含质保金)。被申请人关于要求申请人支付工程款9962485.31元的仲裁反请求,仲裁庭据实予以支持,申请人应向被申请人支付工程款5900003.43元(未含质保金)。

(四)关于违约争议事项的认定问题

本案争议的违约事项包括逾期竣工、逾期竣工的损失赔偿和逾期支付工程款三个问题。

1. 逾期竣工的认定

申请人与被申请人一致确认本案工程的约定竣工日期为2016年7月30日。被申请人作为施工方,负有证明本案工程何时竣工的举证责任,被申请人主张本案工程已在前述约定的竣工日前分批交付申请人使用,既未得到申请人的认可,也未举证证实,仲裁庭不予采信。鉴于申请人认可涉案工程于2017年1月17日接收使用,仲裁庭认定涉案工程的竣工日期为2017年1月17日,工程逾期竣工172天(从双方确认的开工日2016年4月6日起算,计至2017年1月17日)。根据《施工合同》关于增加工程量可予顺延工期,以及申请人未依约支付工程款被申请人有权暂停施工的约定,结合施工行业惯例,对于施工过程中因前述情形存在而影响工程进度的,可予适当顺延工期。本案存在造价为1481519元的工程量增加情形,参照《施工合同》的约定,暂定总造价与施工工期的日产值比,对于增加工程量的工期酌定为7天,可予相应顺延;截至工程竣工日,申请人向被申请人支付工程款16757760元,仅达到工程结算造价的70%,未达到《施工合同》约定的应付进度款的80%。基于申请人存在逾期支付工程进度款的事实,仲裁庭酌定被申请人因申请人逾期支付工程进度款可顺延工期17天。综前,仲裁庭认定涉案工程竣工日期可予免责顺延24天,被申请人拖延工程竣工的天数为148天。被申请人依法应承担相应的逾期竣工违约责任,依据《施工合同》关于因被申请人原因造成工期延误的,每延误一天,需向申请人支付5000元的违约金,以及被申请人在履行合同过程中承担违约责任的上限不超过合同价款的3%的约定,被申请人应向申请人支付逾竣(完)工违约金675000元(22500000元×0.03)。

仲裁庭注意到,《施工合同》中关于逾期竣工违约金的规定有两处,分别为500元/天和5000元/天,相互矛盾。结合《施工合同》中关于逾期付款违约金为5000元/天的规定,仲裁庭认为逾期竣工违约金按5000元/天计算更为合理。

2. 逾期竣工损失的认定

申请人出具的《审计报告》载明,"2016年8月1日至2017年1月17日公司发生的应支付业主租金、物业管理费、水电费、员工工资、员工宿舍租金、宽带与电话费、有线电视费共计8731818.18元",仲裁庭认为该份报告是会计公司依据申请人单方提交的资料出具的,没有证据证明上述费用实际发生,而且未得到被申请人的确认,仲裁庭不予采信。申请人关于要求被申请人赔偿逾期完工损失8731818.18元的仲裁请求,缺乏依据,仲裁庭不予支持。

鉴于申请人要求被申请人返还申请人代垫付的施工期间物业垃圾清运费和水电费合计1278506.58元的仲裁请求,主要依据也是上述审计报告,基于上述理由,仲裁庭亦不予支持。

3. 逾期付款违约金及滞纳金的认定

《施工合同》明确,"申请人不能按合同约定支付工程款,应按5000元每天的标准向被申请人支付违约金并承担因违约导致被申请人的损失,同时,每天的滞纳金按应付款的0.3%计算,申请人不得提出任何异议"。仲裁庭认为,前述约定的滞纳金,实质是迟延履行违约金,约定违约金的同时又约定支付滞纳金,属于对逾期支付工程款这一违约行为的重复约定。根据公平和对等原则,对申请人逾期给付工程款的行为,依据《施工合同》前述关于违约金的约定标准计算较为合理。因此,仲裁庭对申请人要求给付滞纳金的仲裁请求予以驳回。

截至工程竣工之日(2017年1月17日),申请人向被申请人支付工程款16757760元,尚欠被申请人工程款5900003.43元(未含质保金)。申请人的工程款付款额仅达到工程结算造价的70%,不但未达到《施工合同》约定的应付工程进度款的80%,更未依《施工合同》关于"工程验收合格后之日起十五个日历天数内申请人向被申请人支付至工程总造价的97%"的约定支付工程完工款。申请人未按《施工合同》约定付款的行为,已构成违约,依法应按《施工合同》约定承担逾期付款的违约责任。对于未付工程款5900003.43元(未含质保金),申请人应依《施工合同》的约定,自2017年2月1日起至未付工程款付清之日止,按每逾期一天向申请人支付5000元的标准计付违约金。

四、裁决结果

1. 被申请人向申请人支付逾期完工违约金675000元。
2. 被申请人向申请人支付因本案发生的律师费20000元。
3. 申请人向被申请人支付工程款5900003.43元。
4. 申请人向被申请人支付逾期付款违约金(以工程款5900003.43元为基数,按每天5000元的标准,从2017年2月1日起计算,计至前述工程款付清之日止)。
5. 申请人向被申请人支付因本案发生的律师费80000元。
6. 申请人向被申请人支付保全费和担保费共计12500元。
7. 本案本请求仲裁费和鉴定费由申请人承担90%、被申请人承担10%;反请求仲裁费由申请人、被申请人各承担50%。

8. 驳回申请人的其他仲裁请求。

9. 驳回被申请人的其他仲裁反请求。

五、评析

本案涉及数个法律争点,因篇幅所限,下文仅就本案所涉的共同延误的认定及其法律后果进行评析。本案申请人主张涉案工期因被申请人管理缺位而严重延误,申请人为此付出了超预期的项目经营成本,被申请人应承担相应的违约责任。被申请人则主张申请人未依照《施工合同》的约定足额向其支付工程进度款,且施工过程中因施工图纸变更导致工程量增加,工期延误的责任应在申请人一方。根据仲裁庭认定的事实,本案双方当事人对工期延误均有过错,共同导致工期延误的结果,属于共同延误,笔者尝试结合本案就共同延误的认定及法律后果进行探讨。

(一)共同延误的认定

1. 共同延误的定义

共同延误(Concurrent Delay),又称为混合原因延误,是指在同一时间发生了两个以上延误事件,其中一个延误事件是业主风险事件,另一个延误事件是承包商风险事件,且发生了相互影响的延误。[1] 在实践中,导致同一延误的不同事件可以具备不同程度的影响效果,且不要求同时发生或结束,但需在一定时段内重合。[2] 对于共同延误,常用的标准合同如 JCT 合同[3]、NEC 合同[4]以及国际上常用的 FIDIC 合同条件[5],都选择不在合同文本中作出明

---

[1] 参见崔军:《论国际工程项目中的共同延误》,载《项目管理技术》2011 年第 6 期。

[2] Furst, S. Keating on Construction Contracts, 9th edition [M]. London: Sweet & Maxwell, 2012.

[3] JCT(Joint Contract Tribunal)即英国联合合同委员会,JCT 合同是 JCT 为房屋建筑工程制定并发布的一系列合同范本,在英国联邦地区受到广泛认可和应用,其中 2016 年版是 JCT 合同的最新版本。

[4] NEC(New Engineering Contract)由英国土木工程师学会(The Institution of Civil Engineers,简称 ICE)编制,是处理设计和施工工程项目的标准合同范本以及项目管理法律框架,具有灵活性、有效项目管理和语言简明的特征,其中第 4 版是 NEC 最新版本。

[5] FIDIC(Fédération Internationale Des Ingénieurs-Conseils)即国际咨询工程师联合会。FIDIC 合同条件是由 FIDIC 编制并发布的一系列工程合同示范文本,在国际上得到广泛认可和应用。

确约定，而是将该问题留给有权确定的工程师，或者进一步提交争议解决部门裁决。①

共同延误在国内司法实践中亦屡有涉及，但尚未形成统一和可预期的裁判规则。国内司法实践所提及的共同延误，往往并不强调业主风险事件和承包商风险事件发生的同期性或产生影响的同期性，而是着眼于施工过程中双方行为之于工程延误的关联性，侧重于工期延误结果产生后的事后评判。②

比如，在东晖电子（常州）有限公司与江苏金坛第一建筑安装工程有限公司建设工程施工合同纠纷二审案中，承包方以双方在补充协议中约定的"如因甲方分包工程质量和误工原因延误工期的按实际天数顺延"这一条款为依据，主张工期顺延，其没有违约。常州市中级人民法院认为，该条款不能理解为，当承包方施工部分和甲方分包工程均存在问题时，一概免除承包方延期竣工的违约责任。该案2013年9月23日的会议纪要中载明了土建部分和其他项目存在的问题，土建部分的问题为"六楼顶部还没有修补，墙面仍有开裂和空鼓"；2013年11月8日，承包方向发包方出具的承诺书载明"我公司承诺关于贵单位建设的3号生产车间由于我方施工造成的质量问题我单位将负责进行维修，直至满足验收条件以及满足保修年限"；又根据常州市建筑科学研究院股份有限公司出具的检测鉴定报告，承包方施工的工程部分存在外墙内侧面局部、外墙楼面墙角、外墙与梁底、柱边接触界面等处渗漏等质量问题。故即使没有其他项目的质量问题，承包方的行为已足以导致无法按期竣工验收合格的后果，因此承包方依据该条款认为其不构成违约的理由不能成立。③ 又如，中国二十二冶集团有限公司与盘锦新广厦房地产开发有限公司建设工程施工合同纠纷案中，法院认为，工期延误既有承包方前期施工能力不够、工程管理存在缺陷等原因，同时也有发包方混凝土供给不及时、支付工程进度款不足等原因。以上综合原因，在或先后、或交叉、或共同作用下导致工期延误。④

与上述案例类似，本案工程实际竣工日期比约定竣工日期延误了172

---

① 参见丘健雄、方丽娟、孙厉：《英国高等法院技术与工程法庭近期判例解读》，载《国际工程与劳务》2019年第1期。
② 参见常设中国建设工程法律论坛第八工作组：《中国建设工程施工合同法律全书：词条释义与实务指引》（第二版），法律出版社2021年版，第661页。
③ 参见常州市中级人民法院（2018）苏04民终3218号民事判决书。
④ 参见最高人民法院（2013）民一终字第111号民事判决书。

天,仲裁庭认定其中 7 天是因申请人增加工程量导致延误,还有 17 天是因申请人逾期支付工程进度款导致延误,其余 148 天是被申请人自身原因导致延误,双方当事人对工期延误均有过错,共同导致工期延误的结果,属于共同延误。

2. 共同延误的原因及分析方法

(1) 共同延误的原因

在工程实务中,发包方和承包方均可能因各种因素引起工期延误,当这些因素在工期内同时发生时,便共同导致了工期延误的结果。实践中,发包方导致工期延误的常见原因有:①未能按合同约定提供图纸或提供的图纸不符合合同约定;②未能按合同约定提供施工现场、施工条件、基础资料、许可、批准等开工条件;③提供的测量基准点、基准线和水准点及其书面材料存在错漏;④增加施工量或改变质量要求;⑤未按合同约定支付工程预付款、进度款或竣工结算款。承包方导致工期延误的常见原因有:①施工管理混乱、组织不善;②施工质量不合格导致返工返修;③依约由承包方准备设备和材料的,设备或材料供应迟延;④施工人力资源不足。

(2) 分析方法

在国际工程实践中,为确定延误事件对工程竣工的影响以及明确工期延误责任的分配,工程项目各方以及专家证人会借助各种延误分析方法来论证和分析工期延误的原因,其中常用的分析方法包括计划影响分析法[①]、时间影响分析法[②]、影响事件剔除法[③]以及计划与实际竣工对比分析法[④]。

因篇幅所限,本文不对以上分析方法进行深入介绍。就本案而言,仲裁庭实际上同时采用了影响事件剔除法、计划与实际竣工对比分析法两种方法,先把不可归责于被申请人的延误工期剔除,进而酌定本案竣工日期可予

[①] 计划影响分析法是通过分析工期延误事件对基准计划的影响来分析判断其对竣工时间的影响并据此确定承包方是否有权进行工期索赔的一种技术分析方法。

[②] 时间影响分析法是以进度计划为基准计划,将计划更新到当前进度,然后将延误事件插入或加入相关活动之中,重新计算进度计划,确定新的竣工日期。新的竣工日期和原计划的竣工日期之差即为延误影响的时间。

[③] 影响事件剔除法是以竣工计划为基础,将竣工计划中非归责于承包方的延误剔除,通过重新计算得到新的竣工日期,竣工计划中的竣工日期与新的竣工日期之差即延误事件造成的延误时间。

[④] 计划与实际竣工对比分析法是将基准进度计划或施工计划与实际计划或反映某一时刻的实际进度进行对比,得出的计划工期与实际工期之差即为承包商有权要求工期延长的时间。

免责顺延24天。剔除上述天数后,仲裁庭再将实际工期与约定工期作差,进而得出本案被申请人不可免责的工期延误天数为148天。

3. 共同延误的举证责任

在司法实践中,有关工期的争议往往需要确认约定工期以及实际工期的具体天数,然后再进一步查明逾期原因并明确责任主体。在不同的情形中,发包方可能要求承包方承担工期延误的违约责任,而承包方则可能向发包方主张工期顺延或其他损失赔偿。这就需要发包方和承包方就工期延误的原因等相关事实提供证据予以证明。

具体而言,发包方要证明承包方承担工期延误的违约责任,一般需要就以下事实进行举证:一是合同约定工期以及涉案工程的实际工期,据此证明工期延误的事实以及工期延误的天数;二是工期延误违约责任的合同约定。相较而言,承包方主张工期顺延则需承担更重的举证责任:其要证明工期延误的原因在于发包方,即工期延误与发包方的行为有因果关系,这可能需要借助司法鉴定来完成举证义务。需要注意的是,在承包方主张发包方付款延误进而导致工期顺延的情况下,及时足额付款的举证责任则转移至发包方承担。此外,在非共同延误的情况下,工期延误还可能是因第三人、不可抗力等原因导致。

在江苏南通六建建设集团有限公司与连云港飞龙置业有限公司建设工程施工合同纠纷案中,江苏省高级人民法院认为,合同约定涉案工程应于2011年2月9日竣工,但实际于2012年8月24日竣工,客观上存在明显的工期延误情形。尽管承包方已经举证证明发包方存在大量设计变更、拖延办理施工许可证、提供材料不及时、样板间装修等问题可能导致工期迟延,但其主张工期延误的原因及相应可顺延的合理天数仍不足实际工期延误天数,故承包方仍应承担部分工期违约责任。[①]

本案中,被申请人主张申请人在施工过程中反复变更施工图纸,增加了拆除、砌筑、G户型由布草间改客房、新增卫生间、墙面修复、栏杆加固等工程量,且未依照《施工合同》按时足额向被申请人支付工程进度款,从而导致工期延长,并提交了《增加工程量清单汇总》等证据予以证实。但与江苏南通六建建设集团有限公司与连云港飞龙置业有限公司建设工程施工合同纠纷案类似,本案中,仲裁庭认为,被申请人主张工期延误的原因及相应可顺延的合理天数仍不足实际工期延误天数,被申请人仍应按照《施工合同》的约定

---

① 参见江苏省高级人民法院(2017)苏民终254号民事判决书。

承担上限不超过合同价款3%的逾期竣工违约金。

(二)共同延误的法律后果

工期延误一般会引起两种法律后果:一种是延误的事实符合当事人约定或法律规定的工期顺延的条件,在此情况下承包方可能获得相应的抗辩权①或请求权②,无须承担不利后果;另一种是延误的事实不符合工期顺延的条件,导致工期延误的一方或多方需承担相应的责任。

共同延误是工期延误中较为常见的情况,但司法实践中对于共同延误的处理却难以形成统一的裁判标准,原因在于:共同延误相比单方原因引起的工期延误涉及的因素更多,各方责任的定性和定量更为复杂。对于共同延误引发的索赔,双方往往会在责任事件的确定以及各自责任事件对延误结果的影响程度问题上各执一词。笔者试从意思自治和法律规范两个方面探讨共同延误的法律后果,并结合本案进行评析。

1. 意思自治优先

意思自治原则又称自愿原则,是指民事主体在民事活动中,充分表达自己的真实意愿,根据自己的意愿设立、变更和终止民事法律关系。③ 其在合同法领域体现为"契约自由",建设工程施工合同作为民事合同的一种,也应遵循"法无禁止即可为"的宗旨。在共同延误的情形下,如施工合同对该情形的处理规则有特别约定的,该约定应当优先适用。

在英格兰与威尔士高等法院审结的 *North Midland Building Ltd. v. Cyden Homes Ltd.* [2017] *EWHC* 2414 案中,原告 North Midland Building Ltd.(承包商)与被告 Cyden Homes Ltd.(雇主)就英国林肯郡阿什比-芬比南农场的建设工程项目签署了设计施工总承包合同,双方在 JCT 合同的基础上进行了一定修改。其中就共同延误的处理,双方约定"当相关事件引发的延误与承包方应承担责任的延误同期发生时,则该相关事件引发的延误不应考虑"。该工程在施工过程中发生了工期延误,承包商认为雇主应当为自己导致的延误事件承担责任。但法官 Fraser 发现双方当事人对共同延误有非常明确的约定,如果承包商有责任的延误事件导致延误的同一时期,有相关事件导致

---

① 如不可抗力。
② 如情势变更。
③ 参见王利明、郭明瑞、方流芳编著:《民法新论》(上),中国政法大学出版社 1988 年版,第 59 页。

的延误,那么给承包商的延期将不包括相关事件所导致的延误。① 该判例基于严守契约原则进一步明确了双方就共同延误的处理规则的约定可以得到法律的认可,即当事人的意思自治优先。

2. 法律规范归责

在双方当事人未就共同延误的处理规则进行特别约定的情况下,应当依据法律规定进行归责和处理。从我国的立法例来看,因业主和承包商共同延误造成损失的,应结合双方各自对工期延误结果的过错程度和影响的大小进行归责。由于本案裁决时《民法典》尚未出台,故应适用原《合同法》进行审理。原《合同法》第120条规定:"当事人双方都违反合同的,应当各自承担相应的责任。"第283条规定:"发包人未按照约定的时间和要求提供原材料、设备、场地、资金、技术资料的,承包人可以顺延工程日期,并有权要求赔偿停工、窝工等损失。"《民法典》沿袭了上述规定,其中第592条在原《合同法》第120条的基础上增加了第2款,明确"当事人一方违约造成对方损失,对方对损失的发生有过错的,可以减少相应的损失赔偿额"。

共同延误在双方未就处理规则进行特别约定的情况下,本质上构成双方违约。双方违约是指合同当事人双方都违反了各自的义务,有两个违约行为,并相互造成了损害,双方应各自承担违约责任。② 涉案工程施工过程中,既有被申请人因自身原因导致的工期延误,也有因申请人逾期支付工程进度款和增加工程量导致的工期延误,仲裁庭结合双方当事人的过错程度酌定了各自导致工期延误的天数,并对双方各自承担的责任作出了认定。申请人作为发包方未按约定足额支付工程进度款且增加了工程量,被申请人可就因该原因延误的工期进行顺延,而申请人应当为拖欠工程进度款的违约行为承担相应责任,仲裁庭遂根据《施工合同》的约定裁决申请人向被申请人支付逾期付款违约金。被申请人作为承包方因自身原因延误工期148天,其同样应当按照《施工合同》的约定承担工期延误的违约责任,故仲裁庭裁决被申请人向申请人支付相应的逾期竣工违约金。

(本案例由深圳国际仲裁院庄淮清编撰)

---

① 参见邱闯:《国际工期延误案例评析 | 颠覆英国工程法学会同期延误规则的新判例》,载微信公众号"法务工期评论",2018年8月27日。

② 参见最高人民法院民法典贯彻实施工作领导小组主编:《中华人民共和国民法典合同编理解与适用》,人民法院出版社2020年版,第835页。

案例 5　工期延误违约责任的认定

仲裁要点： 本案发包人与承包人签署合同前对于合同计价方式已有充分沟通，发包人明示了相关风险，涉案合同的固定总价计价方式条款合法有效。双方已签署合同将招标文件的开工日期予以调整延后，不存在发包人违约导致工期延后的情况。涉案工程工期内建材价格的涨跌，属商业风险，不属于情势变更。另外，承包人提交的证据不能证明其在签订合同后因材料价格的重大变动导致损失。因此，承包人因材料价格上涨要求被申请人给予赔偿没有法律依据。

一、案情概要

2017年6月8日，被申请人A公司针对J省Z市分发中心二期工程发布招标公告和招标文件，招标文件要求以2017年2月Z市材料信息指导价投标报价。发标后因处理开标答疑、处理投诉等事实，经评议等流程，于2017年8月30日确定第一中标候选人为申请人B公司。

2017年9月7日，被申请人向申请人发出中标通知书，并通知申请人于2017年10月7日之前与被申请人洽谈合同。申请人考虑到材料价格市场已经发生变化，分别于2017年10月10日、2017年10月12日发函给被申请人，重复提出要求协商确定材料价格的风险范围和调整方式。被申请人分别于2017年10月11日、2017年10月12日给予申请人书面回复，明确告知涉案工程招标文件及施工合同均确定工程采用固定总价计价方式，并反复提示申请人应充分考虑完成本工程的风险并考虑政策性及市场性的一切风险费用，明确回复申请人合同计价方式不作调整。之后，申请人接受了被申请人拒绝调整计价方式的回复意见，双方于2017年10月31日签订了《建设工程施工合同》,约定工程价款采用固定总价计价方式结算。

本案招标文件确定的计划开工日期为2017年7月20日;施工合同确定的开工日期为2017年10月20日(实际以开工报告为准);涉案工程的开工令和开(竣)工报告记录工程开工日期为2017年12月1日(开工令上记载有"合同工期自2017年11月10日计算"的手写表述,被申请人主张申请人已于2017年11月10日实际进场施工)。根据申请人提交的工程临时/最终延期报审表,显示工程因政府政策性文件停工70日、恶劣天气停工6日。申请人已完成涉案工程的施工,竣工验收报告的工程竣工验收日期为2019年4月1日。

由于工程施工期间的建筑材料市场价格对比申请人在投标时报价参考的2017年2月的市场价格发生了较大幅度的上涨,申请人认为施工合同约定的固定总价的计价方式无效,并且认为工程施工的时间相比招标计划的时间推迟属于被申请人的违约行为,根据情势变更原则,被申请人应该赔偿其承建涉案工程因建筑材料价格上涨造成的损失。

2020年4月2日,申请人依据涉案合同中的仲裁条款向深圳国际仲裁院申请仲裁,提出如下仲裁请求:

1. 裁决被申请人赔偿申请人经济损失5034492.76元。
2. 本案仲裁费用和鉴定费用由被申请人承担。

二、当事人主张

(一)争议焦点一:《建设工程施工合同》约定的固定总价计价方式条款是否合法有效

1. 申请人主张

(1)《建设工程施工合同》中约定的价格条款"固定总价,承包人的费用一次性包死,任何情况下不予调整"违反了行业规范、地方性文件规定,违背合同法的公平原则,为无效条款。

(2)《建设工程施工合同》合同条款存在矛盾,可视为约定不明,可参照地方性文件的规定予以处理。

《建设工程施工合同》第7.3.2条约定,因发包人原因造成监理人未能在计划开工日期发出开工通知的,承包人有权提出价格调整要求,或者解除合同。

而《建设工程施工合同》第 12.1 条约定,本合同采用固定总价,承包人的费用一次性包死,任何情况下不予调整(设计变更签证及现场签证除外)。

本案中,无论是招标文件确定的计划开工日期 2017 年 7 月 20 日,还是合同确定的计划开工日期 2017 年 10 月 20 日,监理人均未发出开工通知,根据《建设工程施工合同》第 7.3.2 条的约定,申请人有权提出价格调整要求,这与第 12.1 条的约定是矛盾的,可视为约定不明。根据原《合同法》第 61 条的规定,合同生效后,当事人就价款等内容没有约定或者约定不明确的,可以协议补充;不能达成补充协议的,按照合同有关条款或者交易习惯确定。因此本案可以参照地方性文件的规定予以处理。根据《J 省关于加强建筑材料价格风险控制的指导意见》的规定,对建筑材料超过 5% 风险比例范围外的损失应该由被申请人承担。

2. 被申请人主张

(1)双方以固定工程总价作为涉案工程的计价方式并约定合同价格不作调整,该计价方式的约定合法有效,是双方的真实意思表示。

固定工程总价的计价方式符合原《工程施工合同解释》以及相关部门规章之规定,具有合法性。

(2)申请人主张固定总价计价方式无效的理由不成立。

本案不存在原《合同法》及其他法律、法规规定合同条款无效的情形。另外,地方政府的指导意见作为行政指导行为,不具有强制适用性,并且相关指导意见均优先尊重当事人的约定,只有在当事人无约定或约定不明确时,才参考指导意见的相关规定。

申请人的调价主张违反了招投标方面的法律规定,会造成国有资产流失,不具有合法性。

(二)争议焦点二:申请人因材料价格上涨要求被申请人给予赔偿是否具有法律依据

1. 被申请人是否存在违约导致工期延后的行为

(1)申请人主张

①建设工程施工合同与投标文件载明的建设工期不一致的,应以招标文件确定的开工日期为准(开工日期 2017 年 7 月 20 日)。

②被申请人没有按照招标文件确定的日期通知开工及实际开工,迟延数月才于 2017 年 10 月 31 日与申请人签订《建设工程施工合同》,2017 年 12 月

1日才开工建设,被申请人延迟开工的行为属于违约。

③被申请人陈述的工程开标答疑、处理投诉等事实是招标人应当预见并在确定开标时间以及工程工期时作出调整的事项,不能作为推迟工程工期的理由。

(2)被申请人主张

①《建设工程施工合同》的效力优先于招标文件,申请人以招标文件确定的开工日期并据以认定开工存在延迟的主张不能成立。

②工程从招标到签订合同被申请人均严格遵循流程,申请人收到中标通知后,签订合同前多次向被申请人书面发函沟通合同条款,提出了包括对合同计价等一系列条款的修改意见。被申请人明确拒绝了申请人变更合同计价方式的要求后,申请人仍于 2017 年 10 月 31 日与被申请人签订《建设工程施工合同》。而工程从发标、定标、洽谈合同、签署合同及取得施工许可的过程,被申请人一直严格依循流程并积极配合申请人的各项工作,从定标到签署合同再到正式进场施工,相关时间的耗费均与申请人自身相关。

2. 本案是否适用情势变更原则对工程价款进行调整

(1)申请人主张

在施工过程中,因政府政策影响,施工断断续续总共延误工期 72 天,在此期间主材价格大幅上涨。申请人认为此种情形属于合同法规定的情势变更,针对申请人的实际经济损失,申请人有权要求被申请人分担。

(2)被申请人主张

材料价格波动属于正常、可预见的商业风险,双方在招标文件及合同中对于合同履行风险有明确预期,对风险的承担有明确的约定。申请人明知这一风险继续投标并签订《建设工程施工合同》,可以证明双方就合同履行风险的分配达成合意。该合意体现了双方真实意思表示,是商业活动中正常的商业风险分配,本案并不符合情势变更原则的适用条件。

3. 能否认定申请人遭受了重大损失并考虑基于公平原则支持申请人的赔偿请求

(1)申请人主张

迟延开工是被申请人的违约行为所致,《建设工程施工合同》第 16.1.2 条约定"发包人应承担其违约给承包人增加的费用和(或)延误的工期,并支付承包人合理的利润"。所以申请人的经济损失,被申请人应当予以赔偿。

涉案工程从 2017 年 12 月开工到 2018 年 12 月基本竣工,施工期间 Z 市住建局公布的建材指导价与 2017 年 2 月的建材指导价对比涨幅达到 20%～70%，远远超过了相关地方性文件规定需调整的材料涨价幅度，给申请人造成 500 万余元的损失。依据公平原则，被申请人应对申请人的损失予以补偿。

（2）被申请人主张

申请人与被申请人于 2017 年 10 月 31 日签订施工合同，已达成按照实际开（竣）工时间确定工期的合意，确定合同计价方式，应视为申请人选择接受 2017 年 2 月的投标价并接受按照固定价格付款。申请人未举证证明损失的客观存在，其损失主张与事实不符。

三、仲裁庭意见

（一）关于《建设工程施工合同》的效力

仲裁庭认为，本案申请人与被申请人于 2017 年 10 月 31 日签订的《建设工程施工合同》是双方当事人自愿协商签订的，是双方当事人的真实意思表示，不违反中国的法律和行政法规的强制性规定，应属合法有效，并对本案双方当事人具有约束力。

（二）关于本案的争议焦点

1. 《建筑工程施工合同》约定的固定总价计价方式条款是否合法有效

仲裁庭认为，涉案工程从招标文件到施工合同，均明确约定了工程计价方式为固定总价，双方对此并无争议。固定总价的结算方式并没有法律、法规予以禁止，《工程价款结算办法》第 8 条也规定了固定总价属于工程结算方式之一，因此，固定总价计价方式并不违反行业规范。原《工程施工合同解释》第 16 条也规定："当事人对建设工程的计价标准或者计价方法有约定的，按照约定结算工程价款。"另外，涉案工程在招标阶段以及申请人中标后，对于固定总价的计价方式条款，双方均有充分的沟通，被申请人明确回复申请人该计价方式不予调整，并要求申请人自行评估风险。显然，双方对于计价方式的确定有充分的沟通，被申请人也明示了相关风险，该等条款不存在认定为格式条款的条件，涉案合同确定的固定总价计价方式合法有效。

2. 申请人因材料价格上涨要求被申请人给予赔偿是否具有法律依据

在固定总价计价方式条款合法有效的前提下,要确定申请人是否有权因涉案工程材料价格上涨要求被申请人给予赔偿,应该从三个方面考虑:

(1) 被申请人是否存在违约导致工期延后的行为

涉案工程招标工作自 2017 年 6 月 8 日启动后,由于受到答疑、投诉回应等程序的影响,至 2017 年 9 月 7 日被申请人向申请人发出中标通知书,后经过对于合同条款的商讨,双方在 2017 年 10 月 31 日签署了《建设工程施工合同》,整个过程均按照招投标法规及流程进行,并不存在被申请人违约导致工期延后的情况。另外,从申请人 2017 年 10 月 12 日向被申请人发出的函件显示,申请人在合同洽谈期间已经同步安排施工人员、机械进场,虽然开工令显示开工日期是 2017 年 12 月 1 日,期间涉及从签署合同到办理相关报建及施工许可等一系列手续,无论申请人在开工令之前是否已经实际进场开工,均不构成因被申请人的违约拖延开工日期。施工合同在 2017 年 10 月 31 日签署,视为双方已经达成一致,将招标文件确定的计划开工日期 2017 年 7 月 20 日予以调整延后,本案不存在被申请人违约导致工期延后的情况。

(2) 本案是否适用情势变更原则对工程价款进行调整

申请人作为建设工程企业,专业从事建设工程施工,应该具有丰富的风险预判能力,其在投标时必须仔细研究该工程施工项目,对各种风险充分预估。另外在招标及合同洽谈过程中,被申请人已明确告知申请人应该认真研究施工过程中包括建材价格波动等的风险,强调合同总价不予调整。申请人在合同洽谈阶段两次向被申请人提出调整计价方式,也说明申请人对该部分风险是有充分认识的。因此,仲裁庭认为,涉案工程工期内建材价格的涨跌,属商业风险,不属于情势变更,并非申请人在订立合同时无法预见的、非不可抗力造成的商业风险之外的重大变化。如果申请人不接受固定总价计价方式,完全可以采取拒绝签署施工合同等方式处理。

(3) 能否认定申请人遭受了重大损失并考虑基于公平原则支持申请人的赔偿请求

涉案工程招标行为虽然发生在 2017 年 6 月,但申请人和被申请人经过招标过程的各项程序,直到 2017 年 10 月 31 日才签订施工合同,合同签署前申请人也曾一再提出调整工程计价方式的要求,但遭到被申请人的拒绝。基于该等事实,应该视为申请人在 2017 年 10 月已经接受了双方基于招投标确定的合同价格,后续施工过程中是否存在材料价格的重大变动导致损失,应该与2017年10月的价格进行对比。但申请人仅提交了施工期间与2017年2月的建材信息价格的对比,而非向仲裁庭提交施工期间建材信息价格与2017年10月建材信息价格的比较以证明及计算其受到的损失。另外,仲裁庭也注意到,2017年12月之后的建材价格,虽然存在波动,但波动幅度不大,也有上涨和下跌的情况,仲裁庭不能以此认定申请人受到了重大损失。

综上,仲裁庭认为申请人因材料价格上涨要求被申请人给予赔偿的要求没有法律依据。

(三)关于申请人的鉴定申请及仲裁请求

1. 申请人为证明承建涉案工程因材料价格上涨造成的损失,向仲裁庭提交了《工程造价鉴定申请书》,请求仲裁庭委托具有相应资质的鉴定机构对涉案工程中钢材、混凝土、生石灰等材料上涨价差进行鉴定。基于对《建设工程施工合同》固定总价条款合法有效的认定,根据原《工程施工合同解释》第22条"当事人约定按照固定价结算工程价款,一方当事人请求对建设工程造价进行鉴定的,不予支持"之规定,仲裁庭认为,本案并无对工程造价进行鉴定的必要,因此,申请人的鉴定申请,仲裁庭不予同意。

2. 关于裁决被申请人赔偿申请人经济损失5034492.76元的仲裁请求。基于以上对本案争议焦点的分析,申请人要求被申请人赔偿经济损失的请求没有依据,仲裁庭不予支持。

3. 关于裁决被申请人承担本案仲裁费用和鉴定费用的仲裁请求。结合前述分析,根据《仲裁规则》第64条的规定,仲裁庭决定本案仲裁费由申请人自行承担。另,由于仲裁庭未同意申请人的鉴定申请,本案未发生鉴定费用,故仲裁庭对于申请人有关鉴定费用由被申请人承担的仲裁请求亦不予支持。

四、裁决结果

仲裁庭对本案作出裁决如下:

1. 驳回申请人的全部仲裁请求。
2. 本案仲裁费由申请人承担。

五、评析

本案涉及多个法律争点,因篇幅有限,下文仅对工期延误违约责任的认定这一争点进行相关评析。本案承包人主张因发包人违约导致工期延误进而要求索赔,对于是否符合索赔条件,仲裁庭主要围绕发包人是否存在违约行为导致工期延误展开论述,故结合本案,笔者试对工期延误违约责任认定的具体情形展开讨论。

(一)工期的确定

1. 开工日期的确定

建设工程施工合同纠纷涉及的开工日期有很多,比如:招标文件上的开工日期、施工合同约定的开工日期、监理单位开工通知中的开工日期、施工企业实际进场的日期为开工日期等。司法解释规定,以开工通知载明的时间认定实际开工日期;开工通知发出后,尚不具备开工条件的,以开工条件具备的时间为开工日期;承包人经发包人同意已实际进场,以实际进场施工的日期为开工日期。[1]

从上述司法解释及规范性文件的内容可知,招标文件中约定的工期只是确定施工合同工期的参考,实际施工工期的确定依据主要是开工通知、施工合同、施工记录及相关技术资料,不能仅以招标文件确定实际工期。

本案申请人主张以招标文件来确定开工日期,不符合上述规范内容。另外,申请人与被申请人签署了施工合同,应该视为双方就开工日期调整事项已经达成一致意见,应以施工合同约定的日期,即以开工报告确定开工日期。

因此,本案被申请人主张《建设工程施工合同》的效力优先于招标文件,具有法律依据。

---

[1] 最高人民法院《关于审理建设工程施工合同纠纷案件适用法律问题的解释(一)》(法释〔2020〕25号)第8条;广东省高级人民法院《关于审理建设工程合同纠纷案件疑难问题的解答》(粤高法〔2017〕151号)第19条;《广东省建设工程施工工期定额》(粤建标〔2021〕193号)第2.2.3条;《标准施工招标文件》(国家发展和改革委员会、工业和信息化部、财政部、住房和城乡建设部、交通运输部、铁道部、水利部、国家广播电影电视总局、中国民用航空局令第23号)第11.1.1条。

2. 竣工日期的确定

司法解释规定,以竣工验收合格之日为竣工日期;承包人已经提交竣工验收报告,发包人拖延验收的,以承包人提交验收报告之日为竣工日期;建设工程未经竣工验收,发包人擅自使用的,以转移占有建设工程之日为竣工日期。①

3. 工期的调整

《广东省建设工程施工工期定额》规定,因发包人原因致使工程不具备开工条件的,工期应予顺延。因承包人原因未能按期开工的,工期不予顺延。合同工期天数应以合同约定的天数为基础,并考虑合同履行过程中的顺延、增加或者缩短工期天数进行调整。② 如承包人认为因发包人原因导致工期需要顺延,应在约定期限内,及时向发包人或监理人申请工期顺延,取得发包人对于工期调整的确认,以减少工期争议。但是发包人仅以承包人未在合同约定的期限内提出工期顺延申请而主张工期不能顺延的,法院将不予支持,除非合同明确约定承包人未依约提出顺延工期申请视为放弃权利的,按照约定处理。

(二)工期延误违约责任的认定

工期延误是相对建设工程施工合同约定的工期而言,工程建设的实际进度落后于计划进度。根据广东省高级人民法院《全省民事审判工作会议纪要》(粤高法〔2019〕240号)第26条的规定,当事人在合同中对建筑材料价格变动的风险有约定的,按约定处理。没有约定的,约定工期内的建筑材料价格变动的风险由承包人承担;逾期竣工的,延误工期期间的建筑材料价格变动的风险,由对工期延误有过错的一方承担;双方均有过错的,按过错大小分担损失。建筑材料价格大幅变动,当事人以情势变更为由请求调整工程价款的,应从严把握。

逾期竣工的,工期延误期间的建筑材料价格变动风险一般由过错方承担,司法实践中,引起工期延误的原因往往有多个,可能包含发包人原因、承包人原因,或者不可归责于双方的原因。下文拟结合相关规范性文件和司法案例裁判规则进一步辨析工期延误的违约主体及其责任承担。

---

① 最高人民法院《关于审理建设工程施工合同纠纷案件适用法律问题的解释(一)》(法释〔2020〕25号)第9条。

② 《广东省建设工程施工工期定额》(粤建标〔2021〕193号)第2.3.1条、第2.4.2条。

1. 仅因发包人原因导致工期延误,工期延误的违约责任由发包人承担。

(1)因发包人违约导致工期延误的情形。

《广东省建设工程施工工期定额》第2.3.7条[1]、《标准施工招标文件》第11.3条[2]列举了合同履行过程中由于发包人原因造成工期延误的若干情形。发包人违约导致工期延误的情形包括:未及时取得合法证照或办理相关审批手续、未按合同约定提供图纸、施工条件准备不足、付款延迟、设计变更、未及时发出指令等。

本案中,发包人和承包人在合同签订前就合同价款及开工日期进行协商,经过协商一致签署《建设工程施工合同》,应视为双方对涉案工程的开工日期进行了延后,不属于因发包人原因导致工期延后的情况。

(2)因发包人原因导致工期延误违约责任认定的相关案例。

案例[3]:法院认定,根据双方合同约定的工期延误通用条款的规定,经工程师确认,工期相应顺延;发包人未能按专用条款的约定提供图纸;发包人未能按约定日期支付工程预付款、进度款,致使施工不能正常进行;设计变更和工程量增加;工程师同意工期顺延的其他情况。

---

[1] 《广东省建设工程施工工期定额》(粤建标〔2021〕193号)第2.3.7条规定,合同履行过程中,发包人违约导致暂停施工或影响关键线路的,应分别按下列规定调整施工工期:(1)延迟支付工程款并经催告后仍未支付;承包人依据合同暂停施工的,自承包人发出暂停施工通知之日起至延迟支付工程款支付完成止为顺延工期天数;承包人虽未暂停施工但已对关键线路产生影响的,依据实际影响天数顺延工期;(2)发包人未能按照施工合同约定及时提供施工所需的证照、图纸等的,自约定最晚提供时间至实际提供证照、图纸之日止为顺延工期天数;(3)发包人提供的施工现场不具备施工条件的,自具备条件开始计算施工工期;(4)发包人按照合同约定提供所需指令等的,自最晚提供时间起至实际提供时间为顺延工期天数;(5)施工合同约定由发包人供应材料设备,发包人未能按施工合同约定提供材料设备的,自合同约定最晚供应时间至实际供应时间为顺延工期天数。

[2] 《标准施工招标文件》(国家发展和改革委员会、工业和信息化部、财政部、住房和城乡建设部、交通运输部、铁道部、水利部、国家广播电影电视总局、中国民用航空局令第23号)第11.3条规定:"在履行合同过程中,由于发包人的下列原因造成工期延误的,承包人有权要求发包人延长工期和(或)增加费用,并支付合理利润。需要修订合同进度计划的,按照第10.2条的约定办理。(1)增加合同工作内容;(2)改变合同中任何一项工作的质量要求或其他特性;(3)发包人迟延提供材料、工程设备或变更交货地点的;(4)因发包人原因导致的暂停施工;(5)提供图纸延误;(6)未按合同约定及时支付预付款、进度款;(7)发包人造成工期延误的其他原因。"

[3] 参见新疆建工集团第六建筑工程有限责任公司与库车县绿洲房地产开发有限责任公司建设工程施工合同纠纷案,最高人民法院(2017)最高法民申726号民事裁定书。

承包人新疆建工集团第六建筑工程有限责任公司(以下简称"新疆六建")提交的停工、复工报告均经监理方盖章认可,且符合合同约定的条件,应予认定。发包人库车县绿洲房地产开发有限责任公司(以下简称"绿洲公司")对本案所涉工程提交的预付款、进度款的支付证据证明其未按合同约定履行支付义务,新疆六建在绿洲公司拖欠工程款时有权停工,绿洲公司应承担造成工期延误的全部责任。

另外,发包人绿洲公司在施工期间增加工程量、进行设计变更亦是工期延误的原因之一。在此情况下,绿洲公司无权追究新疆六建逾期交付工程的责任,工期延误的违约责任应由发包人承担。

2. 仅因承包人原因导致工期延误,工期延误的违约责任由承包人承担。

(1)因承包人违约导致工期延误的情形。

根据《广东省建设工程施工工期定额》第2.3.13条①、《标准施工招标文件》第12.1条②的规定,承包人违约导致工期延误的情形主要包括:承包人擅自变更工程内容、组织管理不当、因工程质量缺陷导致返工修复或拆除重建、未及时补充设备机械、人员不足、资源配置不足等影响关键线路或导致暂停施工的情形。

(2)因承包人原因导致工期延误违约责任认定的案例。

案例③:1998年6月16日,武汉建工第三建筑有限公司(以下简称"武汉三建公司")与武汉天恒置业有限责任公司(以下简称"天恒置业公司")签订了一份《建筑安装工程施工合同》。2001年10月12日,武汉三建公司和天恒置业公司办理了工程决算,双方确认工程总价款为6225万元。从1998年

---

① 《广东省建设工程施工工期定额》(粤建标〔2021〕193号)第2.3.13条规定,施工过程中,以下情形影响关键线路或导致暂停施工的,施工工期不予顺延:(1)施工技术性暂停施工的;(2)承包人施工组织不当或违约而引起的暂停施工或暂缓施工的;(3)承包人施工质量不符合合同要求造成返工的;(4)承包人未能遵守政府管理规定,被责令停工整改的;(5)承包人的其他原因造成暂停施工或工程延误的。

② 《标准施工招标文件》(国家发展和改革委员会、工业和信息化部、财政部、住房和城乡建设部、交通运输部、铁道部、水利部、国家广播电影电视总局、中国民用航空局令第23号)第12.1条规定:"因下列暂停施工增加的费用和(或)工期延误由承包人承担:(1)承包人违约引起的暂停施工;(2)由于承包人原因为工程合理施工和安全保障所必需的暂停施工;(3)承包人擅自暂停施工;(4)承包人其他原因引起的暂停施工;(5)专用合同条款约定由承包人承担的其他暂停施工。"

③ 参见武汉建工第三建筑有限公司与武汉天恒置业有限责任公司建筑安装工程施工合同纠纷案,最高人民法院(2004)民一终字第112号民事判决书。

6月23日至2000年9月21日,天恒置业公司共向武汉三建公司支付工程款50208806.78元,尚欠工程款12041193.22元。天恒置业公司认为,合同签订后,其按合同约定履行了义务,但武汉三建公司违约迟迟不能完工,致使工程逾期,超过了合同约定的交付时间。根据合同约定,武汉三建公司应支付违约金5280万元。天恒置业公司起诉要求武汉三建公司支付因违反合同延期交房的违约金以及赔偿给天恒置业公司造成的一切经济损失。

法院认为,武汉三建公司在签订合同时,能够预见其应当承担的违约金责任。由于本案工程对工期要求的特殊性,双方在签订合同时对于违反竣工日期条款作出应支付违约金的约定,武汉三建公司是清楚的,其完全可以预见逾期竣工交房的后果,同意该条款的行为,表示其自愿承担相应责任。当事人一方履行合同义务不符合约定,给对方造成损失的,赔偿额应当相当于因违约给对方造成的损失,包括合同履行后可以获得的利益。

3. 既存在发包人原因、承包人原因,又存在不可归责于双方当事人原因导致工期延误的,根据发包人、承包人各自原因导致延误工期的时间认定发包人、承包人各自承担责任的比例,并无不当。

(1) 不可归责于双方当事人原因导致工期延误的情形

《广东省建设工程施工工期定额》第2.3.3条、第2.3.5条列举了不可归责于双方当事人的原因,如不可抗力、极端天气、特殊自然风险等。在施工合同履行过程中,这些工期延误不可归责于双方当事人,当事人可就工期调整达成合意,重新确定工期。

(2) 多原因引起的工期延误及各方责任认定的案例

案例①:在(2020)最高法民终912号民事判决书中,一审法院查明涉案三条路均超合同工期完工,超合同工期的原因既有发包人原因也有承包人原因,因此,对工期延误双方均有责任。由于双方原因导致工期延误的事实存在交叉,故不能区分各自原因导致工期延误的具体时间段,故只能对2013年3月11日至2014年8月18日延误期间的损失根据过错责任认定损失承担。根据已经认定的各自原因导致延误工期的时间,一审认定延误工期的主要责任由发包人承担,广元市川越建筑劳务有限公司(以下简称"川越公司")承担次要责任。川越公司主张从合同工期届满之日计算损失以及损失全部由

---

① 参见广元市川越建筑劳务有限公司、中国水利水电第八工程局有限公司建设工程施工合同纠纷案,最高人民法院(2020)最高法民终912号民事判决书。

被上诉人承担的理由不能成立,被上诉人主张延误工期的责任全部由川越公司自行承担的理由均不能成立,一审不予支持。

二审法院认为,根据查明的事实,超合同工期的原因有工程量增加、交地延迟、拆迁补偿等原因导致的村民阻工、洪水灾害、设计变更以及施工作业面复杂等多种因素,同时也有承包人施工组织不合理、措施不科学、擅自停工等原因。且由于双方原因导致工期延误的事实存在交叉,不能区分各自原因导致工期延误的具体时间段。在此情形下,一审法院根据已经认定的各自原因导致延误工期的时间,认定发包人承担主要责任,川越公司承担次要责任,并无不当。

综合上述参考案例可知,建设工程施工是一场动态多变、权利义务关系错综复杂的博弈。对于工期延误违约责任的认定,需要发包人、承包人双方积极发挥对各自的行为符合合同约定进行举证的主观能动性,同样也需要仲裁院结合双方履约情况、外界条件的变化以及工程延期的因素,最终才能对单方面原因或多个原因引起的工期延误责任认定作出合理判断。

(本案例由深圳国际仲裁院仲裁员梁智锐编撰)

案例6 表见代理与工期延误免责条款

仲裁要点：发包人主张并未授权其员工作为签字人与承包人签署工期延误免责条款，但结合签字人所担任的职务、对涉案工程项目享有的管理权以及有权签署工程项目结算文件的事实，可认定签字人签署工期延误免责条款的行为存在代理权外观，使承包人对签字人享有代理权形成合理信赖，依据原《合同法》第49条(即《民法典》第172条)规定，工期延误免责条款在双方当事人之间生效。

一、案情概要

2017年3月28日，B公司(本案仲裁本请求被申请人及仲裁反请求申请人，以下简称"被申请人")作为发包人，A公司(本案仲裁本请求申请人及仲裁反请求被申请人，以下简称"申请人")作为承包人，双方签署了《建设工程施工合同》，约定由申请人对南区住宅一期及配套用房总承包工程进行总承包施工。同时，申请人与被申请人签署了《建设工程施工合同补充协议》(以下简称《补充协议》)，就涉案工程的开工日期与竣工日期、合同工期、合同价款、工程款支付、竣工验收事项、逾期违约责任等事项作出约定。

2017年4月22日，被申请人向申请人发送了开工报告，开工报告显示开工日期为2017年4月22日，计划竣工日期为2017年12月7日。申请人在开工报告上注明"同意开工"，并盖章。

2017年5月26日，双方当事人签署了《复核后的工程量清单及其造价》，其中约定复核后的工程造价包括经澄清后的投标报价20360000元以及清单复核增加的造价调整421814.92元，上述两项合计20781814.92元。

2018年12月25日，双方当事人就涉案工程的8栋楼房进行验收，并形成了8份《工程竣工验收报告》。8份《工程竣工验收报告》上均有申请人、被申请人、监理单位与设计单位公章。8份验收报告均表明,"一、该工程已完成施工图和施工合同范围规定的内容,以及分部分项工程,符合设计要求和相关验收规范,质量评定合格。二、质量检测资料完整、齐全。三、分部工程有关安全和功能检测资料完整。四、主要功能项目的抽查结果符合相关专业质量验收规范规定。五、观感质量验收符合要求,综合评级为'一般'",并表明验收结论和质量等级"合格。"

2019年5月10日,被申请人向申请人发送《南区住宅一期及配套用房总承包工程工程结算确认函》,说明:"现南区住宅一期及配套用房总承包工程已经竣工,具备了结算条件,经我司审核贵司呈报的结算书,初审价为:8236969878.12元……本着实事求是的原则,如贵司对初审金额没有异议,请于2019年5月13日之前将《建设工程造价结算书封面(初审)》及《工程结算造价汇总表》予以签章并送达我司,如未能在规定日期内书面答复我司,则视同确认初审金额,一切后果由贵司承担。"

2019年5月13日,申请人对《建设工程造价结算书封面(初审)》与后续的《工程结算造价汇总表》进行盖章。在《建设工程造价结算书封面(初审)》与后续《工程结算造价汇总表》末页,被申请人也进行盖章。

2019年5月15日,申请人与被申请人的员工王某某和吴某某签署了《备忘录》。其中,《备忘录》第4条约定:"鉴于施工中由于受到环保整治而停工、图纸调整、乙方人力物力不及时等各种因素的原因造成工期延误,双方议定工期延误互不追究。"同时,被申请人员工注明:"若南一期工程顺利入住,此备忘录中第四条确保互不追究,非乙方原因不追究。"

2020年1月9日,申请人依据涉案合同中的仲裁条款向深圳国际仲裁院申请仲裁,提出如下仲裁请求:

1. 裁决被申请人立即支付申请人工程款5206137.76元及相应利息(利息以尚欠工程款5206137.76元为基数,自2019年2月24日起至2019年8月19日按照中国人民银行同期同类贷款利率计算为110717.20元;自2019年8月20日起至实际给付之日止按照同期全国银行间同业拆借中心公布的贷款市场报价利率计算,暂计算至仲裁之日为84888.96元)。以上暂计:5401743.92元。

2. 裁决本案仲裁费用由被申请人承担。

2020年4月13日,被申请人提出如下仲裁反请求:

1. 裁决申请人向被申请人支付工期延误违约金 8977744.05 元。
2. 裁决申请人向被申请人支付配合销售延误违约金 114000 元。
3. 裁决申请人向被申请人支付被申请人垫付维修费及违约金 116263.04 元。
4. 裁决申请人向被申请人支付劳资纠纷违约金 100000 元。
5. 裁决申请人向被申请人支付维护自身权益而支出的律师费 100000 元。
6. 裁决由申请人承担本案仲裁相关费用。

二、当事人主张

(一) 关于双方当事人是否已经完成结算

1. 申请人主张涉案工程已完成结算,主要理由在于:双方已于 2019 年 5 月 13 日签署《建设工程造价结算书封面(初审)》,被申请人作为建设单位审核完成的结算价为 23696987.12 元。

2. 被申请人主张,因申请人原因,目前项目竣工结算尚未完成,理由在于:

(1) 根据双方于 2017 年 3 月 28 日签订的《补充协议》,申请人提交竣工结算报告时,需要提交完整的结算资料,但截至目前,申请人尚未向被申请人提交设计变更资料等竣工结算资料。

(2) 双方当事人并未就最终结算价款达成一致意见。被申请人提交初审资料,是为了配合项目推进,在初审之后会有二审甚至三审等最终结算,初审单仅是为了竣工验收备案提供证明准备的一项资料。此外,双方当事人就《工程结算造价汇总表》的部分变更项目仍然存在争议。

(二) 被申请人支付价款的条件是否达成

1. 申请人主张,涉案工程已完成结算,被申请人支付价款的条件已经达成。根据《建设工程施工合同》的约定,结算完成后被申请人应付至结算价的 95%。由于被申请人已支付 17306000 元,故其还应支付 5206137.76 元。

2. 被申请人主张,由于项目未取得"三算单",未取得"政府指定机构的审查结论",散装水泥押金、墙改金退还条件并未成就,申请人未提供相应的发票,双方尚未就延误工期等违约责任达成一致等原因,根据双方签订的《建设工程施工合同》与《补充协议》的相关约定,涉案工程支付价款尚未成就,被申请人并不负担继续付款的义务。

(三)申请人是否有权请求被申请人支付逾期利息

1. 申请人认为,在双方已完成工程结算、付款条件已成就的情况下,被申请人仍拖延支付工程结算款,因此被申请人应支付逾期利息。

2. 被申请人认为,由于涉案工程支付价款条件尚未成就,因此其不应承担支付逾期利息责任。

(四)关于《备忘录》中的工期延误免责条款是否在双方当事人之间生效

1. 申请人主张,《备忘录》上签名主体为涉案项目负责人王某某,其有权代表被申请人,因此《备忘录》中的工期延误免责条款有效。由于被申请人已与业主签订合同,业主已顺利入住,所以《备忘录》中的工期延误免责条款业已生效。

2. 被申请人认为《备忘录》中的工期延误免责条款无效,理由在于:

(1)申请人胁迫被申请人工作人员签署《备忘录》,该《备忘录》对被申请人不具有法律约束力。

(2)即便《备忘录》并非受胁迫而签署,根据《补充协议》的约定,《备忘录》的签署应当经过被申请人加盖公章确认后方可有效,而签字人员王某某和吴某某并非"甲方代表",更不具备签订相应《备忘录》的权限。因此,《备忘录》的签署形式违反在先约定,也没有获得被申请人的追认,对被申请人没有约束力。

(3)本案中也不存在表见代理的问题。因为在客观上,《备忘录》中被申请人的签字人员并未形成拥有代理权的表现;在主观上,申请人并非善意相对人,其没有理由相信签字人员拥有代理权。

(4)即便《备忘录》中的免责条款对被申请人有约束力,因涉案项目入住存在严重问题,《备忘录》中所附加的免责的前提条件(即"南区一期工程顺利入住")并未成就,申请人不能免除工期延误的违约责任。

(五)申请人是否需要赔偿被申请人支付的维修金

1. 申请人主张,外墙维修并非质量问题,是外墙涂料挂污问题,系由设计不合理造成的,故不应由其就维修金承担赔偿责任。

2. 被申请人主张,由于申请人停止维修,被申请人只能自行委托维修单位进行维修,并有权要求申请人赔偿被申请人支付的维修金,其中包括外墙维修费用、燃气管道损坏的维修费用以及后期园林的恢复费用。

三、仲裁庭意见

（一）关于双方当事人是否已经完成结算

仲裁庭认为，双方当事人签署了《建设工程造价结算书封面（初审）》与《工程结算造价汇总表》，并且对证据的真实性均无异议。被申请人并未提供证据证明其在签署《工程造价结算汇总表》时对其中的各项价款提出异议，且亦未举证证明在 2019 年 5 月 13 日签署初审结算相关文件之后一年多的时间里，曾经要求申请人再次进行终审结算，可见双方当事人已就涉案工程的结算达成一致。因此，涉案工程业已结算，被申请人应当按照结算数额依约向申请人履行支付价款的义务。

（二）被申请人支付价款的条件是否达成

仲裁庭认为，双方当事人已经对涉案工程进行了竣工验收结算，并对涉案工程的结算审核价进行了确认。由于申请人所完成的工程已经通过竣工验收，并且已经进行了竣工验收结算，故申请人已经完成了对涉案工程进行施工、工程通过竣工验收以及完成竣工验收结算的义务，亦即，申请人已经完成了结算款 95% 的竣工结算款所对应的主要合同义务。因此，仲裁庭认为，在申请人已经完成主要合同义务，即便申请人未完成开具发票、开具三算单等从给付义务，被申请人亦应当向申请人支付相应的对价款，亦即被申请人应当向申请人支付结算款的 95%。

（三）申请人是否有权请求被申请人支付逾期利息

仲裁庭认为，2019 年 5 月 13 日，双方当事人签署《建设工程造价结算书封面（初审）》与《工程结算造价汇总表》，对涉案工程进行了结算，并确认结算款为 23696987.12 元。庭审中，双方当事人均确认被申请人已经向申请人支付工程款 17306000 万元。因此，按照《建设工程施工合同》的约定，被申请人应当自 2019 年 5 月 13 日起支付竣工结算款，但被申请人至今尚未支付该笔款项，应当承担相应的违约责任，被申请人欠付工程款的逾期利息应当自 2019 年 5 月 14 日起计算。

(四)关于《备忘录》中的工期延误免责条款是否在双方当事人之间生效

被申请人主张,《备忘录》是被申请人现场人员受申请人胁迫而签订,但并未提供证据予以证明,故仲裁庭对该项答辩理由不予认可。

仲裁庭认为,如被申请人说明,王某某是被申请人的副总经理,负责统筹协调工程施工,吴某某为被申请人地产工程部部长,负责工程现场管理。并且涉案8份《工程竣工验收报告》中注明了王某某是项目负责人,吴某某是工程部副部长;王某某还就双方的结算文件《建设工程造价结算书封面(初审)》进行了签字。可见,虽然二人并非合同约定的甲方代表,但是属于被申请人在现场负责管理的员工,在现场工作中代表被申请人与申请人进行沟通,并有权签署相关文件。

此外,《补充协议》第三章专用条款第2.1.2条约定了甲方代表为刘某,第(5)款约定:"甲方对甲方代表权力作如下限制:无权减轻合同中约定的乙方的责任或义务,其中对本合同的任何修订、重大的设计变更、工程结算、涉及经济条款、工程进度款或工程造价的谈判时需甲方另行出具委托书,结果需甲方加盖公章确认后方可有效。"这一条款是对"甲方代表权力"的限制,并非对其他人员代表被申请人权力的限制;该条款并未明确说明,在其他人员代表被申请人的情况下,对条款中所列举的相关事项也需要由被申请人另行出具委托书并加盖公章。

综上,仲裁庭认为,申请人有理由相信王某某、吴某某具有代表被申请人签署《备忘录》的权限。原《合同法》第49条规定:"行为人没有代理权、超越代理权或者代理权终止后以被代理人名义订立合同,相对人有理由相信行为人有代理权的,该代理行为有效。"王某某和吴某某的代理行为有效,《备忘录》应当约束申请人与被申请人。

另外,由于申请人已经履行向被申请人移交涉案工程全部钥匙的义务,即向被申请人完全移交了工程,被申请人得以向业主交付房屋,其也已经实际安排业主入住,涉案工程满足入住条件,仲裁庭据此认为,《备忘录》第4条工期延误免责条款的生效条件已经达成,被申请人无权追究申请人因工期延误而产生的各项违约责任。

(五)关于申请人是否需要赔偿被申请人支付的维修金

《建设工程质量管理条例》第41条规定:"建设工程在保修范围和保修期限内发生质量问题的,施工单位应当履行保修义务,并对造成的损失承担赔偿责任。"仲裁庭认为,从双方举证及庭审辩论看,南区住宅一期27—30号楼外墙问题既可能是设计原因造成的,也可能是申请人过错造成的。被申请人有义务证明是申请人过错造成,而非设计原因造成的,但是被申请人未能履行举证义务,仲裁庭对被申请人关于南区住宅一期27—30号楼外墙索赔不予支持。

对于燃气管道损坏的维修费用以及后期园林的恢复费用,被申请人主张该项费用是申请人施工开挖导致燃气管道损坏造成的,但是被申请人未提供充分证据予以证明,其应当承担不利后果。因此,仲裁庭对于被申请人要求申请人赔偿燃气管道损坏的维修费用以及后期园林恢复费用的请求不予支持。

此外,由于被申请人未能举证证明燃气管道损坏与外墙问题是申请人原因造成的,故对于被申请人主张申请人未履行维修义务、要求其承担维修费用20%的违约金的仲裁请求,仲裁庭不予支持。

四、裁决结果

1. 被申请人支付申请人工程款人民币5206137.76元,并向申请人支付前述欠付工程款的逾期利息。逾期利息自2019年5月14日起至2019年8月19日止按照4.75%的年利率计算;自2019年8月20日起至被申请人实际给付之日止,按照同期全国银行间同业拆借中心公布的一年期贷款市场报价利率进行计算。

2. 本案本请求仲裁费人民币82867元,由申请人承担5%、被申请人承担95%。本案反请求仲裁费由被申请人承担。

3. 驳回被申请人的全部仲裁反请求。

五、评析

本案核心争议焦点在于《备忘录》中的工期延误免责条款是否在双方当事人之间生效,而判定条款效力的关键在于,发包人方签字人签署工期延误免责条款的行为究竟属于表见代理抑或仅构成无权代理。因此,下文将围绕表见代理相关问题对本案进行评述分析。

(一)表见代理制度及其构成要件

表见代理系基于交易安全保护思想,对于无权代理场合中的善意第三人提供积极信赖保护的制度。当无权代理人拥有代理权的法律外观,足以令人信其有代理权时,被代理人应为此负授权之责,此称表见代理。① 表见代理本属于无权代理,但因其具有授予代理权的外观,致使相对人相信无权代理人有权与其为法律行为,因此法律使其发生与有权代理同样的法律效果。②

关于表见代理的明确规范依据,见诸原《合同法》第 49 条,该条规定:"行为人没有代理权、超越代理权或者代理权终止后以被代理人名义订立合同,相对人有理由相信行为人有代理权的,该代理行为有效。"《民法典》第 172 条承继了本条内容,亦规定:"行为人没有代理权、超越代理权或者代理权终止后,仍然实施代理行为,相对人有理由相信行为人有代理权的,代理行为有效。"

就表见代理的构成要件而言,最高人民法院早在 2009 年颁布的《指导意见》第 13 条中即已规定,"合同法第四十九条规定的表见代理制度不仅要求代理人的无权代理行为在客观上形成具有代理权的表象,而且要求相对人在主观上善意且无过失地相信行为人有代理权"。《民法典》颁布后,《民法典总则编解释》第 28 条第 1 款也延续了《指导意见》第 13 条的观点,该款规定:"同时符合下列条件的,人民法院可以认定为民法典第一百七十二条规定的相对人有理由相信行为人有代理权:(一)存在代理权的外观;(二)相对人不知道行为人行为时没有代理权,且无过失。"

虽然部分地方司法性文件此前亦对表见代理构成要件作出具体规定,但其核心内容与上述最高人民法院的观点并无二致,均强调了表见代理制度要求客观上存在代理权外观,以及相对人在主观上善意且无过失地相信行为人有代理权。例如,2012 年 11 月 10 日,上海市高级人民法院发布的《商事合同案件适用表见代理要件指引(试行)》(以下简称《表见代理要件指引》)第 5 条规定:"适用表见代理须同时符合两项要件:(一)权利外观要件,即行为人

---

① 参见朱庆育:《民法总论》(第二版),北京大学出版社 2016 年版,第 364 页。
② 参见梁慧星:《民法总论》(第四版),法律出版社 2011 年版,第 237 页。

无权代理行为在客观上形成具有代理权的表象;(二)主观因素要件,即合同相对人善意且无过失地相信行为人有代理权。"又如,2013年9月24日江苏省高级人民法院发布的《关于买卖合同纠纷案中当事人行为是否构成表见代理认定问题的纪要》第2条规定:"认定行为人与相对人订立合同的行为构成表见代理,应当具备以下条件:一是行为人没有代理权;二是签订合同之时具有使相对人相信行为人具有代理权的事实或理由;三是相对人主观上须为善意且无过失;四是行为人与相对人签订的合同应具备合同有效的一般条件,即不具有无效和可撤销的内容。"

司法实践中,法院亦着眼于权利外观要件与主观因素要件,判定涉案行为是否构成表见代理。例如,北京市高级人民法院在(2019)京民终1495号民事判决书中认为,表见代理构成要件包含两个方面的内容:其一,存在外表授权,即存在有代理权授予的外观,代理行为外在表现上有相对人相信行为人有代理权的事实;其二,相对人对行为人有代理权形成了合理信赖。[1]广东省深圳市中级人民法院在(2020)粤03民终12555号民事判决书中亦持相同观点。[2]

根据上述规范依据与司法实践观点,一般认为,表见代理需满足以下构成要件:

第一,行为人并没有获得被代理人的授权就以被代理人的名义与相对人实施民事法律行为,具体包括代理人没有代理权、超越代理权或者代理权终止后实施的代理行为。[3]

第二,存在代理行为外观,并使相对人相信行为人具有代理权。

(1)存在代理权授予的外观。

无权代理行为拘束被代理人的法理依据在于,相对人对被代理人创设的代理权外观事实产生了合理信赖。因此,代理权外观事实(即"表征代理权的客观的、可见的事实"[4])不仅是表见代理的核心构成要件,也是表见代理得以成立的客观基础和前提。[5]

---

[1] 参见北京市高级人民法院(2019)京民终1495号民事判决书。
[2] 参见广东省深圳市中级人民法院(2020)粤03民终12555号民事判决书。类似观点,参见最高人民法院(2019)最高法民申687号民事裁定书。
[3] 参见黄薇主编:《中华人民共和国民法典总则编解读》,中国法制出版社2020年版,第562页。
[4] 罗瑶:《法国表见代理构成要件研究》,载《比较法研究》2011年第4期。
[5] 参见徐海燕:《表见代理构成要件的再思考:兼顾交易安全和意思自治的平衡视角》,载《法学论坛》2022年第3期。

除授权行为本身即可充当代理权外观外,代理权外观还可以是与授权行为直接、间接相关的外在事实。① 例如,被代理人将行为人置于某种通常伴有代理权的职衔地位的场合,无论被代理人自身是否知晓此举的意义,客观上均构成推断的代理权外观。于此情形下,由于被代理人一方的举止态度在一般情况下已构成了旨在表明行为人有代理权的"代理权通知",因此相对人会认为已无必要向被代理人核实确认代理权限。② 类似的观点还见于上海市高级人民法院《表见代理要件指引》第 6 条,该条规定:"对权利外观的考量应当结合合同订立与履行过程中的各种因素,综合判断行为人的行为能否产生具有代理权的表象。主要考量因素包括:……(二)行为人的身份、职务是否与被代理人有关联。如,行为人在被代理人处任职职务越高、与从事业务关联度越强,或者与被代理人之间的其他身份联系越密切,对表见代理的证明力就越强;反之则越弱……"

具体到建设工程领域,代理权外观的认定亦与行为人所担任的职务以及对工程项目的管理权等事实密切相关。例如,《北京高院工程案件解答》第 8 条规定,"施工合同履行过程中,承包人的项目经理以承包人名义在结算报告、签证文件上签字确认、加盖项目部章或者收取工程款、接受发包人供材等行为,原则上应当认定为职务行为或表见代理行为,对承包人具有约束力"。

司法实践中,法院也支持将行为人所任职务、对工程项目的管理权与代理权外观的形成相联系。

例如,在最高人民法院(2019)最高法民申 1231 号民事裁定书涉及的案例中,再审申请人广西二建公司确认杨立贵为涉案工程的项目经理,但对杨立贵所实施的合同签订、工程款结算及收取工程款等行为不予认可,广西二建公司认为该等行为属于杨立贵的个人行为,对广西二建公司不具有约束力。对此,最高人民法院认为:"杨立贵作为涉案工程的项目经理,在合同履行过程中,多次以广西二建或广西二建项目部的名义与东海公司就涉案工程项目进行联系……即使广西二建对杨立贵作为项目经理的权限存在疑问,杨立贵的上述行为亦足以使东海公司有理由相信杨立贵有代理权,其行为后果

---

① 参见叶金强:《表见代理中信赖合理性的判断模式》,载《比较法研究》2014 年第 1 期。
② 参见王浩:《"有理由相信行为人有代理权"之重构》,载《华东政法大学学报》2020 年第 4 期。

应由广西二建承担。"①

又如,广东省深圳市中级人民法院在(2015)深中法房终字第1338号民事判决书中,法院认为:"根据《深圳地铁××车辆段上盖保障性住房主体工程3标项目组织架构图》,郑×明为该工程的商务合约经理。由于北京建工深圳分公司未能证明除郑×明以外的有权签字验收的人选,且涉案脚手架工程已实际完工并拆除,基于建设工程行业结算的现实状况,本院确认郑×明在该结算汇总表上的签字构成表见代理。"②在(2020)粤03民终23682号民事判决书中,广东省深圳市中级人民法院认为:"陈家标系以云浮三建公司项目负责人的名义与肖光桥进行涉案×站工程计量结算。结合云浮三建公司就深圳地铁×号线×305-1标工程所签订的《桥梁承台工程劳务合同》《桥梁桩基工程劳务合同》均确认陈家标为云浮三建公司的财务代表……可以印证肖光桥有理由相信陈家标具有云浮三建公司授予的相应代理权限。即使陈家标实际并没有代理权,其行为亦足以构成表见代理,相应的法律后果应由云浮三建公司承担。"③

(2)相对人对行为人有代理权形成了合理信赖。

相对人对代理权外观的信赖是否合理,应当以是否有正当理由作为判断标准④,并且亦需依据实施民事法律行为的具体情况进行个别化判断。同时也应注意到,代理权外观强度直接影响相对人信赖合理性的判断。一般而言,代理权外观强度越强、削弱外观影响力的因素越弱,信赖合理性程度就会越高。⑤

第三,相对人在主观上善意且无过失。

《中华人民共和国民法典总则编解读》一书中认为,所谓善意,是指相对人不知道或者不应当知道行为人实际上是无权代理;所谓无过失,是指相对人的这种不知道不是因为其大意造成的。⑥ 至于判断相对人"善意且无过

---

① 最高人民法院(2019)最高法民申1231号民事裁定书。类似观点,参见最高人民法院(2020)最高法民申5204号民事裁定书、广东省江门市中级人民法院(2020)粤07民申126号民事裁定书。
② 广东省深圳市中级人民法院(2015)深中法房终字第1338号民事判决书。
③ 广东省深圳市中级人民法院(2020)粤03民终23682号民事判决书。
④ 参见最高人民法院(2019)最高法民申687号民事裁定书。
⑤ 参见叶金强:《表见代理中信赖合理性的判断模式》,载《比较法研究》2014年第1期。
⑥ 参见黄薇主编:《中华人民共和国民法典总则编解读》,中国法制出版社2020年版,第562页;杨立新:《杨立新民法讲义:民法总则》,人民法院出版社2009年版,第430—431页;朱庆育:《民法总论》(第二版),北京大学出版社2016年版,第371页。

失"所需考量的具体因素,最高人民法院《指导意见》第 14 条规定:"人民法院在判断合同相对人主观上是否属于善意且无过失时,应当结合合同缔结与履行过程中的各种因素综合判断合同相对人是否尽到合理注意义务,此外还要考虑合同的缔结时间、以谁的名义签字、是否盖有相关印章及印章真伪、标的物的交付方式与地点、购买的材料、租赁的器材、所借款项的用途、建筑单位是否知道项目经理的行为、是否参与合同履行等各种因素,作出综合分析判断。"

此外,在建设工程领域司法实践中,法院通常采用理性人标准,亦即将理性人嵌入个案情境之中,以判断其是否会对代理权外观产生合理信赖,进而得出个案当事人在主观上是否存在善意且无过失的结论。① 例如,2013 年绍兴市中级人民法院发布的《关于审理建筑领域民商事纠纷案件若干问题的纪要》第 8 条第(二)项规定:"对合同相对人主观上是否善意无过失的认定,应采客观认知标准,包括知道或者根据市场规则、生活常识可以推定的应当知道。原则上不认可因个体认知能力不同的差异性。"

关于表见代理的法律效果,依原《合同法》第 49 条(《民法典》第 172 条)之规定,无权代理若构成表见代理,此时,被代理人应作为代理行为当事人承受法律效果,而不得以未授予代理权或代理权已消灭为由,否定代理行为之效力。

(二)表见代理制度在本案中的适用分析

本案中,就《备忘录》所载工期延误免责条款是否在双方当事人之间生效,被申请人主张签字人员并非被申请人的代表,亦不具备签订《备忘录》的权限,并且本案中并无表见代理制度的适用余地,因此《备忘录》中的工期延误免责条款无效。

然而,即便如被申请人所言,涉案《备忘录》上的签字人员王某某和吴某某并无签订《备忘录》的权限,但结合二人所担任的职务、对涉案工程项目享有的管理权以及有权签署工程项目结算文件的情况,可认定上述事实形成了代理权外观,申请人基于该权利外观产生的信赖利益应值保护,具体分析如下:

---

① 参见徐海燕:《表见代理构成要件的再思考:兼顾交易安全和意思自治的平衡视角》,载《法学论坛》2022 年第 3 期。

第一,王某某和吴某某签署《备忘录》的行为存在代理权外观,使申请人对二人享有代理权形成了合理信赖。

前已述及,代理权外观可以是与授权行为间接相关的外在事实,例如,一定职位、职务的享有,即可表征代理权。① 并且,行为人在被代理人处所任职务越高、与从事业务关联度越强,对表见代理的证明力就越强。

本案中,王某某是被申请人的副总经理、项目负责人,负责统筹协调工程施工,吴某某为被申请人的地产工程部部长,负责工程现场管理。并且,王某某此前还曾在双方的结算文件中代表被申请人签字。可见,虽然二人并非合同约定的甲方代表,但是属于被申请人在现场负责管理的员工,在现场工作中代表被申请人与申请人进行沟通,并有权签署相关文件,由此形成代理权外观,令申请人产生王某某和吴某某有权签署涉案《备忘录》的合理信赖。

第二,申请人在主观上善意且无过失。

正如上海市高级人民法院《表见代理要件指引》第 7 条中所言,"权利外观因素越充分,越能够说明合同相对人主观上善意无过失"。本案中,王某某和吴某某分别担任被申请人的副总经理、项目负责人与地产工程部部长职位,王某某此前亦曾代表被申请人签署相关结算文件,权利外观因素充分。并且涉案《备忘录》的签订日期为 2019 年 5 月 15 日,系在申请人与王某某和吴某某于 2019 年 5 月 13 日签署《建设工程造价结算书封面(初审)》之后作出,两份文件的作出时间几近相同,且在内容上亦具有较大关联性。因此,在理性人的判断视角下,申请人有合理理由相信王某某和吴某某有权签署包括《备忘录》在内的与涉案工程项目相关的文件,申请人不知道并且不应当知道二人并无代理权限,此种"不知"非因其大意造成,故可认定申请人在主观上属于善意且无过失。

据此,根据原《合同法》第 49 条(《民法典》第 172 条)之规定,王某某和吴某某的代理行为有效,《备忘录》所载工期延误免责条款应当约束申请人与被申请人。

综上所述,本案中,虽然被申请人主张其并未授权王某某、吴某某与申请人签署工期延误免责条款,但是仲裁庭根据王某某和吴某某所担任的职务、对涉案工程项目享有的管理权以及有权签署工程项目结算文件的事实,认定二人签署《备忘录》的行为存在代理权表征,使申请人有理由相信二人有代

---

① 参见叶金强:《表见代理中信赖合理性的判断模式》,载《比较法研究》2014 年第 1 期。

理权。这一论证不仅紧扣原《合同法》第49条(《民法典》第172条)关于表见代理的构成要件,逻辑严谨,同时也能够立足于案件事实,结合建设工程领域的实操特点,对代理权外观的形成进行个案分析与认定,有助于维护当事人对民事法律行为的合理预期,保障交易安全。

(本案例由深圳国际仲裁院仲裁员孙巍编撰)

案例 7　停工、窝工损失及约定索赔期限性质的认定

仲裁要点：因施工场地征地、拆迁问题未能及时向承包人交付施工场地造成承包人停工、窝工，从而导致机械闲置、人工损失的，根据法律规定及涉案合同条款认定属于发包人原因导致停工、窝工损失的，发包人应当赔偿。同时，仲裁庭需综合考虑合理止损原则以及参考相关规范性文件对停工、窝工损失赔偿的限制，对经审计确认的停工、窝工损失，在合理范围内予以部分支持。合同约定的停工、窝工索赔期限，不影响当事人通过申请仲裁寻求救济并获得支持的权利。

一、案情概要

2009 年 3 月 6 日，申请人 A 公司与被申请人 B 公司签订一份《建设工程承包合同》，双方约定申请人承包被申请人的"C 西部陆域场坪及防洪（潮）排涝工程 I 标段"工程。合同还约定了计价方式、发包人工作、工期及延误、工程款支付、合同解除等内容。合同工期为 420 日历天，合同价款为 40907169.19 元。

2009 年 10 月 22 日，某监理中心 C 西部陆域场坪及防洪（潮）排涝工程监理部（以下简称"监理单位"）向申请人出具《进场通知》，要求申请人于 2009 年 10 月 25 日开工。

开工后，监理单位会同各施工单位和项目筹建办召开多次会议并出具 15 份《周例会纪要》。集中反映与申请人施工有关的主要问题有：①占用国有土地，被国土部门责令停工；②当地村民阻碍施工机械通行；③施工场地拆迁问题没有解决，工程处于半停工状态，要求业主单位对于开工前及开工后因拆迁引起的窝工损失给予补偿等。

2011年4月10日,申请人向被申请人和监理单位出具了一份《工作联系函》。该函反映,项目部门口3号地块上方开挖区清表后发现,该区域普遍含有大量鹅卵石,与地质勘探报告反映的地质情况有较大出入,要求上调土质类别。监理单位在监理公司意见栏中签署:函中所述问题经"四方"共同现场察看,情况属实,请设计方书面明确。设计意见栏签署:经现场查勘,上述地层分布情况基本属实。

2013年4月26日,申请人向被申请人出具了一份《关于具体解决尚未移交施工场地的函》。

2013年6月5日,申请人向被申请人出具了一份《关于C西部陆域场坪及防洪(潮)排涝工程I标段目前停工及相关问题的函》称,涉案工程申请人2009年10月25日进场施工已经三年多时间,由于征地拆迁工作滞后,工程长期处于干干停停状态,剩余场地尚未移交,要求补偿窝工损失。

2013年10月22日,申请人向被申请人出具了一份《关于解决项目有关问题的函》,再次要求被申请人移交剩余场地,补偿停工、窝工损失。

2014年12月8日,申请人向被申请人出具了一份《关于要求明确项目去留问题的函》,该函称,申请人从2009年10月25日进场施工至今,因征地拆迁问题,至2013年春节前工程处于半停工状态,从2013年春节至今工程全面停工,监理单位也暂停监理服务。并称申请人曾多次去函要求被申请人明确复工时间及解决场地移交等问题,被申请人一直未予回复,并要求被申请人对其去留问题予以明确,同时要求被申请人补偿停工损失。

2015年10月8日,被申请人向申请人出具了一份《关于解除建设工程承包合同的通知》,该通知称,因搬迁安置工作未如期完成及本项目重新规划等因素,涉案项目停止施工至今。根据涉案工程所在片区总体发展规划(2013—2020年)、涉案工程所在片区法定图则、涉案工程所在片区市政交通详细规划、S市政府相关会议纪要精神等,本项目已不能继续按原计划和方案执行,故原合同已无法继续履行。鉴于上述情况,根据《建设工程承包合同》通用条款第43条和专用条款第1.4条的约定,特此通知贵公司解除《建设工程承包合同》,合同于本通知送达之日起解除。

2015年10月15日,申请人向被申请人出具了一份《关于解除建设工程承包合同的回函》,要求被申请人与其协商办理:①审核确认已施工的工程量和工程造价;②审核确认2013年停工、窝工损失,即补偿费用;③明确建设工程承包合同解除后拖欠的工程款及停工、窝工损失费用的支付时间和支付方式等。

2015年12月4日,申请人向被申请人和监理单位出具了一份《工作联系函》,该函反映,涉案工程开工后,由于征地拆迁问题,原设计方案中使用的临时道路无法继续使用,需要新开施工道路,要求对其新开的临时施工道路已完成工程量进行确认。监理单位随后在意见栏中确认情况属实,设计单位亦同意根据现场情况修建临时施工道路。

2015年12月15日,监理单位向被申请人出具了一份《关于报送〈C西部陆域场坪及防洪(潮)排涝工程Ⅰ标段临时排水渠等零星工程量审核意见〉的函》。该函载明:"……3.块石现场备料工程量:3047立方米。"

2016年1月12日,申请人向被申请人出具了《工程造价结算书》,工程造价为18257630.88元。此工程造价除按合同已完成的工程量外,还包括:①块石备料费;②土质调差费;③铺设临时道路费。该结算书编制说明中载明:此造价包括合同内施工图部分完成造价、设计变更及现场原因的变更造价。未包括因业主征地拆迁工作延误及施工过程中村民阻碍施工等各方面原因造成的停工、窝工和工期延长增加的成本和索赔的费用。

2016年9月1日,申请人、被申请人、监理单位和Ⅱ、Ⅲ标段施工人召开了"误工损失及剩余工作安排专题讨论会",形成了一份《会议纪要》。该《会议纪要》主要内容如下:由于非施工方原因引起各标段误工损失,会议同意予以补偿,补偿费用以审计局审计结果为准;工程结算方面,9月10日前施工方完成所有工程结算工作的申报(包括合同内项目结算、变更工程结算及误工损失等),监理单位于9月20日前完成结算审核工作、9月25日前提交市审计局进行结算审计。

2016年12月1日,监理单位向S市审计局出具了一份《关于"C西部陆域场坪及防洪(潮)排涝工程"块石现场备料情况的说明》,该说明证实,2015年年底,由涉案工程所在区组织的施工单位进场地施工,因停工及合同解除,申请人的备料块石目前已将当初现场备料的大部分块石料填埋,原场坪地貌已发生较大变化,仅局部区域可见零星块石。

2017年3月9日,S市审计局出具了针对涉案工程的《审计报告》,审结涉案工程造价为15683377.97元。

2017年9月27日,监理单位向被申请人出具了一份《C西部陆域场坪及防洪(潮)排涝工程Ⅰ标段误工损失的审核意见》,其主要内容为:

1. 2009年11月26日至2012年12月31日误工损失为1352485.97元;

2. 2013年1月1日至2015年12月31日申请人提出的机械停置、作业人员窝工损失,应予补偿,但监理单位对现场情况不了解,报请业主研究解决;

3. 2011年9月10日至2015年10月8日(合同工期至合同解除)期间,施工方提出项目管理人员窝工若干工日,要求管理人员工资补偿6554216.68元,提请业主研究解决。

本案开庭后,申请人向仲裁庭提出对涉案工程的块石备料、土质调差、铺设临时道路的工程造价以及因误工造成的机械设备停置、人员窝工、人员遣散、预期利润降低等误工损失进行鉴定。仲裁庭同意对其中的临时道路、块石备料的工程造价以及停工损失进行鉴定,并委托D公司进行审计。2018年3月23日,D公司出具了一份《工程造价意见书》,载明:①临时道路造价为244898.28元;②块石备料款为174069.75元;③停工、窝工损失可算范围造价5221274.76元,单列部分3494971.18元。停工、窝工损失包括以下三部分:①解约后损失:可确认的板房、电缆折旧、调迁费和项目水电费为262367.7元,已备案人员解雇费328860元,单列非备案人员解雇费393875元;②2013年5月17日至2015年10月8日期间长期停工损失,可算部分1322643.17元,单列部分1452660.61元(当中单列尚有373051元/月已计取4个月);③2009年10月至2013年5月17日施工途中短期停工损失,可算部分3307303.89元,单列部分为1648435.56元。

2017年7月26日,申请人以被申请人不支付工程款及赔偿金为由,依据涉案合同中的仲裁条款向深圳国际仲裁院申请仲裁,提出如下仲裁请求:

1. 裁决被申请人向申请人支付应付工程款1207892.49元。
2. 裁决被申请人向申请人支付赔偿金19652320.60元。
3. 裁决被申请人向申请人支付律师费100000.00元。
4. 裁决被申请人承担本案仲裁费。

二、当事人主张

(一)关于支付应付工程款

1. 申请人主张

申请人主张审计报告中全部核减不予记取的三项费用中,块石系申请人为完成工程施工而采购,工程量已得到监理单位的审核确认,在合同解除后该部分块石也已移交被申请人,因此块石备料款项 291003.11 元应由被申请人承担;3 号地块土质类别调整及铺设临时道路增加的费用,各方在 2016 年 8 月 24 日的"××营地外×号地块土壤类别调整等变更专题讨论会"上均同意进行补偿,且监理单位已对工程量进行审核确认,因此 3 号地块土质类别调整导致的增加工程款 623293.58 元及铺设临时道路工程款 293595.80 元应由被申请人承担。综上,该三项工程款合计 1207892.49 元均应由被申请人支付给申请人。

2. 被申请人主张

被申请人主张申请人要求的应支付工程款没有事实依据,也没有合同和法律依据,被申请人无义务支付。

(1)关于块石备料款问题。被申请人认为:①申请人没有按《建设工程承包合同》的约定,在该项材料到货前 24 小时通知被申请人进行联合验收,因此其所主张的备料未经合同约定的程序进行过验收,不符合合同约定。②解除合同后,被申请人只是组织监理单位等各相关单位复核施工单位完成的工程量,块石备料不属于完成的工程量,因此不在解除合同后的复核范围内,如监理单位未经被申请人授权自行确认块石备料数量,不能代表被申请人的确认。③根据审计局的审计意见,块石只是施工材料,未形成工程实体,不应计取工程款。因此,申请人所主张的块石备料款不应被支持。

(2)关于 3 号地块土质类别调整导致的增加款项问题。被申请人认为,双方签订的《建设工程承包合同》采用固定总价合同形式确定合同价款,以招标时发出的施工图纸包干,承包人的投标报价为完成招标时发包人提供的施工图全部内容及其风险的包干价,除非施工过程中发生工程变更,否则合同价款不予调整。申请人在投标报价前就应自行勘查施工现场,根据勘查情况自报合同价款。如申请人因自己对施工场地判断错误而低报合同价款,应自行承担后果。即使存在约定的合同价款调整情况,申请人也应在约定合同价款调整情况发生后 14 天内书面提出调整报告。当约定的合同价款调整情况发生后,发包人与承包人均未在约定时间内提出调整报告的,视为该调整情况的发生不涉及合同价款的调整。综上,申请人以 3 号地块土质类别调整为理由要求增加工程款,没有合同依据,不应支持。

(3)关于铺设临时道路工程款问题。被申请人认为,申请人在本工程投标文件中的《措施项目清单计价表》中已明确了施工期场内临时道路工程款,双方根据申请人的投标报价签订了《建设工程承包合同》。场内临时道路的工程款已包含在工程款总价中,申请人要求额外支付没有合同依据。

(二)关于支付赔偿金(停工、窝工损失)

1. 申请人主张

本案工程因被申请人一直未能解决拆迁补偿等问题以及始终未能移交全部施工场地等原因,导致申请人进场后工程一直处于半停工、停工状态,2013年年底之后工程全部停工至合同解除,申请人因此产生了巨额的机械设备停滞、人员停工窝工、人员遣散、预期利润等损失。经申请人核算,上述损失合计达19652320.60元,均应由被申请人进行赔偿。

2. 被申请人主张

被申请人主张其无义务向申请人支付其主张的停工、窝工损失赔偿金19652320.60元,主要理由是:

(1)《建设工程承包合同》专用条款第7.1.3条约定:"延期损失赔偿费及限额约定:因发包人原因和不可抗力原因工程延期,工期相应顺延,发包人不负责延期损失赔偿费,但若因发包人原因致使工程停工超过60天从而导致承包人发生施工设备进退场,发包人将视具体情况给予适当补偿。"补充条款第8条约定:"……但若因发包人原因致使工程停工超过60天从而导致承包人发生施工设备进退场,发包人将视具体情况给予适当补偿。"即使因为被申请人的原因致使工程停工超过60天从而导致申请人发生施工设备进退场的,被申请人将视具体情况给予适当补偿,除此非强制性的设备进退场补偿外,被申请人没有任何赔偿、补偿义务。事实上,工程停工是因为政府政策变化原因等不可抗力因素造成,并非被申请人的原因导致停工。被申请人是因为不可抗力因素导致合同不能继续履行而解除合同,没有违约,也没有过错,且已经按实际工程量结算完毕,申请人无义务额外赔偿或补偿。

(2)《建设工程承包合同》第36.3条约定:"发包人未能按合同约定履行义务、发生错误以及应由发包人承担责任的其他情况,给承包人造成损失和(或)导致工期延误的,承包人可按下列程序向发包人提出索赔:①索赔事件发生后28天内,向工程师提出索赔意向通知,逾期不提出的,视为放弃索赔;②在提出索赔意向通知书后28天内,向工程师提交赔偿损失和(或)延长工期的索赔报告及有关资料……"本案中,申请人并未按上述合同约定的程序以及期限提出索赔申请,应视为放弃索赔。

(3)本项目是政府投资项目,工程款结算受法定和约定的审计监督,申请人主张的工程款和赔偿金未经审计局审核确认,被申请人不能支付。

三、仲裁庭意见

(一)关于支付应付工程款

1. 关于块石备料款问题

仲裁庭认为,在合同没有解除,被申请人没有指令申请人停止进料的情况下,申请人为了防止工程停工待料,延误工期,根据工程施工需要备料块石是必须的。现合同非申请人原因解除,工程不再施工,申请人备料的块石没有他用。根据涉案合同通用条款第43.5条的约定,被申请人不给申请人补偿没有合同依据,且对申请人不公平。

2. 关于3号地块土质类别调整导致的增加款项问题

被申请人在招标时提供了涉案地质资料,申请人只要到现场开挖就能明了实际地质情况,如果认为被申请人提供的地质资料与现场实际情况不符,签订合同时就应当提出,并由双方协商调整工程价款。据此,仲裁庭对申请人提出的3号地块土质类别调整导致的增加款项的仲裁请求不予支持。

3. 关于铺设临时道路工程款问题

根据前述查明的案件事实,被申请人、监理单位和设计单位都曾认为属于"工程变更",同意给予申请人补偿。基于此,对申请人提出的此项仲裁请求仲裁庭予以支持。

(二)关于支付赔偿金(停工、窝工损失)

仲裁庭认为,涉案合同第一部分第3条约定,竣工日期以开工令签发日期向后顺延420日历天。从监理单位签发开工令至被申请人向申请人出具解除合同函历时2176天,超期1756天;申请人完成的工程量只占应完成工程量的38.34%。两相比较,因被申请人施工场地征地、拆迁问题未能及时向申请人交付施工场地造成申请人停工、窝工,机械闲置、人工损失的事实是客观存在的。参照《八民纪要》第32条关于承包人停(窝)工损失的赔偿问题的规定以及根据涉案合同第7.1.3条和补充条款第8条的约定,停工达60

天就应给予申请人补偿。

根据前述查明的案件事实，申请人向被申请人提出要求被申请人给予停工、窝工损失，被申请人也予以同意，所以，对被申请人提出申请人未在合同约定的期限内提出索赔申请应视为放弃索赔的理由不充分，仲裁庭不予采信。涉案工程因规划改变而停工，合同解除系政府行为，据此对被申请人提出的合同解除系不可抗力的理由仲裁庭予以采信。

综合案情，仲裁庭认为应按照合理止损原则和 S 市造价站相关规范性文件，对申请人提出的停工、窝工损失合理部分予以支持。

四、裁决结果

1. 被申请人赔偿申请人备料石块费 166366.2 元，补偿申请人临时道路修建费 244898.28 元、停工窝工人员机械费 1035400 元。
2. 被申请人补偿申请人律师费 100000 元。
3. 本案仲裁费和审计费由申请人和被申请人各承担 50%。
4. 驳回申请人其他仲裁请求。

五、评析

本案涉及多个法律争点，因篇幅有限，笔者结合本案和相关司法裁判实务对停工、窝工损失及约定索赔期限的性质认定问题进行探讨。

（一）停工、窝工损失责任认定

《民法典》第 798 条、第 803 条、第 804 条的规定与《八民纪要》第 32 条"因发包人未按照约定提供原材料、设备、场地、资金、技术资料的，隐蔽工程在隐蔽之前，承包人已通知发包人检查，发包人未及时检查等原因致使工程中途停、缓建，发包人应当赔偿因此给承包人造成的停（窝）工损失，包括停（窝）工人员人工费、机械设备窝工费和因窝工造成设备租赁费用等停（窝）工损失"对损失责任承担和范围的规定基本上保持一致，但增加了对材料和构件积压等损失和实际费用的赔偿规定，与本案支持块石备料款的裁决不谋而合。

上述规定对承包人的倾向性保护明显。"发包人原因导致停工、窝工责任"在实践中一般指下列情形:①发包人变更工程量;②发包人提供的设计文件等技术资料有错误或者发包人变更设计文件;③发包人未能按照约定及时提供建设材料、设备或者工程进度款;④发包人未能及时进行中间工程和隐蔽工程条件的验收并办理有关交工手续;⑤发包人不能按照合同的约定保障建设工作所需的工作条件致使工作无法正常进行的,等等。①

在发生上述情形致使工程建设无法正常进行时,承包人可以停建、缓建、顺延工期、追索停工窝工损失,并及时通知发包人。发包人应当为承包人的合理止损提供必要的协助。

(二)停工、窝工损失要素认定

1. 停工时间

因停工、窝工造成的相关损失计算均与停工时间紧密相关,因此,停工时间要素的准确认定是确定停工、窝工损失的核心工作。停工时间并非简单地仅根据停工状态的自然持续时间区间来计算,在仲裁实务中往往会根据案件已查明的事实确定一定的合理期间为停工时间。可以将监理单位或发包人发出的停工报告或书面停工指令作为确认停工时间节点的重要事实依据。同时综合考虑停工索赔报告、会议纪要、洽商记录、工程进度计划变更文书、现场施工日志等建筑施工工程惯例的书面文件来合理确认停工时间。

2. 损失数额

实务中,针对索赔损失数额确认有以下常见的司法裁判规则:①承包人提供的经监理人签字或盖章的窝工损失证据,如工程量签证报告、机械费用清单、设施料租赁清单、施工人员误工工资清单等,可以作为认定窝工损失数额的依据,无须再进行司法鉴定。② ②若承包人证明了窝工的事实和窝工的时间,承发包双方未就窝工损失数额达成一致,法院可以参照此前双方在施工过程中达成的窝工损失补偿金额酌定存在争议的窝工损失数额。③ ③若承包人证明窝工事实存在,发包人不认可承包人提出的窝工损失数额,双方

---

① 参见杜万华主编:《〈第八次全国法院民事商事审判工作会议(民事部分)纪要〉理解与适用》,人民法院出版社2017年版,第499页。
② 参见最高人民法院(2015)民申字第1004号民事裁定书。
③ 参见最高人民法院(2017)最高法民终175号民事判决书。

又均未向法院申请鉴定的情况下,法院可以运用自由裁量权酌定窝工损失的具体数额。① ④若双方未对停工进行约定时,应根据诚实信用原则履行合同,对于承包人的损失,即使无法举证,也应当根据公平原则进行合理赔偿。②

绝大部分案件中,裁判者均会优先考虑通过司法鉴定程序来协助确定损失数额,避免出现专业知识和技术不足的问题。

(三)停工、窝工损失索赔期限

多年以来,建设主管部门对建设工程承包合同示范文本进行了多次修订,其中索赔期限条款在2013年前后版本的重大变化引起不小的关注。现行的《建设项目工程总承包合同(示范文本)》(GF—2020—0216)通用条款明确约定索赔程序及期限③,该"28天索赔期限"相关条款旨在督促承包人尽快行使索赔权利、固定索赔资料、确定索赔损失,防止造成索赔组价构成模糊、相关事实难以查清。但在实务和学理上对该期限的性质认识不一,争议焦点集中在该索赔期限的性质为何,属于诉讼时效、除斥期间还是权利失效期限,抑或不同于前三者的一种约定权利行使期限。进一步来说,若承发包双方未在通用条款以外对该索赔期限作出特别约定(专用条款),那么如一方未在约定的索赔期限内进行索赔,其丧失的是何种权利,不无争议。

1. 诉讼时效说——丧失胜诉权

现已失效的《铁路货物运输合同实施细则》(国务院令第588号)第22条第1款规定:"承运人同托运人或收货人相互间要求赔偿或退补费用的时效期限为180日(要求铁路支付运到期限违约金为60日)。"该条款最终落实在合同中即为索赔期限的约定条款,部分法院认为该约定期限属于诉讼时效

---

① 参见最高人民法院(2014)民一终字第108号民事判决书。
② 参见最高人民法院(2015)民申字第708号民事裁定书。
③ 《建设项目工程总承包合同(示范文本)》(GF—2020—0216)通用条款第19.1条规定:"……(1)索赔方应在知道或应当知道索赔事件发生后28天内,向对方递交索赔意向通知书,并说明发生索赔事件的事由;索赔方未在前述28天内发出索赔意向通知书的,丧失要求增加/减少付款、延长缺陷责任期和(或)延长工期的权利……"参见《住房和城乡建设部、市场监管总局关于印发〈建设项目工程总承包合同(示范文本)〉的通知》,载住房和城乡建设部网站(https://www.mohurd.gov.cn/gongkai/fdzdgknr/tzgg/202012/20201209_248376.html),访问日期:2020年12月9日。

的范畴。

若认为"28天索赔期限"条款是双方行使索赔权利的期间,即索赔方提出索赔请求的诉讼时效,如逾期提出索赔请求,则赋予另一方诉讼时效抗辩权。即使诉讼时效已过,该自然债务仍然存在。持该观点的学者认为:"索赔权的法律性质是救济权范畴的请求权,索赔期限作为索赔权的时间限制,是索赔权得以获得公力救济的期限,符合诉讼时效的法律特征。"[1]

虽然该观点未直接否定承包人的实体索赔权利,但一旦发包人行使诉讼时效抗辩权,承包人的索赔请求将难以得到支持,其合法权益自然无法得到保障。如此一来,承包人只能期待发包人自愿履行自然债务,这显然是不切实际的。

值得注意的是,若认为"28天索赔期限"是诉讼时效,则该约定将受到《民法典》第197条第2款规定"当事人对诉讼时效利益的预先放弃无效"的限制。

2. 权利失效说——丧失实体索赔权利

若认为"28天索赔期限"条款属于双方合意的实体权利处分条款或者权利失效约定,一经签署就应当对双方产生拘束力,如一方未在约定索赔期限内提出索赔,即认为其丧失实体索赔权利,自然债务消灭。"权利失效规则是权利行使违反诚实信用原则的一项禁止权利滥用制度。"[2]司法实践中也不乏有法官根据此原则对索赔请求不予支持。[3]

表面来看,该观点符合契约精神以及意思自治原则,但实际施工过程中,承包方往往处于弱势地位,在工程未竣工验收前不敢轻易表达自己的诉求,因而很难在索赔期限内主张权利。若因此就轻易否定承包方主张索赔的权利,尤其是因为发包方原因导致的停工、窝工损失,难免与公平原则相悖。

3. 约定期限说——未丧失胜诉权及实体索赔权利

若认为"28天索赔期限"条款仅为明确索赔程序,则不意味着双方对索赔期限以及索赔实体权利的放弃,而且该条款为示范文本通用条款,倡导意味颇足,并不带有强制效力。有学者认为,索赔期限与除斥期间、诉讼时效、

---

[1] 陈涛:《施工合同索赔期限的法律效力辨析——基于"2013版示范文本"之"索赔"条款的不同理解》,载《建筑经济》2016年第7期。

[2] 王洪平:《论权利失效规则及其法典化》,载《法学论坛》2015年第2期。

[3] 参见重庆市高级人民法院(2018)渝民初120号民事判决书。

权利失效期间均有所差异,宜将索赔期限视为当事人约定的期间。"裁判机构应在个案中综合比较发包人和承包人的违约程度,决定是否适用索赔期限条款,同时要审慎地分析承包人提出的抗辩理由,以平衡发包人和承包人的利益。"①

从发包人的角度出发,因发包人可以利用强势地位或通过其他方式进行索赔,导致对发包人索赔期限的限制形同虚设。目前检索承包人引用该条款主张免责的案例寥寥无几,可见该条款的现实意义有限。如果未充分考虑国内建设工程施工的特点,直接借鉴国外工程实践并引入相关条款,容易导致利益保护失衡的问题,从而造成"水土不服"。在利益失衡情形下,要求处于弱势地位的承包人在较短时间内对由于复杂原因导致的停工、窝工损失行使索赔权根本无助于争议的解决。

事实上,无论是直接将"28天索赔期限"条款认定为无效约定,或是认为该条款有效,属于合同双方之间约定的索赔期限,结果上对索赔权行使均没有造成太多限制——索赔期限届满不意味着丧失胜诉权和实体索赔权。实务中,大多数司法裁判均倾向于此观点,并根据双方违约程度及公平原则进行裁判。

本案中,发包人认为承包人未在合同约定的期限内提出索赔申请,应视为已放弃索赔。仲裁庭并未对该索赔期限条款的法律性质作出阐述,仅以承包人向发包人提出了要求给予停工、窝工损失,发包人当时也同意给予损失补偿,因此认为发包人提出的应视为承包人放弃索赔的理由不充分,从而不予采信。笔者认为,索赔期限系由格式示范合同约定,且对双方的核心权利作出了限制,在法律、法规没有对该索赔期限明确规定的情况下,该合同约定一定会受到裁判者的重点、审慎审查,并不一定能产生确定诉讼时效、灭失实体权利的法律效果,而且该条款并不适合国内建设工程所有索赔情形,具有一定的局限性,建议示范文本修订时考虑删改此条款。

综上所述,建筑工程施工过程中因发包人的原因造成中途停工、窝工常有发生,厘清停工、窝工损失责任认定、要素认定以及索赔期限等问题尤为重要。停工、窝工损失需要先确定停工时间,然后确定损失数额。即使索赔方未在合同约定的索赔期限内提出索赔申请,但有合理抗辩理由的,基本不会

---

① 高印立、石伟:《比较法视野下的建设工程合同索赔期限条款的适用——兼评〈建设工程施工合同司法解释二〉第6条第2款》,载《北京仲裁》2019年第3期。

影响索赔权的行使。本案仲裁庭对停工、窝工损失赔偿数额的确定与责任分配,在审计结果的基础上进行了充分论证,仲裁裁决结果客观、合法、合理,值得借鉴。

(本案例由深圳国际仲裁院仲裁员周龙编撰)

案例 8 阶段性工期延误的责任承担

仲裁要点：承包人将工程违法转包给没有资质的个人施工,并产生阶段性工期延误。因发包人对承包人违法转包持放任态度,且发包人自己亦以承包人名义进行分包,对阶段性工期延误亦有过错。加上阶段性工期延误并未造成总工期违约,未影响发包人建设工程施工合同目的的实现,因此发包人不得以阶段性工期延误为由向承包人主张违约责任。

一、案情概要

2007年6月1日,申请人A公司(发包人)委托D公司对外发布《A公司××××房地产项目工程施工招标文件》。2007年7月21日,申请人与第二被申请人B公司(承包人)签订了本案《补充协议》。双方在《补充协议》中约定了以下与本案争议有关的条款:

(1)申请人同意第二被申请人承包××××房地产项目(除申请人特别要求提供设备或另外分包项目外)的所有工程施工。

(2)施工工期:本工程施工总工期为施工图纸及变更内容全面完成的工期,本工程总工期共计353日历天,自申请人发出书面开工通知之日后的第8天开始计算。开工日暂定为2007年8月20日,竣工日期2008年8月8日。总工期要求包括全部分包工程在内的施工工期及相应的竣工验收时间。确定最后工期日基准日为本工程通过竣工验收的日期。

第二被申请人委派其N市分公司经理冼某某(第一被申请人)负责申请人的工程施工,第一被申请人是工程实际施工人。

2007年8月18日,申请人与第二被申请人就××××房地产项目签订了《建设工程施工合同》(以下简称《施工合同》)。《施工合同》未对双方此前就同一工程签订的《补充协议》如何处置作出约定。双方在《施工合同》中约定了以下与本案争议有关的条款：

合同工期：计划开工时间为2007年8月26日（暂定，具体开工日期以开工报告为准），计划竣工日期为2008年11月17日，工程总工期450天（日历天）。

2007年8月20日，申请人签发了"××2007邀××号"《中标通知书》，明确第二被申请人作为涉案工程中标单位，中标计划确定的开工与竣工日期分别为2007年8月26日和2008年11月17日，工期450日历天。

2007年9月23日，申请人与第二被申请人签署《补充协议(2)》，第一被申请人作为第二被申请人的委托代理人在《补充协议(2)》上签字。

2007年10月7日，第二被申请人向申请人申请于2007年10月8日开工，申请人同意于2007年10月8日开工。

2008年1月27日，第二被申请人和第一被申请人（作为承诺人签字）对申请人作出《承诺书》，承诺严格按照2008年1月27日所做的《工程施工进度计划表（横道图）》实施，在计划好的工期内完成该工程。而第二被申请人盖章的施工进度计划表载明的开工日期为2008年2月23日，竣工日期为2009年3月18日。该计划表涵盖的工程包括结构、建筑、安装、水电、消防、其他措施工程及竣工验收。

2008年1月29日，申请人与第二被申请人签署《建设工程施工合同补充协议(4)》[以下简称《补充协议(4)》]，其中第3条约定，双方同意对双方2007年7月21日签署的《补充协议》第7页第5.3条修订如下：因第二被申请人原因导致工期延长的，第二被申请人应承担工期延长的违约责任，施工工期（含阶段性工期要求）从延期的第31天起计，每延长1天，乙方应向甲方支付2万元作为惩罚性违约金。其第4条、第6条还约定，经协商同意将双方于2007年8月18日签署的在建设行政主管部门备案的《施工合同》作废，双方均不予履行，原签署的《施工合同》、补充协议或招标文件与本协议有不相同之处的，以本补充协议为准。

2008年4月5日，申请人与第二被申请人签署《建设工程施工合同补充协议(5)》[以下简称《补充协议(5)》]。该补充协议约定，双方同意本工程工期变更为383天，从2008年2月23日起开始计算，竣工日期为2009年3月12日。

2008年12月20日前后，第一被申请人退场，但申请人并未解除和第二被申请人的施工合同，而是继续利用第二被申请人的名义与F劳务公司签署分包合同，F劳务公司在新的竣工日期内将本案工程实施完毕。申请人未对两被申请人承建的涉案工程质量提出异议。

2009年9月12日，监理单位C公司作出《××××房地产项目部分工程进度情况统计表》。

2019年3月8日，申请人依据《补充协议》中的仲裁条款向深圳国际仲裁院申请仲裁，提出如下仲裁请求：

（1）裁决第一被申请人向申请人支付工期延误违约金756万元，第二被申请人承担连带清偿责任。

（2）裁决第一被申请人承担申请人为本案支付的律师费12万元，第二被申请人承担连带清偿责任。

（3）裁决本案的全部仲裁费用由两被申请人承担。

此外，本案第一被申请人在施工过程中与申请人、第二被申请人产生工程款争议，第一被申请人曾向××中级人民法院提起诉讼，后经××中级人民法院和××高级人民法院两级法院裁定，第一被申请人受本案《补充协议》中仲裁条款的约束。第一被申请人于2009年8月31日向深圳国际仲裁院申请仲裁（以下简称"前案"），本案申请人、第二被申请人分别为前案的第一被申请人、第二被申请人。深圳国际仲裁院于2009年9月14日作出前案裁决，仲裁庭根据原《工程施工合同解释》第26条关于实际施工人可以发包人、转包人为被告提起诉讼的规定，以及××高级人民法院关于第一被申请人受本案合同仲裁条款约束、具有仲裁申请人主体资格的《民事裁定书》，认可第一被申请人在前案中可以实际施工人的身份提出仲裁请求、主张权利。

二、当事人主张

（一）关于本案工期是否延误

1. 申请人主张

本案合同关于工期的约定是清楚的，申请人与第二被申请人之间签署的《补充协议》及一系列补充协议对于工程工期有明确的约定。其中，在2008年1月27日两被申请人共同向申请人提交了新的《工程施工进度计划表（横道图）》，并作出了工期《承诺书》后，申请人又于2008年4月5日与第二被申请人的代表张某某共同签署了《补充协议（5）》，对于前述横道图加以确认。申请人宽限工期,将原合同约定的竣工时间从 2008 年 8 月 8 日延长至 2009 年 3 月 12 日,同时,在两被申请人共同确认的工期横道图中,对阶段性工期作出了明确的约定,针对第一被申请人已完工的部分工程项目,地下室工程完工日期应当是 2008 年 4 月 23 日,基础回填土方工程完工日期应当是 2008 年 4 月 26 日,一至二层主体框架完工日期应当是 2008 年 6 月 5 日,三至四层主体框架完工日期应当是 2008 年 7 月 15 日。在双方签署的《补充协议(4)》第 3 条约定的工期违约责任修订条款中,明确地约定:"……因第二被申请人原因导致工期延长的,第二被申请人均应当承担工期延长的违约责任。"

因此,申请人认为存在工期延误:①工期延误的事实有 C 公司可以证明。由 C 公司统计的《××××房地产项目部分工程进度情况统计表》中,明确了施工单位实际完成日期,并与计划施工工期进行了对比。②两被申请人提出的存在工期顺延的证据不成立。两被申请人提出的其他顺延工期的理由,由于未依照合同约定报申请人及 C 公司审批同意,所以,均不能成立。

2. 第一被申请人主张

没有事实证明第一被申请人延误工期。申请人以《工程施工进度计划表(横道图)》为依据,认为第一被申请人没有按约定进行施工,延误了工期。但应当看到:其一,该《工程施工进度计划表(横道图)》的主体是申请人与第二被申请人;其二,横道图只是施工计划,不能等同于合同的履行期;其三,横道图及施工竣工期多次进行变更,也就是说在施工过程中,实际施工期是根据实际情况变更的,并不是一个固定的施工期。同时,申请人也提供了《××××房地产项目部分工程进度情况统计表》,该表是在 2009 年 9 月 12 日作出的,而且没有经过申请人、第一被申请人及第二被申请人确认。另外,根据双方签订的《施工合同》第 13 条的约定,延误工期,应当由监理工程师签字确认,但该表没有监理工程师的现场签字或签证,而且是在第一被申请人退出实际施工后作出的。

3. 第二被申请人主张

(1) 根据第一被申请人于 2008 年 1 月 27 日作出的《工程施工进度计划表(横道图)》,即拟计划完成的阶段性工程时间,C 公司于 2009 年 9 月 12 日出具的《××××房地产项目部分工程进度情况统计表》统计的时间,申请人用这两份表的时间差来证实第一被申请人出现阶段性的工期延误,并以 C 公司的统计时间来计算延误的时间,按《补充协议》的约定计算延误工期的违约金，是错误的，不符合事实。《工程施工进度计划表（横道图）》只是施工方对工程进度的预测，并且该计划进度受到多方因素的影响，并非施工方可控的。

(2) C 公司出具《××××房地产项目部分工程进度情况统计表》的时间是 2009 年 9 月 12 日，而第一被申请人所施工的工程在 2008 年 12 月下旬前就已经竣工交接，C 公司出具的《××××房地产项目部分工程进度情况统计表》上既没有申请人（甲方），也没有第一被申请人（实际施工人）的签字确认，因此，该《××××房地产项目部分工程进度情况统计表》不具备证据效力，更不能用该统计表与《工程施工进度计划表（横道图）》之间的时间差来计算工程延误的天数。

(3)"××××房地产项目工程"整体施工竣工时间没有延误，已经按合同履行完毕，并且在《建设工程竣工验收报告》中，申请人给予第一被申请人极高的评价，报告中写道："施工单位在施工过程中建立了相应的质量保证体系，严密的施工组织设计及有关质量保证措施，认真按图纸、设计变更通知及合同规定完成所有的工作，对施工单位在施工过程中的管理感到满意。"以上评价足以说明第一被申请人、第二被申请人对涉案工程的建设施工已经按合同约定完成了所有工作，其中并没有提到施工延期的问题。

(二) 关于被申请人是否应当承担违约责任

1. 申请人主张

施工单位延误工期应当承担违约责任。根据《补充协议(4)》第 3 条约定，因第二被申请人原因导致工期延长的，第二被申请人应当承担工期延长的违约责任。施工工期（含阶段性工期要求）从延期的第 31 天起计，按照每日 2 万元的违约金标准计算，阶段性工期延误违约金共为 756 万元，若 45 天以上的按每日 5 万元的违约金标准计算，阶段性工期延误违约金为 1755 万元。申请人坚持按照合同约定计算违约金数额，但对于所计算的超过 756 万元的部分，放弃主张权利。

第一被申请人是《施工合同》及补充协议的当事人，应当受到《施工合同》及补充协议约定内容的约束。第一被申请人作为实际施工人，因施工所获得的工程款是依据《施工合同》及其补充协议的约定；第一被申请人所承担的施工义务也是依据《施工合同》及补充协议的约定。因此，第二被申请人将其合同权利与义务转让给第一被申请人，尽管是违反法律规定的非法转包行为,但是其转让合同权利义务所产生的法律后果是非常清楚的。实际施工人在事实上承接了《施工合同》及补充协议的权利、义务,实际施工人当然应受合同条款的约束,承担合同约定的违约责任。

第二被申请人是否应当对工期延误承担连带违约责任?根据最高人民法院《关于适用〈中华人民共和国民事诉讼法〉若干问题的意见》的有关规定,申请人认为当将挂靠人(转承包人)与被挂靠人(承包人)列为共同诉讼人后,两者应该如何承担责任,实体法并没有给出答案,需要作进一步的研究。但是,无数的司法案例均判决共同诉讼人承担连带责任。

综上所述,无论是在法律规定上还是在合同的约定上,两被申请人确实在工程施工中存在拖延工期、逾期交付工程的情形,严重拖延工期已经给申请人造成了不可估量的经济损失,两被申请人应当向申请人承担违约责任,支付违约金。

2. 第一被申请人主张

要求第一被申请人承担工期延误的违约责任没有法律依据,第一被申请人不是本案适格主体:①仲裁条款对第一被申请人没有约束力。作为本案的实际施工人,第一被申请人并没有在载有仲裁条款的《补充协议》上签字。根据合同相对性原则,申请人与第二被申请人签订的仲裁协议,对第一被申请人没有约束力。②把冼某某列为本案的第一被申请人没有法律依据。在本案中,申请人没有针对第一被申请人实际施工的部分工程及第二被申请人施工的全部工程的工程质量发生过争议,本案讼争并不是建设质量争议,本案的合同主体也是申请人和第二被申请人,把第一被申请人列为本案的主体,显然没有法律依据。

3. 第二被申请人主张

申请人所举延误工期相关的证据涉及的问题都是很小的问题,在监理和质监部门的提议下都已经全部整改,但第一被申请人并没有因这些小问题延误工程进度,反而是申请人不按进度支付工程款对工程进度的影响较大,C公司也没有第一被申请人阶段性工期延误方面的签证,第一被申请人也没有在"延误工期"的签证上签名确认。因此,对于阶段性工期延误问题,至今没有第三方(包括C公司)的确认,也没有施工方、发包方之间的确认,第二被申请人不应承担违约责任。

三、仲裁庭意见

（一）关于第一被申请人的主体资格问题

仲裁庭经审查当事人提交的材料后，认为××高级人民法院民事裁定书和深圳国际仲裁院前案裁决书，已认定第一被申请人作为实际施工人，是本案《补充协议》仲裁条款的主体。故仲裁庭认为，第一被申请人应受本案《补充协议》仲裁条款的约束，是本案适格的当事人。

（二）关于本案所涉合同的效力

《补充协议》是当事人的真实意思表示，不违反法律、行政法规的强制性规定，合法有效。

（三）第一被申请人是否应该承担工期延误的违约责任

因为仲裁协议的独立性，第一被申请人受仲裁协议的约束是对第一被申请人解决本案争议的解决方式的限定，其是否是本案《施工合同》及补充协议的当事人，及是否受这些合同、协议的实体权利义务关系的约束，则应该根据该等合同、协议的缔结及变更、转让、履行的实际情况加以判断。

第一被申请人仅在2007年9月23日作为第二被申请人的委托代理人在《补充协议（2）》上签字；在2008年1月27日第二被申请人致申请人的《承诺书》上，落款是第二被申请人，在第二被申请人盖章的下面，第一被申请人作为承诺人签字。这两份文件显示的仍然是申请人与第二被申请人的合同关系。

本案工程由申请人发包给第二被申请人，申请人与第二被申请人之间建立了合法的建设工程施工合同关系，其中并没有第一被申请人的独立合同地位；第一被申请人是本案工程的实际施工人，第一被申请人与申请人之间没有直接的合同关系和法律关系。根据合同相对性原理，第一被申请人应该不受申请人与第二被申请人之间签署的一系列补充协议的约束。所以，第一被申请人无须承担本案工期延误的违约责任。

(四)第二被申请人是否应该承担工期延误违约责任的连带责任

1. 当事人关于工期的约定

根据上述仲裁庭审理查明的事实,2007年7月21日申请人与第二被申请人签署的《补充协议》第5.1条规定,本工程总工期共计353日历天,开工日暂定为2007年8月20日,竣工日期为2008年8月8日。总工期要求包括全部分包工程在内的施工工期及相应的竣工验收时间。确定最后工期日基准日为本工程通过竣工验收的日期。本案第二被申请人与申请人后来同意本案工程于2007年10月8日开工。

与本案工期有重要关联的还有两份文件:一是2008年1月27日第二被申请人向申请人出具的《工程施工进度计划表(横道图)》及关于工期的《承诺书》,该《工程施工进度计划表(横道图)》预计了各个阶段工程的节点工期,开工日定为2008年2月23日,总工期截止到2009年3月18日。二是2008年4月5日,申请人与第二被申请人签署的《补充协议(5)》约定,双方协商一致,同意将本工程总工期变更为383天,从2008年2月23日起开始计算,竣工日期为2009年3月12日。

申请人与第二被申请人应该受《补充协议》及《补充协议(5)》的约束。本案工期从实际发生的事实情况看,开工日一再后延,最后确定2008年2月23日为开工日,总工期也被延长,从353天调整为383天,工期截止日定为2009年3月12日。在合同履行过程中,一方当事人为履行合同向合同对方作出履行合同的部分承诺,也应当视该承诺为作出承诺方的确定责任。第二被申请人出具的《工程施工进度计划表(横道图)》约定的工期和《补充协议(5)》约定的工期没有本质区别。所以仲裁庭认为,申请人与第二被申请人之间存在有效的工期约定,即工期开始日为2008年2月23日,截止日为2009年3月12日,总工期为383天。合同当事人应该受这个工期的约束。

2. 因转包工程导致的合同工期责任问题

第二被申请人在与申请人签署《补充协议》承包本案工程后,将本案工程转包给第一被申请人实施。第一被申请人是本案工程5层以下结构工程的实际施工人,本案双方当事人对这个事实都是承认的。第一被申请人于2008年12月20日左右退场后,申请人并未解除和第二被申请人的《施工合同》,而是继续利用第二被申请人的名义与其他劳务公司签署分包合同,将本案工程实施完毕。可以说,申请人在发现第二被申请人非法转包本案工程给第一被申请人、第一被申请人实际施工的情况后,对本案工程的非法转包状态一直放任。在第一被申请人退场后,申请人甚至直接利用第二被申请人的施工企业执照,自行将本案未完工程转包给只有劳务承包资质的案外人。由此可知,根据本案工程施工的事实可以将本案工程合同的履行分为两个阶段,前一个阶段是发包人放任承包人工程转包,后一个阶段是发包人将自己的工程非法转包。整个工程施工期间,发包人和承包人都没有切实履行工程合同,实际实施工程的是实际施工人,其与发包人之间没有直接的合同关系。发包人将工程转包给没有施工承包资质的劳务承包单位,是建筑市场上比较特殊的案例。

因为房屋建设工程涉及房屋使用人的人身及财产安全,房屋建设工程应该由具备相应施工资质条件的施工单位组织施工,所以法律禁止承包人进行非法转包、非法分包的规定同样适用于发包人。在本案工程合同履行的前一个阶段,第二被申请人将承包的工程非法转包,第二被申请人有履行合同的过错;在后一个阶段,发包人利用第二被申请人的名义,将本案未完成的工程非法转包给第三人,第二被申请人愿意配合发包人及愿意借其名义同样是有过错的。但是仲裁庭也注意到,2008年12月20日前后第一被申请人退场,申请人并没有解除和第二被申请人的合同,此时距离《补充协议(5)》规定的新的竣工期限还有数月时间,第二被申请人尚有机会弥补前期履行合同的错误和不足(这一点既可以看作第二被申请人应该全面适当履行合同的义务,也可以看作第二被申请人有自己履行合同并得到合同利益的权利)。申请人也认为第一被申请人退场后,F劳务公司只用了5个月就完成了5到21层的全部工程。此时申请人利用第二被申请人的名义将后续工程转包给案外人F劳务公司,事实上剥夺了第二被申请人自行履行合同的权利,令第二被申请人没有机会改正及弥补前期合同履行的过错。在这种情况下,申请人要求第二被申请人承担工期延误违约责任的主张是不成立的。工程合同双方当事人在合同中约定工期的目的是发包人按时得到工程,进一步再约定阶段性工期的目的是促进合同约定总工期的实现。如果承包人阶段性工期违约,而总工期不违约,承包人不应该承担关于阶段性工期违约的责任,当然承包人也不能以抢赶工期为由获得索赔补偿。因承包人阶段性工期违约引起第三方索赔的归责问题应另当别论。结合仲裁庭上述认定,仲裁庭认为,申请人没有权利追究第二被申请人的阶段性工期的违约责任。

四、裁决结果

1. 驳回申请人的全部仲裁请求。
2. 本案仲裁费全部由申请人承担。

五、评析

本案仲裁庭认定《补充协议》是双方当事人真实意思表示,合法有效,应当得到当事人完全履行,但在合同履行过程中,双方均具有一定过错。尽管仲裁庭并未否认第二被申请人存在阶段性工期延误,但仲裁庭认为,在双方均存在瑕疵履行,且阶段性工期延误并未导致总工期延误的情况下,阶段性工期延误的相关风险不应全部由承包人承担,而应该由双方共担。因此,仲裁庭作出"承包人不应该承担关于阶段性工期的违约责任,当然承包人也不能以抢赶工期为由获得索赔补偿"的认定。下文将结合本案情况,就建设工程中阶段性工期延误的违约责任进行探讨。

(一)阶段性工期的定义及其法律意义

建设工期,是指在施工合同中发、承包双方约定完成工程所需的期限,包括按照合同约定所作的期限变更。① 尽管我国当前法律并未对工期作出明确定义,但在《建设工程施工合同(示范文本)》(GF—2017—0201)中,载明对工期的定义与上述基本一致。② 而阶段性工期(又称节点工期),是指工程项目的建设达到施工合同所约定的某个阶段或进度节点的时间,常在施工合同、横道图③或施工进度计划等材料中体现。阶段性工期与总工期之间存在着密切的联系。在施工管理中,发包方通常会根据总工期提出阶段性工

---

① 参见刘玲北、丁浩珉:《工期争议典型案例分析及防范建议》,载《建筑经济》2022年第6期。

② 《建设工程施工合同(示范文本)》(GF—2017—0201)1.1.4.3规定,工期:是指在合同协议书约定的承包人完成工程所需的期限,包括按照合同约定所作的期限变更。

③ 横道图又称甘特图(Gantt Chart),是建设工程项目中最早普遍应用的计划方法,以其发明人美国工程师亨利·劳伦斯·甘特的名字(Henry Laurence Gantt)命名。

期,进而确定施工进度,这在《建设工程施工合同(示范文本)》(GF-2017-0201)第7.2①条中有所体现,本案申请人主张阶段性工期违约所依据的也是被申请人出具的《工程施工进度计划表(横道图)》。综上,阶段性工期也可以理解为当事人约定的施工进度。但是,为了对应本案当事人和仲裁庭的论述,同时与工程总工期的概念进行对应,笔者仍然采用"阶段性工期"的表达。

一般而言,施工合同约定阶段性工期的目的是促进总工期的实现,阶段性工期的法律意义也仅在于判断承包人是否按照约定的进度进行施工。承包人如果未在阶段性工期内完成阶段性施工进度,并不必然意味着总工期逾期,也不必然会给发包人带来实质性损失。因此,阶段性工期在大多数情况下仅仅是起到提示施工进度的作用。但是,在一些重大工程项目中,发包人会根据项目具体特征设置关键节点工程,针对这些节点工程的阶段性工期可能关涉合同目的的实现,具有重要的法律意义。在这种情况下,如果承包人因自身单方原因导致阶段性工期延误的,发包人有权根据合同约定解除合同,承包人亦可能因此承担相应的阶段性工期延误的违约责任。

(二)阶段性工期延误的违约责任

阶段性工期延误与总工期延误从事实认定角度来看并无二致,若合同约定了确定的阶段性工期,但承包人却未能在确定的工期内完成施工,在事实上便构成阶段性工期延误。但如前文所述,阶段性工期延误是否引发违约责任,需要结合具体情况进行分析,在认定违约责任时还必须进行事实解构和法律规范查明,并进行严谨的法律推导。

1. 非单方过错的阶段性工期延误的违约责任

当今民法通说认为,我国合同法在违约责任的归责原则上采取了严格责任原则和过错责任原则双轨制。严格责任的违约责任为一般情况,而过错责任的违约责任为特殊情况。② 如根据《民法典》第577条之规定③,当事人违

---

① 《建设工程施工合同(示范文本)》(GF-2017-0201)7.2.1施工进度计划的编制规定:"承包人应按照第7.1款〔施工组织设计〕约定提交详细的施工进度计划,施工进度计划的编制应当符合国家法律规定和一般工程实践惯例,施工进度计划经发包人批准后实施。施工进度计划是控制工程进度的依据,发包人和监理人有权按照施工进度计划检查工程进度情况。"

② 参见王利明、房绍坤、王轶:《合同法》,中国人民大学出版2002年版,第264页。

③ 《民法典》第577条规定:"当事人一方不履行合同义务或者履行合同义务不符合约定的,应当承担继续履行、采取补救措施或者赔偿损失等违约责任。"

反了其合同义务,即构成违约,而不以违约方的过错为前提。尽管学界对于违约责任归责原则还有一些讨论①,但在认定违约责任时,仅观察违约方是否有违反合同义务的行为即可,这是违约责任的基本规则。其实,违约责任无论采取何种归责原则,其最终目的都是对风险进行合理分配,二者得出的结论并不会像想象的那样,归责原则的不同仅仅是论证出发点的不同。②

但实践中,损害可能并非完全由于违约方的违约行为,守约方也有可能对损害结果的发生存在过错。当守约方的行为对于损害结果的发生或者扩大可归责地共同起作用时,如果仍令违约方就全部的损害承担赔偿责任,显然有悖于公平的观念,也不符合诚实信用的原则。③ 为了避免使违约方承担严格违约责任而导致风险分配不合理,法律出于维护公平的考虑,规定了违约责任的免除和减轻规则,比如《民法典》第591条④和第592条⑤。此两条考虑到了违约相对方的过错,被称为违约责任的过失相抵规则。

以本案为例,承包商存在的违约行为有两个:一是违法转包工程给无资质的第三方;二是实际施工人造成的阶段性工期延误。这两个违约行为之间还存在一定的因果关系。分析裁决的说理可发现,仲裁庭亦是从这两个角度入手进行分析的。首先,仲裁庭查明,本案实际施工人即第一被申请人并无相应资质,根据建设工程施工合同相关法律和司法解释之规定,此为违反法定义务。其次,实际施工人造成的工期延误也系承包商违法转包行为的延伸,根据"违约者不得受益"原则,实际施工人造成的工期延误,承包商应当依据双方签订的协议承担相应的法律后果,此为违反约定义务。

然而,承包商的违约行为发生以后,发包人不仅未及时采取措施防止损失扩大,还作出了违反合同的行为。本案中,承包商违反了法定义务,同时也

---

① 学界不少学者对此理论持有异议,如张民安教授就认为严格责任仅适用于侵权责任,我国《民法典》上规定的所有违约责任均是过错责任,而全部过错责任皆是客观过错责任而非主观过错责任。所谓客观过错,即债务人不履行所承担的某种合同义务的行为。参见张民安:《〈民法典〉合同编单一过错违约责任规定及其建构的结果债和手段债区分理论》,载《学术论坛》2021年第6期。

② 参见黄薇主编:《中华人民共和国民法典释义》,法律出版社2020年版,第1111页。

③ 参见程啸:《论侵权行为法上的过失相抵制度》,载《清华法学》2005年第2期。

④ 《民法典》第591条第1款规定:"当事人一方违约后,对方应当采取适当措施防止损失的扩大;没有采取适当措施致使损失扩大的,不得就扩大的损失请求赔偿。"

⑤ 《民法典》第592条规定:"当事人都违反合同的,应当各自承担相应的责任。当事人一方违约造成对方损失,对方对损失的发生有过错的,可以减少相应的损失赔偿额。"

违反了合同完全履行原则,将 5 层以下结构工程违法转包他人,发包人对此事实是明知的。发包人完全可以要求承包商采取(本人)继续履行或者其他补救措施,甚至可以依据《民法典》第 806 条之规定①主张解除合同。但发包人自始至终持放任态度,并未采取任何措施防止损失的扩大,甚至在实际施工人退场以后,自行利用承包商的名义,将本案未完成的工程非法转包及再转包给第三人。申请人的上述行为在事实上剥夺了第二被申请人自行履行合同的权利,令第二被申请人没有机会改正及弥补前期合同履行的过错。在总工期没有延误的情况下,即便第二被申请人存在阶段性工期延误,也不应该承担关于阶段性工期的违约责任。因此,仲裁庭认定,申请人没有权利追究第二被申请人的阶段性工期延误的违约责任。

2. 因承包人单方过错的阶段性工期延误的违约责任

在一些重大工程项目中,发包人为了确保项目的整体进度以及关键节点工程的顺利施工,会根据项目的具体特征设置关键节点,并约定相应节点的阶段性工期以及延误责任。如因承包人单方过错导致阶段性工期延误的,发包人有权追究承包人的阶段性工期违约责任。如在贵州好旺佳房地产开发有限公司、福建省晓沃建设工程有限公司建设工程施工合同纠纷二审案中,最高人民法院认为,《建设工程施工合同》约定:"如果承包人(晓沃公司)未能在约定的节点工期内或进度计划完成相应进度,应向发包人(好旺佳公司)支付违约金,每逾期一日按伍仟元/日计算,导致各栋号工期延误,每逾期一日,按伍万元/日支付违约金;超过一个月后,除每日承担伍万元违约金外。承包人延误工期,履约保证金和违约金不足以补偿发包人损失的,承包人还应赔偿一切损失,该损失包括但不限于发包人逾期交房的损失。"13 号楼的计划竣工日期为 2015 年 4 月 1 日,而实际竣工验收时间为 2016 年 6 月 2 日。人防地下室的计划竣工日期为 2015 年 3 月 31 日,但截至二审庭审之日,双方当事人均未举示证据证明该部分工程已通过竣工验收。13 号楼、人防地下室逾期完工事实存在。发包人基于合同约定有权向承包人主张赔偿国际佳缘项目 13 号楼和人防地下室工程逾期的违约责任。②

除承发包双方约定的阶段性工期以外,裁判者亦可主动根据工期定额推

---

① 《民法典》第 806 条第 1 款规定:"承包人将建设工程转包、违法分包的,发包人可以解除合同。"

② 参见最高人民法院(2019)最高法民终 996 号民事判决书。

算阶段性工期,并据此划分阶段性工期逾期的违约责任。比如,在安徽众力房地产开发有限公司与安徽广厦建筑(集团)股份有限公司建设工程施工合同纠纷再审案中,发承包双方之间的《建设工程施工合同》约定"地下室结构完成,三层全部顶板砼浇筑完毕,7日内甲方支付乙方±0.0000标高以下已完工程量40%的工程进度款"。由于双方均未提交施工计划等可以确定施工工期的证据,二审法院依据合同及工期定额,推定广厦公司施工至地上三层合理工期为157天。地上三层的完工时间为2009年6月20日,实际用时254天,超合理工期97天。二审法院考虑到春节和天气等因素的影响,酌定广厦公司在前期施工延误工期90天。根据二审查明的事实,造成上述延误的主要原因是广厦公司将涉案工程违法转包给无资质的个人施工,对此其应承担主要责任。①

3. 阶段性工期延误的定性分析

在建设工程中,工程在施工期中的风险不断变化,不同阶段的工程施工进度计划对工程施工期的影响也不一样。② 但不可否认的是,当施工遭遇延误事件时,对发包人和承包人的权益均会产生影响。因此,在建设工程合同履行过程中,针对某一延误事件,应当首先进行定性分析,确定工期延误风险分担,并进而确定相应的法律后果。对此,在学术研究中,不少学者通过将影响工期的风险因素划分为不同类型来分析风险影响力大小并进一步确定风险承担的主体。尽管这些研究多是从工程管理科学角度出发,但仔细对比这些风险因素,其实与《民法典》中所规定的违约责任划分规则基本一致,因为违约责任本质上也是一种对风险的分配。例如,将工期延误的风险因素划分为由业主(发包人)或承包商的单方过错引起的、由业主(发包人)和承包商的共同过错引起的,以及不可归责于业主(发包人)或承包商的。③ 比如,发包人不按期提供建材等原材料,此等因素所造成的工期延误风险就应当由发包人自行承担,承包人还得向发包人主张工期延误索赔或者赶工损失赔偿,这其实与《民法典》中规定的违约责任一致。④ 如前文所述,本案的阶段

---

① 最高人民法院(2015)民申字第2635号民事裁定书。
② 参见李宗坤、张亚东、宋浩静、关宏艳:《基于施工进度计划的建设工程施工期风险分析》,载《水力发电学报》2015年第6期。
③ 参见张思琦:《建设工程工期延误风险分担研究》,北京建筑大学2020年硕士学位论文。
④ 例如,《民法典》第803条规定:"发包人未按照约定的时间和要求提供原材料、设备、场地、资金、技术资料的,承包人可以顺延工程日期,并有权请求赔偿停工、窝工等损失。"

性工期延误双方均有过错,尽管被申请人存在阶段性工期延误的事实,但申请人在事实上剥夺了被申请人继续履行合同以弥补其过错的权利,在总工期没有延误的情况下,仲裁庭认定被申请人不应承担关于阶段性工期延误的违约责任。

4. 阶段性工期延误的定量分析

为了准确、合理、公正地进行工期延误风险分配,对一个延误事件进行定性之后,还应当对其进行定量分析。对于阶段性工期延误而言,其对工程里程碑节点或者总工期的影响显然是最值得关注的。一个延误事件是否导致里程碑节点或者总工期发生延误,主要考察该延误事件是否在里程碑节点或者总工期的进度计划关键线路上。① 如果一项工程的进度安排确实发生了延误,但该工程并不在总工期的关键线路上,它的延误并不(会)对总工期产生影响,则该延误引发的如损害赔偿等违约责任应当酌情调整到合理范围。本案中,实际施工人施工的五层以下结构性工程虽然发生阶段性工期延误,但后续5到21层乃至全部工程均在确定的工期内完成,阶段性工期延误对总工期几乎没有不利影响,也未影响到发包人合同目的的实现。在我国的司法实践中,违约金以补偿性为主,惩罚性为辅。逾期竣工违约金属于违约金的一种形式,当然也是如此。② 鉴于本案阶段性工期违约并未造成承包人合同利益受损,故而仲裁庭作出"承包人不应该承担关于阶段性工期的违约责任"的裁决。

(三) 结论

阶段性工期延误实际上是承包人违反施工进度计划的一种违约行为,鉴于建设工程施工合同的复杂性和长期性,在认定承包人的违约责任时,应当予以综合研判。首先,从违约行为出发,就工期而言,应当全面梳理双方的契约文件,确定双方约定的工期和进度计划,严格依照法律和合同约定,准确判断是否有违约行为的产生。其次,应当把握建设工程施工合同的性质和特点,精准定性阶段性工期延误,分析当事人的过错情况,这对于阶段性工期违约的风险分担、责任承担和减免等至关重要。最后,要考察阶段性工期违约

---

① 参见廖志成:《基于FIDIC条款的国际工程工期索赔实操方法研究》,清华大学2017年硕士学位论文。

② 参见贾怡驰、康飞、段志成:《工程建设合同中逾期竣工违约金条款分析》,载《中国招标》2021年第12期。

对于工程里程碑节点或者总工期的影响，分析发包人合同利益受损情况，依据诚实信用原则和公平原则对承包人的违约责任予以合理裁量。笔者认为，只有严格按照上述流程，综合分析案件情况，才能对阶段性工期延误的违约责任进行妥善认定。

(本案例由深圳国际仲裁院杨涛编撰)

案例9　工期的法律性质及开工、竣工日期的认定方法

仲裁要点：1. 实际开工日期的认定不能仅局限于开工通知中载明的日期，还应当结合工程是否具备开工条件、建筑工程施工许可证载明的日期等事实予以综合认定。对工期制度的准确理解是基础要素。

2. 建筑工程施工过程是一项系统工程，工期可能受到若干因素的影响。本案申请人（承包人）与被申请人（发包人）双方都对工期延误负有责任，申请人因为铸铁管采购安装及施工劳力问题使得本案工期受到影响，而被申请人因为未能按合同约定提供施工图纸且不能及时下发设计变更图纸、铸铁管采购安装问题、未及时对申请人的进度款申请进行审核也影响了本案工期。综合考虑这些因素，被申请人对本案工期延误应承担主要责任，申请人承担次要责任。

由于涉案工程《建设工程施工合同》所约定的合同工期的事实基础和合同基础已经遭到破坏，被申请人仍要求申请人在原来合同工期内完工是不合理的，因此本案工程的竣工日期应该相应顺延和调整。

一、案情概要

1. 2008年10月13日，申请人A公司（承包人）与被申请人B公司（发包人）签订某度假酒店土建工程《建设工程施工合同》（以下简称《施工合同》），《施工合同》约定如下主要内容：

《施工合同》协议书第2条（工程承包范围）："承包范围：施工承包方式为承包人包括但不限于包工包料包质量包工期包安全包验收包保修包税金等在内的施工总承包，详见《议标文件》中所列内容。"

《施工合同》协议书第 3 条(合同工期):"开工日期:二〇〇八年十月十八日(以甲方发出开工令之日起算),竣工日期:二〇〇九年四月八日,合同工期总日历天数 170 天。"

《施工合同》通用条款第 13 条(工期延误):"13.1 因下列原因造成工期延误,经工程师确认,工期相应顺延:(1)发包人未能按专用条款的约定提供图纸及开工条件;(2)发包人未能按约定日期支付工程预付款、进度款,致使施工不能正常进行;(3)工程师未按合同约定提供所需指令、批准等,致使施工不能正常进行;(4)设计变更和工程量增加;(5)一周内非承包人原因停水、停电、停气造成停工累计超过 8 小时;(6)不可抗力;(7)专用条款中约定或工程师同意工期顺延的其他情况。13.2 承包人在 13.1 款情况发生后 14 天内,就延误的工期以书面形式向工程师提出报告。工程师在收到报告后 14 天内予以确认,逾期不予确认也不提出修改意见,视为同意顺延工期。"

《施工合同》专用条款第 4 条(图纸):"4.1 发包人向承包人提供图纸日期和套数:在发包人向承包人发出开工指令前 3 天提供施工图 1 式 8 套(含 3 套制作竣工图纸),根据需要承包人可自费复印更多的份数。"

《施工合同》专用条款第 7 条(项目经理):"7.6……承包人不得拖欠劳动报酬,若因承包人拖欠工人劳动报酬引起的一切法律、经济责任由承包人自行承担,若由此造成工程停工、工期延误和发包人损失的,由承包人负责赔偿。"

《施工合同》通用条款第 35.2 条和专用条款第 35.2B 条:"若延期竣工超过 30 天的,发包人有权单方解除本合同。"专用条款第 35.2C 条:"因承包人原因造成发包人解除合同的,承包人应按照本合同总价的 20%支付发包人违约金并赔偿损失。"

《施工合同》专用条款第 42 条(补充条款):"42.4 发包人和承包人同意,由香港 C 公司审定本工程的工程计量、工程造价(包括竣工结算价款在内),并服从香港 C 公司作出的审定结论。"

2. 2008 年 10 月 14 日,申请人和被申请人签署了《〈建设工程施工合同〉补充协议书》(以下简称《补充协议书》),对工程款的支付方式、期限、条件等事宜进行了补充约定。

3. 2008 年 10 月 23 日,被申请人向申请人下发《开工令》。

4. 2008 年 10 月 27 日,召开主体工程会议,就开工日期的问题,申请人指出,由于被申请人没有发出完整的设计院盖章的主体土建和机电施工图纸,导致不能展开施工准备工作,不能展开图纸协调工作,以及现场不具备开工条件。被申请人指出,没有盖章图纸不影响基础承台施工及本工程的开工。

5. 本案工程的《建筑工程施工许可证》载明,合同开工日期为2008年11月16日,合同竣工日期为2009年5月7日。

6. 2008年12月15日,被申请人将结构部分施工图纸发给申请人,2008年12月25日,将电气、暖通、消防等机电图纸发给申请人。截至2009年1月17日,被申请人仍未向申请人提供经过建设行政主管部门审查机构审核通过的建筑专业施工图纸。

7. 2009年2月17日,申请人向被申请人和监理单位发送工作联系单,称在项目所在地及周边城市的材料市场无法购买到铸铁管,请求确认能否以UPVC管道及配件替代。

8. 2009年2月24日,申请人向被申请人和监理单位发送工作联系单,建议使用HDPE管,并称主楼区施工由于受到管道安装的影响,已停工数日。

9. 2009年3月10日,《工地例会纪要》显示,申请人表示可以按设计图规定采购铸铁管,进行施工。

10. 2009年3月10日至2009年3月23日,双方就铸铁管的审批程序进行沟通。

11. 施工过程中,发生了部分设计变更,涉及主楼区与别墅区的不同部位。截至2009年3月18日,主楼区的4号、10号楼的变更图纸仍未提交给申请人,申请人没有全部完成已经下发图纸所包含的施工内容。

12. 2009年3月19日,部分工人前往施工单位项目部和业主行政办公区域闹事,2009年3月23日,双方在劳动主管部门主持下进行了调解。

13. 2009年3月23日,申请人提交了由项目所在地周边城市生产的铸铁管样品,并获批准。同日,申请人在工作联系单中表示,受铸铁管的安排影响,现场全面处于停工状态,由于DN300管道及配件属于不常用的规格,厂家无现货,需要签订合同并支付材料款后方能安排生产,生产周期在15~20天,从厂家运输到现场需要7~10天,意味着从签订合同到材料进场需要近一个月的时间。

14. 根据2009年3月25日的《工地例会纪要》,受地下室预埋管道铸铁管采购安装影响,工程现场基本处于停工状态。申请人亦多次表示铸铁管采购影响本案工程实施。

15. 2009年3月24日，香港C公司刘某某前往现场进行工程产值审核考察。2009年4月2日，香港C公司向被申请人出具审核报告，审核结果为1718万元，2009年4月6日香港C公司向被申请人出具修改后的审核结论，审核结论为1572万元。

16. 2009年4月27日，申请人发出《关于停止施工的报告》，报告中指出："由于发包方违反合同约定，不按约定时间支付工程款，致使人工费和各种材料费均无法结算，导致工人不上班、材料商不给供应材料，使现场被迫停工。我方将书面停工报告发送贵司，从2009年3月27日起我方正式停工，由于发包人的不按时支付工程款导致工程停工，由此所造成的工期延误、费用增加等均由发包人负责承担。复工时间为发包方支付完该批工程款、并清算完由停工所造成的所有经济损失后恢复施工。"

17. 2009年6月4日，被申请人向申请人发出《关于终止合同的通知函》。

18. 2009年7月9日，申请人向中国国际经济贸易仲裁委员会华南分会提起仲裁，主要仲裁请求为被申请人向申请人支付工程款15817382.06元及相应利息。

19. 2009年8月10日，中国国际经济贸易仲裁委员会华南分会秘书处收到被申请人提交的《仲裁反请求申请书》，被申请人请求：

(1)裁决申请人向被申请人支付违约金1177.6万元；

(2)裁决申请人向被申请人支付已垫付电费105734.41元；

(3)裁决申请人向被申请人赔偿因停工造成的损失100万元；

(4)裁决申请人支付本案仲裁反请求的仲裁费。

二、当事人主张

(一)关于本案工程款

1. 申请人主张

申请人于2009年3月2日向被申请人和监理单位提交了2009年3月2日前实际已完成工程量的工程结算书和相关结算依据，实际完成工程量结算金额为21693905元。经被申请人、被申请人委托的估算顾问及被申请人委托的监理单位的共同审核后，完成的实际工程量为17579631元。此数额是依据此前的实际工程情况，依据合同和相关的结算文件由相关几方共同盖章签字确认的，是申请人与被申请人就已完工程价款达成的合意，是合同双方真实意思表示,有关该工程的所有结算均须以此结算书和数额作为前提,而且也只能在此数额之上进行调增结算。仲裁庭应仅就由被申请人和监理单位已核减下来的部分范围进行重新审核。根据《施工合同》专用条款第25.1条和通用条款第25.2条的约定,被申请人应当在7天内或依据补充合同约定的应当在3日内对申请人所申报的工程量作出确认或不确认的表示,事实是过了2009年3月21日或26日,直至2009年6月4日申请人收到被申请人的终止合同通知之日止,被申请人也未就此作出任何确认或不确认的表示或要求申请人与其进行进一步审核的表示。因此,依据上述合同条款的约定,无论申请人提交给被申请人的结算文件是否经被申请人盖章,均因超过了合同约定的期限被申请人没有审核而对双方产生约束力,均应以申请人申报的工程量即21693905元作为被申请人向申请人支付工程款的依据。但申请人愿意接受以1572万元作为已完工程的结算价,以此减去600万元已付工程预付款。

2. 被申请人主张

根据《施工合同》专用条款第42.4条,双方当事人同意由香港C公司审定本工程的工程计量、工程造价(包括竣工结算价款在内),服从香港C公司作出的审定结论。因此,工程计量结果应以香港C公司的审定结果为准。香港C公司对申请人已完工程的计量结果为人民币1572万元。

(二)关于实际开工日期的认定

1. 申请人主张

(1)《施工合同》专用条款第4.1条约定,"发包人向承包人提供图纸日期和套数:在发包人向承包人发出开工指令前3天提供施工图1式8套(含3套制作竣工图纸)",但本案被申请人未能按照合同约定提供图纸,使本案工程不能按照《施工合同》协议书第3条及被申请人2008年10月23日发布的《开工令》开工。

(2)在整个施工过程中,双方就工程开工日期的确定事宜进行过多次协商,但并未达成一致意见。依据国家法律法规的规定,必须申请领取施工许可证的建筑工程未取得《建筑工程施工许可证》的,一律不得开工;《建筑工程施工许可证》是允许建筑施工单位开工的批准文件,是强制性办理的进行工程施工的法律凭证,所以本工程《建筑工程施工许可证》上载明的2008年11月16日才应是本工程的正式合法有效的开工日期。

2. 被申请人主张

被申请人与申请人签署《施工合同》及《补充协议书》后,2008年10月23日,被申请人依约向申请人发出《开工令》,启动工程开工,根据《施工合同》约定,本案工程实际开工日期为2008年10月23日。

(三)关于工期延误责任的认定

第一,关于图纸提供与工期问题。

1. 申请人主张

(1)有关施工图纸发放对工期延误的影响。

在履行《施工合同》过程中,被申请人在履行交付图纸义务时不符合同的约定,并没有按照合同约定一次性向申请人交付8套完整的施工图纸,而是陆续交付了部分图纸,有些图纸直到其最后发出《关于终止合同的通知函》时仍未提供,对申请人组织施工造成了极大的困难,客观上导致申请人不能够按照《施工合同》《补充协议书》的约定在月度内完成相应的工程量。

申请人2008年11月9日所编制的《施工进度计划》以被申请人提交全部施工图纸为前提,而被申请人在该《施工进度计划》中序号5承台土方开挖施工图、序号7承台施工中所必需的柱墙结构图、序号30别墅区施工图、序号2机电深化设计图、序号36预埋施工等图纸均存在提供延误,由于施工图纸未按时下发,申请人无法对该项目的实施作出统筹、合理的安排,使整个工程的施工总部署全部打乱。

本案工程的工期延误,从专业技术角度来判定,是因被申请人未能按合同和施工工序、施工进度的要求及时、完整提供施工图纸和技术资料,被申请人应自行承担工期延误的责任和后果。

(2)有关施工图纸审查问题对工期的影响。

根据《建设工程质量管理条例》的规定,施工图纸必须经过建设行政主管部门审查合格后方可作为施工依据。直到2009年6月4日收到被申请人下发的《关于终止合同的通知函》时,本工程图纸都尚未出具齐全,更未通过施工图纸审查。申请人曾多次口头催促被申请人办理施工图纸审查手续,并于2009年1月17日、2009年2月25日发送工作联系单给监理单位及被申请人,请求尽快完善施工图纸审查工作,但被申请人一直未解决此事。

申请人于2009年12月收到被申请人向仲裁院提交的反请求证据资料,其中显示该工程的施工图纸审查工作早在2008年1月9日就经项目所在地建设工程施工图纸设计文件审查服务中心审查合格。但直到2009年年中,被申请人连施工图纸都尚未出齐,被申请人的施工图纸不可能在一年半以前就已经审查合格。

2. 被申请人主张

(1)施工图纸的分批提供不会对工期造成延误。根据被申请人向申请人交付合同约定的施工图纸的进度及情况,申请人完全可以在约定的时间内完成约定的工作量,申请人甚至可以在没有图纸的情况下完成部分工作。而在被申请人已提供相关图纸后,申请人也未按照《施工合同》约定的正常进度施工。所以,被申请人对于施工图纸的分批提供并非造成工程工期延误的原因,申请人未能按照合同约定的施工进度完成相应的工程量,与上述图纸的提供问题无关,被申请人无须因此承担违约责任。

(2)申请人没有采取任何合理措施防止延误的发生或是尽其最大努力将延误对工程项目的影响减到最小,申请人违反了《合同法》第119条及诚信原则。

(3)根据《仲裁法》第43条关于"谁主张谁举证"的规则,申请人应当对其关于被申请人未按期提供施工图纸造成工期延误的主张承担举证责任。而在申请人未能就上述问题提供充足证据的情况下,其关于要求被申请人因图纸的提供问题承担违约责任的主张没有事实依据,仲裁庭应不予支持。

第二,关于设计变更与工期问题。

1. 申请人主张

设计变更增加对工期产生影响。主楼区管桩基础开挖后,经测量放线后很多部位桩出现偏移现象,被申请人最终出具《设计变更通知》对偏移部位进行处理。截至2009年3月初,申请人总共收到34份《设计变更单》,累计增加工程量工程款达262.80万元。该部分工程量属于增加部分,不包含在合同约定的施工范围和工期范围内,由此导致工期延误,申请人对此不应承担任何责任。

2. 被申请人主张

设计变更不会对工期造成延误。虽然在本案工程项目进行过程中发生了些许设计变更,但是这些设计变更对工程的影响非常小;并且,设计变更在建筑工程施工中是非常正常的现象,申请人如果是一个合格的施工单位,就应该从容处理、合理安排,将这些变更很好地结合到施工工作中。同时,被申请人一直在积极准备后续的图纸,并且事实上,在申请人停工时这些图纸都已经准备好了,但是申请人在新图纸还没来得及发放的时候,就已经停工了。

被申请人无须承担责任。

第三,关于铸铁管采购安装与工期问题。

1. 申请人主张

(1)根据《投标报价书》第四号清单第4.2条,涉及机电工程的项目标示均为"0",即在双方签订的总价为5888万元的合同中不包含该部分项目,因此该工序所涉及的工作内容不属于申请人合同范围内的工作,应当由被申请人另行确定其他专业机电分包公司来完成。

(2)申请人之所以提出铸铁管道材质确定事宜,是因为被申请人一直没有确定机电分包单位,根据当时的现场状况,底板以下部位的排水管道不安装就无法进行后续工程的施工。因此,因铸铁管问题导致的工期延误的责任应由被申请人自行承担。

2. 被申请人主张

(1)根据《投标报价书》第四号清单之描述,机电配套工程包括设计、供应及安装机电工程所需之预埋线管、套管及预留孔洞于建筑物框架结构。在机电工程中,申请人应承担如下施工项目:酒店部分(预埋线管及套管);酒店部分(预留孔洞);别墅部分(预埋线管及套管);别墅部分(预留孔洞);供排水工程和相关土建工程;电力及通信工程和相关土建工程。故申请人辩称供排水工程和相关土建工程、电力及通信工程和相关土建工程的"单价"和"总额"标示为"0",说明该工程不在承包范围内,没有事实及合同依据。"单价"和"总额"标示为"0",只是申请人在投标时承诺该四项工作内容并不收费,而非不包括在合同范围内,并且该四项工作内容的"数量"分别为"1",单位为"项",表明该四项内容包括在合同范围内,申请人应当按照合同约定履行相应的合同义务。

(2)申请人已经实施了标注为"0"的其他两项工作内容,这说明"单价"及"总额"标注为"0"的部分并非不属于合同范围,而是不予计费,申请人有义务实施合同约定的工作内容。

(3)申请人主动向被申请人申请以UPVC管替代铸铁管的行为表明管道的采购和安装属于工程的一部分,即表明申请人明知铸铁管道的采购和安装属于其职责范围。

第四,关于施工劳力、工人闹事与工期问题。

1. 申请人主张

(1)因被申请人未按合同约定支付工程进度款,导致申请人无法发放工人工资,进而导致工人闹事。

(2) 申请人不存在缺乏施工能力和资金薄弱的事实。

2. 被申请人主张

(1) 2009年3月19日,申请人的约50名施工人员因申请人未按时发放工人工资前往被申请人办公场所吵闹,并与被申请人的保安人员发生冲突。经被申请人相关人员报警,公安主管部门前往现场协调,冲突才得以平息。申请人应自行承担由此导致的工期延误。

(2) 申请人未按照合同约定和施工计划投入足够劳动力和工料进行施工,导致施工进度缓慢甚至停滞,对工期有重大影响。申请人应就其怠于开展施工任务造成工期延误对被申请人承担违约的责任。同时,其在仲裁阶段并未按照仲裁庭的要求提供劳动力问题的相关证据,应承担举证不力的后果。

(四) 关于应竣工日期的确定原则、被申请人是否有权基于工期延误主张解除合同及相应的违约金

1. 申请人主张

(1) 由于被申请人的施工图纸未按照合同约定时间提供或未全部提供而导致该工程工期延误至少76天,如果按照《建筑工程施工许可证》中载明的开工日期计算则工期延误52天。再加上由于设计变更增加的工程量、铸铁管材质确定的影响,需要顺延的时间就更长了。

(2) 截至2009年3月2日,申请人提交工程进度报表时,从2008年11月16日(合法开工日期)以来历时104天的时间,减去需要顺延的时间至少52天,则实际施工时间只有52天,占合同总工期170天的近30%,与已实际完成的产值比例相吻合,并非被申请人所说的用了80%的时间来完成30%的产值。

(3) 基于上述的事实和原因分析,并结合被申请人未按《施工合同》约定按时支付工程进度款这一重要事实,申请人认为造成涉案工程工期延误的责任应由被申请人自行承担,造成合同不能继续履行的责任也应由被申请人自行承担,申请人无须承担任何违约责任。

2. 被申请人主张

(1) 根据《施工合同》约定,本案工程实际开工日为2008年10月23日,应竣工日期为2009年4月13日。鉴于在合同履行期限内存在归结于不可抗力或者其他非因申请人的原因导致的8.5天延误,总工期顺延8.5天,即申请人按照合同约定应于2009年4月22日完工。

(2) 申请人在工程开工之后,工程进度缓慢,直到 2009 年 3 月份(距离合同约定的竣工日期只剩 1 个多月),其在 80% 的约定工期内仅完成了不到 30% 的合同约定的工程量,严重耽误了工期。

(3) 截至 2009 年 6 月 4 日,本案所涉工程仍未完工,造成工期延误超过 43 天,根据《施工合同》通用条款第 35.2 条和专用条款第 35.2B 条的约定,若延期竣工超过 30 天的,发包人有权单方解除本合同。因此被申请人于 2009 年 6 月 4 日向申请人发出《关于终止合同的通知函》,被申请人认为其解除合同是符合合同约定和法律规定的。

(4) 根据《施工合同》专用条款第 35.2C 条的约定,因承包人原因造成发包人解除合同的,承包人应按照本合同总价的 20% 支付发包人违约金并赔偿损失。本案合同总价款为 5888 万元,依据合同约定,申请人应向被申请人支付违约金 $5888 \times 20\% = 1177.6$ 万元。

三、仲裁庭意见

(一) 关于本案工程款

关于实际已完工程的工程款数额,申请人在仲裁请求中表述工程款请求给付金额为 15817382.06 元,加上被申请人已付工程预付款 600 万元,申请人对实际已完工程结算金额的主张为 21817382.06 元。现在申请人在没有变更仲裁请求的情况下,愿意接受以 1572 万元作为已完工程的结算价,以此减去 600 万元已付工程预付款,申请人可以请求的未付工程款(即工程款请求给付金额)大大减少,申请人事实上是放弃了部分仲裁请求。仲裁庭接受申请人的上述主张,并以此为基础来裁判申请人的第一项仲裁请求。

被申请人对于截至 2009 年 3 月 18 日本案工程的已完工程产值为 1572 万元是表示同意的,对于香港 C 公司的审核结论的合法性、有效性及准确性是认可的。仲裁庭也注意到,被申请人主张香港 C 公司对已完工程造价的审核结论 1572 万元仅作为对申请人进度款支付申请的审核意见,并非最终造价;就整个工程造价而言,被申请人认为应该采用×××设计院的审核结论,即已完工程总价应为 999.32 万元,或由仲裁庭指定的独立第三方对工程造价进行鉴定。被申请人还主张香港 C 公司审核的本案已完工程进度款不能等同于工程最终造价。被申请人虽然强调香港 C 公司审定的 1572 万元只是对申请人于2009年3月18日提交的工程进度款支付申请的审核意见,但没有进一步说明截至2009年3月18日的已完工程进度款与本案工程最终造价还有不同的具体原因。

对此问题,仲裁庭认为,一般情况下,按照工程惯例,进度款审核结论与工程最终造价具有不同的内容,进度款审核只是阶段性的,而工程最终造价审核则是全面考虑了工程的实施状况之后的造价审核,其审核结论一般适用于工程的最终结算。但是,两者是否完全不一致也并不是绝对的,就本案工程而言,根据双方当事人的庭审陈述及证据,涉案工程从2009年3月18日之后,由于铸铁管采购、进度款等原因,已无大的施工界面,基本上处于停工状态。申请人亦在其发给被申请人的《关于停止施工的报告》中说明,从2009年3月27日开始停止施工。随后未见有现场施工记录文件。根据双方提交的证据,本案工程施工过程中,被申请人对于已完工程部分没有向申请人正式主张过索赔,也没有提出扣减工程款的要求或者提出已完工程质量不合格的主张。

虽然申请人在2009年3月18日之后可能尚有部分施工,但申请人已经放弃主张2009年3月18日之后施工内容的工程价款,这属于申请人的民事权利处分行为,不违反法律法规强制性规定,应属有效。针对此部分后续施工内容对之前已完工部分是否构成影响并导致已完工程受损需要扣减工程款的情形,被申请人没有提出相对应的反请求,也没有提供相关抗辩证据。虽然被申请人提及因申请人停工导致工程需要保护,要求赔偿损失,但被申请人已经单独将其作为一项反请求提起,与已完工程造价本身不存在直接关联。综合考虑以上情况,仲裁庭认为,香港C公司的审核结论1572万元反映了本案工程截至2009年3月18日的已完工程产值,这代表了当时已完工程产值的客观事实情况,也是双方当事人都认可的。因此,香港C公司审核的1572万元可以作为截至2009年3月18日本案已完工程的最终造价。

关于申请人提出的剩余工程款的利息问题,原《工程施工合同解释》第18条规定:"利息从应付工程价款之日计付。当事人对付款时间没有约定或者约定不明的,下列时间视为应付款时间:(一)建设工程已实际交付的,为交付之日;(二)建设工程没有交付的,为提交竣工结算文件之日;(三)建设工程未交付,工程价款也未结算的,为当事人起诉之日。"仲裁庭认为,由于本案工程双方未提供证据材料证明工程是否已经交付,本工程也未进行结算,因此剩余工程款的利息应从申请人提起仲裁之日起开始计算,即2009年

7月9日。由于双方未约定利息计算标准,参照原《工程施工合同解释》第17条,"当事人对欠付工程价款利息计付标准有约定的,按照约定处理;没有约定的,按照中国人民银行发布的同期同类贷款利率计息"。仲裁庭认为,利率参照中国人民银行同期短期贷款利率(6个月以内),按照年利率4.86%计算是合理的,利息期限计算至剩余工程款支付完毕之日止。

(二)关于本案合同及裁决依据

1. 本案《施工合同》系双方经过招标投标程序签署,是双方的真实意思表示,不存在违反我国法律、行政法规效力性强制性规定的情形,应属有效。

2. 《补充协议书》虽然对《施工合同》中工程款的支付方式、期限、条件等事宜进行了修改,明确要求申请人垫资施工并规定了更严格的付款条件,但是此等修改是以被申请人支付申请人100万元的垫资利息为相应对价,而且《补充协议书》也未修改原来《施工合同》约定的合同总价、合同工期、工程质量标准等实质性内容。《补充协议书》是双方的真实意思表示,不违反法律、行政法规的效力性强制性规定,应属有效。

因此,仲裁庭认为,本案应依据《施工合同》《补充协议书》及中华人民共和国法律进行裁决。

(三)关于实际开工日期的认定

1. 根据我国《建筑法》第7条及《建筑工程施工许可管理办法》,在我国建筑工程开工前应当取得《建筑工程施工许可证》,没有取得该许可证的一律不得开工。

2. 《建筑工程施工许可证》是工程所在地建设行政主管部门依法对于工程是否具备开工条件进行审查后发给的行政许可,建设单位在办理《建筑工程施工许可证》时必须提交"有满足施工需要的施工图纸及技术资料,施工图设计文件已按规定进行了审查"(《建筑工程施工许可管理办法》第4条)的证明文件。可见,是否具备经过审查的施工图设计文件是该工程是否具备开工条件的必要内容。

根据以上事实,仲裁庭认为,虽然被申请人于2008年10月23日向申请人下发了《开工令》,但是由于被申请人的原因,当时涉案工程尚不具备开工条件,因此,本案工期起算应以《建筑工程施工许可证》载明的日期为准,即实际开工日期为2008年11月16日。

(四)关于工期延误责任的认定

1. 关于图纸提供与工期问题

(1)被申请人没有按照《施工合同》的约定给申请人下发图纸,构成违约。根据《施工合同》通用条款第35.1条,"发包人违约,当发生以下情况时:……发包人不履行合同义务或不按合同约定履行义务的其他情况。发包人承担违约责任,赔偿因其违约给承包人造成的经济损失,顺延延误的工期"。

(2)我国《建设工程质量管理条例》第5条第1款规定:"从事建设工程活动,必须严格执行基本建设程序,坚持先勘察、后设计、再施工的原则。"《建设工程勘察设计管理条例》第4条也规定:"从事建设工程勘察、设计活动,应当坚持先勘察、后设计、再施工的原则。"因此,我国法律、法规及行政规章对于施工图纸与建设施工的先后顺序规定是非常严格的,这也是工程质量和进度的重要保障。

(3)虽然被申请人指出,图纸问题并不影响申请人的具体施工,申请人可以根据已经下发的图纸进行施工。但仲裁庭认为,建筑工程施工过程是一项系统工程,施工单位必须根据整个图纸进行全局部署,设计严密的施工组织方案,统筹安排劳动力及施工界面,而且施工界面往往也相互交错,施工工序必须科学合理,不能简单理解为按图施工,有图即可施工。

(4)本案合同工期只有170天,施工周期比较紧凑,被申请人于2008年12月15日才下发结构图纸,同年12月25日才下发机电部分图纸,此时已经距离《建筑工程施工许可证》载明开工日期超过一个月,而且这些图纸都没有经过建设行政主管部门审核,在这种情况下,被申请人仍然要求申请人按照原来合同约定的工期完成所有施工内容是不合理的。

申请人2008年11月9日提交的《施工进度计划》也明确"进度计划是假定在开工日期前收到施工图纸按照施工常规考虑编制的进度计划",这种说明并不违反合同规定,属于申请人根据合同规定所作的合理安排,因此,被申请人要求以《施工进度计划》来衡量申请人的施工不受图纸影响也是不合理的。

(5)本案中虽然申请人没有按照《施工合同》通用条款第36.2条规定的索赔程序向被申请人申请工期索赔,但该条款并没有规定不按照该程序进行索赔就丧失了索赔权利,而且在本案中因为关于施工图纸的各种问题一直纠缠到工程停工及被申请人发出解除《施工合同》的通知时也没有解决,这是一个持续的状态,应该不影响申请人的工期索赔权利。

综上,仲裁庭认为,被申请人没有按照合同约定向申请人提供施工图纸,对于本案工期延误应承担相应责任。

2. 关于设计变更与工期问题

对于设计变更是否导致工期延误,需要考察具体变更部位及变更内容是否影响到施工关键线路。

本案中,双方都未提交相应证据证明所发生的设计变更是否影响关键线路。但仲裁庭注意到,申请人在其提交的《施工进度计划》中说明,"主楼区4#、10#的施工任务作为剩余的关键线路,无自由时间,该部分自3月1日开始,如因图纸下发推迟,则竣工时间相应向后顺延。如因降雨、台风、停水停电等因素影响,工期顺延"。而根据双方证据及庭审陈述,截至被申请人2009年6月4日发出《关于终止合同的通知函》,被申请人一直都没有提供该变更图纸。

虽然被申请人认为,在4号、10号楼之外,申请人仍有大量施工界面,但是不可否认,该变更图纸一直未下发,已经成为影响前述《施工进度计划》顺利执行的不确定因素,申请人有理由提出工期影响的主张。

综上,仲裁庭认为,被申请人对设计变更导致的工期延误应承担相应责任。

3. 关于铸铁管采购安装与工期问题

(1)双方在本问题上争议的焦点在于铸铁管采购安装是否属于申请人的施工范围。

根据《施工合同》专用条款第1.2条,合同协议书在本案合同文件体系中具有最高效力,而根据《施工合同》协议书第2条规定,申请人的承包范围详见《议标文件》中所列内容。在本案庭审过程中,仲裁庭多次提醒双方当事人应提交全套的合同文件以及招标文件,但双方并没有全面回应仲裁庭的要求。

仲裁庭认为,在一项工程内容是否属于承包人承包范围有争议的情况下,需要结合全面完整的招标文件、合同文件并结合该合同文件的履行情况等予以判断。发包人的招标文件,特别是招标文件中关于发包工程范围、工程内容的说明文件,招标的图纸,发包人拟定的作为招标文件重要组成部分的工程量清单等,以及投标人的投标文件,特别是按照招标文件要求填写的工程量清单等有助于厘清承包人的工程范围。根据双方提交的现有证据材料,仲裁庭不足以对铸铁管是否属于申请人施工范围作出清晰准确的判断。

(2)根据《仲裁法》第43条第1款的规定:"当事人应当对自己的主张提供证据。"因为被申请人主张申请人应承担铸铁管采购安装影响工期的责任,故被申请人有义务提供证据加以证明,否则应承担举证不能的不利后果。

(3)在本案工程实施过程中,申请人一直积极地就铸铁管更换材质事宜与被申请人协商,也在试图采购,从未向被申请人提出铸铁管的采购安装不属于其施工范围的异议,在仲裁活动中再提出这项工程内容不属于其承包范围,这是不合常理的。

因此,仲裁庭综合考虑以上情况认为,有关铸铁管采购安装对工期的影响双方均有责任。

4. 关于施工劳力、工人闹事与工期问题

根据《施工合同》相关约定,申请人有义务自行处理劳工纠纷,并安排足够的劳力保证施工需要,即使因被申请人没有按照合同约定交付施工图纸,导致申请人无法部署施工组织,不能保证足够的施工作业界面,申请人可以按照《施工合同》的约定向被申请人提出索赔或寻求其他合同和法律允许的解决办法,而不应延误工期。

因此,仲裁庭认为,本案中因劳工问题导致工期延误,申请人应承担相应责任。

(五)关于竣工日期的确定原则、被申请人是否有权基于工期延误主张解除合同及相应的违约金

(1)根据前述对于本案工程开工日期的认定,本案工程的开工日期应以《建筑工程施工许可证》载明的 2008 年 11 月 16 日为准,同时考虑到被申请人同意顺延的 8.5 天,在不考虑前述可归结于双方原因对合同工期的影响的情况下,按合同工期 170 天计算,本案工程的竣工日期也应该为 2009 年 5 月 14 日之后。

(2)由于原来《施工合同》所约定的合同工期的事实基础和合同基础已经遭到破坏,被申请人仍要求申请人在原来合同工期内完工是不合理的,因此本案工程的竣工日期应该相应顺延和调整。综合考虑上述工期影响因素,仲裁庭认为,被申请人对本案工期延误应承担主要责任,申请人应承担次要责任。

特别是，由于被申请人不按照合同约定下发施工图纸，导致申请人无法进行合理的施工部署，并且截至2009年6月4日，被申请人仍未将主楼区4号、10号楼的设计变更图纸下发给申请人，因此，本案工程的合同工期不应按照原来合同约定的170天计算，还应当加上工期顺延的时间，故本案工程竣工日期应在2009年5月14日之后。①

鉴于竣工日期应晚于2009年5月14日，截至2009年6月4日（被申请人提出解除合同之日），工程延误没有超过30天，故《施工合同》专用条款第35.2B条规定的约定解除条件未成就。

经仲裁庭进一步分析，被申请人亦不享有法定解除权。② 因此，对被申请人根据《施工合同》第35.2C条"因承包人原因造成发包人解除合同的，承包人应按照本合同总价的20%支付发包人违约金并赔偿损失"的约定，向申请人主张违约金1177.6万元的反请求主张，仲裁庭不予支持。

(六) 关于被申请人主张的电费

被申请人提出，根据《施工合同》的约定，申请人对本案所涉工程全价承包，因此应由申请人承担施工电费支出。被申请人已经为本案所涉工程垫付施工电费105734.41元，申请人应予以补偿。

根据被申请人提交的证据，2008年9—12月及2009年1月、2月的电费分摊记录表均有双方当事人签字确认，仲裁庭对此部分电费支出予以确认，由申请人承担的电费总计为：1837+1837+10197.29+17234.35+20143.87+13313.83=64563.34元。对于被申请人的其他电费请求，由于被申请人的证据无法证明该部分费用发生的真实性，因此仲裁庭不予支持。

四、裁决结果

1. 裁决被申请人继续给付申请人工程款972万元，并且以972万元为基数，由被申请人向申请人支付自2009年7月9日至支付完毕之日的利息，利

---

① 因本案不涉及逾期竣工违约金及工期损失的进一步量化分析，故仲裁庭未就工期顺延的具体天数及应竣工日期的准确时间展开论述。

② 本案中，仲裁庭还分析了被申请人是否享有其他情形下的约定解除权及是否享有法定解除权，本文聚焦于工期问题，故不再赘述。

率按年利率 4.86% 计算。

2. 裁决申请人向被申请人支付已垫付的电费 64563.34 元。

3. 驳回被申请人的其他仲裁反请求。

五、评析

本案涉及多个法律争议焦点,因篇幅有限,下文仅聚焦于工期争议问题进行评析。工期是一项在工程合同及争议解决中必须要梳理清楚的法律事实。本案中,申请人与被申请人就工程的开工、竣工时间及是否存在工期延误产生争议,针对该等争议,仲裁庭的论述围绕开工条件的责任主体、工期天数的确定、竣工日期的判断等维度展开。结合本案及工期制度的底层逻辑,笔者拟就工期的法律性质及意义、开工日期与竣工日期的认定进行探讨。笔者试图完整呈现关于开竣工时间认定所涉及的基础法律制度、牵连的事实脉络以及进行法律分析和认定时审慎考量的关联因素。笔者查询了大量法院公布的案例并进行了分类,这些案例有助于说明笔者在本文里所作出的解释和说理。这些案例均列出了公布的案例编号,读者有兴趣进一步研究的,可以搜索这些案例进行研读。

(一)工期的法律性质及制度意义

工期作为建设工程施工合同的核心要素之一,我们在理解其适用规则之前,有必要追本溯源,厘清工期的法律性质,这对在理论和实践中正确把握工期的本质、工期认定背后的价值判断、工期对合同履行及风险分配的影响等具有重要意义。

笔者认为,工期的上位法律概念是期限,其性质属于法律事实。学理上,"期限"是指民事法律关系产生、变更和终止的时间,包含了"期间"和"期日"两层含义。① 投射到工期的语境下,"期间"对应工期的时间长度,"期日"则对应以开工日期、竣工日期、里程碑节点为代表的散落在工期时间轴上的具体时间点。

期限制度贯穿整个民法的始终,是影响民事法律关系的重要法律事实

---

① 参见最高人民法院民法典贯彻实施工作领导小组主编:《中华人民共和国民法典合同编理解与适用》,人民法院出版社 2020 年版,第 1009 页。

之一,其法律效果通常依据不同的法律关系和事实基础而呈现不同的状态。期限除了具有时间标志及度量意义外,在特定情境中,还可能与其他事实结合,以成立特殊法律事实的形式发挥更为复杂的作用,引起某种法律效果。①

这在建设工程领域表现得尤为突出。

一方面,从纯粹的时间角度来看,工期决定了承包人履行标的建造义务的时间限度,是适用逾期违约责任、提前竣工奖励等机制的基础;工期也影响着缺陷责任期、质量保修期等期间的起算,使得工程建设阶段与交付使用阶段既相互区分,又环环相扣。

另一方面,从时间与其他事实交织的角度来看,鉴于工程参与方众多、法律关系复杂、外界影响多元的特点,随着项目的推进,工期往往与其他事实相互作用、不断发酵,成为很多法律事件和法律后果的触发机制,主要体现在:①空间维度上,工期决定了当事人对工程及现场的占有,而占有的转移又关联着风险的变动;②价格维度上,工期使得承包人对开工时间、履约期限等有合理预期并将之作为报价的时间基础,工期延长可能伴随合同约定之外的价格波动,使得合同价格具有不确定性;③质量维度上,工程质量客观上要求工期具有合理性,工期范围内强制性质量标准的变化,可能对工期和造价产生影响;④其他事件维度上,履约过程中,影响工期事件(如当事人违约、不可抗力、恶劣天气、不利物质条件、化石文物等)发生后,将启动承发包双方的责任承担及新的风险分配机制。

因此,工期制度同样贯穿施工合同的始终,其不是单纯的数字,而是如同一条隐形绳索,与其他事实共同作用,使得工程合同的法律关系呈现动态变化的特点,工程合同纠纷的复杂性也源于此。

在工期这条绳索上,首先需厘清几组概念:①约定工期、实际工期;②计划开工日期、实际开工日期;③计划竣工日期、实际竣工日期。笔者结合相关规定、工程惯例及实务中的一般理解,梳理如下②:

(1)"约定工期"是指合同约定的承包人完成工程所需时间,多以"日历

---

① 参见最高人民法院民法典贯彻实施工作领导小组主编:《中华人民共和国民法典合同编理解与适用》,人民法院出版社2020年版,第1009页。

② 参见《建设工程施工合同(示范文本)》(GF-2017-0201)、FIDIC Conditions of Contract for Construction for Building and Engineering Works Designed by the Employer [2nd edn, Fédération Internationale des Ingénieurs-Conseils (FIDIC) 2017] 及《工程施工合同解释(一)》。

天"形式出现,包括施工过程中当合同约定的工期顺延的情形发生后给予顺延的天数;"实际工期"是指客观存在的、实际开工日期与实际竣工日期之间的天数。

(2)"计划开工日期"是指合同约定的预计开始施工的时间点,多以"××××年××月××日"形式出现;"实际开工日期"是指客观存在的实际开始施工的时间点,一般为发包人或其授权的监理人依法发出的开工通知中载明的开工日期,但在开工条件不具备或承包人提前进场施工等情况下,需要根据法定规则予以认定。

(3)"计划竣工日期"是指合同约定的预计完成施工的时间点,多以"××××年××月××日"形式出现;"实际竣工日期"是指客观存在的实际完成施工的时间点,一般为竣工验收合格之日,但在发包人怠于验收或未经验收擅自使用等情况下,需要根据法定规则予以认定。

基于上述概念,判断工期是否延误时,处理原则如下:

第一,确定实际工期。实际工期=实际竣工日期-实际开工日期。

第二,确定约定工期。约定工期=工期原有天数+工期顺延天数。

第三,判断延误与否。实际工期≤约定工期的,不存在工期延误;实际工期>约定工期的,存在工期延误,延误天数=实际工期-约定工期。

本案争议焦点在于开工、竣工日期的确定,案件虽也涉及工期顺延的判断,包括图纸提供、设计变更、铸铁管采购安装、施工劳力及工人闹事等与工期的交互影响,但最终落脚点仍在于竣工日期的确定(即应竣工日期是否晚于当事人主张的日期)以及延误时间是否足以启动解约机制及违约金,相对而言,更为偏向定性分析。而实践中,工期顺延问题,往往涉及非常复杂的事实和法律判断,且很多情况下需要依赖工程专业人员的关键线路分析,作为法律论证及定量分析的基础。囿于本文篇幅及聚焦点所限,下文主要针对工期的两个端点,即"实际开工日期"和"实际竣工日期"的认定及其背后的立法逻辑展开。

在了解有关认定方法之前,需要特别提示的是:

第一,工程合同当事人就实际开工日期、实际竣工日期没有争议的,应当以当事人确认的开工日期、竣工日期为准;只有当事人之间就相关日期存在争议时,司法机关才需要按照有关认定规则进行认定。

第二,工期作为法律事实的一种,不管是期间还是期日的认定,司法实践中秉持的是"尊重客观事实、还原法律真实"的客观标准,不以当事人的意志为转移；如果基于工期产生其他法律效果的，司法机关一般会先进行工期的事实认定，在此基础上，再结合当事人的诉请范围和权利处置情况等，根据案件事实和法律规定，作出进一步的分析和裁判。

(二) 实际开工日期的认定

实际开工日期，作为工期的起始点，是承包人建造义务履行期限起算的标志，开工日期的确定会导致工程及现场占有的转移，拉开了工程合同项下承发包双方权责分配及风险承担的序幕。实际开工日期一旦晚于计划开工日期，不仅工期的起算时间需要顺延，整体进度在时间轴上向后平移；一旦开工延迟的时间过长，还可能动摇承包人的报价基础，或将启动合同价格的调整机制。

正因为实际开工日期对法律关系的确定及变动的影响，实践中，承发包双方基于各自利益的考量，对开工日期产生争议的情况并不鲜见。因此，准确把握其认定原则及方法，显得尤为重要。

关于实际开工日期的认定，法律和行政法规层面没有明文规定。《工程施工合同解释(一)》第8条规定："当事人对建设工程开工日期有争议的，人民法院应当分别按照以下情形予以认定:(一)开工日期为发包人或者监理人发出的开工通知载明的开工日期；开工通知发出后，尚不具备开工条件的，以开工条件具备的时间为开工日期；因承包人原因导致开工时间推迟的，以开工通知载明的时间为开工日期。(二)承包人经发包人同意已经实际进场施工的，以实际进场施工时间为开工日期。(三)发包人或者监理人未发出开工通知，亦无相关证据证明实际开工日期的，应当综合考虑开工报告、合同、施工许可证、竣工验收报告或者竣工验收备案表等载明的时间，并结合是否具备开工条件的事实，认定开工日期。"[①]

上述规定基于建设工程的开工条件、施工许可等制度基础展开，并考虑了承包人实际进场施工的事实情况，对工程实务及司法实践具有较强的指导意义。

---

① 《工程施工合同解释(一)》关于开工日期认定的规定，沿用了《工程施工合同解释(二)》第5条的规定。在此之前，地方高院曾出台过类似的指导性文件，例如，《北京高院工程案件解答》、河北省高级人民法院《关于印发〈建设工程施工合同案件审理指南〉的通知》、安徽省高级人民法院《关于审理建设工程施工合同纠纷案件适用法律问题的指导意见(二)》(2013年)、《江苏高院指南》等，随着上述司法解释的施行，裁判规则逐渐趋于统一。

值得探讨的是,上述三个层次的认定方法,基于何种裁判逻辑和法律基础展开?在具体适用上存在哪些问题?

1. 认定方法一:以开工通知载明的开工日期为原则,兼顾开工条件具备与否及责任主体进行判断

开工通知是记录开工事实的书面文件,一般由发包人或其授权的监理人发出,其中载明的"开工日期"(与文件发出日期不同)符合参建各方对开工事实的认知,也给承包人提供了进场时间,故开工通知的证明效力往往高于其他证据。

但是,开工通知的发出需要具备法定条件,否则,单凭发包人或监理人的主观意志即决定开工通知载明的开工日期,对承包人而言有失公允,也不符合开工日期作为法律事实的客观性要求。因此,"开工条件"具备与否对开工日期的确定具有重要影响。

这些法定条件根源于我国实行的开工监管制度,其中,最为核心的当属建筑工程施工许可制度。实务中,施工许可证取得与否,往往成为判断开工条件是否具备的决定性因素之一。

施工许可作为行政许可的一种,是《建筑法》的基本制度之一,并经由《建筑工程施工许可管理办法》进一步细化,反映了行政主管部门对工程施工及开工条件的强监管态度,而发包人是施工许可办理的法定责任主体。①

施工许可证取得前,还应满足一系列前提条件。根据《建筑法》第 8 条第 1 款的规定:"申请领取施工许可证,应当具备下列条件:(一)已经办理该建筑工程用地批准手续;(二)依法应当办理建设工程规划许可证的,已经取得建设工程规划许可证;(三)需要拆迁的,其拆迁进度符合施工要求;(四)已经确定建筑施工企业;(五)有满足施工需要的资金安排、施工图纸及技术资

---

① 对此,《建筑法》第 7 条规定:"建筑工程开工前,建设单位应当按照国家有关规定向工程所在地县级以上人民政府建设行政主管部门申请领取施工许可证……"《建筑工程施工许可管理办法》第 2 条规定:"在中华人民共和国境内从事各类房屋建筑及其附属设施的建造、装修装饰和与其配套的线路、管道、设备的安装,以及城镇市政基础设施工程的施工,建设单位在开工前应当依照本办法的规定,向工程所在地的县级以上地方人民政府住房城乡建设主管部门(以下简称发证机关)申请领取施工许可证……"该办法第 3 条第 1 款规定:"本办法规定应当申请领取施工许可证的建筑工程未取得施工许可证的,一律不得开工……"

料;(六)有保证工程质量和安全的具体措施。"①

从取得施工许可证的六项前置性条件来看,前五项的义务主体主要是发包人。特别是,在工程前期的土地和规划阶段,发包人聘请的勘察单位、设计单位、招标代理单位、工程管理顾问等前期工作机构,也会参与并进行大量准备工作,由于这些单位系发包人聘请的,其准备工作未完成影响施工许可证取得的,就承发包双方的风险分配而言,应由发包人承担责任。而承包人的法定义务在于"有保证工程质量和安全的具体措施"。实践中,相关措施主要是指其施工组织设计中有相应质量和安全技术措施,建立工程质量安全责任制并落实到人等。

除取得施工许可证及其前置条件之外,按照相关规定及工程惯例,"开工条件"还包括以下方面:①施工现场已具备开始施工的条件,包括施工用水、电、通信、道路等已满足开工要求,工程定位测量已具备条件;②设计交底和图纸会审已完成;③施工组织设计(或施工方案)已经编制并经批准;④承包人现场质量、安全生产管理体系已建立,管理及施工人员已到位,施工机械具备使用条件,主要工程材料已落实;⑤其他条件:材料、成品、半成品和工艺设备等能满足连续施工要求;临时设施能满足施工和生活的需要;施工器械能正常运转;劳动力已调集能满足施工需要;安全消防设备已备齐等。②

上述开工条件的满足,有赖于承发包双方的积极创造和相互配合,任何

---

① 《建筑工程施工许可管理办法》第4条对施工许可证办理的前提条件作了进一步细化:"建设单位申请领取施工许可证,应当具备下列条件,并提交相应的证明文件:(一)依法应当办理用地批准手续的,已经办理该建筑工程用地批准手续。(二)依法应当办理建设工程规划许可证的,已经取得建设工程规划许可证。(三)施工场地已经基本具备施工条件,需要征收房屋的,其进度符合施工要求。(四)已经确定施工企业。按照规定应当招标的工程没有招标,应当公开招标的工程没有公开招标,或者肢解发包工程,以及将工程发包给不具备相应资质条件的企业的,所确定的施工企业无效。(五)有满足施工需要的资金安排、施工图纸及技术资料,建设单位应当提供建设资金已经落实承诺书,施工图设计文件已按规定审查合格。(六)有保证工程质量和安全的具体措施。施工企业编制的施工组织设计中有根据建筑工程特点制定的相应质量、安全技术措施。建立工程质量安全责任制并落实到人。专业性较强的工程项目编制了专项质量、安全施工组织设计,并按照规定办理了工程质量、安全监督手续。县级以上地方人民政府住房城乡建设主管部门不得违反法律法规规定,增设办理施工许可证的其他条件。"

② 参见最高人民法院民事审判第一庭编著:《最高人民法院新建设工程施工合同司法解释(一)理解与适用》,人民法院出版社2021年版,第92页;《建设工程监理规范》(GB/T 50319-2013)第5.1.8条。

一方有所迟延,都可能导致事实上无法开工的局面。但需要注意的是,开工条件的风险分配在当事人之间有所侧重:除非合同另有约定,发包人应办理施工许可证及其前置性的行政审批手续、交付可以施工的现场、提供图纸和必需的基础资料等,这些条件多是硬性指标,判断上往往"非黑即白",归责清晰,风险属性更强。而承包人应编制施工组织设计,落实施工设备、材料、人员等准备工作,这些条件相对而言有一定弹性,判断上视其充分程度存在解释空间,风险属性相对前者更弱。除承发包双方之外,不可抗力、政府行为等外界因素也可能影响开工条件的成就,考虑到开工前发包人对施工现场的占有,相关风险在制度层面上一般是分配给发包人。

实践中,承发包双方往往对施工许可等开工条件背后的制度基础及法律价值认知不足,很多发包人并没有深入理解其在开工前的法定义务,以致不少工程项目在条件不具备时即草草开工,埋下争议隐患。风险意识较强的承包人,会在收到开工通知但开工条件不具备时向发包人发函,说明发包人承担的哪些准备工作没有做完,对于双方责任归属及工期起算时间的认定可起到重要的证明作用。即便发包人已通过合同约定,委托承包人办理施工许可等手续,由于发包人承担前述法定义务且掌握办理相关手续的第一手资料,一旦哪一环节出了问题,发包人仍有可能承担不利后果。

综上,基于施工许可等开工监管制度,开工条件不具备的风险更多是分配给发包人的。按照风险自担及诚信原则,开工通知发出后不具备开工条件的,如非承包人的原因(包括发包人原因、发包人聘请的第三方原因以及不可抗力、政府行为等外界因素)所导致的,应以开工条件具备的日期为开工日期;如系承包人的原因所导致的,仍以开工通知载明的开工日期为开工日期。如果开工条件不具备的原因较为复杂,存在多因一果的情况,应基于因果关系理论[①],查明及分析导致工程无法开工的控制性、决定性因素是"非承包人的原因"还是"承包人的原因",并在此基础上综合判断及认定实际开工日期。

本案中,虽然被申请人(发包人)已下发开工通知,但由于被申请人的原因,当时涉案工程尚不具备开工条件,特别是不具备经过审查的施工图纸,仲

[①] 关于"因果关系"的认定,理论界有必然因果关系说、相当因果关系说等学说,实务中可遵循"两分法",即确定责任成立上的因果关系(定性)及责任范围上的因果关系(定量)。参见韩世远:《论合同责任成立上的因果关系》,载《法律科学(西北政法大学学报)》1998年第6期。

裁庭综合考虑了开工条件的具备程度,最终认定应以施工许可证上载明的开工日期作为实际开工日期。

2. 认定方法二:承包人实际进场施工的日期

如前所述,基于工期的法律事实属性,开工日期的确定属于事实认定,应尊重工程的客观情况。如果开工通知发出前,甚至开工条件具备前,承包人已经发包人同意实际进场施工了,以承包人实际进场施工的日期作为开工日期,主要是基于以下考虑:

一方面,承发包双方已就实际进场施工时间达成一致意思表示,即便因不具备施工许可等引发行政处罚,不影响民事层面的权责分配。

另一方面,对承包人而言:其一,从成本风险角度考量,在开工通知未发出的情况下,承包人进场的成本较高,进场后的设备租赁费、工人工资、临时设施费以及可能发生的意外情况都会加重承包人的经济负担。其二,从法律风险角度考量,基于占有权的转移,承包人进场后应承担现场照管义务及相应的法律责任;同时,某些法定条件不具备或将导致工程本身的合法性存疑,可能被责令停工、限期拆除①,承包人将面临一系列后续损失及索赔。因此,作为有专业经验的商事主体,承包人既然选择了提前进场,本质上属于其风险自担的行为。

值得关注的是,实践中可能存在承包人进场施工时认可开工日期,但事后又反悔了,提出迫于发包人压力而不得不进场,虽进场但只进行了准备工作等理由。这种情形下,需综合考虑承包人进场时的具体情况,查阅是否存在场地交接文件、施工日志/周报/月报、监理日志/周报/月报、现场人员记录、现场视频、往来函件及会议纪要等资料,尽可能还原法律事实,对承包人是否存在"实际进场施工"的风险自担行为进行慎重处理和谨慎认定。同时,笔者认为,实际进场施工主要是客观行为的判断,承包人的主观心态并非否认其风险自担行为的充分理由,因为商事主体具有较强的风险识别及抵御能力,且进场及施工行为本身具有实施上的复杂性和主动性,承包人仅凭其迫于压力不得不进场来否认风险自担行为,理据并不充分。

---

① 《城乡规划法》第64条规定:"未取得建设工程规划许可证或者未按照建设工程规划许可证的规定进行建设的,由县级以上地方人民政府城乡规划主管部门责令停止建设;尚可采取改正措施消除对规划实施的影响的,限期改正,处建设工程造价百分之五以上百分之十以下的罚款;无法采取改正措施消除影响的,限期拆除,不能拆除的,没收实物或者违法收入,可以并处建设工程造价百分之十以下的罚款。"

3. 认定方法三：未发出开工通知且无进场证据的，综合认定开工日期

对于未发出开工通知且无进场证据的，应考虑开工报告、合同、施工许可证、竣工验收报告、竣工验收备案表等载明的时间，并结合是否具备开工条件综合判断。

实践中，并非所有工程都满足规范化管理的要求，部分工程可能没有开工通知或进场证据来证明实际开工日期；也有些工程资料众多，而相关资料载明的开工日期不一致。

这种情况下，应综合考虑开工报告、工程合同、施工许可证、竣工验收报告、竣工验收备案表等资料中关于开工日期的记载，研究相关资料的匹配性和印证关系，并结合开工条件是否具备的事实，在个案中具体认定实际开工日期。

上述资料中，开工报告是承包人提交的开工申请文件，实务中的载体形式包括《单位工程开工申请报告》《工程开工报审表》《项目开工申请报告》等。一般而言，承包人会在开工报告中记载"申请开工日期"并载明"管理人员及机械设备已到场，施工人员已到位……符合开工条件"或类似内容；开工报告表明承包人认可发包人提供的开工条件已具备，且开工准备工作已完成，如果开工报告的批复栏中发包人或监理人给予肯定性意见，则其中记载的"申请开工日期"较为接近实际开工时间。

工程合同一般会约定计划开工日期，作为确定实际开工日期的参考；部分工程项目中，当事人还会签署有关工期的补充协议或会议纪要等文件，其中也可能反映双方对实际开工日期的确认。

施工许可证是建设行政主管部门对符合法定条件的工程依申请颁发的行政许可文件，其制式文本中"合同工期"栏通常会载明开工日期。

竣工验收报告是工程竣工后，经相关主体质量评估验收后形成的书面报告；竣工验收备案表是提供给工程验收备案的行政管理机关，用于证明工程竣工验收合格、竣工资料齐备的文件。这些资料上可能也会记载开工日期。

鉴于工程资料的复杂性，进行综合认定时需要考虑优先级。一般而言，开工报告、工程合同、施工许可证形成于工程实施前期，对认定开工日期具有更强的证明效力；而竣工验收报告、竣工验收备案表形成于工程实施完毕后，其制式文本上即便载明开工日期，也可能受到诸多因素影响，在认定开工日期的证明效力上相对于前者更弱。

特别是,如前所述,基于施工许可制度以及其前置条件不具备时不能开工的法定要求,施工许可证上载明的开工日期往往更容易被行政部门和司法机关认可,也是承发包双方确认实际开工日期的重要依据。在最高人民法院(2015)民一终字第9号案、(2015)民一终字第93号案中,最高人民法院均以施工许可证上记载的开工日期作为实际开工日期,主要理由包括:第一,施工许可证是由行政部门颁发的具有行政法效力的证件,与其他工程资料相比,证明力更强;第二,建筑工程开工前,建设单位应申领施工许可证,施工许可证颁发之前进行的施工系开工准备。[1]

当然,施工许可证属于行政管理性文件,表明建设工程符合相应的开工条件,其载明的开工日期需要与其他工程资料相互印证,以补强其证明效力。在笔者经办的另一个案件中,由于被申请人没有提供证据证明工程的实际开工日期,仲裁庭在认定报建责任承担主体、施工许可制度要求的基础上,结合申请人提交的《建设工程施工许可申请表》《建设工程施工许可证》《单位工程开工申请报告》及其他可以佐证工程开工日期的证据,经综合考虑后,最终按照施工许可证核准的开工日期(与《建设工程施工许可申请表》中主管部门批准施工的日期、《单位工程开工申请报告》中建设单位同意开工的日期吻合)来确定涉案工程的实际开工日期。

(三)实际竣工日期的认定

实际竣工日期,作为工期的终止点,是承包人建造义务履行期限届满的标志。作为法律事实,其是衡量是否逾期竣工、是否启动赔偿责任的依据之一;同时,竣工影响着建筑物本身的权属及占有的合法性,当竣工与验收、移交、使用等事实交错时,又会衍生出不同的权责分配及风险承担问题。

承发包双方就实际竣工日期存在争议的,关于其认定规则,法律和行政法规层面没有明文规定。《工程施工合同解释(一)》第9条规定:"当事人对建设工程实际竣工日期有争议的,人民法院应当分别按照以下情形予以认定:(一)建设工程经竣工验收合格的,以竣工验收合格之日为竣工日期;(二)承包人已经提交竣工验收报告,发包人拖延验收的,以承包人提交验收报告之日为竣工日期;(三)建设工程未经竣工验收,发包人擅自使用的,以

---

[1] 参见最高人民法院民事审判第一庭编著:《最高人民法院新建设工程施工合同司法解释(一)理解与适用》,人民法院出版社2021年版,第97—98页。

转移占有建设工程之日为竣工日期。"①

上述规定基于建设工程的竣工验收、占有等制度基础展开,并考虑了发包人实际投入使用的事实情况,是工程实务及司法实践应遵循的处理原则。

可以看出,竣工日期与开工日期认定的规则体系,在立法逻辑上呈现出前后呼应的契合性。三个层次的认定方法的裁判逻辑和法律基础,以及具体适用上存在的问题,同样值得研究探讨。

1. 认定方法一:竣工验收合格的日期为竣工日期

我国执行严格的竣工验收制度,这在《民法典》及《建筑法》等法律法规中均有体现。② 竣工验收是判断工程质量是否合格、能否投入使用的法定环节。未经验收合格即投入使用的,发包人不仅面临严重的行政处罚③,在民事层面上,也将面临工期追责和质量认定等方面的不利后果④。

竣工验收合格是《建筑法》强调"保证建筑工程的质量和安全"立法原则的体现,是法律追求的常态化要求,在这一价值体系下,工程的工期必然对应着建成合格工程的期限,因此,以竣工验收合格之日作为工期终止的标志,与上述立法价值相契合,也成为确定竣工日期的一般原则。

根据《建筑法》及《建设工程质量管理条例》的规定,竣工验收应具备以下法定条件:①完成建设工程设计和合同约定的各项内容;②有完整的技术档案和施工管理资料;③有工程使用的主要建筑材料、建筑构配件和设备的

---

① 《工程施工合同解释(一)》关于竣工日期认定的规定,沿用了《工程施工合同解释》第14条的规定。

② 《民法典》第799条规定:"建设工程竣工后,发包人应当根据施工图纸及说明书、国家颁发的施工验收规范和质量检验标准及时进行验收。验收合格的,发包人应当按照约定支付价款,并接收该建设工程。建设工程竣工经验收合格后,方可交付使用;未经验收或者验收不合格的,不得交付使用。"

《建筑法》第61条规定:"交付竣工验收的建筑工程,必须符合规定的建筑工程质量标准,有完整的工程技术经济资料和经签署的工程保修书,并具备国家规定的其他竣工条件。建筑工程竣工经验收合格后,方可交付使用;未经验收或者验收不合格的,不得交付使用。"

③ 根据《建设工程质量管理条例》第58条规定,未组织竣工验收或验收不合格擅自交付使用的,建设单位将面临以下行政责任:(1)被责令改正;(2)被处以工程合同价款2%以上4%以下的罚款;(3)造成损失的,依法承担赔偿责任。

④ 根据《工程施工合同解释(一)》第9条及第14条的规定,建设工程未经竣工验收,发包人擅自使用的:(1)工期方面:以转移占有建设工程之日为竣工日期;(2)质量方面:除地基基础和主体结构的质量由承包人在其合理使用寿命内承担责任外,发包人以使用部分质量不符合约定为由主张权利的,人民法院不予支持。

进场试验报告;④有勘察、设计、施工、工程监理等单位分别签署的质量合格文件;⑤有施工单位签署的工程保修书。①

上述竣工验收条件满足后,由建设单位组织设计、施工、监理等单位进行;竣工验收条件不具备时,建设单位有权不予进行竣工验收。

所谓"竣工验收合格",在内容上,是指工程质量符合法定的合格要求以及约定的质量标准,涉及技术层面的专业判断;在形式上,不同工程项目中可能有不同的载体和呈现方式。

"竣工验收合格"的载体之所以形式多样化,原因在于:其一,法律和行政法规层面并未明确竣工验收合格的证明文件;其二,根据住房和城乡建设部《房屋建筑和市政基础设施工程竣工验收规定》,竣工验收后需要形成经验收组人员签署的"工程竣工验收意见",但仍未确定其载体形式;其三,在部分地方性法规中,为统一适用标准,也有对竣工验收合格的文件形式作出规定的,但在当地的实践中亦未形成严格的统一范式。②

就"竣工验收合格"的载体,经查阅司法案例,笔者将实践中的情况归纳为以下四种主要情形:

(1)情形一:以《单位工程质量竣工验收记录》作为竣工验收合格的证明文件。如最高人民法院(2017)最高法民终612号案、北京市第三人民法院(2018)京03民初559号案。

(2)情形二:以《单位工程竣工验收报告》作为竣工验收合格的证明文件。如北京市高级人民法院(2013)高民终字第1039号案。

(3)情形三:以《工程竣工验收记录》作为竣工验收合格的证明文件。如最高人民法院(2018)最高法民申4216号案、浙江省高级人民法院(2000)浙法民终字第95号案、北京市丰台区人民法院(2017)京0106民初30991号案。

---

① 《建筑法》第61条及《建设工程质量管理条例》第16条。关于竣工验收条件的细化规定,见《房屋建筑和市政基础设施工程竣工验收规定》第5条。

② 例如,根据《北京市建设工程质量条例》第47条、第48条的规定,"单位工程质量竣工验收"与"工程竣工验收"分属不同的验收环节:(1)前者的组织程序及证明文件为"竣工预验收合格的,建设单位应当组织勘察、设计、施工、监理等单位进行单位工程质量竣工验收,形成单位工程质量竣工验收记录";(2)后者的组织程序及证明文件为"单位工程质量竣工验收合格并具备法律法规规定的其他条件后,建设单位应当组织勘察、设计、施工、监理等单位进行工程竣工验收……工程竣工验收应当形成经建设、勘察、设计、施工、监理等单位项目负责人签署的工程竣工验收记录,作为工程竣工验收合格的证明文件。工程竣工验收记录中各方意见签署齐备的日期为工程竣工时间"。

(4)情形四:以《工程竣工验收报告》作为竣工验收合格的证明文件。如最高人民法院(2017)最高法民申3347号案。

可见,司法实践中,关于竣工验收合格的证明,受限于工程特点、证据资料及当事人举证等因素,判断标准并不统一,需要在个案中结合事实情况仔细甄别、具体认定。

此外,需要说明的是,"竣工验收"与"竣工验收备案"是两个不同的法律概念,前者是指满足法定条件后,发包人组织相关主体参与的验收;而后者是建设主管部门对竣工验收及其他专项验收进行统一监督的手段。对此,最高人民法院在(2017)最高法民申3347号案中指出,"竣工验收备案是建设行政主管部门对建设工程质量进行监督管理的制度安排之一,是否予以备案是质监部门依法在自身职权范围内行使的权力,具有行政法律行为的性质,而竣工验收属于民事法律行为"。当然,由于竣工验收备案一般在竣工验收合格后进行,故竣工验收合格之日原则上不会晚于竣工验收备案的日期。

2. 认定方法二:发包人怠于验收的,承包人提交竣工验收报告的日期为竣工日期

以竣工验收合格的日期作为竣工日期,符合工程质量和安全作为《建筑法》核心价值的一般原则。但是,为督促发包人及时组织验收,防止恶意拖延工程款,《工程施工合同解释(一)》进行了例外规定,即"承包人已经提交竣工验收报告,发包人拖延验收的,以承包人提交验收报告之日为竣工日期"。

这与竣工验收的程序要求及主体责任一脉相承。竣工验收的一般程序是:①施工单位提出工程竣工报告;②建设单位组织勘察、设计、施工、监理等单位组成验收组;③建设单位提前通知竣工验收的时间、地点、验收组名单并通知工程质量监督机构;④建设单位组织竣工验收,并形成经验收组人员签署的工程竣工验收意见。①

根据竣工验收的制度要求,竣工验收条件具备后,作为建设单位的发包人有义务及时组织竣工验收。发包人怠于验收的,如仍以竣工验收合格之日作为竣工日期,对承包人而言是不公平的,一方面,可能导致承包人承担其不可控的逾期责任;另一方面,验收及交付时间的拖延,增加了承包人现场照管的时长、风险和费用,拉长了竣工款及结算款的支付时间。因此,承包人已提

---

① 关于竣工验收程序的细化规定,见《房屋建筑和市政基础设施工程竣工验收规定》第6条。

交竣工验收报告,发包人拖延验收的,参照"当事人为自己的利益不正当地阻止条件成就的,视为条件已经成就"的法律逻辑①,以承包人提交竣工验收报告之日为竣工日期。

在笔者经办的另一个案件中,申请人(承包人)提供了《工程竣工验收申请表》、消防验收文件以及勘察、设计、监理单位验收意见等证据,但被申请人(发包人)不予认可,认为工程未经竣工验收,竣工日期尚未确定。仲裁庭认为,按照消防验收的惯例,一般都是建设工程的各分部分项验收通过、各单项系统验收通过,在单项系统里最后是消防验收。该案工程各分部分项验收、各单项系统验收均已经通过,且已取得勘察、设计、监理单位的验收审核,已具备最后由被申请人主持综合验收,并组织各项验收备案文件向主管部门申报竣工验收备案工作的条件。在被申请人已参加了消防验收的情况下,不再继续组织综合验收的责任在被申请人。

在上述案件中,被申请人对验收资料一概不予确认,但未提出任何相反证据,而申请人提交的工程建设资料相互印证,仲裁庭确认了这些文件的证据效力。鉴于此,仲裁庭在阐述竣工验收的责任主体、竣工验收流程及制度要求的基础上,结合申请人提交的上述资料及其他可以佐证竣工时间的证据,认定被申请人怠于进行竣工验收,并以《工程竣工验收申请表》的提交时间作为涉案工程的实际竣工日期。

3. 认定方法三:未经竣工验收发包人擅自使用的,工程转移占有的日期为竣工日期

如前所述,竣工验收合格是工程投入使用的法定前提。但实务中,发包人可能基于自身利益考虑,如回笼投资、出租获利等,急于使用未经竣工验收合格的工程。

由于发包人对其行为的违法性是明知的,主观上存在过错,应当为其过错承担相应的法律责任,故在此情况下,以工程转移占有之日作为竣工之日。② 司法实践中,司法机关一般也是按此认定,并根据不同情况确认哪些事实和行为构成"转移占有",例如,(2015)民申字第2208号案中的"实体移交"、(2017)最高法民申1958号案中的"实施了使用行为"、(2014)民申字第

---

① 《民法典》第159条规定:"附条件的民事法律行为,当事人为自己的利益不正当地阻止条件成就的,视为条件已经成就;不正当地促成条件成就的,视为条件不成就。"
② 参见最高人民法院民事审判第一庭编著:《最高人民法院新建设工程施工合同司法解释(一)理解与适用》,人民法院出版社2021年版,第108页。

501号案中的"接收了房屋钥匙并对外销售房屋"、(2018)最高法民申5316号案中的"物业公司进驻并接收房屋钥匙"等。

但是,对于承发包双方"合意使用"是否构成"擅自使用",在理论和实务界存在不同观点。例如,在(2017)最高法民申2023号案中,最高人民法院认为,"擅自使用"的认定并不因双方就"使用"达成合意而豁免;但在(2019)最高法民申679号案中,最高人民法院却指出,虽然涉案工程是先交付后进行竣工验收,但发包人并非擅自使用而是经双方协商的结果,且涉案工程后经验收合格,故以竣工验收合格的日期作为实际竣工日期。

笔者认为,未经竣工验收发包人擅自使用的,之所以在工期认定上作出对发包人不利的推定,本质上是源于《建筑法》关于竣工验收制度重要性的强调,是"保证建筑工程质量和安全"的核心价值在工期问题上的投射。因此,所谓"擅自"应是相对于竣工验收制度的违反,不管承发包双方是否达成使用的"合意",均不能改变使用行为的违法性,故均应以工程转移占有的日期作为实际竣工日期。

综上所述,工期(包括工期期间及以开工日期、竣工日期为代表的期日)作为重要的法律事实,构建了工程合同初始的风险分配机制;同时,工期的流动时间属性使得工程合同具有长期性、继续性的特点,当工期这一法律事实与其他事实交织产生作用时,如同扳动风险变动的扳机,产生更为复杂的法律问题。

工期问题的核心在于开工、竣工日期的确定,本文亦围绕该主题展开。而不管是实际开工日期还是实际竣工日期,其认定规则均基于深厚的法律基础及层层递进的立法逻辑。

同时,诚如上文提及,工程建设过程中可能发生若干风险事件,进而产生"工期延展"等更为复杂的事实和法律问题,对市场主体进行动态工期管理提出了挑战。动态工期管理最重要的表现就是工程延期的申请和审批,从各自的利益出发,承包人总有动力不断申报工程延期,期待工期延长及获得停工费、窝工费、降效费等各项补偿,以减少履约的难度,特别是在有工期压迫的情况下;而常见的发包人的反应多是无视或者拖延承包人的工程延期及补偿申请,这种不确定状态会给工程合同的原定风险分配机制增加新的变量因素,使得承发包双方对合同的履行、风险承担及违约机制的触发都产生不确定预期,增加了纠纷发生的概率。

因此,鉴于工期给工程合同抹上的继续性色彩,对于承发包双方而言,其不仅需要基于工期的时间考量,通过时间线,找准工作定位和职责,在缔约层面合理分配风险;还需要具有协作履行合同、认识及化解风险的能力和意识,通过动态管理稳定工程合同的风险矩阵,使合同的结果对自己更加确定。

(本案例由深圳国际仲裁院仲裁员朱茂元编撰)

案例10 工期延误情况下的违约责任及其仲裁时效

仲裁要点： 在没有任何证据能够证明涉案工程迟延竣工是由作为承包人的申请人的某种失误或违约导致，或应由申请人负责的必要停工或中途无故停工造成的情形下，被申请人以涉案工程延迟526天竣工是申请人自身原因造成、申请人无合理顺延工期的事由及被申请人从未确认工期的合理顺延为由，要求申请人向被申请人赔偿损失和承担违约责任，缺乏事实依据和法律依据，不能成立。

此外，被申请人对于延迟竣工违约责任提出的仲裁反请求因超过时效，其丧失就此争议提请仲裁以保护其权益的权利。

一、案情概要

A公司（本案仲裁本请求申请人及仲裁反请求被申请人，以下简称"申请人"）与B公司（本案仲裁本请求第一被申请人及仲裁反请求第一申请人，以下简称"第一被申请人"）、C公司（本案仲裁本请求第二被申请人及仲裁反请求第二申请人，以下简称"第二被申请人"，第一和第二被申请人以下合称为"被申请人"）于2013年3月12日签订《施工合同》，约定开工日期为2012年11月30日（以开工令或发包人的开工通知时间较早的为准），竣工日期为2013年10月31日，工期总日历天数330天。申请人与被申请人双方于2013年3月12日签订《补充合同》，约定开工日期暂定为2012年11月30日（以发包人和监理工程师签署的开工报告日期为准），竣工日期暂定为2013年10月31日（以竣工验收合格之日为竣工日期），合同总工期330日历天；如《补充合同》和主合同有矛盾或冲突以《补充合同》为准。

2013年8月28日，监理公司、监理工程师、申请人和被申请人签署致申请人的涉案工程《工程开工/复工令》。《竣工验收报告》上载明，涉案工程开工日期为2013年8月28日，验收日期为2015年12月31日，工程期为856日历天。该实际工期较《施工合同》和《补充合同》中约定的施工期日历天330天推迟了526日历天。S市G区城市建设局2016年出具的"S市G区房屋建筑工程竣工验收备案收文回执"上载明，涉案工程报备案资料于2016年6月5日交S市G区城市建设局备案。

2017年7月13日，申请人和被申请人签署《工程结算表》载明工程合同金额为7764万元，双方最终确认结算金额为7294.9361万元，并载明"本《工程结算表》签订之日前，有关结算和资金支付的约定和实际执行之间的偏差和争议，在本《工程结算表》签订之日后，双方一致同意不予以追究"。《项目工程款明细（截至2018年7月30日）》及相应的银行收付款凭证表明且双方当事人确认，自2013年9月4日至2018年7月30日，被申请人累计支付工程款59034746.90元，2018年8月30日支付工程款10万元，合计59134746.90元。

申请人认为被申请人未按《工程结算表》和前述合同约定支付剩余工程款项，已经构成严重违约，于2018年8月8日依据涉案合同中的仲裁条款向深圳国际仲裁院提交仲裁申请，提出以下仲裁请求：

1. 被申请人向申请人支付拖欠的建设工程款13449867.30元及相应利息609228.89元（自应付之日起至实际清偿之日止，按照中国人民银行同期贷款利率计算，暂计至2019年1月20日）。

2. 申请人就涉案工程折价或者拍卖的价款在上述被拖欠的建设工程款13449867.30元范围内享有优先受偿权。

3. 被申请人承担申请人律师费1100000元。

4. 被申请人承担本案仲裁费和保全费用。

被申请人认为申请人未能按时竣工，违反《施工合同》及《补充合同》的约定，给被申请人造成了严重的损失，于2019年1月14日提出以下仲裁反请求：

1. 申请人向被申请人支付工期延期损失赔偿费2630000元。

2. 申请人承担未能按时竣工的违约责任，被申请人有权从工程价款中扣款1052000元。

3. 申请人承担反请求仲裁费。

二、当事人主张

（一）关于建设工程款

1. 申请人主张

申请人于 2016 年 6 月 24 日向被申请人提交了工程结算资料，但被申请人迟迟不予结算，直至 2017 年 7 月 13 日，被申请人方以申请人同意降低合同金额、不追究之前的违约责任为条件，签署了《工程结算表》。《工程结算表》确认合同最终结算金额为 72949361 元。截至 2018 年 7 月 30 日，被申请人向申请人支付的工程款总额为 59034746.90 元，尚拖欠工程款 13549867.30 元。

2. 被申请人主张

被申请人于 2018 年 8 月 30 日委托 D 公司向申请人支付建设工程款 100000 元，上述已支付的款项应折抵本案的建设工程款本金，因此，被申请人尚未支付的建设工程款应为 13449867.30 元。

（二）关于迟延竣工违约责任的承担

1. 申请人主张

工程竣工延期并非申请人原因所致，而是因被申请人的资金不到位，进度款支付拖延，导致工程延期。施工过程中申请人多次向被申请人提出工程延期申请事宜，延期理由符合合同约定，被申请人也从未就工程延期提出过异议。申请人在工程完成后长达 3 年的时间内催促被申请人付款，被申请人从未提出要申请人支付延期违约金，实际上被申请人从来不认为申请人延误了工程。被申请人关于工程延误所主张违约金以及损失均已超过诉讼时效。

同时，根据《工程结算表》，对于 2017 年 7 月 13 日之前的所有行为双方已经承诺互不追究责任，这是双方对自身权利的自愿处分。被申请人未提交任何证据证明其实际遭受的延期损失为 7000 元/天。

2. 被申请人主张

根据《施工合同》《补充合同》和《工程开工/复工令》，工程开工日期实际为 2013 年 8 月 28 日，工期顺延至 2014 年 7 月 23 日，但根据《竣工验收报告》，涉案工程于 2015 年 12 月 31 日才完工验收，申请人延误工期 526 天。

《施工合同》约定延期损失赔偿费按照每延误一天罚款 5000 元计算;申请人未按时竣工的违约责任为扣款每日 2000 元。申请人应支付延期损失赔偿费 2630000 元和承担违约责任 1052000 元。

(三)关于被申请人主张违约责任的仲裁时效

1. 申请人主张

假定存在延期情况,就工程延期责任被申请人的主张已经超过仲裁时效,不应得到支持。以《施工合同》和《补充合同》约定的 330 天的工期计算,涉案工程 2013 年 8 月 28 日开工,应当于 2014 年 7 月 24 日竣工,即被申请人自 2014 年 7 月 24 日起便知晓工程延期问题,应当及时向申请人主张延期责任。但被申请人直至本案提出反请求之时(2019 年 1 月 14 日)才第一次主张工程延期的违约责任,已经远远超过了 3 年的仲裁时效。

2. 被申请人主张

申请人无合理顺延工期的事由,被申请人也从未确认工期的合理顺延,被申请人对工期延误索赔享有先履行抗辩权,被申请人依照施工合同的约定主张申请人因工期延误承担违约责任和延期损失赔偿费的请求权不应受到侵害,故申请人请求被申请人支付工程余款的仲裁本请求与被申请人请求申请人因工期延误承担违约责任和延期损失赔偿费的仲裁反请求的仲裁时效应当一致,不应割裂分别计算,且建设工程施工合同设定的权利义务是综合性的,不能割裂其合理的联系,故本案仲裁本请求和仲裁反请求的仲裁时效应当一致,如果分别计算不利于权利的维护与合同目的的实现。

三、仲裁庭意见

(一)关于建设工程款

《工程结算表》中的工程价款额是涉案工程竣工后双方根据合同履行和施工的具体情况商定而确定的,是双方真实意思的表示,具有法律效力。根据被申请人已向申请人支付的建设工程款共计 59134746.90 元的事实,被申请人至今尚未支付的涉案工程项下的建设工程款(包括作为保修金的工程款)为 13814614.10 元(72949361 元-59134746.90 元)。

根据涉案工程于 2015 年 12 月 31 日竣工、双方当事人 2017 年 7 月 13 日签署《工程结算表》已完成竣工结算和占工程总价 4.5% 的保修金的二年保修期自涉案工程竣工之日起算于 2017 年 12 月 30 日已届满的事实以及上述合同约定，被申请人应在 2018 年 1 月 12 日前向申请人支付占涉案工程总价 95% 的工程款 69301892.95 元(72949361 元 × 95%)和在 2018 年 1 月 29 日前向申请人支付占涉案工程总价 4.5% 的保修金 3282721.25 元(72949361 元 × 4.5%)。据此，在被申请人至今尚未支付的涉案工程款为 13814614.10 元中，除尚未到期的占涉案工程总价 0.5% 的防水工程保修金 364746.81 元外，其余工程款 13449867.30 元为被申请人拖欠申请人至今未付的工程款。

(二) 关于被申请人就延迟竣工提起仲裁反请求的仲裁时效问题

《仲裁法》第 74 条规定："法律对仲裁时效有规定的，适用该规定。法律对仲裁时效没有规定的，适用诉讼时效的规定。"根据原《民法总则》《民法通则》《合同法》及《民法总则诉讼时效解释》的有关规定，涉案合同的诉讼时效为 2 年。因此，本案所涉仲裁时效应为 2 年，从权利人知道或者应当知道其权利被侵害时起计算。

被申请人如果认为其权利因涉案工程竣工期延迟而受到侵害，按理在其所主张的涉案工程竣工期顺延之日(2014 年 7 月 24 日)起就知道或应当知道其权利受到侵害，应提出异议并主张有关权利。另外，涉案工程《竣工验收报告》是关于涉案工程竣工的正式文件。经被申请人签章的该文件所载竣工日期正式确定了竣工日期与合同约定竣工日期之间的差距。即便被申请人在 2014 年 7 月 24 日或此后一段时间可能因涉案工程的竣工日期尚未确定故未就迟延竣工问题提出异议，也应在涉案工程经竣工验收确定了竣工日期后就其主张的迟延竣工一事提出异议，主张有关权利。然而，本案没有任何证据证明被申请人在 2014 年 7 月 24 日后或在 2015 年 12 月 31 日后至其在本案就涉案工程迟延竣工提出仲裁反请求(2019 年 1 月 14 日)前，曾就涉案工程迟延竣工向申请人提出异议和主张有关权利。前者期间长达约 4 年 5 个半月，后者期间已超过 3 年，均超出法定的 2 年仲裁时效。有鉴于被申请人未在法定仲裁时效内就涉案工程竣工期延迟之争议向仲裁机构提出仲裁申请，行使其权利，被申请人已丧失就此争议提请仲裁以保护其权益的权利。被申请人主张"申请人请求其支付工程余款的仲裁本请求与被申请人请求申请人因工期延误承担违约责任和延期损失赔偿费的仲裁反请求的仲裁时效应当一致，不应割裂分别计算，且建设工程施工合同设定的权利义务是综合性的,不能割裂其合理的联系",并据此主张其提出的仲裁反请求没有超出仲裁时效,没有事实依据和法律依据,不能成立。

(三) 关于涉案工程迟延竣工及其损失赔偿和责任问题

1. 按照《补充合同》约定,申请人进驻现场开工后 10 日内应支付合同总价的 5%作为预付款,即 388.2 万元,工程竣工验收前的工程进度款累计支付至合同总价的 70%。

据工程开工日期为 2013 年 8 月 28 日和竣工验收日期为 2015 年 12 月 31 日的事实,被申请人应在涉案工程开工后 10 日内,即 2013 年 9 月 7 日前,向申请人支付预付款(7764 万元 × 5%) 388.2 万元,并应在竣工验收前,即 2015 年 12 月 31 日前,向申请人支付的工程进度款累计达到(7764 万元 × 70%)5434.8 万元。据被申请人截至 2018 年 7 月 30 日支付涉案项目工程款的明细及银行转账凭证等,申请人进驻施工现场后 10 日内被申请人实际支付 388.2 万元;但在涉案工程竣工验收前,被申请人实际支付 4246 万元,仅占双方约定合同价款的 54.7%,距合同约定应支付工程款的比例 70%相差约 15.3%。

2. 被申请人于 2017 年 11 月 22 日出具《承诺函》,承诺在 2018 年 5 月底至 2018 年 12 月底将申请人施工期间未能支付涉案工程材料供应商的欠款总额(上限为 420 万元)支付给申请人,由申请人完成支付涉案工程的全部材料商的欠款事宜。

3. 申请人曾就工程进度款的支付问题向被申请人发出"催款函""付款申请""项目工程进度情况及工程款支付申请报告""工程施工联系单""工程延期联系函"等证据材料,均由项某、黄某签收。同时证据表明本案部分工程款支付款额和支付日期与上述函件中申请人申请工程进度款的款额和时间等内容基本吻合,相互印证,说明上述函件关于申请工程进度款的内容已为被申请人所知,且此后支付了相应的工程款。

4. 被申请人提交了日期为 2014 年 11 月 21 日致申请人的《关于要求切实履行合同的函》,函中载有以下内容:"最近有施工现场的劳动人员到我方总部聚众闹事,其理由是声称贵方拖欠工资。为此,我方正式告知:自即日起,贵司应严格履行施工《补充合同》第 5.7 条的约定,及时、足额地向劳动人员支付工资,并向我方提交《已按时发放工资的申明》。我方仅在贵方完全履行了相关义务后才向贵方支付合同款项。"被申请人意借该函证明申请人在涉案工程施工工期内拖欠施工人员工资,违反合同约定,被申请人有权依照合同约定在确认申请人不存在违约行为后再支付工程款,进而证明涉案工程工期拖延是申请人的原因造成的。但被申请人未提交该函已为申请人签收的证据或提交其他与该函相互印证的证据,因此被申请人仅以其出具的该孤证无法证明该函所载内容的真实性。另外,即便存在该函所称拖欠施工人员工资及闹事之情事,也无证据证明是申请人自身原因所致而并非被申请人未按期如数支付工程进度款所致。

5. 根据以上证据及分析,在没有任何有说服力的相反证据的情形下,仲裁庭认为,造成涉案项目竣工延迟包括但可能不限于以下原因:被申请人未能按照合同约定按期如数支付工程进度款、被申请人未能保证专业发包项目的完成期限和某些不确定的指令以及天气方面的原因。

《施工合同》通用条款第18.2条约定,对下述原因造成的暂停施工所涉及的费用增加和(或)工期延误,发包人不予补偿:因承包人某种失误或违约造成的,或应由承包人负责的必要停工;承包人为了本工程的合理施工调整部署,或为了工程及其任何部分的安全而采取必要的技术措施所需要的停工和因现场气候条件(不可抗力情况除外)导致的必要停工。《施工合同》通用条款第18.3条约定,因发包人或工程师的行为或失误造成停工,给承包人造成损失和(或)导致工期延误的,发包人应赔偿承包人损失和(或)顺延延误的工期。《施工合同》通用条款第19.2条约定,发包人未能按约定日期支付工程预付款、进度款,致使施工不能正常进行、工程变更和不可抗力,属于造成工期延误可以予以顺延的原因。《补充合同》第13.2条约定,申请人不能按期开工或中途无故停工而影响工期的,工期不予顺延,申请人承担逾期完工的违约责任,但因被申请人原因导致的除外。

《工程施工合同解释(二)》第6条第1款规定:"当事人约定顺延工期应当经发包人或者监理人签证等方式确认,承包人虽未取得工期顺延的确认,但能够证明在合同约定的期限内向发包人或者监理人申请过工期顺延且顺延事由符合合同约定,承包人以此为由主张工期顺延的,人民法院应予支持。"

在没有任何证据能够证明涉案工程迟延竣工是因作为承包人之申请人的某种失误或违约或者应由申请人负责的必要停工或中途无故停工造成的情形下,根据上述事实以及《施工合同》和《补充合同》中的上述约定,并参照最高人民法院上述司法解释的规定,仲裁庭认为,即便不考虑被申请人提出仲裁反请求所涉仲裁时效问题,被申请人以涉案工程延迟526天竣工是申请人自身原因造成、申请人无合理顺延工期的事由及被申请人从未确认工期的合理顺延为由,要求申请人向被申请人赔偿损失和承担违约责任,缺乏事实依据和法律依据,不能成立。

(四)关于优先受偿问题

原《合同法》第286条规定:"发包人未按约定支付价款的,承包人可以催告发包人在合理期限内支付价款。发包人逾期不支付的,除按照建设工程的性质不宜折价、拍卖的以外,承包人可以与发包人协议将该工程折价,也可以申请人民法院将该工程依法拍卖。建设工程的价款就该工程折价或者拍卖的价款优先受偿。"《工程施工合同解释(二)》第22条规定:"承包人行使建设工程价款优先受偿权的期限为六个月,自发包人应当给付建设工程价款之日起算。"

仲裁庭在前认定被申请人拖欠至今未付给申请人的涉案工程款为13449867.30元,其中部分款项10167146.05元的支付到期日为2018年1月12日,另一部分款项3282721.25元的支付到期日则为2018年1月29日。申请人向仲裁院提交本案仲裁申请的时间为2018年8月8日。按照上述款项支付到期日次日起至申请人在本案仲裁申请中主张上述两部分款项的优先受偿权之日,其期间分别为6个月27天和6个月10天,均超过6个月。

本案中申请人对被申请人所拖欠的涉案工程款13449867.30元本具有主张优先受偿的权利,但该权利需在债务到期日后6个月内及时行使。因申请人行使该优先受偿权时已超过债务到期日后6个月的期限,故已丧失行使优先受偿权的权利。对申请人提出的其就研发大楼工程折价或者拍卖的价款在被拖欠的建设工程款13449867.30元范围内享有优先受偿权的请求,仲裁庭无法予以支持。

(五)关于律师费

申请人提交的委托代理协议并实际支付律师费40万元、代理律师代表申请人提交了本案仲裁材料,并到庭参加了庭审。本案申请人为办理本案支付的律师代理费40万元属于因办理本案支出的合理费用,应由被申请人承担。申请人在《仲裁申请书》中要求被申请人承担申请人为本案支出的律师费110万元,其中的70万元因缺乏证据,仲裁庭不予支持。

四、裁决结果

1. 被申请人应向申请人支付拖欠至今的建设工程款 13449867.30 元,并支付 2018 年 1 月 13 日至 2019 年 1 月 20 日期间因拖欠建设工程款所产生的利息 608832.21 元以及因拖欠上述建设工程款 13449867.30 元自 2019 年 1 月 21 日所产生的利息(该利息以所拖欠工程款 13449867.30 元为基数,自 2019 年 1 月 21 日起按照中国人民银行同期贷款利率计付至工程款实际清偿之日止)。

2. 被申请人应向申请人支付因办理本案支付的律师代理费 400000 元、财产保全担保费 14986.85 元及保全费 5000 元。

3. 本案本请求仲裁费由申请人承担 5%、被申请人承担 95%。本案反请求仲裁费由被申请人承担。

4. 驳回申请人提出的其他仲裁本请求。

5. 驳回被申请人提出的仲裁反请求。

五、评析

本案涉及多个法律争议焦点,因案例篇幅有限,下文仅对建设工程中工期延误违约责任的认定和仲裁时效问题进行评析。当出现工期延误时,发包人往往主张由承包人承担违约责任,而承包人通常抗辩存在工期顺延的合理情形。因此判断承包人所主张的工期顺延是否成立,成为案件争议焦点。而仲裁时效将直接决定在程序上仲裁请求能否得到支持。

(一)工期延误违约责任的认定

1. 工期顺延的法律依据

《民法典》第 799 条第 1 款规定:"建设工程竣工后,发包人应当根据施工图纸及说明书、国家颁发的施工验收规范和质量检验标准及时进行验收。验收合格的,发包人应当按照约定支付价款,并接收该建设工程。"按期完工是承包人的主要合同义务,也是发包人支付工程价款的重要依据。但建设工程专业技术复杂、资金投入量大、参与主体众多、合同周期较长、影响因素众多等特点,导致建设工程实际工期经常超出合同约定的工程期限。从合同债权债务角度看,构成履行迟延,一是须有有效的债务存在;二是能够履行;三是债务履行期的徒过而债务人未履行;四是债务人未履行不具有正当事由。① 在建设工程合同成立并生效前提下,判断工期顺延原因及其是否符合法律规定和合同约定,成为判断工期顺延是否成立的重点。

《工程施工合同解释(一)》第10条规定:"当事人约定顺延工期应当经发包人或者监理人签证等方式确认,承包人虽未取得工期顺延的确认,但能够证明在合同约定的期限内向发包人或者监理人申请过工期顺延且顺延事由符合合同约定,承包人以此为由主张工期顺延的,人民法院应予支持。当事人约定承包人未在约定期限内提出工期顺延申请视为工期不顺延的,按照约定处理,但发包人在约定期限后同意工期顺延或者承包人提出合理抗辩的除外。"

上述法律规定"实际上确认了当事人约定顺延工期应当经发包人或者监理人签证的效力,因工期顺延等事由本属于当事人意思自治范畴,有约定的自应尊重合同约定"②。但鉴于合同实际履行过程中尤其是合同签署时,发包人通常处于优势地位,为平衡发包人与承包人间的权益,避免发包人在建设工程合同签订或履行过程中,在非因承包人自身原因情况下,拒绝合理工期顺延情况,该条款确定了在承包人履行通知义务且顺延理由符合合同约定的情况下,即使未经过确认,工期顺延仍然合法有效,这为承包人顺延工期提供了法律依据。

2. 工期顺延原因的证据判断

按照主体分类,工期顺延原因主要为发包人原因、承包人原因、发包人和承包人以外的第三方原因。

(1)发包人原因。

《民法典》第803条规定:"发包人未按照约定的时间和要求提供原材料、设备、场地、资金、技术资料的,承包人可以顺延工程日期,并有权请求赔偿停工、窝工等损失。"发包人的主要合同义务包括按时提供原材料、设备、场地、资金、技术资料等,部分合同约定原材料由承包人提供,则发包人需要按

---

① 参见韩世远:《履行迟延的理论问题》,载《清华大学学报(哲学社会科学版)》2002年第4期。

② 肖峰、严慧勇、徐宽宝:《〈关于审理建设工程施工合同纠纷案件适用法律问题的解释(二)〉解读与探索》,载《法律适用》2019年第7期。

时支付预付工程款。

实施建设工程合同过程中,须得发包人提供诸种必要之协力,协力行为可以是作为或不作为,可在较为宽泛的意义上予以理解。① 当发包人出现未依法取得开工许可证、逾期付款、变更设计等情况时,作为承包人,应当及时向发包人发出书面通知,对上述因素可能造成的工期延误进行说明,并明确提出工期顺延请求。本案中,申请人在被申请人拖欠工程进度款的情况下,多次向被申请人发出"催款函""工程延期联系函"等文件,对当期欠款造成的拖欠工人工资、拖欠原材料费用等问题进行详细论述,进而陈述拖欠工程进度款影响到施工进度,且上述文件均有签收,通知时间与之后被申请人付款时间相对应,形成完整证据链,对仲裁庭支持申请人提出的抗辩意见形成积极影响。

(2)承包人原因。

承包人的主要合同义务为按照合同约定,按时、保质完成建设工程。"在订约阶段,业主(发包人)掌握着关于工程的绝对信息,承包商处于信息劣势;而在合同实施阶段,项目的质量、进度、成本等诸多方面的真实信息,都掌握在承包商手中,形成类似于'内部人控制'的局面。"② 当承包人出现拖延工程进度情况,甚至通过拖延工程进度要求发包人提前支付尚未到期工程款时,发包人应当及时发出书面通知,对承包人的违约情况进行通报,必要时提出诉讼或仲裁,要求承包人承担违约责任,进而督促承包人提高工作效率,按时完成工程进度。

本案中,被申请人主张其于2014年11月21日向申请人发出《关于要求切实履行合同的函》,用于证明申请人在涉案工程施工工期内拖欠施工人员工资、违反合同约定,被申请人有权依照合同约定在确认申请人不存在违约行为后再支付工程款,进而证明涉案工程工期拖延是申请人的原因造成的。但该函无申请人签收记录,也无其他证据印证其真实性,因此未被采信。

(3)发包人和承包人以外的第三方原因。

该原因可以表述为非当事方原因造成的工程延误,可以分两种:①不可抗力;②不可抗力和当事方以外的原因。③

---

① 参见黄喆:《论建设工程合同发包人的协力义务——以德国民法解释论为借鉴》,载《比较法研究》2014年第5期。
② 杨德钦:《多事件干扰下工期延误索赔原则研究》,载《土木工程学报》2003年第3期。
③ 参见宋小庄:《建设工程多因素延误责任分析》,载《中国法律(中英文版)》2006年第1期。

不可抗力主要包括雨雪、洪水、泥石流、地震等极端恶劣的自然灾害；不可抗力和当事人以外的原因主要有停水、停电、传染病、政府施工管制。《民法典》第 590 条第 1 款规定："当事人一方因不可抗力不能履行合同的，根据不可抗力的影响，部分或者全部免除责任，但是法律另有规定的除外。因不可抗力不能履行合同的，应当及时通知对方，以减轻可能给对方造成的损失，并应当在合理期限内提供证明。"在遇到上述第三方原因时，不能履行合同义务的发包人或者承包人，负有及时作出通知以及在合理期限内举证的义务。①

(二) 仲裁时效

《仲裁法》第 74 条规定："法律对仲裁时效有规定的，适用该规定。法律对仲裁时效没有规定的，适用诉讼时效的规定。"例如《民法典》第 594 条规定："因国际货物买卖合同和技术进出口合同争议提起诉讼或者申请仲裁的时效期间为四年。"建设工程合同纠纷仲裁时效没有特别规定，适用民事诉讼时效规定。现行《民法典》规定的诉讼时效期间为 3 年，延续了 2017 年 10 月 1 日施行的《民法总则》的规定。

本案申请人本请求的提出时间是 2018 年 8 月 8 日，被申请人提出反请求时间是 2019 年 1 月 14 日，彼时《民法总则》已经施行。《民法总则诉讼时效解释》第 3 条规定："民法总则施行前，民法通则规定的二年或者一年诉讼时效期间已经届满，当事人主张适用民法总则关于三年诉讼时效期间规定的，人民法院不予支持。"在本案中，仲裁庭认为，被申请人如果认为其权利因涉案工程竣工期延迟而受到侵害，按理在其所主张的涉案工程竣工期顺延之日（2014 年 7 月 24 日）起就知道或应当知道其权利受到侵害，并应提出异议，主张有关权利。从 2014 年 7 月 24 日起算两年的话截止时间为 2016 年 7 月 23 日，《民法总则》尚未施行，故仲裁庭反推时效确定为两年。同时，考虑到时效利益对于一方当事人的重要程度，仲裁庭又作了"退一步说"的周全论证，充分体现了仲裁庭对时效关门慎之又慎的态度。仲裁庭认为，即便被申请人在 2014 年 7 月 24 日或此后一段时间可能因涉案工程的竣工日期尚未确定而未就迟延竣工问题提出异议，也应在涉案工程经竣工验收确定了竣

---

① 参见解亘：《〈民法典〉第 590 条（合同因不可抗力而免责）评注》，载《法学家》2022 年第 2 期。

工日期后就其主张的迟延竣工一事提出异议,主张有关权利。《工程施工合同解释(一)》第 9 条规定:"当事人对建设工程实际竣工日期有争议的,人民法院应当分别按照以下情形予以认定:(一)建设工程经竣工验收合格的,以竣工验收合格之日为竣工日期……"根据案件查明事实,涉案工程的验收合格日期为 2015 年 12 月 31 日,因此涉案工程的竣工日期即为 2015 年 12 月 31 日。假如以该日期作为被申请人知道或应当知道权利(工程延期赔偿权)被侵害之日,计算两年截止时间为 2017 年 12 月 30 日,这个截止时间就跨越了《民法总则》开始施行的时间(2017 年 10 月 1 日)了。《民法总则诉讼时效解释》第 2 条规定:"民法总则施行之日,诉讼时效期间尚未满民法通则规定的二年或者一年,当事人主张适用民法总则关于三年诉讼时效期间规定的,人民法院应予支持。"按照这条规定,2017 年 12 月 30 日这个时效截止节点就要再延算一年至 2018 年 12 月 30 日,但即便如此,被申请人提出反请求的时点 2019 年 1 月 14 日,距离 2015 年 12 月 31 日也超过了 3 年,在没有证据证明有中止、中断情形的,终归是过了仲裁时效。

另外,被申请人在时效问题上提出了一个"本诉反诉时效一致说",即认为"申请人请求其支付工程余款的仲裁本请求与被申请人请求申请人因工期延误承担违约责任和延期损失赔偿费的仲裁反请求的仲裁时效应当一致,不应割裂分别计算,且建设工程施工合同设定的权利义务是综合性的,不能割裂其合理的联系",因此,被申请人主张其反请求没有超出仲裁时效。这个观点不符合民事诉讼有关反诉的理论。民事诉讼中的反诉,是指在已经开始的诉讼过程中,本诉的被告以本诉的原告为相对方,向法院提起的与本诉存在牵连关系的独立的反请求。[①] 在仲裁中,相对于本请求来说,反请求也是一个独立的请求,反请求不因本请求改变而改变,同时反请求也不因本请求的撤回而终止,本请求撤回后,反请求依旧可以继续审理,反请求有自己的诉的构成,此种构成具有独立性。"反诉作为独立的诉,应该符合诉讼时效的法律规定。"[②]因此,不能认为本请求在仲裁时效之内,反请求就自然也在时效之内。反之,本请求超过时效,反请求不一定就超过时效。仲裁庭认为被申请人这个观点没有事实依据和法律依据,不能成立,是正确的。

---

① 参见田平安主编:《民事诉讼法学》,法律出版社 2005 版,第 92 页。
② 刘芙:《论反诉制度中提起反诉的条件》,载《辽宁大学学报(哲学社会科学版)》1999 年第 1 期。

诉讼/仲裁时效制度作为一种时间限制的工具，应当合法有效运用。本案中仲裁庭确认了工程逾期达 526 日历天的事实，但未支持被申请人仲裁反请求的原因之一，是被申请人要求申请人承担工程延期违约责任已超过仲裁时效。而反观申请人，其通过不断地催款导致仲裁时效中断，并提起仲裁主张请求权利。当前建设工程纠纷案件量增长迅速，作为纠纷当事人，应当重视纠纷解决效率价值，当合同相对方有履行合同违约行为时，要在诉讼/仲裁时效内及时提出，或者采取措施，例如发出通知等明确中断诉讼/仲裁时效。

(本案例由深圳国际仲裁院仲裁员郭宁华编撰)

案例11　建设工程质量"安全第一"的原则及其法律运用

仲裁要点：涉案工程是按图施工的工程，工程地面下沉的质量缺陷是由于在设计中未考虑软土地基处理工作造成的，作为施工单位的申请人无权擅自修改设计，设计责任不应归于申请人，故申请人对于地面下沉的质量缺陷没有直接责任。但申请人对设计缺陷未尽到充分警示被申请人和提出意见的义务，存在一定的过失，应承担部分次要责任；就墙体开裂、地梁开裂等质量缺陷，属于施工质量问题，申请人是第一责任人，应承担全部责任。

一、案情概要

2007年12月25日，A公司（本案仲裁本请求申请人及仲裁反请求被申请人，以下简称"申请人"）作为承包商，B公司（本案仲裁本请求被申请人及仲裁反请求申请人，以下简称"被申请人"）作为雇主，双方签订了《某厂房施工合同》（以下简称《施工合同》），约定由申请人承建被申请人开发建设的厂房工程，申请人承担《施工合同》及其附件内所述所有工程的执行和缺陷处理的责任。在解释顺序最高的《合同协议书》中，双方明确约定"承包商将负责施工该工程项目，承包商就该工程项目对雇主负责，承担本合同及其附件内所述所有工程的执行和缺陷处理的责任"。"涉案工程施工的费用是根据雇主提供的要求，见附件三中的初步设计图和附件四中的价格汇总来确定的。""本价格不包括生产设备的供应与安装、环卫措施、电力或其他公共服务的安装工程。"

在《施工合同》之外，被申请人还作为委托人与作为受托人的S公司签订了涉案工程的《项目管理合同》，约定S公司负责实施涉案工程厂房的设计和施工管理,S公司承担的基本工作是设计施工图,并要符合中国规范。

涉案工程于2008年3月开工,2008年12月完工并通过被申请人组织的竣工验收,被申请人于2008年12月底启用了新厂房。厂房在使用过程中,发生了较为严重的地面沉降、地梁开裂、墙体开裂等质量问题。

2010年6月8日,申请人依据《施工合同》中的仲裁条款向深圳国际仲裁院提起仲裁,提出被申请人支付工程款及利息的仲裁请求。

2010年6月28日,被申请人提出关于工程误期损害赔偿费和质量缺陷修复费用及损失的反请求,其中,关于质量缺陷修复费用及损失的反请求如下:

申请人在60天内自担费用修补好工程缺陷,否则需向被申请人支付工程缺陷的修复费用,预计为9693136.15元,以及修复期间造成被申请人的经济损失,预计为1262808.23元(注:最终以估价机构估算的修复费用和经济损失为准)。上述款项应从被申请人未支付给申请人的工程款中扣减。

同时,被申请人就涉案工程的质量缺陷和修复费用等于2010年6月28日申请司法鉴定。仲裁庭接受了被申请人的鉴定申请,分别委托专业且具备相应资质的某工程质量司法鉴定所进行质量鉴定,某设计院进行修复方案设计,某工程造价司法鉴定所进行修复造价鉴定。

根据某工程质量司法鉴定所出具的《司法鉴定报告》,涉案工程的设计未考虑对软土地基的处理,工程场地淤泥层未经过有效的处理,不符合相关规范要求,造成淤泥层长期固结沉降,是导致建筑地面发生沉降的主要原因。墙体施工存在拉结筋设置不符合相关标准要求、构造柱设置不符合相关标准要求的情况,墙体开裂与此有关。

二、当事人主张

(一) 基本主张

1. 被申请人主张

申请人完成的工程质量存在严重缺陷,且经多次交涉仍未能解决,故要求申请人在60天自担费用完成修复工作。否则被申请人将另行委托第三方修补缺陷,由此而产生的修复费用由申请人承担。

2. 申请人主张

(1)申请人已按设计图纸及合同要求完成了全部工程,通过了验收,并在保修期内完成了保修工作。

(2)图纸会审及施工过程中,申请人、项目管理公司及监理公司多次提出,地面工程存在下沉的风险,并要求被申请人对地面进行加强处理,但被申请人为了节省建设成本始终没有提出相应的处理意见,申请人只能按图施工。申请人已经尽了自己的职责向被申请人反映存在的风险。

(3)被申请人的使用不当,如设备超重等,也是造成质量问题的重要原因。

(二)对质量鉴定报告的意见

1. 被申请人主张

(1)申请人作为EPC交钥匙工程的承包单位,负有工程设计责任,应在设计方案中考虑淤泥层的处理。

(2)在岩土勘察报告提供了地质条件说明且桩基础施工穿越淤泥层的事实情况下,申请人对工程地质中存在淤泥层的危害性认识不足,没有向被申请人提出处理意见,也没有采取有效的工程处理措施,导致地面下沉。

(3)墙体开裂系申请人违法违约施工所导致。

2. 申请人主张

(1)设计图纸是由被申请人委托专业设计单位设计后提供给申请人,申请人依法不能擅自修改设计图纸,而设计图纸及合同均不包括淤泥层处理的内容,工程价款也不包括有关费用。

(2)申请人已经按照设计图纸和合同要求进行施工,而且通过了监理、设计及勘察单位的验收,对造成地面下沉的设计缺陷,申请人亦已尽到提示和提出意见的义务。

(3)墙体开裂的主要原因是设计不合理及建筑通病,且对主体结构并无影响。

三、仲裁庭意见

(一)关于地面下沉的质量缺陷

仲裁庭认为,地面下沉主要是由于设计缺陷造成的,而申请人并不承担工程设计责任;同时,也不能认为是申请人的施工质量问题导致了地面下沉。

因此,申请人对地面下沉的质量缺陷没有直接责任。具体分析如下:

《司法鉴定报告》援引的规范均属于设计规范,其核心内容是要求在设计图纸等设计文件中考虑软土地基的处理工作,都属于设计责任人的工作范畴。是否实施软土地基处理工程,应由设计责任人依据相关规范给出意见,由建设单位决策,并将最终结果落实在设计图纸中。而在被申请人和申请人向仲裁庭提交的证据中,都未发现有设计文件体现了地基处理工作内容。同时,被申请人在其他合同文件中也未作此类要求,合同的工程款组成中亦没有地基处理工作的费用。故仲裁庭认为,导致地面下沉问题的淤泥层固结,是由于在设计中未考虑地基处理工作造成的。

被申请人援引若干合同通用条款关于承包人设计责任的规定,但是,这些规定是特别针对设计、施工、采购一体化的EPC工程的。仲裁庭已认定,根据《施工合同》和其他文件约定以及工程的实际实施情况,本案工程合同不是EPC工程总承包合同,而是施工承包合同。被申请人选择EPC通用条款作为本案工程的通用合同条件并不恰当。仲裁庭查明的事实情况是,被申请人将第三方设计的图纸发给申请人,由申请人根据设计图纸进行施工。《建筑法》第58条第2款规定:"建筑施工企业必须按照工程设计图纸和施工技术标准施工,不得偷工减料。工程设计的修改由原设计单位负责,建筑施工企业不得擅自修改工程设计。"因此,申请人依法应当按设计图纸施工,仲裁庭认为,将工程设计不符合规范的责任转嫁给申请人是不恰当的。

而在工程施工方面,《司法鉴定报告》的结论是,厂房室内地面以下填土的压实度情况不至于造成厂房地面的明显下沉。同时,经仲裁庭查明,涉案工程地基与基础分部工程质量验收记录已经监理单位、设计单位、勘察单位和施工单位签字盖章认可。

被申请人援引关于施工勘察和地基处理的国家行业标准的有关规定,以及施工时保护淤泥质土有关规定等,认为申请人未按规范施工。仲裁庭认为,关于地基处理的有关规定,只在图纸及合同中有地基处理工作时才能适用,现地基处理工作不在申请人的合同工作范围内,此类规定对本案而言已无意义;关于施工勘察的有关规定,《司法鉴定报告》判断工程实施初期的地质状况的依据是详勘阶段的勘察报告,该勘察报告对地质情况的揭示是清楚的,被申请人未能证明有需要做施工勘察的特殊情况存在;关于施工时保护淤泥质土的有关规定,被申请人只是猜测"不排除申请人施工不当及没有按国家相关法律法规施工导致地面下沉的可能",但没有提供相关证据。在地基与基础分部工程质量已经监理单位、设计单位和勘察单位认可的情况下,仲裁庭不能支持被申请人的猜测。

仲裁庭同时认为,申请人未能尽到就设计缺陷充分警示被申请人和提出意见的责任,即风险提示责任,申请人在地面下沉质量问题上虽不应承担直接的、主要的责任,但存在一定的过失,应承担部分次要责任。具体分析如下：

就申请人是否因此而对地面下沉完全免责的问题,仲裁庭注意到,根据EPC通用条款的规定,"如果一方发现为实施工程准备的文件中有技术性错误或缺陷,应立即将该错误或缺陷通知另一方"。《建设工程质量管理条例》第28条也规定,"施工单位在施工过程中发现设计文件和图纸有差错的,应当及时提出意见和建议"。因此,申请人作为施工单位,依合同和法律规定负有审查设计文件及将设计的缺陷通知被申请人和提出意见的责任。

仲裁庭认为,在实施工程当地的地质条件下,对淤泥层进行地基处理应属于一般性的工程常见问题。由于申请人在施工时已取得地质勘察资料,作为一个在当地富有经验的大型承包商,申请人在认真审查设计图纸后,理应能够发现设计缺陷足以产生淤泥层固结导致地面沉降的风险,申请人在代理意见中也自认在施工前已经预测到可能发生此种风险。在这种情况下,申请人应当充分警示被申请人有关缺陷和提出意见。虽然设计图纸经过了审图机构等单位的审查,但其他单位的疏失不能够成为申请人免予承担合同及法律责任的理由。申请人虽然主张其曾经向被申请人进行风险提示,但未能提供证据证明其履行了相关责任。

因此,仲裁庭认为,就厂房地基基础工程而言,勘察单位发现揭示地质情况及设计单位依据地质情况设计科学合理的工程方案,它们是主要责任单位；设计审核单位以及审批单位、施工单位、监理单位、工程业主聘请的工程专业的咨询顾问单位均依法依约负有一定的风险管理和风险提示责任,但是它们的责任应该是次要的。申请人未能尽到就设计缺陷充分警示被申请人和提出意见的责任即风险提示责任,其在地面下沉质量问题上虽不应承担直接的、主要的责任,但存在一定的过失,应承担部分次要责任。

(二)关于墙体开裂、地梁开裂的质量缺陷

《司法鉴定报告》的结论是："检测结果表明涉案建筑物墙体与框架柱连接处和墙体本身存在较为普遍的开裂情况,该建筑物的墙体施工存在拉结筋设置不符合相关标准要求,构造柱设置不符合相关标准要求的情况,墙体开裂与此有关。"某工程质量司法鉴定所的代表在出庭接受当事人询问时表示,墙体开裂与地面下沉没有直接关联。申请人也承认墙体开裂与施工质量问题有关,同时认为设计缺陷也是造成墙体开裂的原因之一,但申请人未能提供有力证据证明其主张。

因此,仲裁庭认为应以《司法鉴定报告》的结论为准。

关于地梁开裂,虽《司法鉴定报告》未对原因予以明确,但根据《建筑法》第 58 条的规定,申请人应是地梁施工质量问题的第一责任人,申请人未能提供足以令其免责的证据,故仲裁庭认为申请人应当对地梁开裂问题承担责任。

(三) 关于工程修复费用的承担

被申请人的仲裁请求是要求申请人在 60 天内完成修复工作,而设计院出具的《加固方案》预计工期为 4 个月至 5 年左右的时间。因此,要求申请人在 60 天内完成修复工作并不科学合理。仲裁庭不再考虑被申请人要求申请人在 60 天内自担费用完成修复工作的请求,而是直接裁决应由申请人承担的修复费用。

申请人应承担的修复费用(经济责任)应与其过错责任程度相对应。在法律没有明确规定和合同没有约定的情况下,仲裁庭需要根据案情及过错程度酌情确定申请人由于未尽风险提示责任,而需要在整个地面下沉问题的责任中承担多少比重。《工程造价评估报告》确认的相关修复方案鉴定金额 4041313.99 元,仲裁庭酌定由申请人承担厂房地面下沉修复工程费用的 5%,即 $4041313.99 \times 5\% = 202065.70$ 元。就地梁开裂和墙体开裂的修复费用,仲裁庭认为申请人应全额承担。根据《工程造价评估报告》,地梁和墙体的修复费用为 135929.02 元。

综上,申请人应承担的工程质量问题修复费用合计 337994.72 元。

四、裁决结果

1. 裁决被申请人向申请人支付工程进度款人民币 5822191.60 元,并且支付利息,其中,以 4123191.60 元为基数自 2009 年 1 月 12 日起,按照每日 0.05% 计算利息,直至被申请人支付完毕之日止;以 1699000.00 元为基数自

2009年1月15日起,按照每日0.05%计算利息,直至被申请人支付完毕之日止;

2. 裁决申请人向被申请人支付工程缺陷修复费用337994.72元,由被申请人从保留的工程质量保证金中扣减。驳回被申请人的其他请求。

五、评析

(一)引言

通常认为,建筑工程的实施以工期、质量和价款为基本的三要素,从业主的角度而言,每个要素都可代表不同的价值取向:工期代表业主希望能够以尽可能快的速度使工程完工和接收,发挥其使用价值;质量代表业主希望工程在品质、功能、使用寿命和安全性等方面达到最高的标准;价款则代表业主希望以尽可能低的成本完成工程。考虑到三要素的相互制约,三者都达到最佳程度的完美工程极少存在,业主常常面临一种选择,那就是不得不牺牲某一个或两个要素来换取另外的要素达到最佳状态。例如,业主需要快速获得工程,支付了一定的赶工费用,造成价款上升,且施工质量粗糙。又如,业主的成本有限,就不得不降低若干项目的质量标准,从而使工程价款可控。但是,三个要素是否均衡、平等呢?经过对建设工程相关法律及境内外工程实践的研究和审视,可以确定地说,并非如此。业主出于自身需要,可以无限地向上提升成本或延长工期,但是绝不能无限地降低质量标准,质量的降低是有极限的,一旦达到这个极限,就不能再放低标准,从而必须以成本或工期来补偿。笔者认为,衡量这个极限的标准在于"安全性",质量的安全性在工程建设的一切要素中具有最优先性,"安全第一"在工程建设领域的要求绝非一句虚词。

建筑工程要始终维持质量安全是一个直观而朴素的概念,也在各类政策文件的反复宣贯、强调下为全社会所普遍接受。笔者在自己参与的多个仲裁案件中注意到,在仲裁活动中,当事人、律师或仲裁员不一定能够很好地理解和运用这一原则。例如,在某一工程保险争议案中,因堰坝塌方、基础部位管涌等质量事故造成损失,业主作为申请人要求被申请人保险公司赔偿,保险公司以工程存在设计错误为由提出抗辩。审理过程中,申请人提出一个观点,即如果工程做得固若金汤,那还要保险干吗?部分仲裁员也曾提出,既然设计方案通过了政府部门的审批,也是由权威的设计院所设计,即可视为该设计合格,不需要再通过鉴定程序来查清该设计方案满足质量安全需求。这些现象都说明,"安全第一"虽然看是一个浅显的道理,但对这一原理的法律渊源和立法目的,以及工程建设过程中的多方为达到这一目的所需承担的义务和责任,即使是法律方面的专业人士,也未必有充分了解,从而在面对这一问题时不能准确地作出判断,导致与法律精神偏离的结果。另外,又因为法律所强调的安全理念,抽象甚于实操,对于从业人员甚至包括法律职业人士,欠缺将这个抽象的法律理念落实在实务中的抓手,也会导致讲理念容易而通过实操落实这个理念很难的窘境。因此,笔者认为有必要对这一问题予以解剖和梳理。

(二) 建设工程质量"安全第一"的价值取向

1. 法律、法规层面的要求

对建筑工程质量安全的法律要求,首先体现在有关工程建设的部门大法《建筑法》中,该法总则部分共 6 条,阐明了《建筑法》的立法目的和宗旨,其中有两条(第 1 条、第 3 条)对建筑工程的质量安全提出要求,第 1 条开宗明义地规定:"为了加强对建筑活动的监督管理,维护建筑市场秩序,保证建筑工程的质量和安全,促进建筑业健康发展,制定本法。"在国务院法制局农林城建司等编写的《〈中华人民共和国建筑法〉释义》一书中,就该立法目的,首先阐述了深圳、四川、福建等多地出现的重大建筑工程质量安全事故引发的社会忧虑,并进而明确,"不但应当制定建筑法,并且在立法中要把重点放在保障建筑工程的质量与安全上",以及"在建筑法的总则中专门规定,建筑活动应当确保建筑工程质量和安全,符合国家的建筑工程安全标准。这个规定体现了立法的目的,也直接决定或者影响了这部法律中许多条款的内容"。

除总则、法律责任和附则之外,《建筑法》的主体内容共五章,分别是第二章建筑许可、第三章建筑工程发包与承包、第四章建筑工程监理、第五章建筑安全生产管理和第六章建筑工程质量管理,通过这一体系建立起我国关于建筑工程的基本法律制度,主要包括建筑业资质许可制度、施工许可制度、禁止违法转包、肢解发包、再分包的基本承发包模式、建筑工程监理制度,以及安全标准制度和质量体系认证制度等。细查这些制度的内在逻辑,是要求建筑业的当事人必须具有相应的资质等级,通过取得施工许可,并遵循一定的承发包模式,在严格的监管下严格按国家强制标准组织设计、施工等作业,方可合法开展工程建设活动,无一不是深刻围绕维护建筑工程质量安全的目的。以施工许可制度为例,《〈中华人民共和国建筑法〉释义》一书的说明是,"在建筑法中确立这项制度,目的在于保障建筑工程质量,避免不具备施工条件的工程盲目施工"。又如,关于禁止工程转包的条款,《〈中华人民共和国建筑法〉释义》一书也是从"层层转包、层层扒皮",最后实际用于工程建设的费用大为减少,导致严重偷工减料;一些建筑工程转包后落入不具备相应资质条件的包工队手中,留下严重的工程质量隐患,甚至造成重大质量事故的角度予以解读。故从整个《建筑法》的体系逻辑和制度设计来看,在《建筑法》所具有的三大功能中(维护建筑市场秩序、保障工程质量安全和确定行政管理依据),保障工程质量安全占据首要位置。

同时,特别值得注意的是,我国的建筑工程法律体系对当事人在商务行为中的意思自治亦进行了干预,如《建设工程质量管理条例》第10条第1款规定:"建设工程发包单位不得迫使承包方以低于成本的价格竞标,不得任意压缩合理工期。"工程价款和完工期限,通常理解属于当事人可自由协商的商务条件,承包商可能自己愿意亏本承揽工程,或者采用创新技术、提高投入的方式去加速工期,若交易双方自愿,法律有什么必要去强行干预呢?这似乎并不符合我们对一般产品交易规律的认识。从《建设工程质量管理条例释义》关于该第10条的解释来看[①],有关规定是为了避免因过度压价带来的偷工减料或为赶工期不顾规程操作,最终导致工程质量出现问题。虽然有关立法的可操作性及对促进经济活动的正面价值有待商榷,但也印证了"安全第一"理念在工程建设法律体系中的运用,即使在交易双方自愿议价的范畴,由于可能给建筑工程质量安全带来潜在的风险,因此也为法律所禁止。

法律所要求的质量管理措施具有严格性的特征,除《建筑法》和《建设工

---

① 国务院法制办等编著的《建设工程质量管理条例释义》第10条指出,这一规定对保证建设工程质量至关重要。实际工作中,个别建设单位一味强调降低成本,节约开支,压级压价,如要求甲级设计单位按乙级资质取费,一级施工单位按二级资质取费,或迫使投标方互相压价,最终承建单位以低于其成本的价格中标。而中标的单位在承包工程后,为了减少开支,降低成本,往往采取偷工减料、以次充好、粗制滥造等手段,致使工程出现质量问题,影响工程效益的发挥,最终受损害的仍是建设单位。

判断工期是否合理的关键是使投资方、各参建单位都获得满意的经济效益。建设单位不能为了早日发挥项目的效益,迫使承包单位大量增加人力、物力投入、赶工期,损害承包单位的利益。实际工作中,盲目赶工期,简化工序,不按规程操作,导致建设项目出现问题的情况很多,这是应该制止的。

程质量管理条例》项下均单设章节规定工程质量相关的法律责任外,在建设工程领域还有一项独特的法律制度,即负责人终身责任制,体现了政府对质量安全的严格要求和极度重视。这一制度的特点在于,要求建设、勘察、设计、施工、监理等五方均须明确本单位关于质量责任的项目负责人,并承担"终身"责任,有关责任人无论是离职、退休、更换单位或单位注销、破产,一旦工程发生重大质量事故,都要承担停业、吊销执业证书、高额罚款乃至刑事责任等后果,这与一般的产品质量责任通常仅囿于企业主体的情况又有很大不同。

综上,可以看到,在我国的法律体系下,对建筑工程质量安全的定位是核心、首要的和要求极度严格的,对当事人的意思自治进行了相当程度的干预,并创设了个人终身责任制这一独具特色的制度,使得建筑产品成为一种极为特殊的产品。那么,这种产品的特殊性源于什么呢?从《建筑法》第5条可看出端倪,"从事建筑活动应当遵守法律、法规,不得损害社会公共利益和他人的合法权益"。建筑产品的社会公共性在社会经济诸产业中尤为突出,表现在两方面:一是建筑产品本身与使用者、毗邻者乃至某一地区的人身、财产安全息息相关,从小来说,虽然一座工厂厂房可以属于私人企业主的财产,但是如果发生倒塌或严重消防事故,伤及在厂房内作业的工人和管理人员,则无论是从法律角度还是从公众感知上都很难认同这属于私产事故而不属于公众事故,往大里说,如果大型工程如超高层建筑、水坝、核电站等发生事故,则可能发生城市、区域乃至国家级的灾难;二是建筑产品的设计图纸和方案、技术参数、施工工艺和建造流程等技术成果,会在不同的项目中被反复和广泛使用,一个项目的质量事故可能代表一大批建筑存在危机。因此,建筑工程的社会公众性决定了它是一类极其特殊的产品,使得在法律上需要把对安全性的要求始终摆在首位。

2. 国家及行业规范的要求

建设工程对质量安全的要求也体现在各类工程的国家和行业标准规范中。如《建筑与市政地基基础通用规范》在总则部分就开宗明义地指出:"为在地基基础工程建设中贯彻落实建筑方针,保障地基基础与上部结构安全,满足建设项目正常使用需要……制定本规范。"在细节上,如《工程结构通用规范》就指明,在设计工作年限内,工程结构在遭遇爆炸、撞击和罕见地震时,均应保持整体稳固性和不产生破坏性后果,并需根据破坏后果的严重性,采用不同的安全等级。对建设工程而言,标准又分为强制性标准和推荐性标准,其中强制性标准必须适用。那么,如何确定何种条款应构成强制性标准呢?《标准化法》第10条第1款规定:"对保障人身健康和生命财产安全、国家安全、生态环境安全以及满足经济社会管理基本需要的技术要求,应当制定强制性国家标准。"可见,衡量强制性标准的最主要尺度仍然是能否保证"安全"。

反过来说,是否一项工程只要满足了强制性标准,其质量就必然合格呢?笔者认为,这也不是绝对的。因为任何规范和标准,考虑的是普遍适用性,而其深度无法做到针对一个个具体项目所处的特殊环境。否则,任何工程只要按照设计图纸施工就行了,无须进行各种专业的技术方案论证。但是我们知道,在一些地形地貌或自然气候条件复杂的地区,或者实施较高难度及造型挑战的工程,都需要进行极其专业的技术方案论证方可实施,而这些论证的主要目的都是维护工程的质量安全。从我国法律将安全放在首要地位的立法宗旨来看,判断工程质量合格的最低标准并不是符合国家强制性规范,而是要满足工程的安全使用和存续。这也是笔者在前述工程保险仲裁案件中所持的观点:对于技术复杂又关系人民群众生命、财产安全的重大工程,不能仅以设计或施工满足国家强制性规范与否来判断质量是否合格,还要根据当时、当地的特殊背景和环境,看工程能否满足"安全"这一最基本的要求,这正是《建筑法》第3条"建筑活动应当确保建筑工程质量和安全"的立法宗旨所明确要求的。

3. 境外法的参照

关于建筑安全在法律体系中的特殊位置,在境外法环境下同样明显。如根据我国台湾地区"民法典"的规定,当承揽工作为建筑物时,定作人不得解除契约,但如果瑕疵重大致使不能达到使用目的的,可以作为例外,由定作人解除契约。[①] 那么,司法实务中应如何判断该"瑕疵重大"之标准呢?台湾地区"最高法院"1994年台上字第3265号判例揭示:"承揽之建筑物,倘瑕疵程度,已达建筑物有濒临倒塌之危险,犹谓定作人仍须承受此项危险,而不得解除契约,要非立法本意所在,故此时定作人仍得解除契约。"[②]即以工程是否满足安全性作为衡量瑕疵是否重大到业主可解除合同的标准,也足见其是将

---

① 台湾地区"民法典"第494条规定:"瑕疵非重要,或所承揽之工作为建筑物或其他土地上之工作物者,定作人不得解除契约。"

② 李立普:《工程承揽之瑕疵担保之介绍及相关法律问题》,载《工程法律实务研析》,北京大学出版社2011年版,第17—31页。

工程安全置于极重要和根本位置的。

(三) 建设工程法律体系下各方责任的分配

如上,我们阐述了在我国法律体系下,关于建筑工程质量"安全第一"的法律原则,但如此清晰的原则,为何在实践运用中会出现诸多歧义乃至错误、偏差呢？这就涉及为贯彻这一原则,法律对工程建设参与各方义务和责任的分配。须知,在建筑活动中,参与方包括建设单位(业主)、勘察单位、设计单位、监理单位、总包单位、分包单位和供货单位等多类主体,在同一个建筑工地上活动的单位可能多达几十家或上百家,若对其复杂合作界面中的各方关系和责任不能理顺,则难免出现法理理解和应用上的差错。因此,充分理解我国法律中的建设工程质量在各方主体间的责任分配制度就至关重要,该制度奠基于《建筑法》,成熟于《建设工程质量管理条例》,现将各方的一些主要义务总结如下:

1. 建设单位

(1) 不得发包给无资质单位、不得肢解发包①、不得无证开工②;

(2) 不得指令使用不合格产品③,不得要求低于标准设计、施工④;

(3) 提供地质管线等资料且对真实、准确和完整性负责⑤;

(4) 不得低于成本价发包、不得压缩合理工期。

---

① 《建设工程质量管理条例》第7条规定:"建设单位应当将工程发包给具有相应资质等级的单位。建设单位不得将建设工程肢解发包。"

② 《建筑法》第7条第1款规定:"建筑工程开工前,建设单位应当按照国家有关规定向工程所在地县级以上人民政府建设行政主管部门申请领取施工许可证;但是,国务院建设行政主管部门确定的限额以下的小型工程除外。"

③ 《建设工程质量管理条例》第14条规定:"按照合同约定,由建设单位采购建筑材料、建筑构配件和设备的,建设单位应当保证建筑材料、建筑构配件和设备符合设计文件和合同要求。建设单位不得明示或者暗示施工单位使用不合格的建筑材料、建筑构配件和设备。"

④ 《建设工程质量管理条例》第10条规定:"建设工程发包单位不得迫使承包方以低于成本的价格竞标,不得任意压缩合理工期。建设单位不得明示或者暗示设计单位或者施工单位违反工程建设强制性标准,降低建设工程质量。"

⑤ 《建设工程质量管理条例》第9条规定:"建设单位必须向有关的勘察、设计、施工、工程监理等单位提供与建设工程有关的原始资料。原始资料必须真实、准确、齐全。"

2. 勘察、设计单位

(1)对勘察、设计成果的质量负责①;

(2)明确技术指标但不得指定产品厂家、供应商②;

(3)进行设计交底、参与工程质量问题分析③。

3. 施工单位

(1)建立施工质量管理体系和责任制度;

(2)对施工质量负责(包括材料设备供应商和分包商的质量问题)④;

(3)按照设计图纸和标准进行施工,但发现图纸错误时应报告⑤;

(4)对应用于工程的材料、设备进行检验,并做好施工工序管理⑥。

4. 监理单位

(1)按照监理规范进行检验、检查,包括进行旁站监理、巡视等⑦;

(2)无监理工程师签字材料、设备不得使用,不得进入下一道工序,不得

---

① 《建设工程质量管理条例》第 19 条规定:"勘察、设计单位必须按照工程建设强制性标准进行勘察、设计,并对其勘察、设计的质量负责。注册建筑师、注册结构工程师等注册执业人员应当在设计文件上签字,对设计文件负责。"

② 《建设工程质量管理条例》第 22 条规定:"设计单位在设计文件中选用的建筑材料、建筑构配件和设备,应当注明规格、型号、性能等技术指标,其质量要求必须符合国家规定的标准。除有特殊要求的建筑材料、专用设备、工艺生产线等外,设计单位不得指定生产厂、供应商。"

③ 《建设工程质量管理条例》第 23 条规定:"设计单位应当就审查合格的施工图设计文件向施工单位作出详细说明。"第 24 条规定:"设计单位应当参与建设工程质量事故分析,并对因设计造成的质量事故,提出相应的技术处理方案。"

④ 《建设工程质量管理条例》第 26 条规定:"施工单位对建设工程的施工质量负责。施工单位应当建立质量责任制,确定工程项目的项目经理、技术负责人和施工管理负责人。建设工程实行总承包的,总承包单位应当对全部建设工程质量负责;建设工程勘察、设计、施工、设备采购的一项或者多项实行总承包的,总承包单位应当对其承包的建设工程或者采购的设备的质量负责。"

⑤ 《建设工程质量管理条例》第 28 条规定:"施工单位必须按照工程设计图纸和施工技术标准施工,不得擅自修改工程设计,不得偷工减料。施工单位在施工过程中发现设计文件和图纸有差错的,应当及时提出意见和建议。"

⑥ 《建设工程质量管理条例》第 29 条规定:"施工单位必须按照工程设计要求、施工技术标准和合同约定,对建筑材料、建筑构配件、设备和商品混凝土进行检验,检验应当有书面记录和专人签字;未经检验或者检验不合格的,不得使用。"第 30 条规定:"施工单位必须建立、健全施工质量的检验制度,严格工序管理,作好隐蔽工程的质量检查和记录。隐蔽工程在隐蔽前,施工单位应当通知建设单位和建设工程质量监督机构。"

⑦ 《建设工程质量管理条例》第 38 条规定:"监理工程师应当按照工程监理规范的要求,采取旁站、巡视和平行检验等形式,对建设工程实施监理。"

验收①；

(3)监理未依法检验造成损失的,承担相应责任,与施工单位串通的,承担连带责任②。

从以上的责任分配体系中,我们可以看到一个突出的特点,那就是任何一个参与主体都不能以自己的工作边界画地为牢,而不兼顾与其他单位的协同合作。

对建设单位而言,不能将自己仅仅看作一个"出钱方"。首先,其在对承包商工程资质和能力的识别以及开工条件方面,须具有相当的专业性知识和判断力。其次,对其提供给勘察、设计、施工等单位的基础资料,也有保证真实性、准确性的义务,而不能以自己缺乏专业知识为名一送了之。最后,建设单位还要清楚,即使对方同意,工程的成本和工期也不是可以无限压缩的,否则,出现工程质量安全事故时,不合理地降低造价和压缩工期可能会成为自身的责任。这一切都要求建设单位在建筑产品形成的过程中,不能将自己类比成普通产品的买方或一般承揽工作的定作人,其需要具备一定的专业知识和判断能力,并向相对方提供准确的数据资料和给予合理的商务条件。

对勘察、设计单位而言,不能认为自己交出图纸就履行了全部义务,对施工过程不管不顾。其必须注意到,在施工前进行施工交底和在施工过程中进行质量问题分析都是自己的法定义务,如果没有谨慎、充分地履行相关职责,也可能要承担相应的法律责任。

施工单位是工程建设执行的核心,虽然每一主体都在工程建设过程中起到独特且重要的作用,但毫无疑问,施工单位的工作周期最长、任务最繁重、工作的性质也最具决定性。因此,施工单位特别是总承包单位,根据《〈中华人民共和国建筑法〉释义》一书的理解,承担的乃是一种"加重的责任"。我们可以注意到,整个建筑法体系中没有关于供货单位这一重要主体的责

---

① 《建设工程质量管理条例》第 37 条规定:"工程监理单位应当选派具备相应资格的总监理工程师和监理工程师进驻施工现场。未经监理工程师签字,建筑材料、建筑构配件和设备不得在工程上使用或者安装,施工单位不得进行下一道工序的施工。未经总监理工程师签字,建设单位不拨付工程款,不进行竣工验收。"

② 《建筑法》第 35 条规定:"工程监理单位不按照委托监理合同的约定履行监理义务,对应当监督检查的项目不检查或者不按照规定检查,给建设单位造成损失的,应当承担相应的赔偿责任。工程监理单位与承包单位串通,为承包单位谋取非法利益,给建设单位造成损失的,应当与承包单位承担连带赔偿责任。"

任,而是将货物的供应内化到施工内容之中,由施工单位承担责任,在各个施工单位中,又由总包单位承担整体的协调管理工作,对所有分包单位的工作承担连带责任。不止于此,"按图施工"是对施工单位工作方法的描述,但在法律层面绝不能将其理解为对施工单位的角色定位,当其发现图纸存在错误时,向建设单位提出意见和建议系其法定义务,真正发生质量事故时,并不能以"按图施工"为由推卸其责任。

最后,对监理单位而言,应特别注意,除一般性的监理义务外,如果与施工单位串通损害建设单位利益的,则要与施工单位承担连带责任。

综上,我们分析,建设工程相关法律责任分配制度倡导和确立的原则是:各当事方均应以最大的努力和合力促进建设工程质量安全目标的实现,每一方的行动都应当是积极的而不是中立或消极的,在与其他方产生合作界面时,应当为建设目标的实现主动协作,否则有可能承担法律责任,就此我们可称之为法律所倡导的"主动性"原则。

(四)司法实践中对各方责任的认定

因为笔者参与审理的仲裁案件限于工程承包商和业主之间的纠纷,其他工程各参与方不是仲裁活动的当事人,仲裁庭也无法追加第三人来全面分析厘清各方责任分担,所以笔者特意加入对其他引证案例的研究,以便读者更全面地了解,在一项工程安全案件中,各方责任的归责原则和风险分担的尺度。这些引证的案例都是可以公开查询的,有兴趣的读者可以进一步检索研究。

广州市南谊房地产开发有限公司等与广东建筑工程机械施工有限公司等代垫赔偿款纠纷一案①,可以说是建设工程质量安全责任分配的经典案例。该案涉及建设单位南谊公司,地质勘察单位广州城市规划勘察设计研究院,设计单位承总设计院,基坑开挖及支护施工单位机施公司,基坑开挖爆破施工单位广东宏大爆破工程有限公司,基坑挖运单位宏泰公司,基坑监测单位广州设计院,地下室及主体结构施工单位建安公司,监理单位海外监理公司,还有负责质量安全监督的广州地区建设工程质量安全监督站。

2005年7月21日,海珠城广场B区建筑施工工地发生基坑坍塌重大生产安全事故,造成人身伤亡及重大财产损失,最终法院认定,"7·21"坍塌事

---

① 参见广东省高级人民法院(2009)粤高法民二终字第83号民事判决书。

故是多个原因结合致使损害结果发生,各个原因在多因一果侵权损害民事责任的分担上具有相对的决定作用,原因行为的原因力大,行为人应承担较多的责任,原因行为的原因力小,行为人应承担较小的责任。因此,应由各侵权人依其过错程度,承担相应的侵权责任,并认定:

(1)南谊公司未领取施工许可证即通知施工单位施工,未将施工图设计文件组织专家审查而擅自使用,未及时委托工程监理单位进行监理,将基坑挖运土石方工程发包给没有相应资质的宏泰公司。南谊公司的行为虽不直接导致事故的发生,但却是事故发生不可欠缺的原因,应承担主要的侵权赔偿责任,承担责任比例为35%。

(2)基坑挖运单位宏泰公司未按图施工,开挖深度错误,使支护桩深度不足变为吊脚桩,致使基坑支护受损失效是事故发生的直接原因之一,宏泰公司的过错行为直接导致损害结果的发生,应承担主要的侵权赔偿责任,承担责任比例为32.05%。

(3)基坑开挖及支护施工单位机施公司在建设单位未依法取得建筑工程施工许可证的情况下长期违法施工,没有根据基坑因长期施工已经存在的基坑支护失效的安全问题进行有效的安全验算,其行为造成基坑事故发生的隐患,且在实质上增加了损害发生的客观可能性,应承担相当的侵权赔偿责任。但机施公司在发现基坑变形存在重大安全隐患后,多次向南谊公司报告,已尽到其注意义务,因此,可相应减轻机施公司的责任。机施公司应承担3.75%的损害赔偿责任。

(4)设计单位承总设计院作为海珠城广场工程的设计单位,其承担的主体结构(条形基础工程)设计与基坑设计衔接不良,基坑出现安全隐患问题后没有提出有效的防护措施进行加固排险,在基坑支护结构施工设计文件中没有提出保障施工作业人员安全和预防生产安全事故的措施建议,其行为造成基坑事故发生的重大隐患,增加了损害发生的客观可能性,应承担10%的损害赔偿责任。

(5)基坑监测单位广州设计院未能及时、有效地对事故隐患进行分析提示,发出警告,对涉案事故的发生存在较大过失,应承担7.5%的损害赔偿责任。

(6)监理单位海外监理公司对宏泰公司的无证施工行为未能采取有效措施加以制止,没有依法及时向有关主管部门报告,对现场周围工作环境存在的重大安全隐患未能采取果断的监理措施予以消除。考虑到海外监理公司不是基坑工程的监理公司,可相应减轻其责任,海外监理公司应承担7.5%的损失赔偿责任。

(7)地下室及主体结构施工单位建安公司在建设单位未依法取得建筑工程施工许可证的情况下违法施工,且在基坑因长期施工已经存在支护失效时,未组织专家进行论证和审查并采取有效措施的情况下进场施工,虽然建安公司曾就基坑顶排水处理引起的安全隐患问题书面函告南谊公司,已尽到一定的注意义务,但建安公司的上述行为也存在一定的过失,应承担3.75%的损失赔偿责任。

在该案中,我们可以察知几个颇有意味的点:第一,直接引发事故的基坑挖运单位宏泰公司并不是承担损害赔偿责任比例最大的一方,仅居第二。承担责任比例最大的是建设单位,原因是其无证开工、将工程发包给无资质单位且未聘请专项监理,存在严重违法并构成事故发生不可欠缺的原因。第二,基坑开挖及支护施工单位看起来更像受害方:其施工的基坑支护内容因宏泰公司的错误施工而受损,其也就基坑隐患多次向建设单位报告,尽到了注意义务。并且质量事故是在其退场之后发生的,在这种情况下,仍然承担了侵权责任(虽然比例最小),主要原因是其无证开工和验算不充分。第三,还要注意到,设计单位、监理单位和地下室及主体结构施工单位都不是造成质量事故的直接主体,但同样因为没有尽到自己的法定义务或存在违法行为而被判承担一定的责任比例。由该案我们可以看出,基于法律要求的安全第一原则和主动性原则,以及建设工程各方当事人的工作在同一界面上互相交织、互相影响的特点,当发生质量安全事故时,如果自己的工作在合法合规性及履行法定义务方面不是毫无瑕疵,则很难摆脱相应的责任。

建设单位就工程施工质量问题承担主要责任并非孤例,攀枝花中禾矿业有限公司、中国建筑西南勘察设计研究院有限公司财产损害赔偿纠纷案同样是一个典型案例[①],该工程为一矿山球团厂工程,因选址坡度较陡且当地频降暴雨,导致发生抗滑桩倾斜的质量事故,在事故发生前,就设计单位的抗滑方案图纸,建设单位指令施工单位不挖出滑坡体、不作换填强风化岩或矿渣、不修筑桩顶截排水沟,导致雨季大量雨水无法及时排流,施工单位听命行事,设计单位也据此进行了变更,最终发生质量事故。法院最终判决发出指令的建设单位承担70%的责任,按指令行事的设计单位和施工单位以及未能

---

① 最高人民法院(2019)最高法民申782号民事裁定书。

尽职纠正错误的监理单位各承担10%的责任。由该案可见，建设单位不能出于节省成本的考虑，无视规范和安全的要求强行指令设计单位、施工单位行事，而设计单位、施工单位也无法因有关的错误指令是建设单位发出的就免责。

就笔者审理的本案而言，厂房地坪沉降、墙体开裂的质量事故，同样涉及建设单位、设计单位、监理单位、管理单位和施工单位各方的责任交叉，是一个典型的设计失误而施工单位按图施工造成质量问题的案例。

(1)在建设单位方面，取得了施工许可证、聘请了有资质的设计单位和承包商、图纸经过了审图机构的审查，亦未见有肢解发包等违法情形，因此，建设单位的履行未见有瑕疵。

(2)在勘察单位、设计单位方面，经工程质量鉴定机构分析鉴定，质量问题的产生原因主要在淤泥层固结而导致的地面沉降，而设计图纸并未就该场地淤泥层提供有效的处理方案，不符合相关规范要求。因此，勘察单位对地质条件的揭示不足或设计单位的设计疏漏应当是造成质量事故的直接和主要原因，两个单位应当是主要的责任单位。由于两个单位并非本案当事人，因此，仲裁庭未再分析二者之间的孰是孰非及责任分担。

(3)在实施工程当地的地质条件下，对淤泥层进行地基处理应属于一般性的工程常见问题。申请人在施工时已取得地质勘察资料，作为一个大型承包商，申请人在认真审查设计图纸后，理应能够发现设计缺陷足以产生淤泥层固结导致地面沉降的风险，申请人在代理意见中也自认在施工前已经预测到可能发生此种风险。在这种情况下，申请人应当充分警示被申请人有关缺陷和提出意见，但没有证据证明申请人曾经提出有关的警示和意见。其他单位的疏失不能够成为申请人免予承担合同及法律责任的理由，但这种责任应当是次要的而不是主要的。

(4)同时，设计审核单位以及审批单位，监理单位、工程业主聘请的工程专业的咨询顾问单位，均依法依约负有一定的风险管理和风险提示责任，它们的责任同样应该是次要的，由于这些单位并非本案当事人，仲裁庭亦未过多地分析其责任分担问题。

综合上述分析，仲裁庭的意见是，申请人未能尽到就设计缺陷充分警示被申请人和提出意见的责任即风险提示责任，申请人在地面下沉质量问题上虽不应承担直接的、主要的责任，但存在一定的过失，应承担部分次要责任。最终，仲裁庭酌定由申请人承担厂房地面下沉修复工程费用的5%。

虽然本案裁决所涉当事人有限(仅有建设单位和施工单位两方),但在分析过程中,同样涉及广泛的工程建设参与主体,并体现了每一建设主体积极参与以维护建设工程质量安全的法律责任。从建设单位的请求方面,也可推得一教训:如欲让质量损失得到完全有效的弥补,应将所有可能涉及的责任主体作为共同被告或被申请人提起请求。

(五)对工程法律业务的启示

建设工程质量的安全第一以及工程参与各方的主动性原则,可以在工程法律实务中给予代表各方的法律工作者很多启示,包括:

1. 建设单位方面

(1)建设单位绝不能认为己方的义务只有"出钱",做甩手掌柜或放任违法行为的发生,违法发包、无证开工或对违法行为视而不见,都可能导致其承担相应责任,甚至可能变成最主要的责任方;

(2)在满足商业需求的同时,应尽量避免对工期和造价的不合理压缩;

(3)要积极促成参建各方的协调,因此需要具备相应的工程、法律知识,故如果建设单位自身缺乏工程方面的专业知识和能力,则应聘请专业的代建、管理单位和法律顾问;

(4)在起草建设工程合同时,要注意在各个参建单位的合同文本中,不仅要体现其狭义工作范围内的事项,也要对与其他单位的积极合作、协调义务有所要求,并规定相应的违约责任;

(5)在约定争议解决方式时,应当有体系化的考虑,特别注意对所有的主要参建当事人给予统一的争议解决规则(质量事故可能有多个共同被告),在起诉时,要注意不要遗漏当事人,使得自身损失无法完全弥补。

2. 施工单位方面

(1)应认识到非法转包、违法分包、出借和借用资质、挂靠等可能带来的后果是灾难性的,并避免这些行为的发生;

(2)应注意到自己承担的是一项"加重的"责任(《〈中华人民共和国建筑法〉释义》一书),即需要对所有的供货商和分包商的产品和工作成果承担责任,因此,加强管理能力至关重要,尤其是总包单位,应当将自己从土建承包商的定位提升到管理承包商的层次;

(3)在工程报价中应充分考虑作为总协调方需要付出的工作成本和费用;

(4)应特别注意,自己的责任不仅仅是"按图施工",当发现图纸错误时有报告的义务,以及与其他参建单位协作和注意的义务。

3. 勘察单位、设计单位方面

应注意,自己的工作不仅仅是在勘察、设计阶段,而是贯穿整个工程建设阶段,并负有相应的责任(设计交底、设计变更、编制修复方案等)。

4. 监理单位方面

应注意,任何参建单位的责任都可能变成自身的责任,甚至在某些情况下要承担连带责任。

以上各点提示当然是择其要点而言,对于工程参与方特别是法律服务提供者而言,如何将这些要点具体化到庞大的工程合同文件和管理程序中,因本文主旨限于对仲裁案件的裁决逻辑和法律理据的梳理解读,无法展开最后落地的细节,此处不赘。

(本案例由深圳国际仲裁院仲裁员朱茂元编撰)

案例 12 施工图纸设计缺陷引发的工程质量缺陷的责任承担问题

仲裁要点：在工程合同约定了施工单位承担图纸的深化设计责任的情况下，建设单位也负有提供合格的施工图纸的责任。一方面，建设单位提供的图纸是施工单位深化设计的基础，建设单位未能提供符合现行行业标准的施工图纸，应对由此造成的工程质量缺陷承担主要责任；另一方面，施工单位作为承担深化设计责任的专业施工人，未能在深化设计时核实发现施工图纸中存在的重大错误，也应对由此造成的工程质量缺陷承担次要责任。

一、案情概要

2019 年 11 月 25 日，申请人 A 公司（本案仲裁本请求申请人及仲裁反请求被申请人，以下简称"申请人"）与被申请人 B 公司（本案仲裁本请求被申请人及仲裁反请求申请人，以下简称"被申请人"）签订了《分包合同一》，被申请人将 Y 市某建设项目的外墙涂料及线条工程承包给申请人施工。《分包合同一》主要约定的内容如下：

1. 关于图纸设计的约定

(1) 申请人应在开工前对施工图纸认真核查，积极参与被申请人组织的施工图纸交底及会审工作，在申请人拿到施工图 15 天内应指出图纸上有悖国家强制性规范、施工质量与安全之处。

(2) 图纸是由申请人设计提供的，申请人应向被申请人提供三套图纸，申请人对设计负责，被申请人的确认及签署不能免除申请人的设计专业责任。

(3) 联合审图与深化设计。申请人须获取施工图之后 2 周内完成联合审图工作，结合现场尺寸开展深化设计，并将 6 套深化设计图纸提交被申请人设计师审核确认。

2. 关于工程价款及付款进度的约定

（1）工程价款：合同固定总价为人民币 3117733 元。

（2）付款进度：进度款按当期实物量完成量的 70% 进行支付；所有工程施工完毕，对实测实量合格的已完工程支付 85% 工程款；配合业主集中交付完成一个月后，支付至合同总价的 90%；验收合格并结算完成后，支付至合同总价的 97%；余 3% 为保修款，保修期满后支付。

3. 关于违约责任的约定

被申请人有权就申请人违反合同约定的行为发出限期整改通知，申请人未在期限内整改达标的，被申请人有权委托第三方代为进行整改，所发生的费用加收 30% 的管理费由申请人承担。

2019 年 11 月，申请人开始进场施工，其中，线条工程（即 GRC 工程）的施工依据为由申请人进行深化设计并经被申请人签字确认的《GRC、EPS 构件施工图》。

施工过程中，因 GRC 施工方案、图纸计算书及设计资质、工程款支付等问题，双方进行了多次的函件往来。2020 年 8 月 3 日，被申请人向申请人出具《关于要求立即组织人员进场施工和提供 GRC 深化设计图纸计算书及设计资质的函》，要求申请人立即组织施工人员进场施工，并提供赶工计划及外墙 GRC 线条深化图纸的计算书和设计资质。

2020 年 8 月 17 日，Y 市质检站、监理单位、申请人及被申请人共同就 GRC 工程问题进行"四方会议"。Y 市质检站在"四方会议"中提出，GRC 工程存在施工图纸问题及结构安全的问题，施工图纸应由建设单位牵头委托设计单位进行设计，并将图纸送交图审机构审核后，交由施工单位进行施工；现已完工的 GRC 工程不符合现行行业标准《玻璃纤维增强水泥（GRC）建筑应用技术标准》（JGJ/T 423-2018）。申请人在"四方会议"后未再进场施工。

2021 年 1 月 10 日，被申请人与案外人 C 公司签订了《分包合同二》，约定由 C 公司承接前述建设项目的整改工程，工程造价为 6194164 元。随后，被申请人分 6 笔共向 C 公司支付了 6439785.6 元。被申请人提出，整改费用主要包括因工期短产生的赶工费用，对其他已完工产品进行保护产生的成品保护费用，拆除原工程的费用支出等。因申请人拒不配合整改，被申请人有权委托第三方代为进行整改，并按照《分包合同一》的约定，加收 30% 的管理费,为8052413.20元。

2021年7月28日,申请人依据涉案合同中的仲裁条款向深圳国际仲裁院提起仲裁并提出如下仲裁请求:

1. 裁决被申请人立即支付申请人工程款1287386元,并自申请人申请仲裁之日起,按同期贷款市场报价利率支付该欠款利息至其实际履行之日止;

2. 裁决本案的仲裁费用由被申请人承担。

2021年9月26日,被申请人向深圳国际仲裁院提交仲裁反请求申请,提出如下仲裁反请求:

1. 裁决申请人承担违约赔偿责任,支付给被申请人8052413.20元;

2. 裁决反请求仲裁费用全部由申请人承担。

二、当事人主张

(一)关于申请人实际完成的工程量及工程价款如何认定的问题

1. 申请人主张

关于涂料工程的工程量及工程价款。申请人提供了一份申请人与被申请人工作人员的微信聊天记录,被申请人成本核算员向申请人员工发送的一份《涂料工程量清单》中已载明涂料工程的工程价款为710930.84元。

关于GRC工程的工程量及工程价款。申请人提供了一份《装饰线条工程量清单》,该份工程量清单中有申请人及被申请人代表的签字,申请人据此认为双方已经就GRC工程的工程量进行了核实确认。同时结合双方《分包合同一》约定的工程单价,可以计算得出涉案GRC工程的工程款数额为1365745.9元。

2. 被申请人主张

被申请人对申请人提交的上述证据不予认可,被申请人认为,按照双方《分包合同一》的约定,不管是工程量清单还是工程造价结算,都是需要建设方及施工方双方认可的,在程序上是由施工方提供,建设方予以核实,双方达成一致方能产生效力。现申请人未能证明其具体的施工工程量,虽有计价依据,但不能据此核算工程款项。

此外,本案因申请人过错导致的违约行为,使得其施工的工程最终须全部拆除,无法使用,对合同目的的实现毫无作用,申请人的工程款损失概由申请人自行承担。

(二) 关于涉案工程质量缺陷各方应负何种责任的问题

1. 申请人主张

根据被申请人的招标文件规定,GRC 的图纸是由被申请人提供的,申请人没有资质也没有义务提供 GRC 的设计图纸。在被申请人提供施工图纸后,申请人仅对图纸进行了局部优化,且已经被申请人签字确认,故案涉 GRC 线条工程的质量问题是被申请人提供的施工图纸存在设计缺陷所致,与申请人无关。

同时,在 2020 年 8 月 17 日的"四方会议"上,Y 市质检站已经明确"施工图纸应由建设单位牵头委托设计单位进行设计,并将图纸送交图审机构审核后,交由施工单位进行施工",故导致 GRC 安全隐患的责任应归咎于被申请人。

2. 被申请人主张

根据双方《分包合同一》约定,申请人在涉案建设项目中承担施工图纸的深化设计责任,正是因为申请人深化图纸存在设计缺陷及申请人施工工艺的问题,才导致涉案 GRC 线条工程出现质量问题。且《分包合同一》已明确约定,申请人应对设计负责,被申请人的确认及签署不能免除申请人的设计专业责任。

GRC 线条工程的施工工艺在"四方会议"上被认为不符合 2018 年颁布的行业标准,Y 市质检站是要求建设方及施工方共同对 GRC 工程进行整改。

(三) 关于被申请人的整改工程款是否应当由申请人承担的问题

1. 申请人主张

返修义务在于被申请人,是被申请人违反了专业领域的正当程序,没有将其设计的图纸报送相关机关进行审图所致,返工的责任自不可免。此外,建设工程合同属于特殊的承揽合同,申请人作为特殊的承揽人,已按定作人的要求完成了相关工作,已向被申请人交付了 95% 的 GRC 工作成果,该工作成果所对应的工程价款是申请人应得的报酬,被申请人不得因为自己需要承担返修义务而恶意侵占申请人的劳动报酬。

同时,被申请人所主张的 600 万元的返修损失明显与事实不符。涉案工程总的工程款(涂料及线条)招标价为 311 万元,至申请人离场时,被申请人确认申请人已完成工程的价款为 207 万元,余下工程款仅为 100 万元,而被申请人提供的"证据"是 600 万余元,这显然脱离了客观事实。

2. 被申请人主张

涉案工程被 Y 市质检站认为不符合行业标准后,被申请人通过工作联系单以及函件的方式要求申请人对 GRC 工程进行深化以及施工工艺的整改,但申请人迟迟未进行整改。由于该建设项目交付在即,若因 GRC 图纸及质量问题无法通过验收及竣工备案,被申请人将对房屋买受人承担巨额逾期交付赔偿金,故被申请人只得委托第三方代为进行整改。

被申请人将该工程的整改委托给 C 公司,由 C 公司代申请人进行整改。该整改工程的造价为 6194164 元,根据《分包合同一》的约定,该费用应由申请人承担,并且被申请人有权加收 30% 的管理费。

同时,被申请人认为整改费用是合理的。整改费用主要包括因工期短产生的赶工费用;对其他已完工产品进行保护产生的成品保护费用;拆除原工程的费用支出等。

三、仲裁庭意见

（一）关于申请人实际完成的工程量及工程价款如何认定的问题

关于涂料工程的工程量及工程价款。根据申请人提供的《涂料工程量清单》显示,申请人上报工程价款为 710930.84 元,而被申请人审定工程价款为 490680.68 元,可见,双方就结算金额存在重大分歧,《涂料工程量清单》等证据不能证明双方就结算价款达成一致意见,申请人不能证明涂料工程的结算价款为 710930.84 元,故仲裁庭对该证据不予采信。

关于 GRC 工程的工程量及工程价款。申请人提供的《装饰线条工程量清单》载明了"上报工程量"及"审核数量",且"审核数量"和"上报工程量"一致,说明双方对申请人已完成的工程量达成了一致意见。故仲裁庭依法采信该《装饰线条工程量清单》作为 GRC 线条工程的工程量计算依据。但是,经仲裁庭核对,《装饰线条工程量清单》中载明的项目特征与《分包合同一》对应单价中的项目特征无法一一对应,即无法通过前述《装饰线条工程量清单》直接计算出对应的工程价款。

综上所述,鉴于双方对涉案工程未经结算,根据"谁主张谁举证"的举证规则,申请人应当对涂料工程及线条工程的工程量及工程价款承担举证责任,但申请人未能对此予以举证证明。另经仲裁庭在庭审中释明,申请人不同意对工程造价进行鉴定,故其应承担举证不能的法律后果。

(二)关于涉案工程质量缺陷各方应负何种责任的问题

仲裁庭认为,根据 2020 年 8 月 17 日 Y 市质检站在"四方会议"中的意见和结论来看,造成 GRC 线条工程的质量问题的原因在于存在施工图纸问题及结构安全的问题,不符合现行行业标准。综合本案现有举证及质证情况来看,对于被申请人提出的施工工艺问题,及"四方会议"中提及的结构安全问题,均未有充分证据予以佐证,且并非双方争议的核心问题。因此,仲裁庭认为,造成涉案 GRC 线条工程质量问题的主要原因在于施工图纸存在设计缺陷。

而就施工图纸的提供主体及深化设计责任主体问题,根据《分包合同一》的相关约定,合同签订后 10 天内,被申请人应向申请人提供 3 套图纸;申请人在获取施工图之后 2 周内完成联合审图工作,结合现场尺寸开展深化设计,并将 6 套深化设计图纸提交被申请人设计师审核确认;申请人对设计负责,被申请人的确认及签署不能免除申请人的设计专业责任。

从《分包合同一》的上述约定可以看出,一方面,涉案 GRC 线条工程的施工图纸系由被申请人提供,被申请人作为建设单位,其应当向施工单位提供符合规定的施工图纸,但其未能提供符合规定的图纸,故被申请人对涉案 GRC 线条工程的质量问题存在过错。而且,鉴于被申请人提供的图纸是申请人深化设计的基础,被申请人的图纸错误是涉案 GRC 线条工程出现设计缺陷的源头,故被申请人对此应承担主要责任。另一方面,申请人对施工图纸承担深化设计责任,即在被申请人提供的图纸的基础上进行深化设计及优化,作为专业施工人,申请人亦有责任在深化设计中对施工图纸进行校核,但申请人在深化设计时未能核实发现施工图纸中存在重大错误,因此,对于因图纸缺陷导致的质量问题,申请人亦存在过错,应承担次要责任。

(三)关于被申请人的整改工程款是否应当由申请人承担的问题

首先,2020 年 8 月 3 日,被申请人向申请人发函要求申请人立即组织施工人员进场施工,但据申请人庭审中陈述,其于 2020 年 8 月 17 日 Y 市质检站"四方会议"后便停止施工,说明申请人并未对涉案 GRC 线条工程进行整改。申请人在收到被申请人整改通知后未对涉案工程进行整改，故被申请人有权就涉案工程委托 C 公司进行整改。鉴于申请人和被申请人对于涉案工程存在质量问题均存在过错，双方应当按照过错比例承担涉案工程质量整改产生的工程价款。

其次，关于被申请人委托 C 公司整改的工程价款，被申请人主张为 6439785.6 元，并提供了其与 C 公司签署的《分包合同二》及付款凭证。对此，申请人认为，被申请人向其发包的工程造价约 311 万元，在其已完成 95%的 GRC 线条工程的情况下，整改工程造价 600 万余元，该价格不真实。

仲裁庭认为，被申请人提供的其与 C 公司签署的《分包合同二》未列明具体的施工项目及工程量清单，被申请人也未提供相应的结算书、工程签证书、施工方案、施工日志等具体材料，无法确认 C 公司是如何进行了整改、整改的范围。且被申请人在委托第三方整改单位 C 公司进场整改前，未与申请人确认整改范围，亦未就需要整改的工程范围进行证据固定，现涉案工程已经整改完毕，原申请人施工界面已被破坏，亦无法通过鉴定方式确认原工程需要整改的具体范围，因此，仅凭与 C 公司签署的《分包合同二》，无法证明 C 公司的施工范围与申请人应当整改的范围相同。

此外，《分包合同一》约定原工程造价 3117733 元，而被申请人主张整改费用为 6439785.6 元，该费用为原工程造价的 2 倍。对此被申请人称，整改费用较高主要是因为工期短产生了赶工费用，对其他已完工产品进行保护产生了成品保护费用，及拆除原工程也产生了一定的费用支出等。但被申请人并未提交证据证明前述费用构成的明细，无法证明其主张的整改费用支出的合理性、必要性以及与申请人待整改事项的对应关系。

综上，被申请人未能提供充分证据证明涉案整改工程的施工范围及工程价款的合理性，且申请人对被申请人的主张亦不予认可，被申请人应承担举证不能的法律后果。

四、裁决结果

1. 驳回申请人的仲裁请求。
2. 驳回被申请人的仲裁反请求。
3. 本案本请求仲裁费由申请人承担，反请求仲裁费由被申请人承担。

五、评析

本案属于建设工程分包合同纠纷,申请人与被申请人双方均提起了仲裁请求及仲裁反请求,案情复杂且涉及多个争议焦点,因篇幅有限,下文仅对"施工图纸设计缺陷引发的工程质量缺陷的责任承担问题"这一争议焦点进行相关评析。

本案中,申请人及被申请人均有图纸提供义务,而关于图纸设计缺陷引起的工程质量缺陷的责任承担问题,仲裁庭的论述主要围绕双方的图纸提供流程及双方在图纸的提供及深化设计中各自应承担的责任与义务展开,故本文将试对建设单位及施工单位在建设项目中关于施工设计图纸各自应承担的责任与义务进行讨论。

(一)施工图纸与深化设计的区别及联系

在本案中,申请人与被申请人均提供了图纸,被申请人提供的是施工图,申请人提供的是深化设计图,为更深刻理解各方的责任与义务,则首先要厘清该两种图纸的含义及作用。

施工图纸,是指建设单位为施工单位提供施工依据及指导而绘制的,以国标确定工程各部位尺寸、材料及做法等的设计文件。建筑施工图的内容包括总平面图、图纸目录、设计说明、门窗表及门窗详图、材料及做法表、各层平面图、各方向立面图、剖面图、节点详图等内容。[1] 在《建筑工程设计文件编制深度规定》中,对于建筑的总平面、结构、电气、给排水等专业内容的设计深度进行了详细的规定。但不难看出,《建筑工程设计文件编制深度规定》对施工图设计深度的要求,属于"大而全",要求施工图能够反映建设项目的基本指标、做法及用材,如建筑层数、建筑高度、防火等级等。施工图纸一般无法详细反映具体的施工方式、尺寸、点位等,故建设单位提供的施工图,往往需要进行深化设计。

而"深化设计",是指建设单位委托施工单位在原建筑设计图的基础上,结合施工现场实际情况,对图纸进行完善、补充、绘制成具有可实施性的施工图纸,深化设计的图纸要满足原方案设计技术要求,符合相关地域设计

---

[1] 参见贾华琴:《深化设计在建筑装饰施工与设计中的作用》,载《中国建筑装饰装修》2014年第5期。

规范和施工规范,并通过审查,图形合一,能直接指导现场施工。①

可见,无论是施工图纸还是深化设计图纸,都将成为最终工程施工的依据。因施工图纸设计缺陷引发的工程质量缺陷责任,建设单位及施工单位均应当承担相应的责任。

(二)建设单位提供的施工图有误的,应对因此导致的工程质量缺陷承担责任

在建设项目中,由于施工单位是工程建设具体的实施者,故当建设项目出现质量问题的,首当其冲的责任承担者,往往是施工单位。然而,基于建设项目的庞大及复杂,其参建单位众多,一般包括建设单位、勘察单位、设计单位、施工单位、工程监理单位五大机构,而根据《建设工程质量管理条例》第3条②之规定,建设及施工等五大机构,均应在其职责范围内,依法对建设工程质量负责。

具体就建设单位而言,《工程施工合同解释(一)》第13条第1款③明确规定了三项建设单位应当对工程质量缺陷承担责任的违法行为,其中便包括"提供的设计有缺陷",也即在建设单位提供的设计图纸有缺陷的情况下,造成建设工程质量缺陷的,建设单位应当承担过错责任。

在实践中,施工图一般是由设计单位出具的,建设单位本身是不具备绘制施工图的专业能力及资质的,但是,由于建设单位在建设工程项目中具备主导地位,对建设项目中的各个流程具有监管的权限及责任。而根据《建设工程质量管理条例》第5条④及第11条⑤的相关规定,建设工程项目的基本

---

① 参见王大伟、张莉、胡建华:《浅析室内设计施工图纸深化流程及需注意问题》,载《建筑与装饰》2018年第1期。

② 《建设工程质量管理条例》第3条规定:"建设单位、勘察单位、设计单位、施工单位、工程监理单位依法对建设工程质量负责。"

③ 《工程施工合同解释(一)》第13条第1款规定:"发包人具有下列情形之一,造成建设工程质量缺陷,应当承担过错责任:(一)提供的设计有缺陷;(二)提供或者指定购买的建筑材料、建筑构配件、设备不符合强制性标准;(三)直接指定分包人分包专业工程。承包人有过错的,也应当承担相应的过错责任。"

④ 《建设工程质量管理条例》第5条规定:"从事建设工程活动,必须严格执行基本建设程序,坚持先勘察、后设计、再施工的原则。县级以上人民政府及其有关部门不得超越权限审批建设项目或者擅自简化基本建设程序。"

⑤ 《建设工程质量管理条例》第11条规定:"施工图设计文件审查的具体办法,由国务院建设行政主管部门、国务院其他有关部门制定。施工图设计文件未经审查批准的,不得使用。"

建设程序为"先勘察、后设计、再施工",施工图需经过专业图审机构的审查,未能审查的图纸不得使用。如建设单位将未经审核通过的勘察报告交设计单位出具施工图纸,或在设计单位出具施工图纸后未经专业图审机构审查便交付施工单位使用,则由此产生的设计缺陷及进而引发的工程质量缺陷,应由建设单位承担。

具体到本案中,Y市质检站在"四方会议"上曾指出涉案工程的施工图纸并未通过图纸审查,其构件设计不符合现行行业标准,而被申请人将有缺陷的图纸直接提供给申请人进行深化设计,显然属于上述司法解释规定的"提供的设计有缺陷",故仲裁庭因此认定被申请人具有过错,应承担工程质量缺陷责任,有事实及法律依据。

(三)施工单位在深化设计中,未能核查出施工图纸存在重大错误的,也应对因此导致的工程质量缺陷承担责任

《建筑法》第58条规定:"建筑施工企业对工程的施工质量负责。建筑施工企业必须按照工程设计图纸和施工技术标准施工,不得偷工减料。工程设计的修改由原设计单位负责,建筑施工企业不得擅自修改工程设计。"

"按图施工",是建筑工程项目中对施工单位的核心要求,但这一核心要求,也仿佛是施工单位在出现工程质量缺陷后惯用的"免死金牌"。当工程出现质量问题时,施工单位往往以图纸是建设单位提供的,自己仅仅是按照建设单位提供的图纸来施工为由进行抗辩。在本案中,作为施工单位的申请人,亦持此观点,其认为建设单位提供的施工图具有"先天不足",才是导致涉案工程出现质量缺陷的原因。

就建设单位对因其提供的图纸存在设计缺陷导致的工程质量缺陷应当承担责任这一点,前文已有充分阐述,在此不赘。但实际上,施工单位不仅仅有"按图施工"的义务,根据《工程施工合同解释(一)》第13条第2款的规定,"承包人有过错的,也应当承担相应的过错责任"。可见,施工单位在工程建设中存在过错的,也应承担相应责任。而关于承包人的过错,通常认为指的是施工单位未能发现建设单位提供的图纸存在的错误并及时提出建议,阻止工程质量缺陷的发生。

具体到法律规定中,《建设工程质量管理条例》第 28 条①明确规定,施工单位在施工过程中发现设计文件和图纸有差错的,应当及时向建设单位提出意见和建议。《建设工程质量管理条例》的该项规定,明确了施工单位对图纸差错的提示义务,未尽提示义务则应承担相应的过错责任。且应注意的是,《建设工程质量管理条例》第 28 条调整的是一般施工单位,即无论施工单位是否承担深化设计责任,均应当对施工图纸中的错误有识别和提示义务。而对于承担深化设计责任的施工单位来说,其较之一般的施工人更具备专业性及发现机会,其更加应当对施工图纸中存在的重大错误进行识别和提示。

(四)在双方均具备过错的情况下,应根据案件的具体情节,判断双方对于工程质量缺陷的责任承担比例

如前所述,申请人及被申请人对本案的工程质量缺陷,都具有不可推卸的责任,但双方之间具体的责任承担比例,仍是一个重要的话题。而在司法实践中,对该问题的认定尺度不一,裁判者往往需要根据案件的具体情节,从公平合理的角度作出价值判断。

从本案的图纸提供流程来看,被申请人作为建设单位,其应首先向作为施工单位的申请人提供施工图纸,而申请人收到图纸后,应进行深化设计,向被申请人提供深化设计图,经被申请人审核确认后,申请人以深化设计图纸作为施工依据。显然,被申请人提供的施工图,是申请人进行深化设计乃至实际施工的基础和前提,被申请人提供的施工图存在错误,而申请人深化设计后的施工图也未能纠正该错误并据此施工,错误的源头实际来自于被申请人。据此,仲裁庭认为申请人应承担次要责任,被申请人应承担主要责任。

此外,在建设工程实务中,往往不仅有建设单位和施工单位的身影,参建的一般还包括监理单位、勘察单位及设计单位等,而关于这些参建方在因图纸缺陷导致工程质量缺陷的情况下,各方所应承担的具体责任比例分配问题,最高人民法院在(2018)最高法民终 565 号民事判决书②中的分析及认

---

① 《建设工程质量管理条例》第 28 条规定:"施工单位必须按照工程设计图纸和施工技术标准施工,不得擅自修改工程设计,不得偷工减料。施工单位在施工过程中发现设计文件和图纸有差错的,应当及时提出意见和建议。"

② 云南广电房地产开发有限公司、中铁建设集团有限公司检验合同纠纷二审民事判决书,载 https://wenshu.court.gov.cn/website/wenshu/181107ANFZ0BXSK4/index.html?docId=0ee7859f7ebc46aeaa85aa010114ccd2,访问日期:2022 年 6 月 26 日。

定,对该问题具有非常重要的参考价值。在该判决书中最高人民法院认为,第一,建设方主导工程建设各项工作,具有优于其他参建方的工程管理、指挥权,也负有更大监督职责,其存在未将图纸送图审机构审查、未审先建的行为,故其对于工程质量缺陷应承担60%的赔偿责任;第二,施工单位明知建设单位使用未经审查批准的图纸施工,却未尽到善意提示义务,不顾后果强行施工,故其对于工程质量缺陷应承担25%的赔偿责任;第三,监理单位作为独立自主的第三方监督单位,在发现工程存在未审先建的情况下,仅在图纸上作出标注,未及时向主管部门报告,存在过错,应承担10%的赔偿责任;第四,设计单位依据建设单位交付的未通过审查的勘验报告进行设计,且向建设单位及图审单位提供的图纸之间存在差异,设计单位对工程质量缺陷亦存在过错,应承担5%的赔偿责任;勘察单位在案件中不存在过错,不承担赔偿责任。

综上,在建设单位及施工单位均负有图纸提供义务的情况下,首先要厘清双方图纸提供的流程及边界,并据此辨析双方在图纸提供过程中应承担的责任及义务,以进一步判断双方对工程质量缺陷应承担的责任。在本案中,仲裁庭便是循着该思路,逐步分析,最终认定申请人及被申请人对涉案工程的质量缺陷均负有不同程度的过错责任,该案件的裁决结果事实清楚,依据充分,具有较高的学习及借鉴意义。

(本案例由深圳国际仲裁院仲裁员贺倩明编撰)

案例13　施工人工程质量缺陷的认定及保修责任的承担

仲裁要点：施工人承担保修责任的前提是其与工程质量缺陷之间存在因果关系。涉案工程外墙瓷砖脱落是因外墙防水涂膜质量缺陷导致，被申请人作为涉案外墙防渗漏工程的施工人与涉案工程质量缺陷之间存在因果关系。根据双方当事人的约定以及法律、法规的规定，外墙防渗漏工程的保修期为5年，故被申请人应当按照约定履行保修义务，否则应承担相应责任。

一、案情概要

2010年2月，A机构（本案仲裁本请求申请人及仲裁反请求被申请人，以下简称"申请人"）通过公开招投标确定B公司（本案仲裁本请求被申请人及仲裁反请求申请人，以下简称"被申请人"）为A机构某建设工程的施工单位，双方签订《建设工程施工合同》（以下简称《施工合同》）及《工程质量缺陷保修书》（以下简称《保修书》）。《施工合同》约定双方就《施工合同》及其组成文件的履行发生的争议应提交深圳国际仲裁院进行仲裁。《保修书》第2条约定，质量缺陷保修期从工程实际竣工之日起算，其中屋面防水工程、有防水要求的卫生间、房间和外墙面的防渗漏工程的保修期为5年；第3条约定，属于保修范围内的项目，在保修期内，被申请人应在接到保修通知之日起7天内派人修理；第6条约定，采用工程质量缺陷保修金方式时，申请人将剩余工程质量缺陷保修金和利息支付给被申请人后，并不免除被申请人在保修期内的保修责任。

涉案工程项目于2014年3月通过主体工程竣工验收，申请人已经依约支付了全部工程款。

从 2015 年开始,涉案工程项目的外墙瓷砖出现部分脱落现象。虽然被申请人对该问题进行了维修整改,但是一直未彻底解决。2017 年 6 月,申请人收到所在地主管部门发来的函件,指出涉案工程外墙面瓷砖存在安全隐患,要求限期整改。申请人接函后,于 2017 年 6 月 30 日发函通知被申请人履行保修义务,要求被申请人按设计单位的整改方案对出现的质量问题进行维修整改,但是被申请人以 2 年保修期已过为由,拒绝履行保修义务,同时要求申请人支付工程改造费用方可进行施工改造。双方由此产生争议。

申请人于 2017 年 10 月向深圳国际仲裁院申请仲裁。申请人最终的仲裁请求如下:

1. 裁决被申请人在仲裁裁决生效后 5 日内对所承建的涉案工程的外墙瓷砖脱落质量问题以及导致外墙瓷砖脱落的外墙面防渗漏工程质量问题进行免费保修(提供经申请人认可的保修方案、按经申请人认可的保修方案履行保修行为、保修完成后须经申请人验收合格);如被申请人未按时保质履行保修义务,则申请人有权委托第三方修理,相关费用由被申请人承担。

2. 裁决被申请人承担申请人为本次仲裁案件支付的律师费 82000 元。

3. 裁决被申请人承担本案的全部仲裁费用。

被申请人向深圳国际仲裁院提交仲裁反请求申请。被申请人最终的仲裁反请求如下:

1. 裁决申请人承担涉案工程外墙瓷砖修补工程款 444765 元。

2. 裁决申请人承担涉案工程安全守护人工费用暂计 48650 元(每天 350 元/人,从 2017 年 7 月 14 日起暂计至提出反请求之日,共 139 天,最终应计算至仲裁终结之日止)。

3. 裁决申请人承担被申请人为本次仲裁案件支付的律师费 38000 元。

4. 裁决申请人承担本案的全部仲裁费用。

二、当事人主张

本案双方当事人的争议焦点事项较多,笔者仅就其中与本案例主旨有关的部分争议焦点事项予以简述。

(一) 涉案外墙瓷砖脱落是否属于质量问题

1. 申请人主张

(1) 根据有被申请人参加并签字确认的《某建设工程外墙砖脱落论证意见》(以下简称《论证意见》)记载,外墙瓷砖脱落是因为防水涂膜与原基层膨胀系数不一致,经几年的热胀冷缩造成松动,导致面砖脱落,建议将原防水涂膜铲除,重新做防水及面层。该意见明确认定外墙瓷砖脱落的原因是防水涂膜的问题,且必须通过重新做防水才能解决。

(2) 外墙瓷砖脱落质量问题实际上包含两个层面的内容:一是外墙瓷砖脱落的问题;二是导致外墙瓷砖脱落的外墙防渗漏工程质量问题。这两个问题在因果关系上紧密联系,在外在表现上又相互独立。外墙瓷砖脱落是结果,防水涂膜问题是原因,没有防水涂膜的问题,则外墙瓷砖不会脱落,只有解决防水涂膜的问题,外墙瓷砖脱落的问题才能解决。由于外墙瓷砖黏着于防水涂膜之上,外墙瓷砖脱落反过来也会损伤防水涂膜,因此,本案两个质量问题必须同时解决。

(3) 被申请人在庭审中承认在其认可的 2 年保修期内对外墙瓷砖脱落的质量问题履行了保修义务,可见被申请人已经自认外墙瓷砖脱落属于应该保修的质量问题。

2. 被申请人主张

(1) 涉案工程严格按照设计单位图纸施工,且经竣工验收合格,不存在任何质量或瑕疵问题。在建筑物外墙贴瓷砖系依照相关设计图纸施工的,若因设计原因导致的工程使用寿命问题或瑕疵,不应由被申请人承担责任。并且,涉案工程于 2014 年 3 月通过了竣工验收,工程质量被确认为合格,足以证明涉案工程不存在质量问题。当然,任何工程都有使用寿命,建筑物的外墙瓷砖在其使用寿命期限内出现的损耗、脱落等情形均为正常。故申请人所称涉案工程存在质量问题与事实不符。

(2)《论证意见》第一点"涂膜与原基层膨胀系数不一致,经几年的热胀冷缩造成松动,导致面砖脱落"的陈述,是对客观情况的描述,并非对该外墙面防渗漏工程存在质量问题的描述。《论证意见》第二点所述的"本工程的施工工艺,按图施工,符合《某市建筑防水工程技术规范》(SJG19-2010)",足以证明该外墙面防渗漏工程不存在任何质量问题。

(3)《论证意见》第三点指出,"2010—2013 年间,凡是外墙是面砖的,用防水膜工艺施工的,普遍出现外墙脱落",这一事实足以佐证,在涉案工程所在城市推行《某市建筑防水工程技术规范》(SJG19-2010)时,当时的科技水平尚不能发现该施工规范可能存在的问题,被申请人严格按照当时的强制性规范进行施工,没有过错,涉案工程也不存在质量问题。

(二)外墙瓷砖脱落应适用何等保修条款以及是否已过保修期

1. 申请人主张

(1)外墙瓷砖是外墙防渗漏工程的一部分,黏着于外墙防水涂膜之上,且本身具有防水功效,与外墙防水涂膜共同构成一个完整的外墙防渗漏工程。外墙瓷砖脱落是因为防水涂膜的原因造成的,必须通过重做防水才能解决外墙瓷砖脱落的问题,因此,根据《建筑法》第62条、《建设工程质量管理条例》第40条第1款第(二)项的规定,以及《保修书》第2条的约定,外墙瓷砖脱落的质量问题应适用外墙面的防渗漏工程保修期为5年的规定和约定,至申请人申请本案仲裁之日仍在保修期内,被申请人应依法承担保修义务。

(2)设计单位的设计图《建筑构造做法表》在"外墙"部分将"面砖"列为外墙构造做法的第一道工序和材料,该图纸加盖了"竣工图"印章,并由被申请人及监理单位代表签字确认。在实际施工中,被申请人将涉案工程项目的防水工程分包给了第三方,被申请人与第三方签署的书面防水工程施工合同第16页"3.外墙防水构造"注明"贴75×75联贴面砖,白水泥浆扫缝"。《论证意见》注明"本工程的施工工艺,按图施工,符合《某市建筑防水工程技术规范》(SJG19-2010)",证明包括外墙瓷砖在内的施工,采用的技术标准是防水工程的技术标准。前述三点均能证明防水涂膜与原基层及黏附于上的外墙瓷砖共同构成外墙防渗漏工程,应适用5年保修期的规定。

(3)涉案工程于2014年3月28日完成竣工验收报告,于2015年6月24日通过竣工验收备案。被申请人自行提交的最早于2015年6月20日签署的《外墙瓷砖修补施工合同》已经证明,无论是从2014年3月28日起算,还是从2015年6月24日起算,在被申请人自己承认的2年保修期内就已经出现了质量问题。根据被申请人自行提交的《外墙瓷砖修补施工合同》及《拆除及修补结算单》,假设被申请人在出现质量问题后有进行保修,根据《保修书》第7条之(1)的约定,被申请人在维修项目完工后,没有经申请人验收签字,因此,被申请人的保修义务没有履行完毕,根据《保修书》第7条之(2)的约定,由于被申请人没有维修好,导致同样的质量问题一直存在,因此,保修期自动延长,被申请人应继续承担保修义务。

2. 被申请人主张

(1)《保修书》中对工程质量缺陷保修期约定如下:屋面防水工程、有防水要求的卫生间、房间和外墙面的防渗漏工程的保修期为5年。但根据申请人的陈述,其提起仲裁申请的事实与理由在于"外墙瓷砖出现部分脱落",而不在于"防渗漏工程"出现质量问题。申请人仅提供证据证明外墙瓷砖出现脱落,没有任何证据证明工程出现漏雨、漏水等渗漏质量问题。因此,防渗漏工程的5年保修期不适用于本案。

(2)《保修书》所约定的"外墙面的防渗漏工程的保修期为5年"是特指外墙面的防渗漏工程的保修期为5年。从中文语法来看,在"外墙面的防渗漏工程的保修期为5年"这句话中,"外墙面的"为定语,中心语为"防渗漏工程",即"外墙面的"仅起到限定中心词"防渗漏工程"的作用,即"外墙面的"并非中心词,故,该句话的语义应当正确理解为"防渗漏工程的保修期为5年"。外墙面的防渗漏工程不等同于外墙贴瓷砖工程。申请人将两者混为一谈,认为后者的保修期与前者一致,亦为5年,申请人的观点极其错误,与涉案合同的约定完全不符。事实上,《保修书》也约定了装饰装修工程的保修期为2年。本案中,外墙瓷砖出现脱落属于外墙贴瓷砖工程范畴内的问题,而外墙贴瓷砖属于典型的装饰装修工程,故其适用2年的保修期。

(3)根据《保修书》第2条的约定以及相关法律规定,质量缺陷保修期从工程实际竣工之日起算。涉案工程于2014年3月28日实际完成竣工验收,故涉案外墙贴瓷砖工程的保修期应截至2016年3月28日。被申请人已自费全部解决完毕2016年3月28日前的外墙瓷砖脱落问题。根据申请人2017年6月30日致被申请人的函以及《论证意见》,足以证明申请人所主张的瓷砖脱落主要发生于2017年期间,即在2016年3月28日的外墙装饰装修工程的保修期限届满之后,显然已经超出涉案合同及法律规定的免费保修期限。

(三)外墙瓷砖脱落相关维修费用的承担主体

1. 申请人主张

(1)外墙瓷砖脱落的质量问题应适用外墙面的防渗漏工程保修期为5年的约定,至申请人申请本案仲裁之日仍在保修期内,被申请人应依法承担保修义务,并自行承担保修费用。

(2)即便按被申请人主张的 2 年保修期,根据《保修书》第 7 条的约定,被申请人的保修义务没有履行完毕,同样的质量问题一直存在,保修期自动延长,因此,被申请人已经采取的措施和支出的费用应由其自行承担,并应按申请人的仲裁本请求承担保修义务,相关费用由被申请人承担。

2. 被申请人主张

(1)《工程质量保修办法》第 13 条规定:"保修费用由质量缺陷的责任方承担。"由此可知,保修费用的承担,适用过错责任原则,即由造成质量缺陷的责任方承担。防水涂膜的施工工艺是按照施工时的防水工程技术规范进行施工的,外墙瓷砖的脱落及防水涂膜的问题并非工程质量缺陷造成,被申请人作为施工人不存在任何过错,保修费用不应当由被申请人承担。

(2)本案不存在所谓的"外墙瓷砖脱落的质量问题",申请人无权主张被申请人对在竣工验收合格后 2 年保修期外的外墙瓷砖脱落部分的未修复工程进行所谓的"免费保修",并且,对在竣工验收合格后 2 年保修期外的外墙瓷砖脱落部分的修复工程所产生的费用,即被申请人在反请求中所主张的费用,申请人应当予以承担和支付。

三、仲裁庭意见

依据双方当事人提交的证据材料以及庭审情况,针对以上焦点问题,仲裁庭形成以下多数意见:

(一)关于涉案外墙瓷砖脱落是否属于质量缺陷

仲裁庭认为,发生了外墙瓷砖脱落现象即表明存在全局性的防水涂膜质量缺陷,质量缺陷不仅表现在已经出现外墙瓷砖脱落的局部区域,而是表明整个外墙的防水涂膜及外墙防渗漏工程存在质量缺陷。外墙瓷砖的逐步脱落只是整个外墙的防水涂膜及外墙防渗漏工程存在质量缺陷的外在表象,外在表象不能掩盖内在质量缺陷的实质。

(二)关于保修条款及期限问题

仲裁庭认为,涉案工程的外墙瓷砖脱落的事实,双方当事人均未予以否认。申请人的证据七即竣工图表明,外墙的构造做法包括了联贴面砖和防水涂膜等，申请人的证据八即《论证意见》证明面砖脱落的原因与防水涂膜有因果关系。外墙瓷砖是外墙防渗漏工程的一部分，黏着于外墙防水涂膜之上，与外墙防水涂膜共同构成一个完整的不可分割的外墙防渗漏工程。由于"外墙瓷砖脱落质量问题"以及"导致外墙瓷砖脱落的外墙面防渗漏工程质量问题"两者密切联系、无法分割，因此，该方面的问题应适用涉案合同5年保修期的约定。

（三）关于保修费用的承担问题

《工程质量保修办法》第13条规定，保修费用由质量缺陷的责任方承担，故出现质量缺陷后要根据具体情况认定责任人，由其承担相关费用。

一方面，被申请人在答辩及庭审中均认可保修期内的保修费用由被申请人承担，该等意见表明被申请人对保修期内的保修费用由被申请人自行承担并无异议，对此，仲裁庭予以支持。本案中申请人主张的被申请人需进行保修的涉案外墙瓷砖脱落质量问题以及导致外墙瓷砖脱落的外墙面防渗漏工程质量问题属于保修期内的保修范围，因此，涉案的保修费用应由被申请人承担。

另一方面，由于被申请人相较申请人而言，技术力量雄厚，专业能力较强，处于优势地位，对涉案外墙瓷砖脱落质量缺陷的根本原因和责任认定更有机会和能力予以了解和获得，但在本案中，被申请人仅仅提出"外墙瓷砖的脱落与被申请人的施工没有关系，是因为自然气候等客观原因导致的"，未再提出任何证据材料和相关具体原因的意见。结合《施工合同》第四部分"补充条款"第2条"工程承包范围的说明"中"承包人负责完成整个工程所有的施工任务，包括材料设备采购"的约定以及双方均认可的《论证意见》中"本工程外墙为防水涂膜，涂膜与原基层膨胀系数不一致，经几年的热胀冷缩造成松动，导致面砖脱落"的专家意见，仲裁庭认为被申请人应承担举证不能的法律后果，导致本案质量缺陷的责任方是被申请人，涉案保修费用应由被申请人承担，被申请人应当无条件承担保修义务和保修费用。

四、裁决结果

1. 被申请人在本裁决送达之日起7日内对涉案工程的外墙瓷砖脱落质量问题以及导致外墙瓷砖脱落的外墙面防渗漏工程质量问题按照国家规定以及合同约定进行免费保修，如被申请人未按时依法依约履行保修义务，则申请人有权委托第三方修理，相关费用由被申请人承担。

2. 被申请人于本裁决送达之日起 10 日内补偿申请人为本次仲裁案件支付的律师费 82000 元。

3. 驳回申请人的其他仲裁请求。

4. 驳回被申请人的全部仲裁反请求。

5. 本案本请求仲裁费及反请求仲裁费均由被申请人承担。

五、评析

本案涉及数个法律争点，因篇幅所限，下文仅就本案所涉的施工人工程质量缺陷的认定及保修责任的承担问题进行评析。本案申请人主张涉案工程外墙瓷砖脱落的原因在于防水涂膜的质量缺陷，根据《保修书》第 2 条的约定，外墙面的防渗漏工程的保修期为 5 年，被申请人应承担相应的保修责任。被申请人则主张防水涂膜的工艺已按照相应技术规范进行施工，被申请人作为施工人不存在任何过错。对于竣工验收合格后 2 年保修期外的外墙瓷砖脱落的修复工程费用应由申请人承担。仲裁庭认为，外墙瓷砖脱落现象与防水涂膜质量缺陷之间存在因果关系，该质量问题应适用涉案合同 5 年保修期的约定，涉案的保修费用应由被申请人承担。

《民法典》第 801 条[①]规定："因施工人的原因致使建设工程质量不符合约定的，发包人有权请求施工人在合理期限内无偿修理或者返工、改建。经过修理或者返工、改建后，造成逾期交付的，施工人应当承担违约责任。"本条是关于施工人质量缺陷及保修责任的规定，笔者将从本条规定的逻辑结构出发，就施工人质量缺陷的认定及保修责任的承担问题进行探讨。

（一）施工人工程质量缺陷的认定

1. 因果关系

法律规则的逻辑结构包含假定条件、行为模式与法律后果三要素，就《民法典》第 801 条而言，其假定条件是"因施工人的原因致使建设工程质量不符合约定"，行为模式是"发包人有权请求施工人在合理期限内无偿修理或者

[①] 本案裁决作出时《民法典》尚未施行，鉴于《民法典》第 801 条沿袭了原《合同法》第 281 条的规定，本文将援引《民法典》第 801 条进行评析。

返工、改建",法律后果是"施工人应当承担违约责任"。由该假定条件可知,施工人承担质量缺陷责任的前提是施工人与工程质量缺陷之间存在因果关系。

关于施工人与工程质量缺陷之间的因果关系,并未有明确具体的规定。因果关系的概念及相关理论研究主要集中在侵权法领域。英美法系的侵权法区分了法律上的因果关系以及事实上的因果关系,而大陆法系一般不作区分。目前大陆法系学界有关因果关系理论的通说为相当因果关系说,该学说由德国弗赖堡大学 Johann von Kries 教授于 1888 年提出[1],最初应用于刑法学领域,后来逐渐被民法学界采用。相当因果关系是指只需具备某一事实,以社会共同经验足以认定可以导致损害结果。日本最高裁判所在 1975 年的一项判决中对相当因果关系作出了详尽论述:诉讼上因果关系的证明,并非不许有任何疑义的自然科学式的证明,而是依据经验法则,综合检讨全部证据,证明特定事实足以导致特定结果发生的盖然性证明。然而这种判断,必须具有通常人均不怀疑的真实性。[2]

在建设工程领域讨论因果关系的目的是解决工程法律实践中因工程质量缺陷导致的民事责任的承担问题。因施工人原因导致工程质量缺陷的民事责任属于典型的违约责任,根据《工程施工合同解释(一)》第 13 条第 2 款规定,造成建设工程质量缺陷,承包人有过错的,也应当承担相应的过错责任。在中国建筑第五工程局有限公司(以下简称"中建五局")、张家界中天吉龙房地产开发有限公司(以下简称"中天吉龙公司")建设工程合同纠纷民事二审案中,一审法院认为,从中天吉龙公司提交的证据材料可以看出,涉案项目出现外墙砖空鼓、脱落等问题的原因系部分位置的饰面砖粘结强度存在不满足规范的要求,并据此建议对整栋房屋的墙体饰面砖进行排查,对不符合规范要求的部位进行整改处理,故涉案项目出现外墙砖空鼓、脱落与维修施工具有因果关系。根据双方签订的《工程质量保修协议》约定,中建五局对其施工的涉案工程在保修期内发生的质量问题负有保修义务。因中建五局未履行保修义务,中天吉龙公司自行维修而产生的费用,应由中建五局承担。二审法院对该观点予以确认。[3]

---

[1] 参见梁慧星:《民法学说判例与立法研究》,法律出版社 2003 年版,第 273 页。
[2] 参见最高人民法院民事审判第一庭编著:《最高人民法院人身损害赔偿司法解释的理解与适用》,人民法院出版社 2015 年版,第 53 页。
[3] 参见湖南省张家界市中级人民法院(2022)湘 08 民终 820 号民事判决书。

就本案而言,涉案工程外墙瓷砖是外墙防渗漏工程的一部分,黏着于外墙防水涂膜之上,与外墙防水涂膜共同构成一个完整的不可分割的外墙防渗漏工程。《论证意见》载明涉案工程外墙瓷砖脱落是因为防水涂膜与原基层膨胀系数不一致,经几年的热胀冷缩造成松动,导致面砖脱落,建议将原防水涂膜铲除,重新做防水及面层。该意见证明涉案工程外墙瓷砖脱落与防水涂膜质量缺陷之间存在因果关系,外墙瓷砖脱落是结果,防水涂膜问题是原因,没有防水涂膜的问题,则外墙瓷砖不会脱落。只有解决防水涂膜的问题,外墙瓷砖脱落的问题才能解决。因此,被申请人作为涉案外墙防渗漏工程的施工人与涉案工程质量缺陷之间存在因果关系。

2. 工程质量缺陷的举证责任

按照"谁主张,谁举证"的原则,如果发包人主张建设工程质量存在缺陷或不符合合同约定,应当提供初步证据,例如,建设工程存在渗水、地基下沉、墙面或者地面出现裂缝等表面瑕疵,或者经鉴定机构现场勘验,提出建材不符合约定或者法律规定的质量标准、施工工艺不符合约定的专业意见等。在这种情况下,施工人应当提出证据证明其施工的工程质量合格的事实。① 实务中,工程质量缺陷的举证责任需要根据工程验收的具体情况进行分配。

(1)建设工程未竣工验收,亦未交付使用

尚未竣工验收的原因可能包括工程还未到双方当事人约定的竣工验收的时间,或者已经到了竣工验收时间但因一方不配合验收。在这种情形下,应当根据当事人过错认定过错方应向相对人承担相应的民事责任。如果建设工程还未到双方当事人约定的竣工验收时间,发包人主张建设工程质量存在缺陷或不符合约定的,应当由发包人承担举证责任。

(2)建设工程未竣工验收,但已交付使用

根据《工程施工合同解释(一)》第14条关于"建设工程未经竣工验收,发包人擅自使用后,又以使用部分质量不符合约定为由主张权利的,人民法院不予支持;但是承包人应当在建设工程的合理使用寿命内对地基基础工程和主体结构质量承担民事责任"的规定,除地基基础工程和主体结构质量问题外,发包人原则上不能以使用部分质量不符合约定为由主张权利。同时,由于发包人未进行竣工验收擅自使用工程,如果其主张建设工程的地基

---

① 最高人民法院民法典贯彻实施工作领导小组主编:《中华人民共和国民法典合同编理解与适用》,人民法院出版社2020年版,第2004页。

基础工程和主体结构质量不合格或不符合合同约定,则应当承担举证责任。

(3)建设工程已竣工验收并交付使用

如果发包人主张建设工程存在部分质量缺陷或者验收并非其真实意思表示的,发包人应承担相应的举证责任。需要注意的是,已竣工验收工程的发包人虽然在理论上已经作出验收合格的意思表示,但是在当事人对工程质量提出异议的情况下,仍应当对工程质量问题进行查明。建设工程质量不仅关系到发包人的利益,还关系到社会公共利益。因此,建设工程经发包人竣工验收合格并不是工程质量的唯一证明和最终证明。

(4)建设工程尚未完工且施工人停止施工

在这种情况下,由于建设工程尚未完工,发包人无法进行竣工验收,原则上应当由施工人对已施工工程质量合格承担举证责任。

本案中,申请人提供的《论证意见》证明涉案工程面砖脱落与防水涂膜有因果关系,结合《施工合同》第四部分"补充条款"第 2 条"工程承包范围的说明"中"承包人负责完成整个工程所有的施工任务,包括材料设备采购"的约定,足以证明涉案工程因被申请人导致质量缺陷。而被申请人仅仅提出"外墙瓷砖的脱落与被申请人的施工没有关系,是因为自然气候等客观原因而导致的",未再提供其他证据证明其主张,故仲裁庭认为被申请人应承担举证不能的法律后果,涉案工程质量缺陷的责任方是被申请人。

(二)保修责任的承担

1. 保修义务的范围和期限

(1)法律、法规规定

《建筑法》第 62 条第 2 款及《工程质量管理条例》第 40 条分别规定了工程保修的范围和期限,其中屋面防水工程、有防水要求的卫生间、房间和外墙面的防渗漏,最低保修期限为 5 年。

(2)合同约定

在实务中,发承包双方约定的保修义务可能与法律、法规规定存在出入,一般包括两种情形:一是双方约定的保修范围小于法律、法规规定或保修期限低于法律、法规规定的最低保修期限;二是双方约定的保修范围大于法律、法规规定或保修期限高于法律、法规规定的最低保修期限。由于《建筑法》第 62 条及《工程质量管理条例》第 40 条属于强制性规定,对于第一种情形,双方的约定应认定无效,应当按照法律、法规的规定执行。对于第二种情形,建设工程的保修义务应当依照双方约定执行。

涉案《保修书》对工程质量缺陷保修期约定如下:屋面防水工程、有防水要求的卫生间、房间和外墙面的防渗漏工程为5年。仲裁庭认为,涉案工程发生外墙瓷砖脱落现象表明存在全局性的防水涂膜质量缺陷,且外墙瓷砖是外墙防渗漏工程的一部分,"外墙瓷砖脱落质量问题"以及"导致外墙瓷砖脱落的外墙面防渗漏工程质量问题"两者密切联系、无法分割,因此,该方面的问题应适用《保修书》5年保修期的约定。

(3) 合同无效情况下的保修义务

工程质量保修义务不仅是施工人的合同义务,也是其法定义务。如果施工合同被认定无效,施工人的保修义务并不因此而免除。《北京高院工程案件解答》第31条规定,"建设工程施工合同无效,但工程经竣工验收合格并交付发包人使用的,承包人应依据法律、行政法规的规定承担质量保修责任"。在武汉商控华顶工业孵化器有限公司、武汉鼎信建筑工程有限公司建设工程施工合同纠纷二审案中,法院认为,虽然涉案的施工合同无效,但施工人依法仍应当对其承建的工程承担责任。在法律规定的保修期内,施工人应当承担保修义务,否则应承担相应的赔偿责任。[1]

2. 保修责任的承担方式

《建设工程质量管理条例》第41条规定:"建设工程在保修范围和保修期限内发生质量问题的,施工单位应当履行保修义务,并对造成的损失承担赔偿责任。"施工人保修责任的承担方式主要包括自行维修和承担维修费用两种。

(1) 自行维修

自行维修是施工人承担保修责任的主要形式,由施工人进行维修既是其义务也是其权利,发包人一般情况下不得在具有相应资质的施工人拒绝维修之前直接委托第三方进行维修。有部分观点认为,若施工合同因施工人不具备施工资质而无效的,则其对质量缺陷不具有修复能力,应当选择其他途径。[2]《江苏高院指南》第5条第(八)项规定:"……若施工合同是由于承包人没有相应的资质而被确认无效的,则不能由承包人自己来承担质量瑕疵的

---

[1] 参见湖北省高级人民法院(2018)鄂民终369号民事判决书。
[2] 常设中国建设工程法律论坛第八工作组:《中国建设工程施工合同法律全书:词条释义与实务指引(第二版)》,法律出版社2021年版,第837页。

维修义务。可由承包人自行委托具有相应资质的施工队伍,来代替承包人承担质量瑕疵的维修义务,也可以由发包人自行维修,修复的费用由承包人承担。"

(2)承担维修费用

《工程质量保修办法》第12条规定:"施工单位不按工程质量保修书约定保修的,建设单位可以另行委托其他单位保修,由原施工单位承担相应责任。"发包人通知施工人对质量缺陷进行修复,承包方拒绝修复、在合理期限内不能修复或发包人有其他正当理由委托第三方修复的,施工人应当承担合理的修复费用。如《最高人民法院公报》2014年第8期中收录的江苏南通二建集团有限公司与吴江恒森房地产开发有限公司建设工程施工合同纠纷案,法院认为,在双方当事人已失去合作信任基础的情况下,从解决双方纠纷的角度,法院可以判决由发包人自行委托第三方参照修复设计方案对工程质量缺陷进行整改,所需费用由施工人承担。[①]

上述两种保修责任的承担方式在给付之诉中可以形成补充关系。如本案申请人提出的第一项仲裁请求将被申请人自行维修列为先位之诉,将被申请人承担维修费用列为备位之诉,避免了被申请人拒绝维修情况下无法强制执行的问题。仲裁庭认为,涉案工程外墙瓷砖脱落现象表明存在全局性的防水涂膜质量缺陷,该质量缺陷与被申请人之间存在因果关系,工程质量缺陷的责任方是被申请人,故裁决支持申请人的仲裁请求。

(本案例由深圳国际仲裁院庄淮清编撰)

[①] 参见江苏南通二建集团有限公司与吴江恒森房地产开发有限公司建设工程施工合同纠纷案,载《最高人民法院公报》2014年第8期(总第214期)。

案例 14　在施工合同无效但工程质量合格的情形下，竣工结算协议中关于保修金支付期限的变更约定如何认定

仲裁要点：涉案施工合同由总承包人与不具有资质的实际施工人签订，涉案工程竣工验收合格后，双方签订了竣工结算协议，并在协议中延长了保修金支付期限。在施工合同无效但工程质量合格的情形下，就双方当事人的工程价款或折价补偿款的结算应参照适用施工合同中关于工程价款的约定，由于保修金属于工程款的一部分，关于保修金支付期限的约定亦属于工程价款的约定，也应参照适用。施工合同与结算协议关于保修金支付期限的约定不一致的，应以双方约定在后的一致意思表示为准。

一、案情概要

2012 年 8 月 28 日，申请人与被申请人签订了编号为 O201208062 的《××工程合同书》，约定被申请人将"××工程第Ⅱ标段"（以下简称"涉案工程"）发包给申请人承包；合同总造价为 78916640 元；全部工程竣工验收、收到申请人结算资料后 3 个月内办理完结算，双方结算完毕起 3 个月内，付清工程结算款的 95%，剩余 5% 作为质量保证金。① 保证金自竣工验收合格之日起 1 年后（15 日内）支付 50%，2 年后（15 日内）付清（但保修期限按国家相关规定）；验收合格之日起算保修期。

---

① 关于建设工程质量保证金、质量保修金、保修金，法律并无明确规定，一般以当事人自行约定使用的语词为准。本案中，当事人之间签订了多份合同、协议，在协议中混合使用了"质量保证金""质量保修金""保修金"等语词，上述语词的内涵是一致的。本文根据当事人的实际使用情况使用上述语词。

2014年11月25日,涉案工程验收合格。

2015年6月17日、2016年1月25日、2016年7月12日,申请人与被申请人分别签订《补充协议书(2)》《补充协议书(4)》《补充协议书(5)》,对增加的部分工程内容、造价进行了约定,上述补充协议确定增加工程部分总造价为12415266.37元(含税),付款方式约定为工程完工验收合格付清完成造价的85%,双方结算完毕后一个月内付清工程结算款的95%,剩余5%作为质保金按照原合同约定执行。

2016年4月27日,申请人与被申请人签订了编号为0201512305-JS-216的《竣工结算造价协议书》,双方确认"×××园T3、T4栋增加空调冷凝水管安装工程"最终审定结算造价为27508.28元,其中保修款为1375.41元,并约定"本工程保修金于2017年1月24日保修期满并解决所有施工质量遗留问题后30天内支付"。

2016年4月27日,申请人与被申请人签订了编号0201509284-JS-217的《竣工结算造价协议书》,双方确定另一项"×××园T3、T4栋增加空调冷凝水管安装工程"最终审定结算造价为155000元,其中保修款为7750元,并约定"本工程保修金于2016年4月24日保修期满并解决所有施工质量遗留问题后30天内支付"。

2017年1月9日,申请人与被申请人签订了编号为313的《竣工结算造价协议书》,双方确认"×××园T3、T4栋塔楼加板墙体移位、房间功能改变强电增加工程"最终审定结算造价为447483.09元,其中保修款为22374.15元,并约定"质保金在项目竣工验收合格满一年后30天内付清"。

2017年1月9日,申请人与被申请人签订了编号为314的《竣工结算造价协议书》,双方确认"×××园四层入户雨棚及幕墙灯具安装工程"最终审定结算造价为48120元,其中保修款为2406元,并约定"质保金在项目竣工验收合格满半年后30天内付清"。

2017年1月9日,申请人与被申请人签订了编号为315的《竣工结算造价协议书》,双方确认"×××园3、4栋A、E户型墙体移位弱电线管安装工程"最终审定结算造价为207327.38元,其中保修款为10366.37元,并约定"质保金在项目竣工验收合格满一年后30天内付清"。

2018年2月27日,申请人与被申请人签订了编号为JS-292的《竣工结算造价协议书》,双方确认"××工程第Ⅱ标段"最终审定结算造价为77738600.42元,其中保修款为3886930.02元,并约定"本工程保修金于2016

年12月15日保修期满一年支付50%,于2017年12月15日满2年并解决所有施工遗留问题后15天内付清"。

2018年2月27日,申请人与被申请人签订了编号为JS-293的《竣工结算造价协议书》,双方确认"××工程第Ⅱ标段"最终审定结算造价为8676474.86元,其中保修款为433823.74元,并约定"本工程保修金于2016年12月15日保修期满一年支付50%,于2017年12月15日满2年并解决所有施工遗留问题后15天内付清"。

被申请人成本控制部曾向申请人发出过编号为0201312138-JS-184的《质保金通知单》,确认质保金金额为2204.39元。

2020年4月20日,申请人依据涉案合同中的仲裁条款向深圳国际仲裁院申请仲裁,提出如下仲裁请求:

1. 裁决被申请人向申请人支付质量保证金4367230.08元。

2. 裁决被申请人向申请人支付逾期付款利息751332.60元[其中主体工程及增加的工程量的质量保证金逾期付款利息按如下方式计算:以质量保证金3933406.34元的50%(即1966703.17元)为基数,自2015年12月9日始,按银行同期贷款利率计算至实际付清之日止,现暂计至2020年3月26日为394711.86元;以质量保证金3933406.34元的50%(即1966703.17元)为基数,自2016年12月9日始,按银行同期贷款利率计算至实际付清之日止,现暂计至2020年3月26日为301293.46元。后加板工程的质量保证金逾期付款利息按如下方式计算:以质量保证金433823.74元的50%(即216911.87元)为基数,自2016年12月16日始,按银行同期贷款利率计算至实际付清之日止,现暂计至2020年3月26日为33029.95元;以质量保证金433823.74元的50%(即216911.87元)为基数,自2017年12月31日始,按银行同期贷款利率计算至实际付清之日止,暂计至2020年3月26日为22297.33元]。

3. 本案仲裁费、保全费5000元、担保费5118.57元由被申请人承担。

仲裁期间,申请人与被申请人签订过一份《和解协议》,约定被申请人在《和解协议》签订之日起15日内向申请人支付质量保证金工程款(含利息)3468351元,如被申请人未按约定时间向申请人支付前述款项,《和解协议》作废,对双方不具有约束力。《和解协议》中,申请人的落款时间为"2020年6月17日";被申请人的落款时间为"2020.9.17",其中"9"系由"6"涂改而成。

2020年9月18日,被申请人向申请人支付了工程款3468351元。

二、当事人主张

1. 被申请人主张

(1)申请人与被申请人于2020年9月17日就涉案争议签署《和解协议》,被申请人应按《和解协议》履行义务。申请人的仲裁请求均不成立。

(2)保修期届满日应该依据合同约定和竣工验收报告时间相应确定届满日,同时也考虑工程竣工后的一些相关情况。

2. 申请人主张

(1)涉案工程于2014年11月25日竣工验收,根据申请人与被申请人双方签订的《××工程合同书》《竣工结算造价协议书》,被申请人应支付质量保证金4367230.08元及逾期付款利息。

(2)双方于2020年6月17日签订的《和解协议》因被申请人未按照《和解协议》约定的期限付款,《和解协议》已作废,对双方不具有约束力。

(3)被申请人于《和解协议》作废后向申请人支付3468351元仅能抵充部分工程款质保金及利息,被申请人仍需向申请人支付剩余工程款。

三、仲裁庭意见

(一)关于合同效力

仲裁庭认为,本案申请人与被申请人于2012年8月28日签订的编号为0201208062的《××工程合同书》、于2015年6月17日签订的《补充协议书(2)》、于2016年1月25日签订的《补充协议书(4)》、于2016年7月12日签订的《补充协议书(5)》为建设工程施工合同。根据《建筑法》(2019年修正)第29条及原《工程施工合同解释》第1条的规定,承包人承包建设工程应当有相应的建筑施工企业资质,申请人系自然人,显然不具备相应资质。因此,上述协议均应当根据原《合同法》第52条第(五)项的规定,认定无效。

鉴于"××工程第Ⅱ标段"工程经验收合格且申请人与被申请人双方已就"××工程第Ⅱ标段"工程及增加工程签订了竣工结算造价协议书,仲裁庭认为涉案工程及相关增加工程均已验收合格。根据原《工程施工合同解释》第2条的规定，申请人可参照《××工程合同书》及其相关补充协议以及竣工结算造价协议书的约定向被申请人请求支付工程款，被申请人应当支付。

(二) 关于涉案工程保修期届满日及保修金支付期限的认定

申请人认为保修期届满日应当根据合同的约定和竣工验收报告时间进行确定，保修金应当是按照原合同的约定进行返还。竣工结算造价协议书实际上仅对工程款的结算金额进行了确认，不是对合同保修金条款的变更。被申请人认为保修期满日应该依据竣工结算造价协议书的约定来确定。仲裁庭认为，申请人与被申请人双方签章确认的竣工结算造价协议书，系申请人与被申请人双方协商一致就工程价款、保修期及保修金支付期限等问题达成的协议，竣工结算造价协议书上对保修期及保修金支付期限的约定，应视为对《××工程合同书》相应约定的变更。竣工结算造价协议书中明确约定了工程保修期届满具体日期的，应以该约定日期作为当事人的意思表示。竣工结算造价协议书中约定保修金在项目竣工验收合格满一定期限后支付的，该约定中的"项目"应为相应竣工结算造价协议书所指向的项目，而非整体项目，应以各项目相应的竣工验收合格日期确定当事人关于保修期届满日的意思表示。由于除竣工结算造价协议书外，申请人与被申请人均未提交各增加工程竣工验收相关证据，按常理及建设工程行业惯例，一般只有在工程竣工验收合格后才会签订竣工结算造价协议书，故双方签订竣工结算造价协议书的时间可视为各项增加工程的竣工验收合格时间。

如前所述，被申请人应当按照各份《竣工结算造价协议书》约定的质量保证金金额及付款期限支付质量保证金。其中，编号为0201512305-JS-216的《竣工结算造价协议书》确认应支付的质量保证金为1375.41元，应于2017年2月23日前支付；编号为0201509284-JS-217的《竣工结算造价协议书》确认的质量保证金为7750元，应在2016年5月24日前支付；编号为313的《竣工结算造价协议书》确认的质量保证金为22374.15元，应于2018年2月8日前支付；编号为314的《竣工结算造价协议书》确认的质量保证金为2406元，应于2017年8月8日前支付；编号为315的《竣工结算造价协议书》确认的质量保证金为10366.37元，应于2018年2月8日前支付；编号为JS-292的《竣工结算造价协议书》确定的质量保证金为3886930.02元，其中

1943465.01元应于2016年12月15日支付,1943465.01元应于2019年12月30日前支付;编号为JS-293的《竣工结算造价协议书》确认的质量保证金为433823.74元,其中216911.87元应于2016年12月15日支付,216911.87元应于2017年12月30日前支付。编号为0201312138-JS-184的《竣工结算造价协议书》虽然仅有申请人一方的签字,但该协议中最终审定结算造价金额、质量保证金金额及保修期满日期与被申请人审批的编号为0201312138-JS-184的《工程结算审批表》及被申请人成本控制部向申请人发出的《质保金通知单》上的金额、日期相吻合,仲裁庭认为双方已就编号为0201312138-JS-184的《竣工结算造价协议书》的最终审定结算造价金额、质量保证金金额及保修期满日期达成一致,被申请人应于2017年1月27日前向申请人支付质量保证金2204.39元。以上各项质量保证金合计金额为4367230.08元。

被申请人无故不予支付上述质量保证金,故自申请人应当支付质量保证金之日起被申请人应当向申请人支付逾期付款利息,利息以各项质量保证金金额为基数,利息起止日期为自各项质量保证金应付之日起至实际付清之日止,2019年8月20日前的利率按照中国人民银行同期贷款利率计算,2019年8月20日之后的利率按照全国银行同业拆借中心公布的贷款市场报价利率计算。

在仲裁过程中,被申请人于2020年9月18日向被申请人支付了款项3468351元,该款项应以先抵充逾期付款利息后抵充质量保证金的顺序进行抵充。截至2020年9月18日,按照前述利息计算方式计算出的被申请人应付的逾期付款利息总计为646805.07元。被申请人支付款项与前述逾期付款利息抵充后,余下2821545.93元继续抵充质量保证金,抵充后尚有1545684.15元质量保证金未能抵充,故被申请人仍应向申请人支付质量保证金1545684.15元,并支付逾期付款利息(利息以质量保证金1545684.15元为基数,按照全国银行同业拆借中心公布的贷款市场报价利率自2020年9月19日起计算至实际付清质量保证金之日止)。

(三)关于《和解协议》的签署时间及《和解协议》是否失效的认定

申请人认为,在仲裁过程中双方签署《和解协议》的时间均为2020年6月17日,《和解协议》于2020年6月17日成立并生效,根据《和解协议》第1条和第4条的约定,被申请人未在约定15日期限内支付质量保证金,《和解协议》已于2020年7月3日作废。《和解协议》作废后被申请人单方将2020

年6月17日涂改为2020年9月17日,修改痕迹明显,对于该涂改申请人不予认可。被申请人认为《和解协议》签署时间应以最终签字方签署日期为准,被申请人签署《和解协议》的时间为2020年9月17日,《和解协议》自2020年9月17日生效。仲裁庭认为,《和解协议》中被申请人落款时间系由2020年6月17日涂改为2020年9月17日,涂改痕迹肉眼可辨;被申请人自己提交的证据2《收款账户确认书》落款时间为2020年6月17日,该确认书明确记载"本人(即申请人——笔者注)已与贵司(即被申请人——笔者注)达成和解协议",故仲裁庭对申请人关于2020年6月17日已经签署《和解协议》的陈述予以采信。根据《和解协议》第1条和第4条的约定,《和解协议》因被申请人未能按期履行付款义务而失效,对申请人和被申请人均不再有约束力。

四、裁决结果

1. 被申请人向申请人支付质量保证金人民币1545684.15元。
2. 被申请人向申请人支付逾期付款利息(以未付质量保证金人民币1545684.15元为基数,按照全国银行同业拆借中心公布的贷款市场报价利率,自2020年9月19日起计算至实际付清工程款之日)。
3. 本案保全费人民币5000元、担保费人民币5118.57元由被申请人承担。
4. 本案仲裁费由被申请人承担。
5. 驳回申请人的其他仲裁请求。

五、评析

笔者就本案所反映的法律问题——"在施工合同无效但工程质量合格的情形下,竣工结算协议中关于保修金支付期限的变更约定如何认定"的问题评析如下:

(一)保修金的性质及发包人的期限利益

实践中,发包人为了保证工程质量、保证承包人履行保修义务,通常会在施工合同中约定从应付的工程款中扣留一部分工程款作为质量保修金(也有约定为质量保证金等的),在约定的期限届满后才予以支付。这种约定方式的渊源可以追溯到 2004 年财政部、原建设部制定的《建设工程价款结算暂行办法》第 14 条第(四)项的规定:"……发包人根据确认的竣工结算报告向承包人支付工程竣工结算价款,保留 5%左右的质量保证(保修)金,待工程交付使用一年质保期到期后清算(合同另有约定的,从其约定)……"因此,质量保修金(或质量保证金)的本质仍属于应付工程款范畴,属于工程款的组成部分。当事人约定在某一期限届满时才支付质量保修金的,对给付款项的发包人而言,发包人对承包人享有期限利益,即在约定的期限届满前,发包人无须向承包人支付质量保修金,实际上减少了对发包人的资金占用。

(二)关于竣工结算协议的效力认定

竣工结算协议是指建设工程竣工后发包人与承包人就施工合同总价款进行结算后产生的协议(也包括双方均签署的结算表、结算单等形式)。在施工合同无效但工程质量合格的情形下,发包人与承包人达成的竣工结算协议的效力应如何认定,法律并无明确规定。就该问题,在实务中存在两种观点。一种观点认为,竣工结算协议不能独立存在,必须结合施工合同才能完整反映协议各方的权利义务,属于施工合同的组成部分,施工合同无效的,作为其组成部分的竣工结算协议亦当然无效。另一种观点认为,尽管施工合同无效,但签订竣工结算协议时承包人已经合格地将施工合同的主要合同义务履行完毕,承包人已经获得了纯粹的债权请求权(请求发包人参照施工合同关于工程价款的约定支付工程款或者折价补偿),竣工结算协议的本质是双方就该债权金额、给付时间等达成的新的独立的协议,故应认定该协议具有独立性,应独立评判其效力。笔者赞成前一种观点。

在本案中,发包人与承包人在施工合同的基础上签订了若干份补充协议,对工程量、施工工艺等做过多次签证变更,而竣工结算协议亦有若干份。每份竣工结算协议的最终结算价款都只是依据施工合同及相关补充协议中关于工程价款的约定机械地计算得出,除变更保修金支付期限外,并无更多其他新的约定。因此,竣工结算协议实质上是双方当事人根据施工合同及相关补充协议的约定进行的统计、核算,并没有超出施工合同及相关补充协议的实质性内容,故不宜认定竣工结算协议具有独立性。否则,所有无效的施工合同均可通过签订竣工结算协议等方式取得合法性,这显然并没有任何法律依据和法理依据。

在施工合同和竣工结算协议均应认定为无效的情况下,由于两份合同就同一事项(保修金支付期限)约定不一致,一般在没有特别约定的情况下,应认定在后的约定优先于在先的约定,即以竣工结算协议的约定作为双方当事人最终的意思表示。由于保修金属于工程款的组成部分,关于保修金支付期限的约定亦属于关于工程价款的支付约定,故确定本案保修金的支付期限应参照竣工结算协议的约定。

(三)民法公平原则和诚信原则的体现与应用

公平原则和诚信原则是民法的两大基本原则。因合同无效而产生的财产返还、折价补偿和损失赔偿均应根据公平、诚信原则,充分考虑双方当事人的过错,合理分配双方的责任,确定财产返还的范围或者折价补偿或者损失赔偿的金额,不能使不诚信的当事人因合同无效而获得比合同有效履行更大的利益。

对于此类因转包、违法分包、挂靠等因资质问题导致无效的施工合同引起的纠纷,在造成合同无效的原因上,显然双方均具有同等过错。因此,在处置争议双方的权利义务时,必须坚持公平原则和诚信原则,不能使任一方当事人因合同无效而获利。在此情形下,若争议双方可以达成竣工结算协议的,尽量按照该竣工结算协议处置争议双方的权利义务才是公平、高效的。一方面,结算价格是双方的真实意思表示,符合市场行情和双方预期,争议双方均没有获得更多利益或承受更多义务;另一方面可以避免采用鉴定等方式结算工程价款,缩短仲裁审理期间,减少当事人的讼累,符合经济原则。

(本案例由深圳国际仲裁院仲裁员鲁潮编撰)

案例15　建设工程施工合同发包人擅自使用未经竣工验收的建设工程的责任范围以及保修期的认定

仲裁要点：1. 发包人擅自使用未经竣工验收的建设工程的，即可视为工程交付提前完成且工程验收合格，承包人只需承担工程经合法验收之后的法律后果，工程质量保修合同仍应执行。发包人仍有权且仅有权在保修期内就相关质量问题请求承包人依约承担保修责任。

2. 发包人擅自使用未经竣工验收的建设工程的，应以转移占有建设工程之日为实际竣工日期；除另有约定外，工程保修期应从实际竣工日期起算；即使发包人在擅自使用建设工程后再补办竣工验收的，也不应以建设工程实际竣工验收合格之日为实际竣工日期。"擅自使用之日"与"转移占有之日"并不等同，不应将发包人擅自部分占有使用之日作为竣工日期。"转移占有"应为完全、实质性的转移占有。

3. 发包人擅自使用未经竣工验收的建设工程的，质保期内发现的工程质量问题通常默认应由承包方负责，除非承包方能证明问题是由其他原因造成的。对于质保期内发现的问题，无论最终认定该质量缺陷应由谁负责，除非另有约定，承包人都应在收到发包人报修通知后按照约定期限进行维修，否则发包人可先自行或指派第三方修正缺陷，由此产生的费用应由承包人承担；若最终发现该缺陷并非承包人的责任，则应当由相应的责任方承担有关费用。

一、案情概要

2011年11月12日，A公司(本案仲裁本请求申请人及仲裁反请求被申请人,以下简称"申请人")与 B 公司(本案仲裁本请求被申请人及仲裁反请求申请人,以下简称"被申请人")签订《施工合同》,约定被申请人将其新建厂房一期工程施工项目承包给申请人,承包范围包括厂房一期、办公楼、宿舍及附属设施施工总承包,合同总价固定为人民币 5600 万元;工期为厂房一期工程及厂房一期内外连接道路 210 天,办公楼、宿舍、厂区道路及其他工程230 天;工期自施工许可证颁发之日起算,直至合同约定的实际竣工日期止。《施工合同》约定,对于质保期内发现的问题,无论最终认定该质量缺陷应由谁负责,申请人都应在收到通知后的 2 天内派人修正,若申请人未能按期修正的,则被申请人可先自行或指派第三方修正缺陷,由此产生的费用应由申请人承担,若最终发现该缺陷并非申请人的责任,那么应该由相应的责任方承担有关费用。《施工合同》还约定,双方就《施工合同》及其组成文件的履行发生的争议应提交深圳国际仲裁院进行仲裁。

《施工合同》签订后,申请人与被申请人双方又分别于 2012 年 3 月 21 日至 2013 年 2 月 25 日签订了 6 份《补充协议》,对原《施工合同》约定的工程内容、工期进行调整和补充约定。

被申请人于 2012 年 8 月 18 日在涉案工程中开始安装生产设备,并进行试产。申请人此后对涉案工程仍进行施工。被申请人于 2013 年 2 月 28 日完成全部旧厂区房屋和土地的移交手续,搬迁到涉案新厂区。

2014 年 5 月 13 日,双方就工程结算以及竣工验收备案等事宜召开会议,会后共同签署了关于上述事宜的《备忘录》;2014 年 8 月 11 日,召开了由建设主管部门、设计单位、勘察单位、监理单位、被申请人及申请人共同参与的六方综合验收会议;2015 年 10 月 15 日,申请人向被申请人交付了《催促函》及 3 份《竣工验收报告》复印件(分别对应厂房、宿舍和办公楼);2017 年2 月 13 日,被申请人委托律师向申请人发出关于工程质量问题、保修责任及竣工验收备案等事宜的《律师函》。截至仲裁提起之日,涉案工程尚未完成竣工验收备案工作。

2017 年 12 月 13 日,申请人向深圳国际仲裁院提交仲裁申请。申请人最终的仲裁请求如下:

1. 裁决被申请人立即向申请人支付拖欠的合同内工程款合计本金11858788.3 元以及相关利息(该利息按照中国人民银行的同期贷款利率与同期存款利率的平均值计算至全部本金清偿之日止,至 2018 年 6 月 29 日止的暂计利息为 2738719.27 元),本金和暂计利息合计 14597507.6 元。

2. 裁决本案的全部仲裁费用由被申请人承担。

2018年1月25日,被申请人向深圳国际仲裁院提交仲裁反请求申请。被申请人最终的仲裁反请求如下:

1. 申请人向被申请人支付因涉案工程逾期竣工导致的误期赔偿费用8467800元、旧厂房租金费用1192219.02元、滞期费1140000元、工厂效益损失4850935元。

2. 申请人向被申请人支付因涉案工程严重质量问题及缺陷导致被申请人已支付的维修费用2258010元,以及经第三方评估的申请人需支付的后续维修费用3912521.71元。

3. 申请人协助被申请人完成工程竣工备案。

二、当事人主张

本案仲裁庭归纳的争议焦点事项较多,笔者仅就其中与本案例主旨有关的部分争议焦点事项予以简述。

(一)关于涉案工程的工期、开工日期的认定

1. 申请人主张

(1)《施工合同》和《补充协议一》至《补充协议四》的各工程更新完工日期约定为2012年11月30日,《补充协议五》《补充协议六》的工程项目完工日期分别约定为2013年1月31日和2013年3月15日。上述全部项目共同构成本案《施工合同》项目,项目全部完成才能办理相关手续,因而《施工合同》最后完工日期以《补充协议六》约定的2013年3月15日为准。

(2)涉案工程的工期起算日依约应为施工许可证颁发之日2012年1月31日。

2. 被申请人主张

(1)双方签订的6份《补充协议》的相关工程仅为涉案工程的独立工程,约定的相应工期也仅为针对各补充工程的独立工期。根据合同约定,厂房部分的工期完工日为2012年6月12日、宿舍部分为2012年7月1日、办公楼部分为2012年11月25日。

(2)2011年11月12日,涉案新厂房举行了动工仪式,被申请人提交的动工仪式邀请邮件、动工仪式相关视频等被申请人证据均可予佐证;申请人

证据(3份《工程例会纪要》)也显示,涉案工程于2011年11月22日之前已经开工,并开始且持续进行管桩工程施工。应根据《补充协议一》附件06《B公司新厂房一期项目总体施工进度计划横道图》中的记录认定开工日期为2011年11月14日。最高人民法院在(2014)民一终字第69号判决书中亦认为,建设工程施工许可证并不是确定开工日期的唯一凭证。当施工单位实际开工日期与施工许可证上记载的日期不一致时,应当以实际开工日期而不是施工许可证上记载的日期作为确定开工日期的依据。

(二)关于涉案工程竣工日期的认定

1. 申请人主张

依据《监理日志》的最终记录日期,整体工程于2013年1月17日已实际完工,但因被申请人已于2012年8月18日擅自使用工程项目,在新建工程项目中开始安装生产设备,2012年9月17日试产第一批洗衣机,以及2012年11月14日举行开工庆典仪式,根据原《工程施工合同解释》第14条第(三)项的规定,被申请人擅自使用未经竣工验收的涉案工程,应以转移占有建设工程之日2012年8月18日视为工程的实际竣工日期。①

2. 被申请人主张

根据原《工程施工合同解释》第14条第(一)项的规定,应以竣工验收合格之日为竣工日期。② 而申请人在提交的《催促函》中自认于2014年8月11日召开了六方综合验收会议,在此之前,涉案工程一直未能完成竣工验收,涉案工程的实际竣工日期最早也仅能推定在2014年8月11日。

(三)关于涉案工程的使用及交付

1. 申请人主张

自2012年8月18日起,被申请人已擅自使用部分工程项目,被申请人最终搬迁至新建厂房的日期为2013年2月28日。

2. 被申请人主张

对申请人提交的拟证明被申请人于2012年8月18日擅自使用涉案工

---

① 《工程施工合同解释》第14条第(三)项规定:"(三)建设工程未经竣工验收,发包人擅自使用的,以转移占有建设工程之日为竣工日期。"

② 《工程施工合同解释》第14条第(一)项规定:"(一)建设工程经竣工验收合格的,以竣工验收合格之日为竣工日期。"

程的相关证据的真实性、合法性及关联性,被申请人均不予认可;被申请人直至 2013 年 2 月仍继续使用旧厂房,并向案外人支付厂房和设施的使用费或租金,并不存在提前擅自使用涉案工程的情形。

(四)关于涉案工程质量责任的承担

1. 申请人主张

被申请人在建设工程未经竣工验收的情况下擅自使用涉案工程项目,又以使用部分质量不符合约定为由主张权利,依照原《工程施工合同解释》第 13 条的规定,不应获得支持。[①] 此外,被申请人提出的有关质量问题已经超过约定保修期,依法应不予支持。

2. 被申请人主张

涉案工程存在严重质量问题及缺陷,因此对被申请人造成的损害和费用,申请人应当承担。根据《施工合同》的约定,因申请人原因导致被申请人产生任何损失,被申请人有权从应给付予申请人的款项中扣除。被申请人聘请的两案外人作为第三方鉴定机构分别就涉案工程质量进行了鉴定检验,并分别出具了《房屋安全鉴定报告》和《评估报告书》。这两个报告结论均表明,涉案工程厂房、办公楼、宿舍楼、污水处理室及配电房和门卫室存在不同程度的严重质量问题,影响建筑物主体结构安全,需要进行后续修复工作。

被申请人为修复涉案工程的质量问题和缺陷已经产生部分维修费用,至本案第二次开庭为止,已发现但尚未修复的质量问题经评估后维修费用保守估计为近 400 万元,且存在严重影响建筑物主体结构安全的质量问题,未来可能会产生进一步的维修费用,被申请人保留进一步向申请人索赔的权利。

---

① 《工程施工合同解释》第 13 条规定:"建设工程未经竣工验收,发包人擅自使用后,又以使用部分质量不符合约定为由主张权利的,不予支持;但是承包人应当在建设工程的合理使用寿命内对地基基础工程和主体结构质量承担民事责任。"

三、仲裁庭意见

(一) 关于涉案工程的工期、开工日期的认定

1. 涉案《施工合同》及其关于工期、开工日期、竣工日期的约定应当认定合法有效。

2. 合同明确约定了开工日期的认定标准为施工许可证颁发之日,该约定不存在歧义。申请人于 2012 年 1 月 31 日出具的、监理单位和被申请人均于同日作出同意施工意见的 3 份《单位工程开工申请报告》(分别对应厂房、宿舍和办公楼)中明确标明的"申请开工日期"以及被申请人签字确认的《建筑工程竣工验收报告》中载明的开工日期均为 2012 年 1 月 31 日,可见被申请人认可该日为开工日期。据此,仲裁庭认定涉案工程的开工日期为 2012 年 1 月 31 日。

3. 关于合同约定的涉案工程工期。对于合同条款的理解应当基于合同所使用的词句、合同的有关条款进行文义解释。从各《补充协议》相关条款内容理解,都明确为对于补充工程的单独工期的约定,不构成对整体工程的工期变更。《施工合同》最初即按照厂房、办公楼、宿舍等不同工程内容分为 210 天和 230 天两种工期区别计算,可知双方认可按不同工程约定不同工期。申请人主张《施工合同》最后约定完工日期应以《补充协议六》约定的 2013 年 3 月 15 日为准的观点,仲裁庭不予支持。结合开工日期为 2012 年 1 月 31 日,仲裁庭认定厂房部分约定的工期完工日为 2012 年 8 月 27 日、宿舍部分为 2012 年 9 月 16 日、办公楼部分为 2012 年 11 月 25 日。

(二) 关于被申请人提前使用工程及涉案工程竣工日期的认定

1. 关于原《工程施工合同解释》第 14 条各款适用情形的理解

原《工程施工合同解释》第 14 条"当事人对建设工程实际竣工日期有争议的,按照以下情形分别处理:(一)建设工程经竣工验收合格的,以竣工验收合格之日为竣工日期……(三)建设工程未经竣工验收,发包人擅自使用的,以转移占有建设工程之日为竣工日期"的规定中,第(一)项适用于通常情形,第(三)项适用于发包人擅自使用的特殊情形。如果满足特殊情形,应

优先适用该特殊情形的相关规定。发包人未经竣工验收而提前擅自使用工程,应视为其已默认该工程质量合格并主动放弃查检验收的权利。即使发包人在擅自使用建设工程后再补办竣工验收,也不应转而适用第(一)项认定竣工日期。

2. 关于被申请人提前使用涉案工程的认定

结合双方提交的证据,特别是监理单位作为第三方在多份材料中的陈述,仲裁庭认可申请人关于被申请人提前使用涉案工程的事实主张。因此本案应适用原《工程施工合同解释》第14条第(三)项的规定,以转移占有建设工程之日来认定竣工日期。

但仲裁庭认为,"擅自使用之日"与"转移占有之日"并不等同。发包人的擅自使用一般都以部分、不完全的占有使用为开始,而原《工程施工合同解释》第14条第(三)项并未规定以发包人擅自使用之日为竣工日期,其本意是不将部分占有使用之日作为竣工日期。仲裁庭理解第14条第(三)项规定的"转移占有"为完全、实质性的转移占有。本案中,被申请人虽在2012年8月18日即在涉案工程建筑中开始安装生产设备,还进行了试产,但并未完全转移占有,事实上申请人此后仍然对涉案工程进行施工。根据案外人出具的《复函》及经其盖章确认的附件《厂房租金收款通知书》,以及被申请人提交的《旧厂房租金计算表》可得知,被申请人实则是在2013年2月28日才完成全部旧厂区房屋和土地的移交手续,搬迁到涉案新厂区,完成对涉案工程的转移占有。此时涉案工程尚未完成竣工验收。

因此依据原《工程施工合同解释》第14条第(三)项的规定,应认定转移占有建设工程之日即2013年2月28日为涉案工程的竣工日期。

(三)关于涉案工程质量及其责任承担

原《工程施工合同解释》第13条规定,"建设工程未经竣工验收,发包人擅自使用后,又以使用部分质量不符合约定为由主张权利的,不予支持;但是承包人应当在建设工程的合理使用寿命内对地基基础工程和主体结构质量承担民事责任"。结合原《工程施工合同解释》第14条关于竣工日期的规定,以及《工程价款结算办法》第19条,即"发包人对工程质量有异议,已竣工验收或已竣工未验收但实际投入使用的工程,其质量争议按该工程保修合同执行"的规定,仲裁庭认为,若发包人擅自使用未经验收的工程,即可视为工程交付提前完成且工程验收合格,承包人只需承担工程经合法验收之后的法律后果,质量保修合同仍应执行。本案中,鉴于涉案工程未经竣工验收而被申请人擅自使用,被申请人因此仍有权且仅有权在保修期内就相关质量问题请求承包人承担保修责任。《施工合同》约定了"质量保修"的有关内容,且双方另行签订了《工程质量保修书》,应据此认定申请人的质量保修责任。

关于配电房屋顶漏水的质量瑕疵问题。按照被申请人的事实主张,其在2016年12月14日(此时尚在合同约定的防水部位5年的保修期内)发给申请人的邮件中要求申请人在3日内回复,否则被申请人将自行安排维修,费用从工程应付款中扣除,但申请人却一直未予回复。即使按照申请人的事实主张,其在收到被申请人的通知后,也并未第一时间响应,而是在10日后才发函回复被申请人建议鉴定,无视双方关于2日修正期限的约定,也无视被申请人在通知中所强调的配电房屋顶漏水问题的急迫性(被申请人称配电房屋顶"严重漏水,导致严重的安全隐患")。仲裁庭认为,通常情况而言,对于质保期内发现的质量问题,一般默认应由承包方负责,除非承包方能证明问题是由其他原因造成的。但本案中,申请人只是在10日后回函拒绝在约定期内进行修正,在没有明显证据证明漏水是由其他原因造成的情况下,单方面主张推迟维修安排并建议第三方鉴定。虽然双方最终未在保修期内聘请第三方确认漏水原因,但综合考虑保修期内的责任分配、申请人的响应速度等因素,仲裁庭认为申请人未及时修正配电房屋顶漏水问题构成违约,应当依据《施工合同》的约定,承担被申请人委托第三方修正缺陷所支出的维修费。

关于地面下沉的质量瑕疵问题。建筑物室外的地面不属于房屋主体结构,其保修期限应适用合同约定的一般部位保修期2年的约定。被申请人未能提供任何证据证明地面下沉问题发生在保修期内,且无证据证明其曾在保修期届满日之前向申请人通知过该地面下沉问题,应当承担举证不能的不利影响,因此仲裁庭对于被申请人提出的要求申请人承担相关地面下沉问题的维修费用的主张不予支持。

被申请人主张应由申请人承担的维修费用主要分两类,一是已经产生的维修费用,二是已发现但尚未修复的质量问题经评估后的修复费用。

关于第一类已经产生的维修费。如前所述,仲裁庭支持被申请人关于配电房屋顶漏水维修费的主张。根据被申请人所提交的其与第三方签署的《工厂配电房屋顶漏水维修工程合同》及相关文件,其相应支出的配电房屋顶漏水维修费,应由申请人承担。

关于第二类后续维修费以及未来的索赔权。如前所述,申请人仅在保修期的范围内对涉案工程的质量负责,仲裁庭注意到截至本裁决作出之日保修期尚未期满的工程仅限于地基基础工程和主体结构工程(保修期50年)。但没有明显证据证明E公司出具的《评估报告书》中所提及的已发现但尚未修复的质量问题是属于地基基础工程和主体结构工程范畴之内的。且对于在保修期内出现的地基基础工程和主体结构工程方面的质量问题,被申请人有权在后续具体维修过程中要求申请人及时修正,若申请人未能在规定时间内修正的,被申请人可自行或指派第三方修正缺陷,申请人应承担相关费用。因此,对于被申请人要求申请人承担后续维修费的主张仲裁庭不予支持,对于保修期内出现的地基基础工程和主体结构工程方面的质量问题和缺陷,被申请人有权向申请人主张质量保修责任。

四、裁决结果

1. 被申请人应向申请人支付工程款本金共计9949533.31元以及相关利息(该利息按照中国人民银行的同期贷款利率与同期存款利率的平均值计算至全部本金清偿之日止,暂计算至2018年6月29日止的暂计利息为人民币2645392.65元),本金和暂计利息合计为12594925.96元。

2. 申请人应向被申请人支付误期赔偿费用(计至被申请人选择的暂计日期)及维修费共计5113800元。

3. 申请人应协助被申请人完成工程竣工验收备案。

4. 本案本请求仲裁费全部由被申请人承担;本案反请求仲裁费由申请人自行承担。

五、评析

(一)关于未经竣工验收发包人"擅自使用"与"转移占有"建设工程的认定

根据原《工程施工合同解释》第14条(2021年1月1日起施行的《工程

施工合同解释(一)》第9条沿用该条)第(三)项的规定,当事人对建设工程实际竣工日期有争议,且建设工程未经竣工验收被发包人擅自使用的,以转移占有建设工程之日为竣工日期。本案中,结合双方提交的证据,特别是监理单位作为相对独立的第三方在多份材料中的陈述,仲裁庭认可了申请人关于被申请人在工程未经竣工验收即提前使用的事实主张,并就此认定本案应适用上述司法解释条款。严格依照上述司法解释条款的含义,仲裁庭如能进一步查明发包人对工程的提前使用是否为"擅自",或者就被申请人是否"擅自使用"工程予以阐述,则适用本条款司法解释的理由将更加充分。

笔者认为,对于发包人提前使用未经竣工验收的工程是否构成"擅自使用"的认定宜关注以下方面:首先,发包人的提前使用是否经过了承包人的同意?如果承包人同意,则不构成发包人"擅自"使用;其次,发包人的提前使用是否导致承包人不能履行继续施工或竣工验收前的质量整改义务?在实务场景中,施工合同中经常约定,工程施工到竣工验收前的某一阶段,发包人可以提前安排其他承包人进场安装设备、开始室内装修施工或者为工程正式使用进行准备工作等。此时,合同项下的承包人与发包人另行发包的其他承包人将在现场同时施工,甚至在施工程序上进行交叉作业。发包人依照合同的事先约定提前安排他人进场施工,既不应构成"擅自使用"工程,也不会导致承包人不能履行继续施工或竣工验收前的质量整改义务。即便施工合同中没有上述约定,如果发包人在工程竣工验收前安排他人提前进场作业,只要未实质性导致承包人不能继续施工或进行质量整改,一般亦不宜认定发包人擅自提前使用了未经验收的工程。不过,此时承包人应有权要求发包人就因其施工受到的干扰而导致的工期延误、停窝工或者其他施工降效给予工期顺延和损失赔偿。

在实务中,"转移占有"日期的确定有必要注意下列问题:第一,发包人擅自使用部分工程的,如何认定工程转移占有日期?笔者认同本案仲裁裁决的观点:发包人对工程的擅自使用一般都以部分、不完全地占有使用为开始,因此,"擅自使用之日"与"转移占有之日"通常并不等同。一般不应将发包人部分占有使用工程之日认定为工程"转移占有之日"。第二,发包人对未经验收的建设工程的擅自临时、短暂使用或占用,如何认定工程转移占有日期?典型的实务场景是,发包人临时使用未经验收的工程举办临时活动数日,活动期间禁止施工人员进入。活动结束后,将工程交承包人继续占有和施工。此时如果机械地适用上述司法解释的规定,可能失之公平。对于发包人临时占用工程,宜结合发包人临时占有使用工程的方式、强度和时间长度、对工程质量可能产生的影响以及对承包人履行继续施工义务的影响程度作综合判断。①

(二) 未经竣工验收发包人擅自使用建设工程后承包人工程质量责任的承担

原《工程施工合同解释》第 13 条[《工程施工合同解释(一)》第 14 条沿用该条]规定:"建设工程未经竣工验收,发包人擅自使用后,又以使用部分质量不符合约定为由主张权利的,不予支持;但是承包人应当在建设工程的合理使用寿命内对地基基础工程和主体结构质量承担民事责任。"对于未经验收发包人擅自提前使用的建设工程质量的认定,实务中存在以下不同观点:观点一,视为发包人自愿接受可能的工程质量缺陷,工程质量是否实际符合原约定的质量要求未知;观点二,视为工程质量合格(符合约定质量标准)。对上述问题持何种观点,不仅影响承包人对于工程质量的责任,也对其后判定承包人履行保修责任应达到的质量标准具有重要影响。如采用观点一,即视为发包人接受现有瑕疵,则相当于发包人自愿将建设工程质量标准降低至擅自使用时的工程质量现状,随后承包人虽仍应对工程承担保修责任,但是对工程的保修质量也仅需达到该降低后的质量标准,发包人无权要求承包人对擅自使用工程时已经存在的缺陷整改至合同约定的质量标准。显然,观点一将导致建设工程质量标准在保修阶段被实质地降低,不符合建设工程立法坚持工程质量第一的基本立场,不可取。如采用观点二,即视为工程质量符合合同约定的质量标准,则其后承包人不承担工程交付前的工程质量责任,但是仍应对工程承担保修责任,且工程的保修质量亦应达到合同约定的质量标准。参照适用《民法典》第 621 条②第 1 款和第 2 款,结果也支持该观点。

---

① 参见曹文衔、宿辉、曲笑飞:《民法典建设工程合同章条文释解与司法适用》,法律出版社 2021 年版,第 326 页。

② 《民法典》第 621 条规定:"当事人约定检验期限的,买受人应当在检验期限内将标的物的数量或者质量不符合约定的情形通知出卖人。买受人怠于通知的,视为标的物的数量或者质量符合约定。当事人没有约定检验期间的,买受人应当在发现或者应当发现标的物的数量或者质量不符合约定的合理期限内通知出卖人。买受人在合理期限内未通知或者自收到标的物之日起二年内未通知出卖人的,视为标的物的数量或者质量符合约定;但是,对标的物有质量保证期的,适用质量保证期,不适用该二年的规定。出卖人知道或者应当知道提供的标的物不符合约定的,买受人不受前两款规定的通知时间的限制。"

有必要指出,原《工程施工合同解释》第 13 条的适用至少存在以下例外情形。

例外情形之一:物的瑕疵担保责任不是买卖合同独有的问题,在其他有偿合同纠纷案件的审理过程中涉及的瑕疵担保问题,除法律有明文规定之外,可以补充准用买卖合同的相关规定。① 因此参照适用《民法典》第 621 条第 3 款,承包人知道或者应当知道工程质量不符合约定(如偷工减料、以次充好)的,相应部分的工程质量应视为不合格。② 本案中,作为发包人的被申请人未能主动举证申请人作为承包人在发包人擅自使用工程之前知道或者应当知道工程质量不符合约定的事实,因而本案不适用于观点二的上述例外情形。有必要指出,发包人擅自提前使用工程视为工程已经竣工以及竣工验收已经合格,并非等同于工程已经实际竣工以及工程质量实际合格。前者在工期上的意义是以工程转移至发包人占有之日视为竣工日期,在合同有关履行期限上的意义是保修期开始计算,与竣工期限有关的工程价款结算、支付期限开始计算;在工程质量上的意义是承包人免除了对施工阶段工程一般质量不符合约定标准(地基基础工程和主体结构质量缺陷除外)而进行整改的义务和责任,但是并不免除承包人对于工程在保修期内的质量保修义务和责任,也不应免除承包人协助发包人完成工程实际竣工验收及其备案程序的义务。故此,本案申请人仍应按照《施工合同》中有关"质量保修"的条款以及双方另行签订的《工程质量保修书》的约定承担工程保修义务。申请人因未能按约履行保修义务,被裁决承担违约责任:向被申请人支付工程维修费用。

例外情形之二:就有偿合同标的物的风险转移而言,《民法典》第 604 条③规定,标的物毁损、灭失的风险,于物的占有转移之时,由标的物的前手占有人转由后手占有人承担,但当事人另有约定的除外。可见,既然在物的毁损、灭失这一类比物的质量瑕疵更重大的事项上,法律均不排除当事人对风险分配的另行约定,举重以明轻,上述司法解释虽以发包人"擅自"使用工程作为免除承包人对建设工程一般质量责任的条件,案件裁判实务中,如果

---

① 最高人民法院民事审判第二庭编著:《最高人民法院关于买卖合同司法解释理解与适用》(第二版),人民法院出版社 2016 年版,第 269 页。

② 参见曹文衔、宿辉、曲笑飞:《民法典建设工程合同章条文释解与司法适用》,法律出版社 2021 年版,第 306、307 页。

③ 《民法典》第 604 条规定:"标的物毁损、灭失的风险,在标的物交付之前由出卖人承担,交付之后由买受人承担,但是法律另有规定或者当事人另有约定的除外。"

当事人之间关于质量责任和竣工验收存在对承包人质量瑕疵担保义务的特别约定,则此类特别约定仍应约束承包人,而不应继续机械适用上述原《工程施工合同解释》第13条的规定,一概免除承包人对于未经验收被提前使用的建设工程(地基基础工程和主体结构除外)的质量责任。

(本案例由深圳国际仲裁院仲裁员曹文衔编撰)

案例16 发包人委托第三方代为维修的费用合理性问题

仲裁要点：建设工程如果超过保修期，但质量问题是承包人造成的，承包人应基于侵权承担维修责任，发包人对此承担举证责任，适用侵权责任诉讼时效。承包人虽然对因其造成的工程质量缺陷负有维修责任，但发包人委托第三人代为维修的范围应当限于消除质量缺陷，维修费用的支出应当合理，不应随意扩大或者增加，对此，发包人负有举证责任。

一、案情概要

A公司（发包人，本案仲裁本请求申请人及仲裁反请求被申请人，以下简称"申请人"）与B公司（承包人，本案仲裁本请求被申请人及仲裁反请求申请人，以下简称"被申请人"）于2011年7月27日签订《S市建设工程施工（单价）合同》及相关补充协议文件（以下简称《总包合同》），约定由被申请人承包涉案工程，工程包括7栋高层住宅，1栋多层会所及1个公交车站。其中，《总包合同》附件《工程质量缺陷保修书》（以下简称《保修书》）约定："工程质量缺陷保修期：屋面防水工程、有防水要求的卫生间/房间和外墙面的防渗漏工程的为5年；装饰装修工程为2年；承包人不在约定期限内派人修理，发包人可委托其他人员修理；工程质量缺陷保修费用及相关的损害赔偿责任由造成质量缺陷的责任方承担。"2010年9月25日，申请人与F公司就涉案工程签订了《S市建设工程监理与相关服务合同》，约定：施工监理服务收费基价暂定2.8亿元×1.576%-22万元=419.28万元，保修阶段相关服务收费额为22万元。

涉案工程实际于2011年8月29日开工建设，2013年3月22日取得竣工验收备案回执。

涉案工程竣工验收且所在小区已投入使用后陆续出现外墙空鼓、开裂渗水，地下室渗漏水，标准层（内墙）电梯厅大面积空鼓瓷砖脱落三大类的质量问题，引发小业主上访、媒体报道，S市国资委、住建局质监站介入处理。

2016年6月至12月期间，申请人多次邀请S市土木学会防水专业委员会专家进行实地查勘、召开讨论会等，对涉案工程质量问题的形成原因、维修方案等问题出具意见及建议。申请人共计聘请15名专家，组织了7次评审，支付119483.33元专家费。

2016年7月，申请人与案外人D公司签订《A公司建设监理合同》，委托D公司对维修工程提供监理服务。同年8月，申请人委托案外人C公司进行维修，先后与C公司签署《外墙维修合同》《地下室及电梯厅维修合同》《A公司零星工程承包合同》。申请人已支付D公司监理费173.2万元，已支付C公司维修费用22687465元（结算价23622765.3元）。

2016年6月23日、2016年9月7日及2017年1月17日，申请人与被申请人副总经理姚某某通过会议纪要、承诺函等方式对工程质量、工程维修及费用承担等问题作出安排。在会议纪要及承诺函中，被申请人多次表示同意由申请人委托第三方进场维修、同意承担此次维修支出的相关费用、对受到影响的入住业主进行经济补偿、承担入住业主在维修期间的物业管理费和停车费等。被申请人庭审中否认2016年6月23日会议纪要的真实性，认为姚某某无权签发承诺函，但认可2017年1月17日会议纪要的真实性。

申请人申请仲裁时，维修工作已经完成，被申请人自行维修了5栋、6栋外墙，C公司承担了1栋、2栋、3栋、4栋、7栋、8栋的外墙维修工程、全部内墙电梯厅维修工程以及地下室渗漏维修工程。

因《总包合同》尚未结算完毕，被申请人于2014年11月20日、12月1日上报安装部分、土建部分结算书，总金额为341318718.26元。2017年11月6日被申请人按照F公司审核后的金额332026117.36元，最后一次向申请人提交了结算报告。申请人在2019年1月18日作出的《关于涉案工程总包结算审定金额》中称，332026117.36元是其"地区公司"的审核造价，非集团公司的审核价。经集团公司成本管理部复审，核减了19335903.96元，涉案工程总结算金额为312690213.40元。申请人已支付工程款278570000元。

2018年4月27日，申请人依据涉案合同中的仲裁条款向深圳国际仲裁院申请仲裁，2018年10月19日提交《变更仲裁请求的申请书》，仲裁请求最终确认如下：

1. 被申请人向申请人支付工程维修费用共计23622765.29元。
2. 被申请人向申请人支付涉案工程维修期间的监理费用共计1732000元。
3. 被申请人向申请人支付涉案工程维修期间申请人管理人员、工程人员支出以及办公支出费用共计2154394.24元。
4. 被申请人向申请人支付涉案工程质量问题专家鉴定费用共计189483.33元。
5. 被申请人向申请人支付物业管理费、停车费损失共计4782683.92元。
6. 被申请人向申请人支付业主损失赔偿4500000元。
7. 被申请人向申请人支付工期违约金共计5560000元。
8. 被申请人向申请人支付申请人为本案支出的律师费1120000元。
9. 被申请人向申请人赔偿商誉损失共计5000000元。
10. 被申请人向申请人支付维修期间申请人支出对应的资金利息（以任一笔费用支出之日起算，按照中国人民银行同期同类贷款基准利率标准，计算至实际付清之日止，暂计算至2018年12月1日为1716098.1元）。
11. 被申请人承担本案仲裁费用。

2018年8月31日，被申请人提交《仲裁反请求申请书》，提出如下仲裁反请求：

1. 申请人向被申请人支付欠付涉案工程总承包工程款70138718.26元。
2. 申请人向被申请人支付逾期付款利息（按照中国人民银行同期银行贷款利率计算，从2015年5月31日起至申请人支付完成之日止，暂计算至提出反请求日为12000000元）。
3. 申请人向被申请人支付本案律师代理费400万元。
4. 申请人承担本案全部仲裁费用。

二、当事人主张

（一）关于工程结算价款

1. 申请人主张

被申请人报送资料不完整，结算书并非专业人士编制审核。被申请人与申请人一直在共同核对结算，已明示放弃以送审价为准的主张。施工总承包合同专用条款从未约定发包方对承包方报送的结算资料逾期未提异议的即视为认可,被申请人主张以送审价为准结算没有合同依据。

2. 被申请人主张

涉案工程已经施工完毕并竣工验收合格取得备案回执,被申请人已于2014年12月1日提交了结算报告,结算金额为341318718.26元,申请人超过合同约定的180天没有回复,应视为申请人认可该结算报告,申请人应当支付欠款及利息。

(二)关于质量缺陷是否存在及质量缺陷是否可归咎于被申请人

1. 申请人主张

被申请人承包施工的涉案工程竣工验收后陆续出现外墙空鼓、开裂渗水,地下室渗漏水,标准层(内墙)电梯厅大面积空鼓瓷砖脱落等三大类的质量问题。标准层(内墙)电梯厅空鼓瓷砖脱落质量问题,经专家勘察分析,是由于被申请人在施工过程中不按规范以及国家标准施工、施工质量不合格导致的。

2. 被申请人主张

被申请人对涉案工程存在外墙空鼓开裂渗水、地下室渗漏水质量缺陷没有异议,但不认可标准层(内墙)电梯厅存在大面积空鼓瓷砖脱落质量缺陷,并提交了工程竣工验收合格记录。

关于渗漏的责任,项目竣工验收之后,申请人指定其他单位加建楼板等工程产生的渗漏,以及因加建施工导致的渗漏,不应由被申请人承担维修责任。

关于瓷砖空鼓脱落责任,已经超过了2年的保修期,未委托专业机构作检测鉴定,专家的分析意见不足以采信,被申请人不承担维修责任。

(三)申请人委托第三方代为维修是否符合《保修书》约定

1. 申请人主张

上述质量问题出现后,被申请人怠于履行保修及维修义务,引发小区业主不满,持续进行投诉曝光,且业主对于涉案工程出现的质量问题拒绝由被申请人开展维修工作。在此背景下,申请人被迫委托第三方C公司开展维修工作。在多次专题会议、承诺函中,被申请人认可由第三方维修,并承担费用。

2. 被申请人主张

被申请人一直按照申请人的要求和指示履行保修义务,不存在违反合同约定不予修理的情况,《总包合同》约定的申请人有权委托第三方保修的条件不成就,此情况下申请人委托第三方施工没有合同和法律依据。

2016年6月23日的会议纪要,申请人私自进行了修改,2016年9月7日的承诺函上签字的被申请人副总经理姚某某未获授权,均不具有真实性。被申请人仅认可2017年1月17日会议纪要是真实的,但申请人违反了该纪要的约定。

(四)申请人委托第三方的维修范围,申请人支出的维修费、监理费、项目管理费、专家鉴定及造价咨询等费用是否适当或者合理

1. 申请人主张

被申请人在多次会议纪要以及承诺函中确认由申请人委托第三方维修,承诺承担涉案工程维修发生的全部维修费用。相关费用已经实际产生,申请人已经对外付款。

2. 被申请人主张

申请人委托C公司进行维修,未经招投标。C公司恶意扩大维修范围,基本上将整面墙全部凿除,包括没有任何问题的外墙,大大超过了被申请人的保修范围。申请人没有按照之前各方会议纪要约定的由各方先确定维修范围后再施工,被申请人不承认C公司扩大施工的工程量。原计划外墙维修时间仅需要60天,但实际上C公司却维修了18个月,因施工超出正常维修时间而导致的费用增加不应由被申请人承担。

申请人未提交外墙、地下室防水、绿化修复工程维修费用的明细证据,不能证明工程范围应由被申请人承担以及结算价格合理。

监理费用、申请人的管理费用远超必要。聘请专家是申请人单方行为,应自付费用。

(五)申请人主张的物业费、停车费损失是否应当支持

1. 申请人主张

因涉案工程存在严重质量问题,维修周期长,维修期间业主生活及居住遭受严重影响,业主也因此拒绝支付物业管理费、停车费,申请人为此需支出4782683.92元(已支付3351932.73元),被申请人在2016年9月7日的《关于××城外墙渗漏水维修及补偿事宜的承诺函》中也承诺承担该项费用。

2. 被申请人主张

物业管理与房屋买卖是两个不同的法律关系,小业主如果因房屋在保修期

内出现质量缺陷要求开发商保修,与物业管理服务无关,小业主因房屋保修问题拒交物业管理费和停车费没有法律依据,实践中法院也不支持小业主的该诉求。《承诺函》是申请人单方草拟的,非被申请人意思表示,被申请人不予认可。

(六) 关于业主损失

1. 申请人主张

申请人认为,因涉案工程墙体开裂、渗漏水等原因,小区业主房屋内部装饰装修以及家具均遭受不同程度的损失,暂计金额为 450 万元。

2. 被申请人主张

被申请人认为,被申请人已对部分小业主房屋漏水进行维修,也与部分小业主就维修和赔偿事项签订了和解协议,并支付了相关费用。申请人并不存在该损失,也未提供任何证据证明存在该项损失。

(七) 关于工期违约金

1. 申请人主张

申请人认为,涉案工程于 2011 年 8 月 29 日开始施工,2013 年 3 月 20 日验收合格,2013 年 3 月 22 日取得竣工验收备案回执,超过合同约定节点工期,应当承担逾期完工违约责任共计 556 万元。

2. 被申请人主张

被申请人认为,涉案工程在施工过程中发生了众多变更,增加的价款超过 16%。施工过程中还发生了台风等合同约定可以顺延工期的不可抗力事件,实际工期并未违约。申请人该项请求也超过了诉讼时效。

(八) 关于商誉损失

1. 申请人主张

申请人认为,涉案工程出现严重质量问题,被申请人不及时履行维修、保修义务,小业主多次向相关政府主管部门投诉,在申请人办公区域拉横幅、静坐并围困办公室,引发媒体对申请人的大量不良报道,申请人的社会声誉、商誉等严重受损。导致申请人作为国企及 A 股上市公司的形象、声誉严重受损,请求支持申请人关于 500 万元商誉损失的主张。

2. 被申请人主张

被申请人认为,申请人所主张的是合同违约责任,但是《总包合同》并未约定此种情况下存在商誉损失赔偿,申请人的主张没有合同依据。

三、仲裁庭意见

(一) 关于工程结算价款

2014年被申请人上报结算资料后,双方结算人员就结算问题通过短信或微信进行了意见交流,可以视为申请人在合同约定的180天期限内向被申请人反馈了结算审核意见。

2017年11月6日被申请人按照F公司要求再一次向申请人提交了结算金额为332026117.36元的结算报告,被申请人接受并按照申请人要求的结算金额重新提交结算报告,可以视为被申请人认可该结算金额。通过其他证据可以证明申请人认可监理公司作为其办理结算的代表,被申请人按照监理公司的要求报送结算资料,应当视为申请人认可。

据此,仲裁庭认定本案工程结算价款为332026117.36元。

(二) 关于质量缺陷是否存在及质量缺陷是否可归咎于被申请人

关于是否存在电梯厅空鼓瓷砖脱落质量缺陷的问题。竣工验收合格并不意味着投入使用后的工程不会出现质量问题。申请人提供了内墙瓷砖空鼓脱落的照片,被申请人与C公司、D公司共同实施的空鼓排查的记录,媒体关于业主反映曾经发生过小孩被脱落瓷砖砸伤脚的报道,专家在××××电梯厅墙砖空鼓、脱落现场讨论会发表的分析意见等,可以认定涉案工程存在电梯厅瓷砖空鼓脱落质量缺陷。被申请人未提供专家弄虚作假的证据。如果电梯厅不存在瓷砖空鼓脱落质量缺陷,在超过保修期、维修资金由谁承担尚不确定的情况下,申请人委托第三方进行相当于原电梯厅瓷砖工程施工量的大规模维修施工,不符合常理。为此,仲裁庭认可质量缺陷存在。

关于渗漏责任,被申请人未提供证据证明申请人指定的其他单位实施了加建楼板等工程,并且被申请人未提供加建工程存在渗漏或者导致已竣工验收建筑物渗漏的证据。据此,被申请人应当承担保修责任。

关于瓷砖空鼓脱落责任,如果未超过保修期,保修期内发生工程质量问题的,施工单位必须立即无条件上门维修,履行约定的维修义务。如果超过保修期,则由责任单位承担侵权责任(非《保修书》约定的保修责任)。质量问题是施工单位造成的,施工单位应承担维修责任,建设单位对此承担举证责任,适用侵权责任诉讼时效。本案中,申请人虽未委托专业机构进行检测鉴定和原因分析,但委托专家到现场检查、讨论并作原因分析,也符合行业通行做法。三位专家不仅是防水专家,也是建筑行业其他相关领域资深人士,均具有高级技术职称。在被申请人并无证据推翻专家意见或者证明专家弄虚作假的情况下,仲裁庭认可专家意见,施工不规范是瓷砖空鼓脱落的主要原因。据此,仲裁庭决定,被申请人作为施工单位,对电梯厅瓷砖空鼓脱落质量问题的发生承担90%的责任。

(三)申请人委托第三方代为维修是否符合《保修书》约定

依据《保修书》及相关法律规定,保修期内的保修工作应当由原合同施工单位负责,原施工单位收到通知后不及时履行保修义务的,建设单位可以另行委托第三方施工单位代为维修,原施工单位承担相关的维修费用。

申请人并未举证曾书面通知被申请人保修,也未充分举证被申请人拒绝或者怠于履行保修义务。但在保修或维修过程中,双方对维修范围、方式、标准、价格等问题存在分歧,协商过程耗时费力,影响维修工作及时有效开展,以致质量问题集中发生,小业主情绪激动,投诉上访,部分媒体予以报道,政府相关部门督促尽快处理,申请人未经招标直接委托C公司及D公司维修和监理,有紧迫性和合理性。在2017年1月17日的会议纪要中,被申请人认可"在被申请人维修未达到业主要求的情况下,申请人已委托C公司进行维修,被申请人同意承担C公司维修本项目所产生的全部费用"。

关于委托第三方维修的合理范围问题。3、4、7栋本应由被申请人维修,最终却由C公司维修,关于原因双方各执一词。在2017年1月17日的会议纪要中写明:"被申请人充分沟通不会遭遇业主阻拦维修的楼栋,经申请人同意后,由被申请人按专家评审通过的最新方案进行外墙施工……如遇业主阻挠,被申请人负责协调解决。"结合确有业主强烈反对由被申请人维修等事实,本案最终形成C公司维修1、2、3、4、7、8栋及地下室,被申请人维修5、6栋的结果,只能视为被申请人协调未果,被申请人最终默认或者接受了申请人委托C公司参与维修的事实。

(四) 申请人委托第三方的维修范围,申请人支出的维修费、监理费、项目管理费、专家鉴定及造价咨询等费用是否适当或者合理

查明需要维修的质量缺陷范围,以确定维修工程量,对维修工程造价的最终确定至关重要。被申请人虽然对因其造成的工程质量缺陷负有维修责任,但是,维修的范围应当限于消除质量缺陷,维修费用的支出应当合理,不应随意扩大或者增加,对此,申请人负有举证责任。

本案中,申请人对维修范围、维修相关费用的管控并不十分到位,对维修范围、维修相关费用的必要性、合理性举证不够充分,体现在以下方面:

1. 申请人通知被申请人空鼓排查及核对工程量的时间不合理。

2. 申请人未经招标直接委托第三方参与维修,价格未经市场竞争。维修合同未约定维修范围、维修价格。在签订合同前允许 C 公司进场。

3. 根据 2017 年 1 月 17 日的会议纪要,"工程单价由申请人、被申请人以及 C 公司三方协商一致确认",无证据证明申请人通知被申请人与 C 公司商定维修价格。

4. 根据《总包合同》的监理费用,国家发展和改革委员会、原建设部联合发布的《建设工程监理与相关服务收费管理规定》,财政部《基本建设项目建设成本管理规定》进行比较、测算,涉案维修工程的监理费、项目管理费偏高。

虽然涉案维修工程需要协调与已入住小业主的关系,尽量降低对其正常生活的干扰,会对工期有所影响,但一个声称花费 2300 万余元维修费的维修工程,其耗时居然超过 3 亿多元的原施工合同 443 天的合同工期,确实有些不合常理,客观上造成了与维修相关费用的增加。申请人支出的项目管理费大大超过监理费,其列举的项目管理费中,甚至包括礼品费、接待费等支出,说明申请人对自身项目管理费支出的管控也不严格。基于上述因素,如果缺乏有效的监管,涉案工程维修范围与维修价格超过必要和合理限度并非完全没有可能。

被申请人对上述局面的形成也负有一定责任。既然已经默认申请人委托 C 公司维修,最终也要承担相关的维修费用,就应当认真履行自己的监督职责,不能因为对申请人委托第三方维修心有不甘,或者遇到相关阻碍而放弃行使自己监督的权利。被申请人既不参加现场维修范围及工程量的监督核查,对自认为 C 公司涉嫌采取整面外墙铲除、事后通知现场核查工程量、造成既成事实,可能人为扩大维修范围,增加工程量及造价,以及申请人、监理

人员不认真履行监管职责,有放纵第三方嫌疑等做法有异议,也未及时书面正式提出,仲裁过程中也未提供相关的证据证明其主张,自己对自己采取了一种消极、不负责任的态度,也应承担相应的后果。

综上所述,申请人提交的证据只能说明相关费用已实际产生,并不能证明是维修工程必需,不能当然作为被申请人应承担费用数额的依据。由于维修工作已完成,再委托鉴定机构鉴定并不能反映当时的情况。为此,仲裁庭决定参照当事人双方2011年7月27日签订《总包合同》之附件《保修书》第5条约定的工程质量缺陷保修金标准,以仲裁庭认定的本工程结算价的5%,确定被申请人应当承担的与维修相关的费用,包括申请人主张的维修费、监理费、项目管理费、专家鉴定费、造价咨询费等费用。仲裁庭认为,当事人双方作此约定,说明上述款项基本能够满足正常工程保修所需,也未超出被申请人签订合同时对损失的预期,符合建筑行业惯例。

根据前述仲裁庭认定,本案工程结算价为332026117.36元,5%的保修金则为16601305.87元。

此外,上述保修金应当包括被申请人自行维修的5、6栋外墙渗漏质量缺陷所产生的维修费用3750873.04元,但不包括保修期外发生的瓷砖空鼓脱落质量缺陷所产生的维修费用4222679.12元(其中被申请人承担90%责任)。

最终,被申请人实际应当承担的维修相关费用为16650844.03元(16601305.87元-3750873.04元+3800411.2元)。

(五)申请人主张的物业费、停车费损失是否应当支持

房屋存在质量缺陷,其维修活动确会对已经入住小业主的正常生活造成影响,包括物业服务水平下降、停车不便等,相关责任单位给予适当的补偿值得鼓励。

2016年9月7日,被申请人的副总经理姚某某签署《关于××城外墙渗漏水维修及补偿事宜的承诺函》。姚某某作为被申请人的副总经理,具有完全民事行为能力,是涉案工程维修工作的负责人之一,曾被授权参与涉案工程质量问题协调会并在会议纪要签字,申请人可以合理信赖其有权代表被申请人,其签署的该承诺函可代表被申请人的意思。签字时,双方均承受相当大的维稳压力,被申请人的承诺符合当时的特定条件和环境,仲裁庭予以认可。

根据涉案项目物业管理单位G公司提交的报告,外墙集中维修期间物业

管理费与停车费合计4782683.92元。2018年10月10日,申请人向G公司支付3351932.73元。被申请人应向申请人支付垫付款3351932.73元。

(六)关于业主损失

小业主有权因房屋质量问题提出赔偿要求,但在本案中,小业主并未提出此项索赔请求,申请人也未实际支付给小业主该笔费用。根据2017年1月17日《关于××城六七期工程质量问题专题会议纪要》规定:"4.被申请人同意承担因本项目质量问题导致的所有小业主室内装饰装修、家具等损失,由被申请人自行与小业主协商并支付相应的赔偿金额。被申请人无法与小业主协商一致解决的,由被申请人与申请人共同委托评估机构评估确定小业主损失金额,被申请人同意根据评估机构的评估结果,赔偿小业主的损失并承担评估费。"申请人并未按照该会议纪要的规定执行,其请求按150户、每户3万元损失额进行赔偿并无依据。另外,被申请人提供的证据表明,其已经与3户小业主协商达成赔偿协议并履行完毕,如再行赔付这3户小业主,属于重复赔付。为此,仲裁庭不支持申请人的该项仲裁请求。

(七)关于工期违约金

仲裁庭认为,涉案工程已于2013年3月20日竣工验收合格,如果申请人要求被申请人承担工期延误违约责任,应当在竣工验收合格之日起2年的诉讼时效期内提出。但申请人并未及时提出,至提起仲裁申请时,已近5年,早已超过诉讼时效,为此,仲裁庭不支持申请人的该项仲裁请求。

(八)关于商誉损失

工程出现质量问题,不及时组织维修,确会给项目开发建设单位形象造成负面影响,但根据《总包合同》补充条款5.2.6条规定:"在工程施工过程中以及工程移交一年内,由于承包人责任出现工程质量问题、安全事故或者其他原因,受到报纸、电视等媒体的曝光或政府有关主管部门的通报批评或行政处罚,均会给本工程及发包人的社会形象造成损失,每次由承包人向发包人支付5万元违约金,由发包人从承包人工程进度款或保修款中扣除。"显然,申请人主张的问题发生在工程移交1年以后,不符合上述约定。如果主张侵权损害赔偿责任,申请人并未充分举证证明引发小业主大规模上访及媒体报道,主管部门介入处理,是单纯因为质量问题,还是因为被申请人怠于履行维修义务,或者申请人自己组织维修不及时、不得力导致矛盾激化。根据2016年6月15日S市人民政府国有资产监督管理委员会给S市政府办公厅的《S市国资委关于××城六七期外墙及地下室渗漏水整改情况的函》的描述,原因是多方面的,包括"施工单位配合不力,维修工作不及时,效率不高,导致部分业主心存积怨。部分业主对维修方式不放心,心存疑虑。外包的物业管理公司未能充分履责,未能起到业主与开发商之间的沟通桥梁作用"。此外,申请人也未充分证明商誉损害的具体内容、损害程度、范围、损失计算标准、依据、方法等。为此,仲裁庭难以支持申请人的该项仲裁请求。

四、裁决结果

1. 被申请人向申请人支付本案工程维修相关费用16650844.03元。

2. 被申请人向申请人支付其垫付的物业管理费、停车费共计3351932.73元。

3. 被申请人向申请人支付律师费45万元。

4. 申请人向被申请人支付拖欠的工程款53456117.36元。

5. 申请人向被申请人支付33453340.60元工程款自2017年11月7日起至2018年8月31日的利息1188097.68元。

6. 申请人按照中国人民银行同期银行贷款利率,向被申请人支付拖欠的33453340.60元工程款自2018年9月1日起至实际付清之日止的利息。

7. 申请人向被申请人支付律师费53万元。

8. 本案本请求仲裁费由申请人承担60%、由被申请人承担40%。本案反请求仲裁费由申请人承担64%、被申请人承担36%。

9. 驳回申请人的其他仲裁请求。

10. 驳回被申请人的其他仲裁反请求。

五、评析

本案是因发包人委托第三方代为维修工程质量问题所引发的建设工程合同纠纷,施工人作为被申请人,就工程质量问题是否存在、质量问题是否由施工人导致、超出保修期限的质量缺陷是否负有保修义务、发包人委托第三方代为维修是否符合合同约定、发包人委托第三方维修的范围及支出的维修费用是否合理等方面,进行了全面的抗辩。

此外,发包人作为申请人提起本案仲裁时,维修工作已由第三方完成,对于工程质量、工程修复方案、修复费用再进行鉴定已无必要,也难以对修复前的质量问题进行鉴定,本案仲裁庭根据双方举证情况、行业惯例,对相关事实和法律责任作出了合理酌定。

笔者结合本案焦点问题和仲裁庭观点,就发包人向承包人主张委托第三方维修费用的承担相关问题进行讨论。

(一) 保修期满后,承包人对工程质量问题是否仍应当承担责任

自1998年3月1日起施行的《建筑法》第62条第1款规定了建筑工程的质量保修制度[1],原建设部亦颁布了《工程质量保修办法》,要求施工单位向建设单位出具质量保修书[2]。

既然存在质量保修制度,那么保修期届满后,承包人是否就不再承担工程质量问题的维修义务了?对此问题,实践中存在争议[3],有观点认为如果施工单位在超过保修期后仍承担责任,实质上延长了质量保证期限[4]。笔者认为,对于因承包人原因造成的工程质量问题,保修期满后,承包人仍应当基于质量瑕疵担保承担责任。理由如下:

首先,《建筑法》(2019年修正)第74条规定:"建筑施工企业在施工中偷工减料的,使用不合格的建筑材料、建筑构配件和设备的,或者有其他不按照工程设计图纸或者施工技术标准施工的行为的……造成建筑工程质量不符合规定的质量标准的,负责返工、修理,并赔偿因此造成的损失……"第80条规定:"在建筑物的合理使用寿命内,因建筑工程质量不合格受到损害的,有

---

[1] 《建筑法》第62条第1款规定:"建筑工程实行质量保修制度。"

[2] 《工程质量保修办法》第18条规定:"施工单位有下列行为之一的,由建设行政主管部门责令改正,并处1万元以上3万元以下的罚款。(一)工程竣工验收后,不向建设单位出具质量保修书的;(二)质量保修的内容、期限违反本办法规定的。"

[3] 超过保修期免责的观点,参见重庆市第一中级人民法院(2012)渝一中法民终字01987号民事判决书、广东省广州市中级人民法院(2021)粤01民终18722号民事判决书;不免责的观点,参见湖南省张家界市中级人民法院(2021)湘08民终152号民事判决书、贵州省铜仁市中级人民法院(2020)黔06民终1070号民事判决书。

[4] 参见邬砚:《建设工程质量责任的厘定:从竣工验收到质量保修》,载《中国不动产法研究》2020年第1期。

权向责任者要求赔偿。"《民法典》第 802 条规定:"因承包人的原因致使建设工程在合理使用期限内造成人身损害和财产损失的,承包人应当承担赔偿责任。"前述规定并未将承包人的工程质量担保责任限定在保修期内,反而明确在建设工程的合理使用期限内。

其次,质量保修制度并不是减轻承包人的法律责任,反而是加重了承包人的责任,如果承包人不能证明质量缺陷因发包人、第三人、使用不当、不可抗力等造成,则承包人应无条件承担保修义务。

最后,需要厘清的是,保修期内外,承包人承担质量责任的义务是不同的。在保修期内,承包人依据保修书承担合同违约责任,保修期外,承包人根据法律规定承担返工、修理、赔偿责任。

(二)保修期内的质量缺陷责任,承包人欲免责应当证明质量缺陷并非由其造成。保修期外的质量缺陷责任,发包人欲主张承包人承担应当证明质量缺陷原因在承包人

《民事诉讼法》(2021 年修正)第 67 条第 1 款规定:"当事人对自己提出的主张,有责任提供证据。"我国证明责任分配以"法律要件分类说"为原则,对于请求权发生、消灭或受到妨害的主张,应由提出主张的当事人根据规范所要求的事实,提供相应的证据,在事实真伪不明时,应承担不利后果。①

《工程质量保修办法》第 4 条规定:"房屋建筑工程在保修范围和保修期限内出现质量缺陷,施工单位应当履行保修义务。"保修期内外,承包人承担质量缺陷责任的依据、性质不同,造成了不同情况下,发包人与承包人的举证责任分配有所不同。在保修期内,推定承包人负有责任,承包人主张免责应承担举证责任。在保修期外,承包人不当然负有责任,发包人须举证证明质量缺陷原因在承包人。

在本案中,电梯厅空鼓瓷砖脱落质量问题已经超过保修期,对于该质量缺陷是否存在以及是否由被申请人造成,被申请人均提出了抗辩。在维修工程已经完工,缺乏双方认可的质量鉴定结论的情况下,给仲裁庭认定相关事实造成了一定难度。

笔者认为,对于民事纠纷,负有举证责任一方的举证达到高度可能性,而反证方无法动摇裁判者确信时,就可以认定举证方完成了举证义务。最高人

---

① 参见张卫平:《民事诉讼法》(第五版),法律出版社 2019 年版,第 251—252 页。

民法院《关于适用〈中华人民共和国民事诉讼法〉的解释》第108条第1款规定的"高度可能性"与大陆法系国家的高度盖然性相同,即根据自由心证原则,使裁判者虽然没有达到对待证事实确信只能如此,但已经相信存在极大可能或非常可能如此的程度。① 在负有举证证明责任的当事人提供的证据使裁判者达到初步确信时,其他当事人为反驳负有举证证明责任的当事人所主张的事实,可提供证据使裁判者的确信发生动摇,反证无须达到使裁判者确信的程度,只要能动摇裁判者对待证事实的确信即可。②

本案中,仲裁庭根据申请人提供的照片、排查记录、媒体报道、专家分析意见,结合事实合理性,认定了空鼓瓷砖脱落质量缺陷的存在。仲裁庭又根据行业中通过召开专家论证会解决质量缺陷的合理性和专家资质,认定质量缺陷主要是由被申请人造成的。而被申请人虽提出质疑,却无法提供反证动摇仲裁庭的确信,自然应当承担不利后果。

(三) 关于发包人委托第三方代为维修是否符合保修书约定

本案《保修书》约定,承包人不在约定期限内派人修理,发包人可委托其他人员修理。《工程质量保修办法》第9条规定:"房屋建筑工程在保修期限内出现质量缺陷,建设单位或者房屋建筑所有人应当向施工单位发出保修通知……"第12条规定:"施工单位不按工程质量保修书约定保修的,建设单位可以另行委托其他单位保修,由原施工单位承担相应责任。"

如果发包人委托第三方代为维修,应当提前向承包人发出保修通知,在承包人拒绝维修的情况下,再委托第三方代为维修。否则,承包人很可能对是否存在质量缺陷、维修方案、维修费用的合理性不予认可,裁判者对于发包人委托第三方维修的合理性也会产生怀疑,甚至基于违反了保修书约定而认定承包人免责。

本案中,尽管申请人并未举证曾书面通知被申请人保修,也未充分举证被申请人拒绝或者怠于履行保修义务,但是一方面因涉案工程的质量问题双方未能有效协商解决,造成了业主信访、媒体报道、政府督促的后果,申请人委托第三方维修具有紧迫性和合理性,另一方面被申请人在相关会议纪要中认可了申请人委托第三方维修并同意承担费用。在此情况下,仲裁庭认定申

---

① 参见张卫平:《民事诉讼法》(第五版),法律出版社2019年版,第255页。
② 参见张卫平:《民事诉讼法》(第五版),法律出版社2019年版,第230页。

请人委托第三方代为维修符合保修书约定,对被申请人而言公平合理。

(四)发包人主张的第三方维修费用应当具有合理性

我国违约损害赔偿以实际损失为限度,守约方不能因他人的不法行为而获益。修理是义务人消除标的物缺陷的补救措施,实质上以实现给付为目的[①],即发包人委托第三方维修应当达到施工合同约定的质量标准即可,不能不合理地高于施工合同约定的质量标准,更不能超出原有的合同施工范围。

《民法典》第591条第1款规定:"当事人一方违约后,对方应当采取适当措施防止损失的扩大;没有采取适当措施致使损失扩大的,不得就扩大的损失请求赔偿。"发包人委托第三方维修,应当采取合理的修复方案,控制合理的修复费用,不能因为承包人拒绝维修就肆意以不合理的费用委托第三方进行维修,否则就不当造成了损失的扩大。

笔者建议,在发包人委托第三方代为维修时,应当注意以下环节,以减少未来向承包人主张费用时发生争议:

1. 选聘第三方时采取招标方式;
2. 选择有资质的鉴定机构或专家出具修复方案;
3. 修复工程合理审价,控制费用;
4. 修复过程详细记录,邀请或通知发包人参与。

最后,对于发包人的举证责任不应过分苛责,如承包人拒绝自己维修又拒绝监督第三方维修,在承包人不能提供有效反证的情况下,承包人应当承担不利后果。

(本案例由深圳国际仲裁院仲裁员陈梦伶编撰)

[①] 参见韩世远:《合同法总论》(第四版),法律出版社2018年版,第767页。

案例17　未经工程质量司法鉴定情况下建设工程纠纷各方当事人的责任认定

仲裁要点：在建设工程纠纷案件中，司法鉴定是帮助裁判人员查明涉案专门性问题的一种非常重要的司法辅助手段，如审理建设工程质量纠纷案件时可以对建设工程是否存在质量问题、质量问题的性质、产生的原因、存在的范围、维修的方案及费用等专门性问题进行司法鉴定。但特殊情况下，涉案建设工程存在被隐蔽、拆除或鉴定费用过高等情况，无法或不宜进行司法鉴定，则裁判人员亦应摆脱对司法鉴定的依赖，充分利用调解等办案手段，灵活适用公平、诚实信用等民事法律基本原则，从案件实际情况和争议的核心诉求出发解决涉案的专门性问题，从而顺利解决争议。

一、案情概要

2008年12月31日，A公司（本案仲裁本请求申请人及仲裁反请求被申请人，以下简称"申请人"）与B公司（本案仲裁本请求被申请人及仲裁反请求申请人，以下简称"被申请人"）签署了《A公司仓储物流中心一期工程EPC总承包工程合同》。在合同履行过程中，双方在工程价款结算、工程质量缺陷赔偿等方面发生争议。

2012年7月27日申请人依据涉案合同中的仲裁条款向深圳国际仲裁院提起仲裁，并提出如下仲裁请求：

1. 裁决被申请人向申请人返还因本项目建筑面积超额结算和支付的工程款5632738.70元。

2. 裁决被申请人向申请人赔偿地坪质量缺陷相关损失暂计22484590.00元。

3. 裁决被申请人向申请人赔偿其他质量缺陷维修费用及相关损失暂计

3369687.08 元。

4. 裁决被申请人向申请人赔偿因质量缺陷维修造成的暂停使用而减少的租金收入暂计 2729029.74 元。

5. 裁决被申请人向申请人支付垫付的现场水电费用 126041 元。

6. 裁决被申请人向申请人支付二期工程未完成工程款 223640 元。

7. 裁决被申请人承担申请人为本案支付的律师费暂计 1000000 元。

8. 裁决被申请人承担本案的仲裁费和其他与本仲裁案相关的一切费用。

2012 年 9 月 4 日,被申请人提出如下仲裁反请求:

1. 裁决申请人支付其拖欠至今的节点工程款 11128143 元及退还 2012 年 7 月 28 日到期未退还的维修保证金 6339838.81 元,两项合计 17467981.81 元。

2. 裁决申请人支付节点工程款 4788303.02 元之利息 403792 元(按照中国人民银行 1 年期贷款利率 6% 计算,暂计至 2012 年 9 月 5 日,请求支付至清偿之日止,下同)。

3. 裁决申请人支付签发"'工程接受证书'后一年"的节点工程款 6339838.81 元之利息 437709 元(暂计至 2012 年 9 月 5 日)。

4. 裁决申请人支付延期支付竣工备案节点工程款 1000 万元的利息 243288 元。

5. 裁决申请人支付逾期支付工程总额 30% 的预付款的延期利息 261266 元。

6. 确认实际建筑面积为 107077.35 平方米,并依法裁决申请人按照综合单价每平方米 2695 元计算支付上述实际建筑面积与暂定建筑面积差(5980.18 平方米)的调整金额 16116585 元。

7. 裁决申请人支付上述请求第 6 项面积差的调整金额的利息 887516 元。

8. 裁决申请人支付由于申请人不当使用造成的被申请人支出的有偿维修费用 200 万元。

9. 裁决申请人向被申请人支付本案律师费暂计 300 万元。

10. 裁决申请人支付本案的仲裁费和其他与本仲裁案相关的一切费用。

本案分别于 2012 年 12 月 28 日和 2013 年 6 月 21 日进行了两次开庭审理,并进行了调解。

2013 年 8 月 2 日,申请人向仲裁庭提交了《关于仲裁案件处理的函告》《关于仲裁案件有关事项的说明》,被申请人提交了《B 公司确认函》,就涉案工程部分争议达成了和解意见。当事人双方同意：

1. 不再要求仲裁庭就涉案工程结算建筑面积进行鉴定，同意按照103500平方米的建筑面积进行结算并支付相应款项。

2. 考虑到质量缺陷检测鉴定的难度及检测结果的准确性，为节省时间，降低成本，双方同意不再要求仲裁庭进行鉴定，同时授权仲裁庭根据本案实际，综合考虑相关因素，就仲裁请求中的地坪及其他工程质量缺陷双方应承担的维修费用作出裁定。

3. 申请人放弃仲裁申请书中的其他仲裁请求；被申请人放弃仲裁反请求书中的其他反请求。

4. 双方要求仲裁庭根据上述意见，在对涉案工程质量缺陷维修费用负担作出认定后制作简易裁决书，双方遵照执行。

二、当事人主张

双方当事人在仲裁庭调解后就部分争议达成一致意见，剩余待裁决的争议如下：

(一) 关于地坪质量问题

1. 申请人主张

(1) 本项目实施过程中，被申请人未按本项目建造要求及投标文件要求对仓库区域的地坪工程进行设计，致使该项目地坪工程存在质量隐患。

(2) 本项目施工过程中，被申请人没有严格按设计文件和施工规范的要求进行施工，其完成的本项目仓库区域的地坪在交付时就存在大量质量缺陷，在交付后较短时间内就出现大面积蜂窝、麻面、掉皮、起砂、裂缝等质量问题，严重影响申请人及其租户的正常使用。

(3) 就本项目仓库地坪工程存在的严重质量问题，申请人多次发函要求被申请人维修，被申请人在认可相关质量问题确实客观存在的情况下，同意由申请人组织评估、制订维修方案，并同意由申请人组织全面整改。

(4) 经相关单位检验和评估，发现本项目地面、楼面存在较多蜂窝、麻面、掉皮、起砂、有杂物、裂缝、混凝土上下分层、面层混凝土密度和抗压强度低于下部混凝土、平整度不满足合同要求、地面配筋不符合要求、钢筋外露锈蚀等质量问题。地面缺陷的主要原因是：地面混凝土在上表面位置存在分层，厚度约在

3mm～30mm且分布不均,该分层的密度和强度均低于表面以下的部分。

(5)由于被申请人设计建造的仓库地坪工程质量不符合要求,且被申请人同意由申请人委托第三方维修,因此,申请人因地坪维修而发生的所有费用和因此遭受的损失理应由被申请人赔偿。

2. 被申请人主张

(1)该工程已经完成了整体的竣工验收、办理了房产证并交付申请人使用长达两年,因此不可能出现"严重质量问题"。

(2)申请人主张的蜂窝、麻面、平整度等各种问题仅属于局部、微小的外观瑕疵,不影响工程使用。在长达两年的使用后小部分面积地坪出现瑕疵是自然的、合乎常理的。

关于地坪的平整度的问题,由于该地坪工程的施工工艺应申请人的要求变更为一次性浇筑成型,被申请人已经就该施工工艺下平整度无法达到要求的问题告知申请人,但申请人坚持使用该工艺,应视为放弃了EPC合同项下平整度的要求。

(3)造成地坪外观瑕疵的主要原因是申请人违规超负荷使用。

(4)申请人所称地坪外观瑕疵导致"本项目长期不能正常投入使用"没有事实依据。

(5)就地坪出现的局部的外观瑕疵,双方已经达成扣款协议,该协议范围内的维修责任不应再由被申请人承担。

(6)在质保期内,申请人无合理理由拒绝被申请人进行维修工作,又在未通知被申请人的情况下擅自组织评估和维修,且拒绝与被申请人协商维修方案,所产生的一切评估、维修有关费用应自行承担,这些费用与被申请人无关,被申请人不应承担任何费用。

(7)申请人提出的维修方案不合理且费用明显超出了市场合理水平及合同的设计要求。

(二)关于其他质量缺陷问题

1. 申请人主张

(1)本项目交付申请时就存在大量质量缺陷。

(2)本项目使用过程中,申请人又先后发现了大量的质量缺陷。

(3)上述缺陷问题被申请人均未妥善进行维修,甚至拒绝维修。

(4)由于被申请人完成的工程质量不符合要求,且未按合同约定履行质量缺陷维修义务和工程质量保修义务,申请人完全有权委托第三方维修,因此发生的维修费用理应由被申请人赔偿。

2. 被申请人主张

(1)该工程已经竣工验收合格,这足以证明工程不存在重大的质量问题。《工程接受证书》中所列的质量瑕疵,属于"不影响工程项目的正常使用的少量未完工程以及存在的问题和缺陷"并且被申请人承诺根据合同第1.1.3.7条在缺陷通知期限内负责完成。被申请人也兑现了承诺,履行了保修义务。

(2)申请人提出的维修要求中很大部分属于正常使用的损耗,不影响使用。另有部分问题属于申请人、其租户或其物业管理公司使用不当、保养不到位所造成。

(3)对于质保期内属于被申请人保修范围内的瑕疵以及上述部分不在被申请人的保修范围内的瑕疵,被申请人均按照双方约定的时间进行了保修工作,但申请人一直不予确认,导致被申请人后续的维保工作难以进行。

三、仲裁庭意见

仲裁庭认为,当事人双方2013年8月2日提交的《关于仲裁案件处理的函告》《关于仲裁案件有关事项的说明》《B公司确认函》为其经平等协商后自愿达成,是双方当事人真实意思表示,不违反法律规定,仲裁庭予以尊重和认可。

根据双方确认的结算建筑面积103500平方米,比原合同约定增加2402.83(103500-101097.17)平方米,按照合同约定每平方米单价2695元计算,增加部分建筑面积的价格为6475626.85(2402.83 × 2695)元,当事人双方已经确认申请人尚欠被申请人工程款17467981元(4788303.02元备案节点余款+6339838.81元接收证书签发1年后节点款+2.5%的保留金6339838.81元),加上增加部分建筑面积的价格,则申请人尚欠被申请人工程款23943607.85(17467981+6475626.85)元。

关于质量缺陷赔偿问题,仲裁庭认为,要想就此作出较为准确的裁决,至少需查清或明确以下问题或事项:一是是否存在质量缺陷,存在质量缺陷的部位、范围大小;二是质量缺陷的严重程度如何、产生的原因:是设计不满足规范要求,还是施工违反工艺、偷工减料,抑或使用单位不当使用等,并据此确定责任归属；三是确定维修标准，并据质量缺陷的严重程度制订维修方案；四是测算维修价格，确定费用负担。而查清或确定上述事项必须依靠专业鉴定机构进行专业技术鉴定，而且至少需要委托三家以上的鉴定机构，包括检测查明缺陷部位或范围、制订维修方案、测算维修造价等，为此需要耗费大量时间和鉴定费用。加之本项目已竣工交付使用多年，申请人虽在发现质量缺陷后通知过被申请人维修并提供了质量缺陷清单，但双方对质量缺陷维修责任的归属存在分歧，部分质量缺陷已由被申请人修复或由申请人另行委托单位修复，再作上述检测鉴定已经很难反映当时的真实情况，鉴定结论不一定能令当事人双方信服。况且质量缺陷产生的原因错综复杂，可能既有施工的原因，也有不当使用的原因，考虑到质量缺陷检测鉴定的难度及检测结果的准确性，为节省时间，降低成本，当事人双方同意，不再委托或要求仲裁庭指定鉴定机构对本案相关问题进行司法鉴定，同时授权仲裁庭根据本案实际，综合考虑相关因素，就仲裁请求中的地坪及其他工程质量缺陷双方应承担的维修费用作出裁定，双方遵照执行。

综合考虑当事人双方提交的证明材料，仲裁庭对有关问题作如下分析：

1. 是否存在质量缺陷？

根据申请人委托的中国建筑工程质量检测中心作出的检测报告显示，本项目地面、楼面存在蜂窝、麻面、掉皮、起砂、有杂物、裂缝、混凝土上下分层、面层混凝土密度和抗压强度低于下部混凝土、平整度不满足合同要求、地面配筋不符合要求、钢筋外露锈蚀等质量问题。中国建筑工程质量检测中心虽为申请人单方委托的检测单位，但具有合法检测资质，在被申请人未提供充分证据证明检测报告不符合事实、违反检测规范或有关法规的情况下，仲裁庭采信该检测报告的检测结论。被申请人承认收到过申请人提交的质量缺陷维修清单及维修通知，并未否认质量缺陷的存在，仅对质量缺陷的部位、范围、严重程度、产生原因、是否应由其负责维修、缺陷维修方案及维修费用是否合理等有不同意见。因此，可以确认，涉案工程确存在地坪及其他质量缺陷。

2. 造成质量缺陷的原因是什么？

申请人认为，上述质量缺陷是被申请人的违规设计、施工所致。被申请人则认为虽有质量缺陷，但不影响结构安全，正常保修可解决。而且，有的问题为申请人不当指挥施工、超荷载使用等所致，不应由其承担维修责任。

对此，仲裁庭作如下分析：

对于申请人所谓设计方案违反规定的主张,申请人并未具体指明哪部分设计违反了什么标准规范,中国建筑工程质量检测中心作出的检测报告也未反映这一点。被申请人所作设计方案不违反申请人提供的《物业技术标准》,实施过程中申请人也未提出异议。为此,仲裁庭难以认可申请人的上述主张。

关于施工原因,检测报告已有明确的描述,是造成地坪等质量缺陷的重要原因,仲裁庭予以认可。

关于申请人不当指挥,被申请人提供了申请人要求其对地坪实行一次性浇注施工、其已提出可能影响平整度意见的会议纪要;关于不当使用,被申请人提供了超长货车驶入的视频等作为证据,对此,申请人并未否认,只坚持EPC合同的设计责任归承包方,其仅提供建议,是否采纳及采纳后果仍应由承包方承担。另外,超长货车并未驶入仓储区,但仓储区地坪却存在质量缺陷,说明非不当使用所致。仲裁庭认为,建设单位的指令客观上会影响甚至左右施工单位的行为,完全不对其所发指令承担责任欠公平。此外,对超长货车驶入区域产生的开裂、渗漏等质量缺陷,申请人应当承担不当使用的责任。

综上所述,造成涉案工程出现质量缺陷有多方面的原因,其中未按规定施工是主要原因,被申请人应承担主要责任,但申请人也应为其指挥不当及不当使用承担相应责任。

3. 如何确定维修方案?

仲裁庭认为,质量缺陷维修方案应按照原设计标准,根据质量缺陷的严重程度制订。如前所述,涉案工程设计方案并不违反申请人提供的《物业技术标准》及国家规范,施工过程中申请人也未提出异议,工程也通过了竣工验收。因此,工程发生质量缺陷时,应当按照原设计标准进行保修,超出该设计标准进行维修的费用不应由被申请人承担。但由于各部位质量缺陷的严重程度不同,维修方案会有差异。就地坪质量缺陷而言,对于缺陷较为严重的部位,仅作局部的、表层的铲除修复并不能满足长久使用的要求。一段时间后,同样缺陷还会再次发生。因此,适当的破坏性修复也是必要的,需要根据缺陷的严重程度采取相应深度的维修方案。

从申请人维修招标时提出的维修要求及实际维修采用的维修方案来看,的确提出了提高混凝土标号等超出原设计标准维修的要求,修复方式大多为破坏性修复,申请人提出的维修面积之大,甚至涵盖了整个工程,不排除有过度维修之嫌,不符合以合理方式、合理费用维修的原则。此外,申请人委托他人所作维修方案及维修费用,并未取得被申请人的认可,由此产生的维修费用全部由被申请人负担显然不公平。

考虑到再做质量缺陷检测鉴定的难度及检测结果的准确性,当事人双方已同意不再申请司法鉴定,并授权仲裁庭综合考虑相关因素作出裁定。为此,仲裁庭综合上述分析,另结合申请人为维修涉案工程质量缺陷签订的维修合同价格、已经实际支付的维修费用、该项仲裁请求数额、被申请人承接地坪工程的投标报价以及合同关于保修金的比例约定,决定由被申请人承担涉案工程地坪及其他质量缺陷损失共800万元,其余由申请人自行负担。

由于申请人尚欠被申请人工程款23943607.85元未付,扣除被申请人应当承担的800万元质量缺陷损失后,申请人还应向被申请人支付工程价款15943607.85(23943607.85-8000000)元。

四、裁决结果

1. 确认涉案工程按照103500平方米的建筑面积进行结算。

2. 裁决被申请人向申请人支付工程质量缺陷赔偿费用800万元,申请人向被申请人支付欠付工程款23943607.85元,二者抵扣后,申请人向被申请人支付15943607.85元。

3. 确认申请人放弃其他仲裁请求,确认被申请人放弃其他仲裁反请求。

4. 本案本请求仲裁费和反请求仲裁费分别由申请人和被申请人各自承担。

五、评析

本案为建设工程施工合同纠纷案件,焦点问题涉及工程质量和工程款结算等问题,但因双方当事人在仲裁过程中就工程款结算的依据即涉案项目工程的建筑面积达成一致并予以确认,故本案的核心问题为在未经建设工程质量司法鉴定的情况下,仲裁庭如何根据现有证据,从案件实际情况出发确定各方当事人的责任及所应承担的维修费用。

需要指出的是,仲裁庭在作出裁决时依据的是原《合同法》,而原《合同法》因《民法典》的生效废止,本案的评述以现行法律法规为依据。

(一)司法实践中,司法鉴定是建设工程施工合同纠纷案件普遍采用且十分重要的司法辅助手段

建设工程纠纷案件包括勘察、设计、监理和施工四种类型,其中建设工程施工合同纠纷是占比较高的一类,具有标的额大、专业性强、证据材料复杂等特点。实践中,建设工程施工合同纠纷案件的争议主要集中在工程造价、工期和质量三个方面,由于案件的事实认定往往涉及诸多专门性、技术性的问题,因此在审理该类案件时往往需要借助司法鉴定。司法鉴定是在司法程序中就专门性问题所采取的辅助审判人员发现事实的手段,有时是否鉴定、怎样鉴定以及结论如何可能会直接影响案件的审理结果,因此司法鉴定在建设工程案件审理中具有十分重要的地位,鉴定已成为审理此类案件的常态程序。

工程质量是建设工程的核心价值所在,亦是实务中频繁出现纠纷的领域。但相较于工程造价、工期等纠纷案件,工程质量问题产生的原因更加复杂、专业跨度也更大,并且当争议发生时,承发包双方往往各执一词、针锋相对,导致案件事实难以查明,审理难度非常大。为此,对工程质量纠纷中所涉专门性问题如涉案工程是否存在质量问题,质量问题的性质、范围、成因、后果,是否可以修复,如何修复及费用等进行司法鉴定,可以有效解决此类案件事实认定困境,因此建设工程质量纠纷案件往往对司法鉴定的依赖度更高。

实践中,建设工程施工合同纠纷案件经常涉及的鉴定主要有工程造价鉴定、工程质量鉴定、工期鉴定、修复方案鉴定和修复费用鉴定等。其中,工程造价鉴定和工程质量鉴定最为常见。

虽然司法鉴定对审理建设工程施工合同纠纷案件具有非常重要的作用,但仍有某些特殊情况不能或不宜进行司法鉴定:

(1)工程现状原因,如被隐蔽、被拆除或被反复维修,已无法进行鉴定;

(2)司法鉴定的费用过高、时间过长,不宜进行鉴定;

(3)存在技术限制,即使进行鉴定也可能无法得到具有参考价值的鉴定结论;

(4)鉴定要求不属于鉴定范畴或与争议的事实无关,不应进行鉴定。

上述情况下,案件的审理人员应当从案件实际情况出发,另觅他途,灵活、妥善地处理相关纠纷案件。

司法鉴定是审判活动的辅助手段,也是提高司法效率、维护司法权威、促进司法公正的重要保障。建设工程施工合同案件中,运用好司法鉴定,能够在查明事实的基础上,有效化解纠纷,大大提高案件质量和效率,但同时亦要避免对司法鉴定过度依赖,防止出现"以鉴代审"的情况。

(二)在未就争议的工程质量问题进行司法鉴定的情况下,仲裁庭可以从案件实际情况出发酌定相关维修费用的分担

本案属于建设工程质量纠纷案件,若想就涉案工程质量争议的相关问题作出准确判断,确如本案仲裁庭所述,需要查明涉案工程是否存在质量缺陷及质量缺陷的状况、明确维修方案以及维修费用,因此本案需要进行工程质量鉴定、修复方案鉴定及修复费用鉴定等至少三项司法鉴定,且需要委托三家鉴定机构,这无疑将耗费大量时间和鉴定费用;而且根据本案仲裁庭前期已查明事实,涉案项目已竣工交付使用多年,部分质量缺陷已由申请人自行或委托他人进行了修复,申请人本身亦存在一定的不当使用情况,因此本案即使就上述问题进行司法鉴定,该鉴定客观上也无法将上述申请人自行修复、不当使用等行为的影响在质量缺陷发生的总因中加以准确区分。在双方当事人本就质量缺陷维修责任分歧巨大的情况下,该鉴定结论可预见地难以被双方当事人接受。鉴于质量缺陷产生的原因错综复杂,质量缺陷检鉴定本身难度就非常大,并且受技术、检材等客观条件制约,即使鉴定亦可能无法还原实际情况,在仲裁庭释明和调解下,双方当事人同意不再就相关质量问题进行司法鉴定并授权仲裁庭根据本案实际就涉案质量争议问题作出裁定。笔者认为,本案仲裁庭化繁为简的做法节约了大量的时间和经济成本,大大提高了案件审理效率,是非常优秀的解决方案。

那么在未进行司法鉴定的情况下,如何解决相关质量争议呢?笔者认为,本案仲裁庭准确判断出对本案进行司法鉴定需要耗费大量的鉴定时间和鉴定费用,且未必产生预期的足够效果,仲裁庭遂以此为契机和缘由组织了调解,使双方当事人作出让步达成和解并授权仲裁庭根据现有证据和实际情况作出裁决,本案仲裁庭的审理思路非常值得借鉴。

首先,关于涉案工程是否存在质量缺陷的问题。仲裁庭采信了申请人委托的中国建筑工程质量检测中心作出的检测报告并在综合本案其他相关证据后确认涉案工程存在地坪及其他质量缺陷。

在司法实践中,由于不能完全排除委托人对检测(鉴定)机构的影响,对于是否采信一方当事人单方委托的检测(鉴定)报告,审理人员往往持较为慎重的态度,尤其是在对方当事人对此提出强烈质疑和反对的情况下,审理人员一般对确有必要进行司法鉴定的事项,会在征求双方同意的情况下重新进行司法鉴定,且对重新鉴定作出的鉴定报告依法进行质证后,再由审理人员综合确定是否对该鉴定结论予以采信。如前述,本案已经不再进行司法鉴定,双方在审理过程亦未否认涉案工程地坪项目及其他质量瑕疵问题的存在,申请人提交的中国建筑工程质量检测中心作出的检测报告虽然是其单方委托作出的,但该机构具有合法检测资质,本案亦无证据证明该份报告存在应予排除的情况,因此,仲裁庭对该份报告予以采信是适当的。值得关注的是,仲裁庭并非仅仅依靠该份报告确认涉案工程存在质量缺陷,而是全面综合了本案其他相关证据和已查明的事实情况,因此仲裁庭确认涉案工程存在地坪及其他质量缺陷符合案件客观实际情况,依据是非常充分的。

其次,关于造成质量缺陷原因的问题,本案仲裁庭运用"公平原则"和"谁主张、谁举证"的基本民事原则解决关键事实的认定问题。对申请人认为"设计方案违反规定"的主张,仲裁庭认为其并未提供相对充分的证据予以证实,故未予支持;关于施工原因,检测报告明确描述是造成地坪等质量缺陷的重要原因,仲裁庭对此予以认可;关于申请人不当指挥、不当使用情况,被申请人均提供了相关证据。对此,申请人并未否认,但对责任承担进行抗辩。仲裁庭综合分析后认为:造成涉案工程出现质量缺陷的原因是多方面的,其中未按规定施工是主要原因,被申请人应承担主要责任,但申请人也应为其指挥不当及不当使用承担相应责任。笔者认为,本案仲裁庭上述处理方式,从责任认定这一根本目的出发,化繁为简,通过对质量缺陷主次成因的概要区分,顺利实现对双方责任的合理划分,是非常合理且巧妙的做法。

最后,关于如何确定维修标准和维修费用的问题。仲裁庭认为涉案工程设计方案并不违反申请人提供的相关标准及国家规范,申请人在施工过程中未提出异议,亦通过了涉案工程的竣工验收,故本案争议的质量缺陷应按照原设计标准进行保修。此外,本案证据证实申请人的维修方案不排除有过度维修之嫌,不符合以合理方式、合理费用维修的原则,故仲裁庭认为对超出该设计标准进行维修的费用仍由被申请人承担显然有失公平。为此,仲裁庭综合上述分析,另结合申请人为维修涉案工程质量缺陷签订的维修合同价格、已经实际支付的维修费用、该项仲裁请求数额、被申请人承接地坪工程的投标报价,以及合同关于保修金的比例约定,决定由被申请人承担涉案工程地坪及其他质量缺陷损失共 800 万元,其余由申请人自行负担。

笔者认为,上述认定体现了本案仲裁庭实事求是、兼顾公平和效率的办案原则。关于维修标准,仲裁庭以合同约定的标准认定,尊重了当事人的意思自治;关于维修费用,仲裁庭并没有单纯依据合同约定或者实际发生的费用,而是尽可能地综合考量所有可能影响维修费用确认的因素,包括申请人维修招标价格、实际支付维修费用、仲裁请求的数额、被申请人当时的投标报价以及合同约定的质保金数额等,最终仲裁庭酌定被申请人承担质量缺陷损失为 800 万元。在没有对维修方案及维修费用进行司法鉴定的情况下,该缺陷损失金额可能不是最为精确的,但却是本案仲裁庭在自由裁量的前提下,根据案件实际情况所能作出的最大程度公平、合理的裁决,笔者对此予以高度认同。

(三) 充分发挥调解等办案手段,有利于复杂纠纷的顺利解决

本案最初是一起非常复杂的建设工程纠纷案件,双方当事人在本诉和反诉中各自提出诸多仲裁请求,争议内容涉及工程款结算和工程质量问题两大方面,且双方当事人分歧特别巨大,使本案的审理难度非常大。

若仲裁庭根据上述争议内容审理本案,则需要查明大量事实,除前述仲裁庭认为工程质量问题需要至少三个司法鉴定外,对于工程价款结算争议所涉及的建筑面积、已付工程款问题亦不排除需要进行相关的审计、鉴定。因此,双方当事人若继续对抗无疑将使为本案付出的时间、金钱成本大幅增加,最终使自身利益受损。其次,双方当事人关于部分款项的性质和支付条件的争议并非不可调和。最后,双方关于工程质量的争议则主要集中在涉案工程中地坪部分的质量缺陷,并不涉及主体结构安全。若也通过鉴定方式确认争议事实,则需要花费更多的鉴定费用和鉴定时间,且由于建筑物现状原因,即使鉴定也未必能够查明准确的成因,相较本案争议的金额可谓费效比极低。因此,仲裁庭在本案 2013 年 6 月 21 日第二次开庭时对双方当事人就上述情况予以释明并进行了充分调解,双方当事人成功达成和解意见,同意:"(一)不再要求仲裁庭就涉案工程结算建筑面积进行鉴定,同意按照 103500 平方米的建筑面积进行结算并支付相应款项;(二)考虑到质量缺陷检测鉴定的难度及检测结果的准确性,为节省时间,降低成本,双方同意不再要求仲裁庭进行鉴定,同时授权仲裁庭根据本案实际,综合考虑相关因素,就仲裁请求中的地坪及其他工程质量缺陷双方应承担的维修费用作出裁定;(三)申请人放弃仲裁申请书中的

其他仲裁请求;被申请人放弃仲裁反请求书中的其他反请求;(四)双方要求仲裁庭根据上述意见,在对涉案工程质量缺陷维修费用负担作出认定后制作简易裁决书,双方遵照执行。"根据该和解意见的确认和授权,仲裁庭核定了涉案工程的结算款,根据本案证据情况对涉案工程的质量问题进行了确认,将维修费用在当事人之间进行了合理分摊,本案的争议得以顺利解决。

本案仲裁庭在审理本案过程中聚焦争议的本质,从维护双方当事人的利益的角度出发,灵活运用仲裁庭的调解职能,消除了双方当事人的诸多无谓争议,大大减轻了案件的复杂程度,从而缩短了本案的审理时间,避免了司法资源的浪费,降低了当事人的争议解决成本。本案仲裁庭务实、高效的办案思路非常值得借鉴。

(本案例由深圳国际仲裁院仲裁员查晓斌编撰)

案例18 消防验收通过的消防工程质量责任的认定

仲裁要点：消防施工安装工程是建筑工程项目中的重要分包项目，其质量的好坏判断，过去主要依赖于客观中立第三方，特别是政府设立的消防机构，依据现行有效的专业技术规范或者标准进行专业判断及审批。在消防机构认可并出具相关审批文书后，施工方的合同义务可以认为已经完成。其后若因不同施工方二次装修引发消防质量争议，由于有初次消防验收审批文件，在无相反证据证明的情况下，可以推定系二次装修施工方的责任。

一、案情概要

2002年6月25日，申请人A公司（合同承包方、乙方）与被申请人B公司（合同发包方、甲方）签订了《S市消防工程施工合同》（以下简称《施工合同》）。《施工合同》约定：被申请人同意将涉案施工项目的一期、二期消防工程发包给申请人负责工程施工、安装，具体包括：消防栓系统、各消防控制设备的控制回路及从其控制箱（包括控制箱）至各设备的电源回路。

合同价款暂定为3000000元整；申请人应按双方协商条件包人工、包材料、包工期、包质量、包安全、包消防验收通过。由于本工程的特殊性，根据被申请人要求，本工程分两期建设。其中一期工程已出售给C公司，在申请人负责一期消防工程竣工时，须保证取得一期工程的消防验收同意进行二次装修的证明文件，以作为满足C公司同意收楼的依据之一。

《施工合同》约定的质量条款为：申请人施工范围的所有分项工程均须达到优良标准。若因所施工的分项工程未达优良，从而影响到其所在分部的工程质量评定达不到优良标准，申请人须向被申请人支付工程总价3%的罚金。

《施工合同》约定的竣工结算条款为：被申请人在全部工程通过竣工验收 15 日内支付完毕工程结算价款。被申请人未按合同约定将结算审核完毕，或在审核完毕 15 日内不支付工程款，则从被申请人签收审定书 30 日起，按银行同期贷款利率向申请人支付拖欠款额的利息，自全部验收通过之日起 6 个月内仍未付清结算款项的，被申请人承担逾期 6 个月之后的每日按拖欠总额万分之二的罚金。

《施工合同》约定的保修条款为：保修期为两年。除使用过程人为损坏、被申请人要求的材料代用、第三者故意或非故意损坏、自然灾害及人为不可抗力因素损坏外，凡属申请人施工质量原因及验收后移交前申请人保管不力造成工程范围各部位、部件、整体或单体、整件或单件的损坏、脱落、变质、丢失、开裂等，均属申请人保修责任范围。保修费用从工程结算款中扣留，即按合同总价款的 5%计算。若发生的累计保修费超过扣留保修费总额，超过部分仍由申请人支付。

保修期间，申请人应在接到被申请人书面通知后 24 小时内派人修理，否则被申请人可委托其他单位人员修理，其费用在保修费内扣除，不足部分由申请人支付。第一年保修期满后 20 日内，被申请人支付 3%（扣除已支付的保修费用）的保修金；第二年保修期满后 20 日内，将剩余的保修费一次付清。

双方在签订《施工合同》的同时，又签订了《补充条款》，约定涉案施工项目二期消防工程为有条件之承接工程，若因申请人原因造成一期工程验收质量达不到优良标准，或者未能按期提交和通过消防主管部门的验收，则视为申请人自动放弃二期消防工程之承接任务。同时，申请人承担二期消防报建任务，申请人须确保一期工程按约定时限通过消防局验收，同时获得同意 C 公司进驻进行二次装修的批准意见。

双方当事人签订《施工合同》和《补充条款》后，申请人依约进行涉案施工项目消防工程一期、二期的施工，经 S 市公安局消防局（以下简称"市消防局"）检查验收合格，同意投入使用。

2005 年 4 月 29 日，双方就涉案施工项目一、二期消防工程结算尾款的支付办法达成《协议书》。《协议书》中约定：确认被申请人尚欠申请人消防工程结算尾款为 2117724.57 元（签此协议时被申请人已付工程款为 4860000 元，因此申请人实际完成的工程量为 6977724.57 元）。双方经协商，同意申请人用消防工程部分结算尾款购买被申请人 3 套住宅商品房，总价合计为 1532544 元，申请人购买 3 套住房应付房款冲抵被申请人工程欠款后，被申请人尚需支付申请人的工程尾款为585180.57元。双方同意,自签订本协议之日起10日内,被申请人向申请人支付工程款100000元,余款为485180.57元,扣留保修金348886.23元后,尚剩136294.34元,在2005年7月底前付清。保修金的支付办法仍按《施工合同》的有关条款执行。其中已满1年保修期的3%保修金共计209331.74元,在2005年8月至11月四个月期间每月支付50000元,至此款付完为止。截至2005年12月26日,被申请人共付款6838170.08元,尚欠款139554.49元(即为2%保修金)。此款经申请人多次催收,未能结算,由此双方发生争议。

2006年6月26日,申请人依据涉案合同中的仲裁条款向深圳国际仲裁院申请仲裁,其仲裁请求如下:

1. 裁决被申请人支付拖欠的工程款139554.49元。

2. 裁决被申请人支付逾期付款利息4081.97元(按银行同期贷款利率计算,自2006年1月1日暂计至2006年7月1日止,后续利息计至实际付款日止)。

3. 裁决被申请人支付逾期付款罚金5023.96元(按日万分之二计算,自2006年1月1日暂计至2006年7月1日止,后续罚金计至实际付款日止)。

4. 裁决由被申请人承担仲裁全部费用。

二、当事人主张

(一)关于工程质量标准的认定

1. 申请人主张

(1)作为分项工程的涉案施工项目一、二期消防工程已先后4次通过市消防局验收。市消防局对该工程的认定出具了合格、基本合格的验收意见书。

(2)对于工程质量"优良"的评定,申请人多次咨询市消防局,市消防局给出的结论是没有这方面的法规和政策依据。

(3)根据2001年7月20日原建设部、原国家质量监督检验检疫总局联合发布的国家标准《建筑工程施工质量验收统一标准》(GB50300-2001)只对工程质量合格、不合格作出确认。

根据原建设部《关于发布国家标准〈建筑工程施工质量验收统一标准〉

的通知》,工程质量划分为合格与优良标准的 1989 年 9 月 1 日起施行的《建筑安装工程质量检验评定统一标准》(GBJ300—88)废止。

2. 被申请人主张

申请人违反《施工合同》第 13.1 条约定,即申请人施工范围的所有分项工程均须达到优良标准。若因所施工的分项工程未达优良,从而影响到其所在分部的工程质量评定达不到优良工程,申请人须向被申请人交付工程总价 3%的罚金。而申请人承包的涉案施工项目一、二期消防工程经市消防局验收,只达到"合格"或"基本合格"标准,并且该局还在"建筑工程消防验收意见书"中明确指出了几项问题,要求整改。

(二)关于消防整改问题的认定

1. 申请人主张

(1)对于市消防局 2004 年 1 月 14 日复验收时提出的整改意见,申请人进行整改后,市消防局于 2004 年 3 月 1 日再次对该工程进行了检查验收。市消防局给出的结论是:该建筑工程在消防方面,具备使用条件,可以投入使用。

(2)在该工程投入使用长达两三年的时间里,被申请人没有提出关于处理该安全隐患的书面或口头表示。

(3)申请人对该项工程多次进行维修保养,被申请人从未向申请人反映此类问题。现仲裁中提出没在保修期内维修一说,纯属子虚乌有。

2. 被申请人主张

市消防局出具的关于涉案施工项目(二期)工程消防竣工复验收基本合格的意见中在存在问题第二点写明:室内消火栓系统变压压力偏大,应采取减压措施;消防水带应重新绑扎。申请人至今没有对此进行整改,也没有采取任何减压措施,造成被申请人至今不能使用消防水系统这一严重后果,存在巨大的人身财产安全隐患。

(三)关于部分消火栓线路故障的责任认定

1. 申请人主张

(1)涉案施工项目一期进行的二次装修是由被申请人与 S 市 G 公司签订合同承建的,申请人没有参与任何二次装修的改道、改线、移位等分项工程项目。

(2)关于涉案施工项目一期二次装修的补充协议,不能用以证明由 S 市 G 公司二次装修引发的消火栓路线故障之烂尾结局应该由申请人承担维修检查及保养义务或责任。且涉案施工项目一期二次装修补充协议是一份根本没有履行的补充协议。

2. 被申请人主张

申请人对涉案施工项目一期 1F、4F 部分消火栓路线故障不履行检查及维修义务。根据双方于 2005 年 4 月 29 日签订的《协议书》第 2 条,被申请人有权拒付剩余保证金。

三、仲裁庭意见

(一)关于工程质量标准的认定

《施工合同》第 1 条第 3 款约定"质量等级:优良"。而市消防局出具的验收意见是:"合格""基本合格""该项工程基本符合原设计要求,在消防安全方面具备使用条件,同意投入使用"。乍看起来,合同的约定与市消防局的验收意见两者有较大差异,但实际情况并不能认为工程质量不符合合同的约定。根据 2001 年 7 月 20 日原建设部、原国家质量监督检验检疫总局联合发布并于 2002 年 1 月 1 日起施行的国家标准《建筑工程施工质量验收统一标准》(GB 50300—2001),施工质量验收只对工程质量合格、不合格作出确认。1989 年 9 月 1 日起施行的对工程质量划分为合格与优良标准的《建筑安装工程质量检验评定统一标准》(GB J300—88)则于 2002 年 1 月 1 日废止。

《施工合同》第 13 条约定,"乙方施工范围的所有分项工程均须达到优良标准。若因所施工的分项工程未达优良,从而影响到其所在分部的工程质量评定达不到优良标准,乙方须向甲方支付工程款总价 3% 的罚金"。申请人施工的消防工程并未因市消防局作出的"合格""基本合格"的验收意见,影响其所在分部工程质量的评定。从申请人提交的 S 市 J 监理公司填写的 4 份"S 市市政工程分部工程质量评定汇总表"可以看到,对申请人施工的涉案施工项目消防工程的质量评定等级,其分部工程的质量评定等级为优良;分项工程的优良率为 83.33%,对消防烟感器反应试验记录、反应情况均为良好。

根据上述情况,仲裁庭认为,被申请人以市消防局出具的验收意见来说明申请人施工的消防工程未达到合同约定的"优良"标准,认定申请人违约,因而拒付剩余保修金给申请人的理由不能成立。

(二) 关于消防整改问题的认定

被申请人在答辩中提出,市消防局出具的关于涉案施工项目(二期)工程消防竣工复验收基本合格的意见中在存在问题第 2 点中提出了"室内消火栓系统变压压力偏大,应采取减压措施;消防水带应重新绑扎"的问题,申请人至今没有进行整改,造成被申请人至今不能使用消防水系统的严重后果。根据证据材料,市消防局出具上述关于涉案施工项目(二期)工程消防竣工复验收基本合格的意见的时间是 2004 年 1 月 14 日,在这份意见书中,指出存在问题的同时,还明确要求:"存在问题应在 2004 年 2 月 14 日前整改完毕并通知我局复验收。"经申请人整改后,2004 年 3 月 1 日市消防局出具的(S)公消监(验)字第 2004027—D570 号《建筑工程消防验收意见书》中未再提出这个问题,说明这个问题已在整改中解决。被申请人在消防工程竣工结算时以及后来对消防系统的维修保养中也未再提出此问题。据此,仲裁庭认为,被申请人以此指责申请人违约、拒付保修金,是缺乏事实依据的,其理由不能成立。

(三) 关于部分消火栓线路故障的责任认定

被申请人在答辩中将此问题列为申请人存在消防保修期内未履行检查及维修义务的严重违约行为之一。根据证据材料,被申请人属下涉案施工项目管理处于 2005 年 5 月 17 日写的报告(文件编号:C×05—05—17—01)中提出,经工程部检查,消防系统存在多项问题,具体如下:

1. ……
2. 消防线路问题:
(1) 一期 1F 部分消火栓线路故障;
(2) 一期 4F 部分消火栓线路故障;
……
3. ……

申请人接此报告后,经检查及修复,于 2005 年 6 月 7 日向被申请人发了《关于涉案施工项目消防系统存在问题来函的回函》。该函对消防系统存在问题的检查维修情况逐一作了说明。关于消防线路故障问题,申请人回函称:"1. 对一期 1F、4F 部分消火栓线路故障问题,我司无检查,应由涉案施工项目二次装修时施工的消防单位负责处理;2. 对负 2F 观光梯出口排烟风机电源没有做的问题,我司已现场检查,实际上原来已做好了,后来因观光梯增加台阶而风机移位,但我司又没有接到通知,不在我司保修范围内……以上问题属谁责就由谁负责维修整改好,由我司负责的,我司已经修复完好。"申请人此次复函后,再未见被申请人给申请人提出消防线路故障问题。

经查,C 公司进驻涉案施工项目时确实进行了二次装修,二次装修是在申请人装修完成经竣工验收后进行的,而且对原装修有较大的改动。这可从被申请人向仲裁庭提交的双方当事人于 2003 年 11 月 6 日签订的补充协议得到证实,该补充协议提到,"因 C 公司即将进驻涉案施工项目,为配合现场设计变更,申请人所施工的涉案施工项目消防工程需要进行大量的改动……6. 由于申请人已按施工图施工完毕,现因 C 公司的经营需要而作出的调整部分……"

据了解,C 公司进驻负责二次装修的是 S 市 G 公司而非申请人。因此二次装修有关消防改动向消防局申报的资料,理应在被申请人处。为进一步查核原来装修好的 1F、4F 线路故障的责任,仲裁庭多次要求被申请人提交二次装修消防改动的申报材料,被申请人都未提交。因此,仲裁庭认为,被申请人提出 1F、4F 发生线路故障是申请人的责任,申请人未尽维修义务的观点缺乏证据证明,不能成立。

四、裁决结果

1. 被申请人应向申请人支付拖欠的保修金 139554.49 元。
2. 被申请人应向申请人支付上述款项自 2006 年 3 月 22 日起按银行同期贷款利率计算的利息至实际付款之日止。
3. 驳回申请人的第 3 项仲裁请求。
4. 本案仲裁费由被申请人负担。

五、评析

本案为消防施工安装工程合同纠纷案件,焦点问题涉及工程质量标准、验收问题整改和二次装修等方面。由于本案发生于十几年前,对本案的评述尽量选择以现行法律法规和标准规范作为依据,以期对当下的案件审理更有参考意义。

(一) 工程质量技术标准规范的确定是施工工程中需要关注和容易引发争议的环节

工程施工合同往往周期跨度较大,施工总承包一般在 36 个月以上,本案仲裁庭虽未列明合同期限,但正常消防工程的施工周期在 10 个月左右,而从本案签约至验收时间推算,周期超过了 20 个月。在此过程中,由于施工合同的复杂性、多样性,涉及的国家、省、市、行业的标准和规范(包括建筑、结构、给排水、暖通空调、强电火灾报警、车库、智能化、景观、装饰等)有数百项之多。如何科学、合理设定工程适用的技术标准非常关键,这关系到发包人如何设定技术标准,承包人如何遵循和及时更新技术标准,以及技术标准变化时如何分担由此导致的价款增加等多项问题。

具体到本案,消防工程涉及的技术标准亦有几十项,而本案的《施工合同》仅简单约定质量验收要达到"优良",且未明确执行和验收的具体消防工程标准规范,特别是对于涉及质量验收的关键标准,没有根据标准的修订,及时按照新规对验收标准进行约定,为纠纷的发生埋下了隐患。仲裁庭根据新的《建筑工程施工质量验收统一标准》(GB50300—2001)及 J 监理公司的评定结果,认定申请人的工程质量符合《施工合同》的约定要求。但由于《建筑工程施工质量验收统一标准》(GB50300—2001)系工程的统一通用性验收标准,如果能够进一步查明和引用消防工程的验收标准,如《建筑给排水及采暖工程施工质量验收规范》《自动喷水灭火系统施工及验收规范》《火灾自动报警系统施工及验收规范》《泡沫灭火系统施工及验收规范》《建筑内部装修防火施工及验收规范》等,则可以进一步增强仲裁意见的说服力。同时,J 监理公司所作出的评定结果,其客观性有待商榷。虽然监理公司由业主聘请,代表甲方进行监管,但是从实务角度出发,若事前约定由客观中立第三方出具评价结果,则可进一步降低双方争议发生的可能性。

另外,实务中还大量出现由于新规变化导致工程变更和价款增加的情形。原则上由于规范和标准变化导致的风险应由发包方承担,否则可能会导致项目无法继续实施;但实务中若全部予以调整,也会导致项目成本控制的失序,并可能引发廉洁风险。从本案中亦可看出一些端倪:《施工合同》约定总价为300万元,由申请人包人工、包材料、包工期、包质量、包安全、包消防验收通过完成。但到工程结算时,价款飙升至683万元,涨幅超过120%。由于不属于案件审理范围,仲裁庭未对此进行查明。但是合理推测,除发包方增加施工内容,或者发包时工程量不明确仓促开工等原因以外,不排除部分系施工规范和标准变化导致的。实际上,行业规范标准从制定到发布都有较长的一段周期,在签约时当事人双方均应注意查明,选择适当的规范,可以避免变更费用的发生和不必要的损失。

(二)工程质量保修金的留存需要关注的合规性问题

为了减轻企业负担,激发市场活力,发展信用经济,建设统一市场,促进公平竞争,加快建筑业转型升级,国务院自2016年开始对建设领域的保证金开始进行清理,除投标保证金、履约保证金、工程质量保证金、农民工工资保证金外,其他保证金一律取消。同时,开始推行银行保函制度,建筑业企业可以银行保函方式缴纳保证金。2017年,住建部和财政部作为主管部门,对工程质量保证金管理制度正式作出调整,修订发布《建设工程质量保证金管理办法》。其中第7条规定:"发包人应按照合同约定方式预留保证金,保证金总预留比例不得高于工程价款结算总额的3%。合同约定由承包人以银行保函替代预留保证金的,保函金额不得高于工程价款结算总额的3%。"第4条第2款规定:"社会投资项目采用预留保证金方式的,发、承包双方可以约定将保证金交由第三方金融机构托管。"这些举措,都有利于维护承包方的权益,降低其负担,释放其活力。

回到本案当中,首先,由于合同签订较早,保修金的预留比例仍为5%,且采取了传统的从工程价款中予以预留的方式。实际上当时对于社会投资的项目,具体留存比例并无强制性规定,只对政府投资项目进行了限制,且2017年制度调整后,已全部限制在3%以下。故对保修金的留存比例,今后需要注意合规性问题,避免发生争议时陷入不利局面。

其次,对于保修金的违约责任或逾期利息问题,《施工合同》中没有约定。本案申请人提出请求后,仲裁庭支持以银行同期利率支付。对于逾期罚金,仲裁庭则认为与逾期利息重复而没有支持。由此来判断,仲裁庭倾向于认为保修金的违约责任可以适用工程价款结算的违约责任。但在实务当中,对于这一观点可能存在争议。根据江苏南通二建集团有限公司诉唐山市铭远房地产开发有限公司建设工程施工合同纠纷案①,最高人民法院认为:"因双方并未就逾期支付保修金作出约定,南通二建关于应适用合同中关于逾期支付工程款的违约责任来计算逾期支付保修金利息的主张不符合合同约定及法律规定,对此不予支持。"修订后发布的《建设工程质量保证金管理办法》第 3 条第(七)项明确要求,应在合同中对逾期返还保证金的违约金支付办法及违约责任进行约定。据此推断,相关政府部门对此与司法机关亦持相同观点。因此,若仲裁庭引用原《合同法》或相关法律、法规、司法解释作为裁决依据可能更为妥帖。

(三) 关于二次装修的责任承担

实务当中,二次装修对消防设备进行改动较为普遍。此类情形在商业和办公性质的物业的二次装修中尤为突出。为了减少二次装修的环保问题,以及考虑到减少浪费,如今租赁物业的商业招商基本会提前开展,并根据商铺租户业态和经营需求开展装修,或者毛坯交房,由租户自行装修。尤其是类似本案中的情形,C 公司为大型超市,其消防需求较为特殊,二次装修预计涉及较多改动,故初次装修可以尽量简单。如此也可避免两次装修责任划分不清产生争议。具体到本案,由于发生时间较早,当时两次装修均涉及验收或者备案。而此时建筑物的初次消防验收已经完成,消防局已出具可以投入使用的验收意见,申请人的合同义务已经完成。故实务中一般可以简单判断,只要初次验收通过,后期的损坏和问题,都可以交由二次装修方负责。仲裁庭结合当事人的证据,不支持被申请人的主张是妥当的。

需要注意的是,在 2019 年 5 月 30 日,中共中央办公厅、国务院办公厅印发了《关于深化消防执法改革的意见》,取消了一般建设工程消防验收和备案。仅对国家和省级重大建设项目,建筑高度 24 米以上的医疗建筑和其他建筑高度在 100 米以上的高层建筑,单体建筑面积 50000 平方米以上的公共建筑,单体建筑面积 2500 平方米以上的室内儿童活动场所、老年人照料设施,以及生产和储存甲、乙类易燃品爆危险物品的多层厂房、仓库等涉及重大公共安全的建设工程实施消防验收,不再对其他建设工程实施消防验收和备案。据此,除特别重大的工程外,建设工程不再进行消防备案。同时,《关于深化消防执法改革的意见》还规定,公众聚集场所在取得营业执照,通过互联

---

① 参见最高人民法院(2020)最高法民终 437 号民事判决书。

网向消防部门作出其符合消防安全标准的承诺后,即可投入使用、营业。消防部门对公众聚集场所实施抽查,消防安全检查也不再前置。若本案发生在现今政策环境下,由于没有初次消防验收结果作为二次装修的消防责任划分证据,而双方关于施工内容的约定较为模糊,光凭合同约定,无法知悉确切的施工范围,可能需要双方当事人尤其是申请人提供更多相关证据,如发包人技术要求、施工图等作为佐证。而鉴于消防工程专业性较强,而仲裁庭本身也许并不具备相关专业判断能力,不排除需要进行司法鉴定来作为责任划分的支撑。

(本案例由深圳国际仲裁院仲裁员黄明明编撰)

案例19　承包人安装的发电机组中的发电机品牌与合同约定的字面品牌不一致是否属于质量瑕疵

仲裁要点：涉案《大型设备及主要材料表》系被申请人招标时提供给申请人的，申请人在被申请人"推介品牌"中选择，并填写"投标单位中标后采用的品牌"为"S品牌"。S公司事实上只生产柴油发动机，根本不生产发电机，行业内通常理解的"S发电机组"系指以S公司生产的柴油发动机为动力，配置其他公司生产的发电机组装而成的设备。之所以就"发电机组"和"发电机"的"推介品牌"和"投标单位中标后采用的品牌"均填写"S"，系双方当事人在招投标过程中均存在疏忽和误解所致。结合申请人提交的《产品购销合同》、S公司《合格证》、Z公司《产品质量证明书》、F公司《合格证》及《柴油发电机组实验报告》和《移交证明》等证据，仲裁庭认为，申请人为被申请人安装的发电机组符合合同约定的"S"品牌。

一、案情概要

2012年5月16日，A公司（本案仲裁本请求申请人及仲裁反请求被申请人，以下简称"申请人"）作为承包人与B公司（本案仲裁本请求被申请人及仲裁反请求申请人，以下简称"被申请人"）作为发包人签订编号为EP-SC002的《E市×××城第一期发展项目强电安装工程分包合同》（以下简称《强电安装分包合同》或"合同"）。该合同由协议书、中标通知书和议报价期间往来函件、投标方法、回标表格及投标单位法定代表人授权书、专用条款、通用条款、工料规范、单价明细表项目涵盖说明、发包人供应的材料一览表、单价明细表、合同图纸及图纸目录等组成。

根据协议书、中标通知书及专用条款第18条，被申请人就E市×××城第一期发展项目发包给申请人的工程范围为"第1期地下室,第1、2及7幢塔楼,第一期A标段园林,第一期游泳池,配电房及发电机房内的强电安装工程"。协议书并约定:"承包人应按照合同图纸/工程规范和工程量清单所显示的,以及合同条件和来往信函所要求的工期和工作内容进行施工、完成及修补缺陷。""发包人付给承包人人民币玖佰捌拾万元整(RMB 9800000元)的金额或根据上述合同条件指定的时间或方法所应该支付的其他金额,作为承包人完成承包工程的报酬。"

专用条款第9条第1款约定:"1.15工程竣工验收的规定:在工程完工后,经发包人同意,承包人可申请对工程进行验收,工程的验收成果和结论可以作为本合同工程竣工验收的附件,遵照国家及G省、J市、E市等有关规定及合同约定验收合格后应由发包人及监理按规定签发该工程的合格证书。"

专用条款第10条第3款约定:"3.10专业分包工程验收合格及向承包人提交竣工资料后,在发包人于当地档案馆办完备案手续,并取得此主管部门出具的《J市建设工程竣工备案证明书》后,保留金百分率将下调至8%。在取得此主管部门出具的《J市建设工程竣工备案证明书》半年后,保留金百分率将下调至3%,余款将转为质量保证金。""3.11保修期为工程验收合格及由发包人发出竣工证书起计的24个月。待保修期满,经验收无质量问题或妥善处理完毕后,质量保证金将全数无利息退还专业分包人……"

通用条款第8条第2款约定:"2.1承包人负责采购的材料设备,应符合设计、标准规范的要求以及报价书的承诺,并提供产品质量合格证明,承包人对材料设备质量负责。""2.3如承包人使用了不符合设计、标准规范的材料设备,则应按工程师的指令负责修复、拆除或重新采购,并承担因此产生的费用,由此延误的工期不予顺延。""2.4承包人应在采购材料设备前向发包人申报品牌、规格以供审核批准。承包人应选用发包人在招标文件中指定的或承包人在议标过程中提出并经发包人确认的材料设备的品牌。""2.10承包人保证所提供的材料设备具备国际、国内安全材料设备证书和质量合格证书,符合发包人认可的设计方案规定,并具有满足整个系统要求的功能。材料设备的制造应符合国家颁布的制造安全规范、技术条件。"第3款约定:"3.7发包人对承包人材料、设备的抽查、检验结果或第三方检验结果与合同约定不符的,发包人、工程师有权扩大对该批材料的抽检范围、增加数量抽检。承包人必须在发包人或工程师书面通知的期限内对不符合合同约定的材料、设备无条件拆除、更换,并运出施工场地。"

通用条款第9条第2款约定:"2.3.2 由于设备制造原因试车达不到验收要求,如该设备由承包人采购的,则承包人负责修理或重新购置、拆除和重新安装并承担有关费用,工期不予顺延……"

通用条款第12条第1款约定:"1.1 工程具备竣工验收条件后21天内,承包人应按工程竣工验收的有关规定和合同条款的约定向发包人申请竣工验收并提供竣工资料(如项目经理任命通知书、施工组织设计方案、施工质量技术交底、施工日志、各种验收记录表和检测报告、工程变更资料、工程质量事故处理报告、竣工图纸等)。发包人应在收到该申请及竣工资料后通知政府有关部门,组织竣工验收。""1.2 工程竣工验收通过,发包人应在验收工作完毕后7天内向承包人签发交接证书,同时办理工程的移交工作。交接证书上应写明本工程的实际竣工日期(即竣工验收合格之日)。交接证书签发后,承包人应将工程交付给发包人,承包人不再承担对工程的照管责任。""1.4 如工程质量达不到合同约定的标准,则工程师应根据竣工验收委员会的意见,在验收工作完毕后7天内向承包人发出不予验收的指令,要求承包人对达不到合同约定标准的工程返工或修复。承包人在完成上述工作后,应重新提出竣工验收申请。发包人应按照35.1款的约定重新组织竣工验收。竣工验收通过,发包人应按35.2款的约定签发交接证书。交接证书中写明的实际竣工日期应为重新验收合格之日。"第2款约定:"2.6 在竣工结算审定完毕后7天内,工程师应签发竣工支付证书,报发包人批准后送交承包人。竣工支付证书中应载明按照经确认的工程竣工结算价款及根据合同约定最后应支付给承包人的价款。发包人应在确认竣工支付证书后向承包人支付除按本合同附件《工程质量缺陷保修书》约定扣留的工程质量缺陷保修金以外的本工程竣工结算价款。"

《工程质量缺陷保修书》第2.1条约定:"本工程质量缺陷保修期为24个月。"第4条约定:"工程质量缺陷保修金一般不超过工程价款的3%,发包人承包人约定本工程的工程质量保修金为结算总价的3%作为质量保修金,待保修期满两年,经验收无质量问题或妥善处理完毕后,支付至结算造价的99%,待保修期满五年,经验收无质量问题或妥善处理完毕后无息付清余款……"

此外,涉案工程招投标期间,申请人向被申请人出具《×××城大型设备及主要材料表 SC002 强电工程》。其第17项"发电机组"显示,"推介品牌:康明斯、S、无锡动力(同类型或以上档次)","投标单位中标后采用的品牌:

S";第21项"发电机"显示,"推介品牌:无锡动力、康明斯、S(同类型或以上档次)","投标单位中标后采用的品牌:S"。

涉案《强电安装分包合同》签订后,申请人曾经于2013年为被申请人安装过一台发电机组,但于2014年1月23日进行了更换。

就该第二台发电机组,申请人于2014年1月16日与F公司签订《产品购销合同》,向其采购"1台500KW全新柴油发电机组",合同附件约定具体采购标的为"500KWS股份配Z电气电机柴油发电机组1台",技术参数为"机组型号:DS500;柴油机型号:12V135BZLD1;生产厂家:S公司;发电机型号:1FC2 355-4LB43;生产厂家:Z公司"。

就上述发电机组及其构件,S公司于2013年10月15日签发的《合格证》记载"主机号:U913A002208;型号:A0126 12V135BZLD1";Z公司于2013年12月26日签发的《产品质量证明书》记载"型号:1FC2 355-4LB43;编号:213718130";F公司于2014年1月签发的《合格证》及《发电机组试验报告》则记载"机组型号:DS500;机组编号:140105;发动机型号:12V135BZLD1;发动机编号:U913A002208;发电机型号:1FC2 355-4LB43;发电机编号:218718130"。

以上发电机组于2014年1月23日安装完毕后,被申请人于2014年4月25日签署《移交证明》,确认"发电机组已全部安装完毕,并通过E市环境监测站的验收,验收合格并取得《噪声监测报告》和《废气监测报告》"。

2014年6月27日,被申请人致函申请人,称收到申请人呈报的竣工资料,但发现一些问题或未符合要求的详情,要求申请人立即跟进及处理。申请人于2014年7月2日签收该函件,并称"我司正着手完善以上事宜"。

2015年6月16日,申请人、被申请人签署《移交证明》,内容为"兹A公司承建的×××城强电工程已全面竣工,经建设单位、施工单位及物业单位三方现场确认,确认所有设备设施的使用功能均能达到要求,应急灯及灯管由施工单位预留一定数量给物业公司,现将所有设备移交给建设单位及物业单位"。案外人C物业公司于2015年6月18日在此《移交证明》上加盖公章。

2015年9月13日,申请人制作《×××城第一期发展项目EP-SC002×××城一期强电安装分包合同决算书》(以下简称《决算书》),显示"决算金额9075511.63元,本期累计支付金额7818113.79元"。该《决算书》上未见被申请人的盖章确认。

上述《移交证明》签署和《决算书》提交后,被申请人自2015年11月开始,多次向申请人致函,主张其安装的发电机组存在"漏油""发电机(组)不是双方合同约定的'康明斯,S,无锡动力'三者之一,而是'Z电气'品牌的发电机""更换后的发动机为翻新机"等问题。

针对被申请人致函中指出的问题,申请人曾于2015年11月10日复函,主张发电机出现回油现象为正常现象;并于2016年1月21日复函,提供了S公司售后服务部于2016年1月19日出具的函件,确认"该发动机是S公司出品";又于2016年1月29日复函,提供S公司质量保证部于2016年1月21日出具的函件,称"我们查阅了公司产品档案,确认该机是S公司2013年10月25日入库的,出厂'试车报表'的信息证实该机技术参数完全符合柴油机出厂试验规范的要求,不存在'翻新'机的可能"。

2016年2月4日,被申请人致函申请人,称"贵司提供的厂家合格证发电机组编号为218718130,而技术文件目录和产品质量证明书的编号为213718130"。

为此,F公司于2018年4月25日出具《更正声明》,称"我司在检测试验前述发电机组过程中,因工作人员失误,导致我司出具的《合格证》及《发电机组检测报告》上的电机编号为218718130,电机实际编号应当为213718130"。

此外,涉案强电工程所在的建设工程项目已经对外售卖。

因被申请人拒绝支付后续工程款,申请人于2018年2月2日根据双方《强电安装分包合同》中的仲裁条款向深圳国际仲裁院申请仲裁,仲裁请求如下:

1. 裁决被申请人向申请人支付97%的工程款985132.49元及利息(以985132.49元为基数,按照中国人民银行发布同期同类贷款利率标准,向申请人支付自2015年9月19日起至该工程价款付清之日止的利息,暂计至2018年2月2日为111151元)。

2. 裁决被申请人返还申请人扣留的2%工程质量缺陷保修金。181510.23元及利息(以181510.23元为基数,按照中国人民银行发布同期同类贷款利率标准,向申请人支付自2017年6月15日起至该工程质量缺陷保修金付清之日止的利息,暂计至2018年2月2日为人民币5480元)。

3. 裁决被申请人补偿申请人因办理本案支出的律师费30000元。

4. 裁决被申请人承担本案全部仲裁费用。

被申请人则以申请人为其安装的发电机组不符合合同约定品牌、为翻新机、存在质量问题等为由提出仲裁反请求如下:

1. 裁决申请人向被申请人更换、安装符合合同约定品牌的、原厂生产的质量合格的全新发电机组(包括柴油发动机和发电机)。

2. 裁决申请人承担被申请人为反请求一案支出的律师费 20000 元。
3. 裁决申请人承担反请求一案全部仲裁费用、鉴定费等。

二、当事人主张

(一)关于申请人为被申请人安装的发电机组是否符合合同约定品牌、原厂生产(非翻新)且质量合格

申请人认为,其为被申请人安装的发电机组是符合合同约定品牌、原厂生产(非翻新)且质量合格的。

被申请人则认为,申请人为其安装的发电机组中的发动机不符合合同约定品牌,且为翻新机,质量不合格。

(二)关于是否应对涉案发电机组进行质量鉴定

申请人认为,因被申请人已对系争发电机组进行验收,并已进行实际使用,故已不具备进行质量鉴定的条件。

被申请人则认为,其一直在对系争发电机组的品牌、原厂生产与否、质量等提出质疑,应当对该发电机组是否原厂生产、质量是否合格进行鉴定。

(三)关于被申请人对涉案发电机组提出的异议究竟是质量异议还是保修要求

申请人认为,被申请人已于 2015 年 6 月 16 日书面确认强电工程所有设备设施均符合要求,且已于当天接受申请人移交的系争发电机组,并在接收后已进行实际使用,其无权再提出质量异议。

被申请人则认为,其虽然已接收申请人移交的发电机组,但该发电机组的品牌与合同约定不符,为翻新机,且质量不合格,其有权随时提出质量异议。

(四)关于被申请人是否欠付申请人工程款,欠付工程款的金额和构成及工程款支付条件是否已成就

1. 关于被申请人是否欠付申请人工程款

申请人根据其于 2015 年 9 月 13 日制作的《决算书》,主张涉案强电工程结算总价为 9075511.63 元,被申请人已支付金额 7818113.79 元,欠付款项总

额为 1257397.84 元。

被申请人于庭审中确认《决算书》记载的决算金额和已支付金额,以及申请人主张的欠付款项总额与事实相符。

2. 关于被申请人欠付工程款的金额和构成及工程款支付条件是否已成就

申请人认为,被申请人欠付工程款 1257397.84 元中,985132.49 元为进度款,在被申请人收到《决算书》时已具备支付条件,应自 2015 年 9 月 19 日起支付利息;181510.23 元为质量缺陷保修金,在双方于 2015 年 6 月 16 日签署《移交证明》满 2 年时已具备支付条件,应自 2017 年 6 月 15 日起支付利息。

被申请人认为,由于申请人安装的发电机组存在质量问题,因此以上工程款支付条件均未成就,被申请人有权暂缓付款。

三、仲裁庭意见

(一)关于申请人为被申请人安装的发电机组是否符合合同约定品牌、原厂生产(非翻新)且质量合格

系争发电机组于 2014 年 1 月 23 日安装完毕,并于 2014 年 4 月 25 日通过 E 市环境监测站的验收。2015 年 6 月 16 日,申请人与被申请人双方签署《移交证明》,确认申请人所承建的强电工程"已全面竣工,所有设备设施的使用功能均能达到要求"。据此,仲裁庭认为,被申请人事实上已经于 2015 年 6 月 16 日完成对系争发电机组的验收,并确认其在各方面(包括其品牌、原厂生产与否、质量等)均符合合同约定。

此外,被申请人也在庭审时确认,自系争发电机组移交后,其已进行实际使用。结合双方当事人提交的其他书面证据,并根据原《工程施工合同解释》第 13 条的规定,仲裁庭认为,应确认申请人为被申请人安装的发电机组是符合合同约定品牌、原厂生产且质量合格的。

1. 关于该发电机组是否符合合同约定品牌

申请人在就系争强电工程进行投标时,曾向被申请人提交《×××城大型设备及主要材料表 SC002 强电工程》。其第 17 项"发电机组"显示,"推介品牌:康明斯、S、无锡动力(同类型或以上档次)","投标单位中标后采用的

品牌:S";第21项"发电机"显示,"推介品牌:无锡动力、康明斯、S(同类型或以上档次)","投标单位中标后采用的品牌:S"。被申请人据此主张,申请人安装的系争发电机组(含发动机和发电机)均应为"S"品牌。

但根据申请人提交的《产品购销合同》等证据,其为被申请人安装的系争发电机组中,发动机为S公司生产,发电机则为Z公司生产。被申请人据此主张,申请人安装的发电机组中,发电机不符合合同约定的"S"品牌。

经仲裁庭询问双方当事人,上述《大型设备及主要材料表》系被申请人招标时提供给申请人,申请人在被申请人"推介品牌"中选择,并填写"投标单位中标后采用的品牌";并且S公司事实上只生产柴油发动机,根本不生产发电机,行业内通常理解的"S发电机组"系指以S公司生产的柴油发动机为动力,配置其他公司生产的发电机组装而成的设备。之所以就"发电机组"和"发电机"的"推介品牌"和"投标单位中标后采用的品牌"均填写"S",系双方当事人在招投标过程中均存在疏忽和误解所致。

结合申请人提交的《产品购销合同》、S公司《合格证》、Z公司《产品质量证明书》、F公司《合格证》及《柴油发电机组实验报告》和前述《移交证明》等证据,仲裁庭认为,申请人为被申请人安装的发电机组符合合同约定的"S"品牌。

2. 关于该发电机组是否原厂生产(非翻新)

因被申请人多次主张申请人为其安装的系争发电机组为"翻新旧机",即非S公司原厂生产,申请人曾致函S公司进行询问。S公司售后服务部、质量保证部均复函明确表示,系争发电机组是S公司出品,不存在"翻新"机的可能。

综合S公司的复函及前述《移交证明》等证据,仲裁庭认为,申请人为被申请人安装的发电机组是S公司原厂生产的。

3. 关于该发电机组质量是否合格

就系争发电机组及其构件,S公司于2013年10月15日签发的《合格证》记载"主机号:U913A002208;型号:A0126 12V135BZLD1";Z公司于2013年12月26日签发的《产品质量证明书》记载"型号:1FC2 355-4LB43;编号:213718130";F公司于2014年1月签发的《合格证》及《发电机组试验报告》则记载"机组编号:DS500;机组编号:140105;发动机型号:12V135BZLD1;发动机编号:U913A002208;发电机型号:1FC2 355-4LB43;发电机编号:218718130"。

虽然被申请人在仲裁庭审中否认申请人曾向其提供上述质量合格证明

资料,但根据被申请人于 2016 年 2 月 4 日致申请人函件中所称"贵司提供的厂家合格证发电机组编号为 218718130,而技术文件目录和产品质量证明书的编号为 213718130",仲裁庭认为其关于申请人未向其提供上述资料的主张不成立。

而对于被申请人在上述函件中指出的问题,F 公司也于 2018 年 4 月 25 日出具《更正声明》作出了解释,即"我司在检测试验前述发电机组过程中,因工作人员失误,导致我司出具的《合格证》及《发电机组检测报告》上的电机编号为 218718130,电机实际编号应当为 213718130"。

综合上述质量合格证明资料、F 公司的《更正声明》及前述《移交证明》等证据,并结合被申请人在系争发电机组移交后已对其进行实际使用的事实,仲裁庭认为,申请人为被申请人安装的发电机组是质量合格的。

(二) 关于是否应对涉案发电机组进行质量鉴定

被申请人已经于 2015 年 6 月 16 日签署《移交证明》,确认申请人所承建的强电工程"已全面竣工,所有设备设施的使用功能均能达到要求"。并且,自系争发电机组移交后,被申请人至今已实际使用 3 年有余。且就被申请人所称其对系争发电机组提出的"质疑",最早一份书面证据为其于 2015 年 11 月 6 日致申请人的函件,此时不仅已完成系争发电机组的移交,而且已完成全部强电工程的决算。

因此,仲裁庭认为,鉴于被申请人早已书面确认强电工程所有设备设施均符合要求,且已接受申请人移交的系争发电机组,并已进行实际使用,故不应再接受被申请人提出的鉴定申请。

(三) 关于被申请人对涉案发电机组提出的异议究竟是质量异议还是保修要求

被申请人早已于 2015 年 6 月 16 日书面确认强电工程所有设备设施均符合要求,且已于当天接受申请人移交的系争发电机组,并在接收后已进行实际使用。

仲裁庭认为,被申请人在对系争发电机组验收完毕后向申请人提出的"漏油"等问题,其性质均非工程验收前的"质量异议",而是工程已验收合格后的"保修要求"。鉴于本申请人并未就其"保修要求"提出仲裁反请求,故相关事项不属于本案的审理范围,被申请人可另案提出仲裁请求。

(四)关于被申请人是否欠付申请人工程款,欠付工程款的金额和构成及工程款支付条件是否已成就

1. 被申请人是否欠付申请人工程款及欠付工程款的金额

申请人根据其于2015年9月13日制作的《决算书》,主张涉案强电工程结算总价为9075511.63元,被申请人已支付金额7818113.79元,欠付款项总额为1257397.84元。

被申请人于庭审中确认《决算书》记载的决算金额和已支付金额,以及申请人主张的欠付款项总额与事实相符。

据此,仲裁庭确认被申请人欠付申请人工程款1257397.84元的事实。

2. 被申请人欠付工程款的构成及工程款支付条件是否已成就

就工程款的结算,系争《强电安装分包合同》专用条款第10条和通用条款第12条的约定存在矛盾。具体而言:

专用条款第10条第3款约定:"3.10专业分包工程验收合格及向承包人提交竣工资料后,在发包人于当地档案馆办完备案手续,并取得此主管部门出具的《J市建设工程竣工备案证明书》后,保留金百分率将下调至8%。在取得此主管部门出具的《J市建设工程竣工备案证明书》半年后,保留金百分率将下调至3%,余款将转为质量保证金。""3.11保修期为工程验收合格及由发包人发出竣工证书起计的24个月。待保修期满,经验收无质量问题或妥善处理完毕后,质量保证金将全数无利息退还专业分包人……"

通用条款第12条第2款约定:"2.6在竣工结算审定完毕后7天内,工程师应签发竣工支付证书,报发包人批准后送交承包人。竣工支付证书中应载明按照经确认的工程竣工结算价款及根据合同约定最后应支付给承包人的价款。发包人应在确认竣工支付证书后向承包人支付除按本合同附件《工程质量缺陷保修书》约定扣留的工程质量缺陷保修金以外的本工程竣工结算价款。"其提及的《工程质量缺陷保修书》第2.1条约定:"本工程质量缺陷保修期为24个月。"第4条约定:"工程质量缺陷保修金一般不超过工程价款的3%,发包人承包人约定本工程的工程质量保修金为结算总价的3%作为质量保修金,待保修期满两年,经验收无质量问题或妥善处理完毕后,支付至结算造价的99%,待保修期满五年,经验收无质量问题或妥善处理完毕后无息付清余款……"

经仲裁庭询问,双方当事人均认为在专用条款与通用条款存在冲突时,应优先适用专用条款的约定。仲裁庭亦认为,在当事人就建设工程合同文件的解释顺序无特别约定的情况下,专用条款应优先于通用条款。因此,关于工程款的结算,应适用专用条款第10条。

根据前述专用条款第10条第3款的规定,未付工程款应在符合以下条件时支付:

(1)被申请人取得主管部门出具的《J市建设工程竣工备案证明书》后,支付至结算总价的92%;

(2)被申请人取得主管部门出具的《J市建设工程竣工备案证明书》半年后,支付至结算总价的97%,余款将转为质量保证金;

(3)由被申请人发出竣工证书起计的24个月期满,经验收无质量问题或妥善处理完毕后,支付至结算总价的100%。

上述第(1)、(2)点提及的《J市建设工程竣工备案证明书》按照通常理解,非为系争强电工程专门出具,而是就系争强电工程所在的建设工程项目出具。而第(3)点提及的"竣工证书"按照通常理解,则非针对整个建设工程项目,而是仅针对系争强电工程。

虽然申请人未能提供系争强电工程所在的建设工程项目的《J市建设工程竣工备案证明书》,但考虑到该建设工程项目早已对外售卖的事实,仲裁庭认为,可以认定被申请人已经取得《J市建设工程竣工备案证明书》,因此被申请人应支付至工程款的97%(应付未付部分为985132.49元,计算公式为9075511.63元×97%-7818113.79元)的条件已经具备。

同时,因被申请人已经于2015年6月16日签署系争强电工程的《移交证明》,即已于该日签发"竣工证书",故剩余质量保证金(工程款的3%)应在24个月后(即2017年6月16日),且经验收无质量问题或妥善处理完毕后支付。现保修期虽已届满,但在保修期内被申请人曾向申请人提出处理"漏油"问题等保修要求,而申请人未提供充分证据证明就被申请人的保修要求已进行妥善处理,故并不符合支付质量保证金的全部条件。对于申请人支付工程款2%的质量保证金(即181510.23元,计算公式为9075511.63元×2%)的仲裁请求,仲裁庭不予支持。

关于申请人要求被申请人就上述款项支付中国人民银行发布同期同类贷款利息的仲裁请求,符合原《合同法》第111条、第112条的规定,仲裁庭认为可予支持,但关于前述985132.49元工程款的利息起算点,因申请人未能举证证明被申请人取得《J市建设工程竣工备案证明书》的具体时间,仲裁庭认为,其利息自申请人提出仲裁请求之日(即 2018 年 2 月 2 日)起算更为合理。

四、裁决结果

1. 被申请人应向申请人支付欠付工程款 985132.49 元。

2. 被申请人应自 2018 年 2 月 2 日起,以欠付工程款 985132.49 元为基数,按照中国人民银行同期贷款利率,向申请人支付利息,至全部欠付款项支付完毕之日止。

3. 本案本请求仲裁费由申请人承担 20%、被申请人承担 80%。本案反请求仲裁费由被申请人承担。

4. 驳回申请人的其他仲裁请求。

5. 驳回被申请人的全部仲裁反请求。

五、评析

本案涉及多个法律争点,因篇幅有限,下文仅对建设工程质量异议与保修要求的相互关系这一焦点进行评析。

(一)建设工程质量

1. 工程质量的基本含义

工程质量是指在国家现行的有关法律、法规、技术标准、设计文件和合同中,对工程的安全、适用、经济、美观等特性的综合要求。[①] 工程质量的概念有广义和狭义之分:广义的工程质量可概括为工程的适用性、安全性、耐久性、经济性、可靠性、协调性等几个方面;狭义的工程质量仅指工程符合业主在安全、使用方面的特定要求的性能组合,集中在适用性和安全性方面。本文所讨论的主要是狭义的工程质量。

2. 工程质量的判断标准

(1)法定质量标准

法定质量标准也即相关法律、法规、部门规章、相关标准及技术性规范等

---

① 本概念来自《建设工程质量管理办法》第 3 条第 2 款,该办法现已失效,但概念仍可参考。

对工程质量的要求。广义的法定标准包括强制性标准和推荐性标准,推荐性标准可由当事人自行选择是否适用;狭义的法定标准仅包括工程建设强制性标准,是合同双方当事人应遵守的最低标准。[1]

(2)约定质量标准

约定质量标准也即施工合同中约定的对工程质量的要求。法定标准是当事人应遵守的最低标准,当事人可以在合同中约定高于法定标准的标准,如要求工程质量达到优良,或者要求工程获得某些专业奖项(如鲁班奖或白玉兰奖等)。合同约定标准中最为主要的部分是合同设计文件的要求。

值得注意的是,法定强制性标准是当事人应当遵守的最低标准,若约定标准低于法定标准的,该约定无效,仍应以法定强制性标准为准。[2]

(3)工程质量验收标准

工程质量验收标准是指工程通过验收应当达到的质量标准。根据《建筑工程施工质量验收统一标准》(GB 50300-2013)第3.0.7条的规定,"建筑工程施工质量验收合格应符合下列规定:1.符合工程勘察、设计文件的规定;2.符合本标准和相关专业验收规范的规定"。据此,工程质量验收标准包括前文所述的法定质量标准和约定质量标准(包括设计文件的质量要求),其中验收规范属于程序性标准,设计文件属于实体性标准。[3]

3.工程质量问题的几种情形

(1)工程质量通病

工程质量通病指建设工程中易发生的、常见的、难以完全避免、影响使用功能和外观质量的缺陷。[4]

(2)工程质量缺陷

工程质量缺陷即工程质量不符合法定及约定标准,按照建设工程质量缺

---

[1] 参见常设中国建设工程法律论坛第八工作组:《中国建设工程施工合同法律全书:词条释义与实务指引》(第二版),法律出版社2021年版,第756页。
[2] 参见常设中国建设工程法律论坛第八工作组:《中国建设工程施工合同法律全书:词条释义与实务指引》(第二版),法律出版社2021年版,第757页。
[3] 参见常设中国建设工程法律论坛第八工作组:《中国建设工程施工合同法律全书:词条释义与实务指引》(第二版),法律出版社2021年版,第757页。
[4] 参见常设中国建设工程法律论坛第八工作组:《中国建设工程施工合同法律全书:词条释义与实务指引(第二版)》,法律出版社2021年版,第757页。

陷的阶段,可以分为施工中的质量缺陷和施工后的质量缺陷。①

(3) 工程质量不合格

工程质量不合格是指工程质量不符合法定及约定标准。但其与工程质量缺陷的区别在于,工程质量不合格系针对竣工验收的特定概念,工程质量不合格系指不能通过工程质量验收的特殊情形。②

(4) 工程质量事故

工程质量事故是指由于建设、勘察、设计、施工、监理等单位违反工程质量有关法律、法规和工程建设标准,致使工程产生结构安全、重要使用功能等方面的质量缺陷,造成人身伤亡或者重大经济损失的事故。③

(二) 建设工程保修

1. 工程保修的基本含义

工程保修即建设工程质量保修,是指建设工程竣工验收合格后在一定的期限内,承包人对工程质量缺陷或质量瑕疵承担修复责任的制度。《建筑法》第62条明确规定了建设工程实行质量保修制度。

《建设工程质量管理条例》第39条规定:"建设工程实行质量保修制度。建设工程承包单位在向建设单位提交工程竣工验收报告时,应当向建设单位出具质量保修书。质量保修书中应当明确建设工程的保修范围、保修期限和保修责任等。"该条例第40条对具体的保修范围和保修期限作出了明确规定。此外,《民法典》《工程质量保修办法》等也对建设工程质量保修问题作出了具体规定。《建设工程施工合同(示范文本)》(GF-2017-0201)对施工单位的建设工程质量保修责任也作了具体约定,并将《工程质量保修书》作为附件之一。④

---

① 参见常设中国建设工程法律论坛第八工作组:《中国建设工程施工合同法律全书:词条释义与实务指引》(第二版),法律出版社2021年版,第757页。
② 参见常设中国建设工程法律论坛第八工作组:《中国建设工程施工合同法律全书:词条释义与实务指引》(第二版),法律出版社2021年版,第757页。
③ 参见常设中国建设工程法律论坛第八工作组:《中国建设工程施工合同法律全书:词条释义与实务指引》(第二版),法律出版社2021年版,第757页。
④ 参见李玉生主编:《建设工程施工合同案件审理指南》,人民法院出版社2019年版,第208页。

2. 工程保修的范围、期限

(1) 法律法规规定了工程保修的范围和期限

《建筑法》第62条第2款规定:"建筑工程的保修范围应当包括地基基础工程、主体结构工程、屋面防水工程和其他土建工程,以及电气管线、上下水管线的安装工程,供热、供冷系统工程等项目;保修的期限应当按照保证建筑物合理寿命年限内正常使用,维护使用者合法权益的原则确定。具体的保修范围和最低保修期限由国务院规定。"

《建设工程质量管理条例》第40条规定:"在正常使用条件下,建设工程的最低保修期限为:(一)基础设施工程、房屋建筑的地基基础工程和主体结构工程,为设计文件规定的该工程的合理使用年限;(二)屋面防水工程、有防水要求的卫生间、房间和外墙面的防渗漏,为5年;(三)供热与供冷系统,为2个采暖期、供冷期;(四)电气管线、给排水管道、设备安装和装修工程,为2年。其他项目的保修期限由发包方与承包方约定。建设工程的保修期,自竣工验收合格之日起计算。"

(2) 合同约定与法律法规规定不一致的处理

若发承包双方未约定保修范围或保修期限的,应当按照法律、法规规定执行;若发承包双方约定的保修范围少于法律、法规规定或约定的保修期限低于法律、法规规定的最低保修期限的,该约定无效,应当按照法律法规规定执行;若发承包双方约定的保修范围大于法律、法规规定或约定的保修期限高于法律、法规规定的最低保修期限的,应当按照双方约定执行。[1]

3. 工程保修责任

《建设工程质量管理条例》第41条规定:"建设工程在保修范围和保修期限内发生质量问题的,施工单位应当履行保修义务,并对造成的损失承担赔偿责任。"承包人在保修责任的承担形式上主要包括自行维修和承担修复费用两种。

(1) 自行维修

自行维修是承包人承担保修责任的主要形式,也是保修期限内出现工程质量缺陷后发包人应当首先选择的救济途径。《工程质量保修办法》第9条规定:"房屋建筑工程在保修期限内出现质量缺陷,建设单位或者房屋建筑所

---

[1] 参见常设中国建设工程法律论坛第八工作组:《中国建设工程施工合同法律全书:词条释义与实务指引》(第二版),法律出版社2021年版,第837页。

有人应当向施工单位发出保修通知。施工单位接到保修通知后,应当到现场核查情况,在保修书约定的时间内予以保修。发生涉及结构安全或者严重影响使用功能的紧急抢修事故,施工单位接到保修通知后,应当立即到达现场抢修。"

(2) 承担修复费用

发包人通知承包人对质量缺陷进行修复,承包人拒绝修复、在合理期限内不能修复或发包人有正当理由拒绝承包人修复,发包人另行委托他人修复的,承包人应承担合理的修复费用。《工程质量保修办法》第12条规定:"施工单位不按工程质量保修书约定保修的,建设单位可以另行委托其他单位保修,由原施工单位承担相应责任。"发包人拒绝承包人修复的正当理由,除承包人无施工资质外,还包括多次修复不能解决质量缺陷双方失去合作信任的情形。

(三) 建设工程质量异议与保修要求的相互关系

1. 基本解读

如前文分析,发包人针对建设工程质量向承包人提出的意见,究竟属于质量异议还是保修要求,其区分标准即在于该建设工程是否已经通过竣工验收。若在通过竣工验收之前提出,则其法律性质为工程质量异议;若在通过竣工验收之后才提出,则对其法律性质则应认定为工程质量保修要求。

2. 承包人未经竣工验收擅自使用对工程质量异议的影响

原《工程施工合同解释》第13条规定:"建设工程未经竣工验收,发包人擅自使用后,又以使用部分质量不符合约定为由主张权利的,不予支持;但是承包人应当在建设工程的合理使用寿命内对地基基础工程和主体结构质量承担民事责任。"《工程施工合同解释(一)》第14条亦规定:"建设工程未经竣工验收,发包人擅自使用后,又以使用部分质量不符合约定为由主张权利的,人民法院不予支持;但是承包人应当在建设工程的合理使用寿命内对地基基础工程和主体结构质量承担民事责任。"

根据以上司法解释的规定,若发包人在建设工程未经竣工验收的情况下擅自使用,则视为已完成竣工验收,不得再提出建设工程质量异议,但这并不免除承包人的保修责任。

在本案例中,仲裁庭即认为,被申请人在对系争发电机组验收完毕且实际使用后向申请人提出的"漏油"等问题,法律性质非工程验收前的"质量异议",而是工程已验收合格后的"保修要求",因此不支持被申请人进行质量鉴定的要求。但仲裁庭亦认为于此情形并不免除申请人的保修责任,在申请人无证据证明被申请人在保修期内提出的保修要求申请人已尽保修责任的情况下,未支持申请人关于支付工程质量保修金的仲裁请求。

(本案例由深圳国际仲裁院仲裁员钟国才编撰)

案例20 工程预付款、进度款以及结算款的逾期利息计算

仲裁要点：欠付工程款利息本质上是法定孳息，其产生不以当事人约定为必要条件，其实质是补偿守约的承包人资金被占用的损失。利息债权具有相对独立性，可以单独存在并发生效力，承包人可以在主债权的仲裁时效期间单独向发包人主张权利。

一、案情概要

经过招投标程序，申请人A公司（承包人）与被申请人B行政机关（发包人）于2008年8月29日签订《H市建设工程施工（单价）合同》（以下简称《施工合同》）。工程内容为H市某专业服务综合楼易址后增土石方及边坡支护工程（应急），工程暂定价款为22743062元，工期为120日历天。合同由协议书、通用条款、专用条款、补充条款和附件五部分组成，专用条款"关于工程款支付"约定签订施工合同后两周内被申请人支付预付款5830858元。申请人每月25日前将本月期中支付申请报送给监理及被申请人，监理与被申请人收到后7个工作日内批复并支付，期中支付按完成工程量的90%支付工程款。工程结算书经审计部门审定后，被申请人应在14日内付款至结算款的97%。预留结算价款的3%作为工程保修金，工程保修期为工程验收合格之日起满2年。

申请人于2008年10月28日进场施工。因施工中遇到山体内人防洞而暂停施工并进行工程设计调整，涉案工程于2010年6月24日竣工验收合格并交付。因申请人进行国企改制的影响以及双方工程结算核对曾存在争议等原因，涉案工程于2016年年初提交H市审计局进行工程审计，送审价款为21342198.70元。H市审计局于2017年3月21日审定了工程结算造价为

20203283.86元。双方对经审计的工程结算价均无异议。前述工程结算价扣除被申请人已支付的18510858元后，被申请人尚欠结算款为1692425.86元。

因双方协商无果，申请人于2019年1月23日依据涉案合同中的仲裁条款向深圳国际仲裁院申请仲裁，请求如下：

1. 裁决被申请人向申请人支付工程结算款1692425.86元及逾期利息计至付清之日止（按照中国人民银行同期贷款利率的标准计算利息），其中预付款的逾期利息：以5830858元为基数，从2008年9月13日起算，计至2008年12月30日止102798.03元；以830858元为基数，从2009年1月1日起算，计至2009年6月9日。工程进度款的逾期利息：以3200000元为基数，从2009年1月20日起算，计至2009年4月4日；以3460000元为基数，从2009年4月9日起算，计至2009年6月9日；以3460000元为基数，从2009年11月17日起算，计至2009年12月27日；以2560000元为基数，从2010年1月27日起算，计至2010年3月9日；以1957897.80元为基数，从2010年7月6日起算，计至2017年4月4日。工程结算款的逾期利息以1692425.86元为基数，从2017年4月5日起算，计至付清之日止。

2. 裁决被申请人向申请人支付因仲裁支出的律师费用110000元。

3. 裁决被申请人承担本案仲裁费。

二、当事人主张

(一) 申请人主张

1. 在被申请人未及时支付预付款的情况下申请人出具报告并同意延期支付是迫不得已的，但双方对违约责任、逾期利息未作出变更约定，申请人并未放弃追究被申请人延迟支付预付款、进度款应付逾期利息的权利。

2. 凡是竣工结算以前的工程款支付均属于期中支付，即支付进度款。涉案工程已经于2010年6月24日验收合格并交付，关于累计进度款，被申请人依约应当在工程竣工后的当月付至合同暂定价的90%。鉴于被申请人未予支付，应当自竣工验收合格之日后第8日起支付欠付该环节工程进度款的逾期利息。

3. 鉴于被申请人延迟支付预付款、进度款以及不支付拖欠的结算款，申请人提起仲裁主张被申请人除偿付拖欠的结算款外，还应支付相应逾期利息。具体计算如下：

(1) 关于预付款的逾期利息

被申请人依约应当在 2008 年 9 月 12 日前支付预付款 5830858 元，但被申请人直至 2008 年 12 月 31 日才支付预付款 5000000 元，应当以 5830858 元为本金支付自 2008 年 9 月 13 日起计至 12 月 30 日的 5830858 元止逾期利息；被申请人后于 2009 年 6 月 10 日付清预付款余额 830858 元，应当以 830858 元为本金支付自 2009 年 1 月 1 日起计至 2009 年 6 月 9 日止的逾期利息。

(2) 关于迟延支付进度款的利息

①施工过程中的进度款的逾期利息。被申请人未按照约定的日期和数额支付期中进度款，被申请人应当支付如下逾期利息：第一笔迟付进度款 3200000 元的利息自 2009 年 1 月 20 日起计付至 2009 年 4 月 4 日止；第二笔迟付进度款 3460000 元的利息自 2009 年 4 月 9 日起计付至 2009 年 6 月 9 日止；第三笔迟付进度款 3460000 元的利息自 2009 年 11 月 17 日起计付至 2009 年 12 月 27 日止；第四笔迟付进度款 2560000 元的利息自 2010 年 1 月 27 日计付至 2010 年 3 月 9 日止。

②竣工环节的进度款的逾期利息。涉案工程于 2010 年 6 月 24 日竣工验收合格。按照合同约定被申请人应当在工程验收合格后 7 个工作日内支付合同价的 90%，即 20468755.80 元（22743062 元 × 90%）。但截至该日，被申请人合计支付工程款 18510858 元，因此差额部分 1957897.80 元的逾期利息应当从 2010 年 7 月 6 日起计至结算审计报告出具后的第 14 天即 2017 年 4 月 4 日止。

(3) 关于结算款的利息

被申请人应以欠付的结算款 1692425.86 元为基数，从结算审计报告出具后的第 15 天起即 2017 年 4 月 5 日起支付逾期利息，直至付清之日止。

(二) 被申请人主张

1. 预付款 5830858 元未按合同约定的时间和数额支付系因 H 市财委拨款时财政资金计划不足，导致付款延迟，申请人对此知情。申请人于 2009 年 1 月 8 日向被申请人出具报告，表明知悉前述情况，同意被申请人先支付 5000000 元，余款后续支付。申请人已同意被申请人延期付款，且与被申请人协商一致，请求仲裁庭驳回该项利息请求。

2. 被申请人付清预付款的时间为2009年,被申请人支付最后一笔进度款的时间为2010年,离申请人提起仲裁之时已超过9年。涉案工程于2010年6月24日竣工验收,从首次支付预付款至工程竣工验收后的3年内,申请人均没有向被申请人主张预付款和进度款的逾期付款利息,申请人亦未提供证据证明其主张过逾期利息,其利息债权已经经过仲裁时效。

3. 《施工合同》约定"期中支付按完成工程量的90%支付工程款",而非按照"合同价"支付。申请人主张竣工后的进度款付至合同价款的90%即1957897.80元没有合同依据。H市审计局审定的工程结算总价为20203283.86元,该工程造价的90%为18182955.474元,截至2010年3月10日即工程竣工前,被申请人已付工程款18510858元,超过竣工时完成工程量的90%款项,故被申请人在竣工当月并无逾期付款情形,无须支付逾期利息。

4. 计付逾期利息的结算款本金数额错误。《施工合同》约定工程结算书经审计部门审定后,被申请人应在14日内付款至审定结算价的97%。审计部门审定的结算价为20203283.86元,结算价款的97%为19597185.3442元,被申请人已付18510858元工程款,故至2017年4月5日,被申请人欠付结算款金额为1086327.3442元,逾期利息应以1086327.3442元为基数,自2017年4月5日起计至付清之日止。

5. 被申请人迟延支付工程款亦有申请人的过错。被申请人的专业服务综合楼是一个综合项目,有许多子项目同时施工,申请人承包的涉案工程仅为一个子项目且为应急工程。在发改委追加预算后,被申请人曾多次催促申请人准备资料上报进行结算审计,申请人却迟迟未提交符合要求的结算资料,申请人的结算款项因其自身提交结算资料延误,导致审计报告出具时间延迟。被申请人系政府单位,其工程结算价款和所有款项的支付均要走审计部门和财政部门层层审批并放款,申报审批和实际支付款项的时间较长,故被申请人出现逾期付款并非恶意违约。请求仲裁庭综合合同履行情况及被申请人对此无过错的事实,驳回申请人主张的逾期利息请求。

三、仲裁庭意见

(一)关于工程预付款、工程进度款的逾期利息

仲裁庭认为,申请人关于工程预付款、工程进度款的逾期利息请求均应

当予以支持。主要理由如下：

1.《施工合同》规定如果被申请人不能按约定及时足额支付预付款应当支付贷款利息并承担违约责任，专用条款约定了支付预付款的时间和数额。申请人于2009年1月8日向被申请人提交报告，仅表示同意被申请人延期支付预付款，但未明示放弃逾期付款利息的权利。因此申请人有权向被申请人主张迟延支付预付款期间的相应利息。

2.《施工合同》通用条款约定被申请人应在期中支付证书签发之日起7日内将工程进度款支付给申请人，被申请人超过约定的时间不支付，申请人可向被申请人发出要求付款的通知，被申请人接到通知后仍不能按约定支付，可与申请人协商签订延期付款协议，经申请人同意后可延期支付，被申请人应从约定应付之日起向申请人支付应付款的贷款利息。被申请人未能举证证明申请人明示放弃主张相应逾期利息。原《工程施工合同解释》第17条规定"当事人对欠付工程价款利息计付标准有约定的，按照约定处理"。仲裁庭认为，涉案《施工合同》通用条款有关于若被申请人延迟支付进度款，则应支付贷款利息的约定。申请人有权向被申请人主张迟延支付的第一笔至第四笔进度款的逾期利息。

3. 关于仲裁请求第一项中工程竣工节点的第五笔进度款逾期利息问题。仲裁庭认为，应以双方确认并提交审计的送审价作为竣工节点应付进度款本金并据此计付逾期利息。主要理由如下：

（1）《施工合同》约定期中支付按完成工程量的90%支付工程款。双方均认可在工程竣工验收当月被申请人应当支付工程竣工时已完成工程量90%对应的工程进度款。涉案工程于2010年6月24日竣工验收并交付。因此，申请人有权依约向被申请人主张支付竣工环节的90%工程进度款。

（2）原建设部、国家发改委、财政部、中国人民银行于2006年发布《关于严禁政府投资项目使用带资承包方式进行建设的通知》，禁止政府投资项目使用带资承包方式建设。2019年7月1日起实施的《政府投资条例》第22条亦明确规定政府投资项目不得由施工单位垫资建设。涉案工程于2010年6月24日竣工验收合格并交付。《施工合同》约定工程结算书在审计部门审定后付至结算款的97%。2017年3月21日涉案工程完成H市审计局结算审计，涉案工程存在时间滞后的确认工程结算造价的情况。仲裁庭认为，涉案工程为政府投资项目，行政法规禁止施工单位垫资施工，虽然申请人在工程竣工验收并交付的当月并未依约向被申请人提交90%工程进度款的付款申请,鉴于被申请人早已实际使用涉案工程,申请人提起仲裁时仍有权向被申请人主张竣工环节欠付进度款的逾期利息。

(3)期中结算的完成工程量在取得承包人和发包人共同认可的情形下即可作为期中结算价款的依据。双方均确认涉案工程提交审计的送审价金额为21342198.70元,双方确认该送审价后才提交资料报送审计局进行造价审计。该送审价是经双方认可的竣工验收之日涉案工程已完成工程量对应的非终局性工程结算价款。

(4)被申请人辩称,根据《施工合同》约定,"期中支付按完成工程量的90%支付工程款",而非按照"合同价"支付。根据H市审计局审定的工程结算造价金额,实际工程造价的90%为18182955.474元,被申请人截至2010年3月10日即工程竣工前已付工程款18510858元,超过竣工时依约应付的实际工程价款的90%,因此被申请人并未逾期付款,无须支付逾期付款利息。仲裁庭认为计算竣工环节的进度款金额之日,尚未提交审计部门进行造价结算审计,被申请人主张以审计后的结算造价为依据计付进度款于法无据,仲裁庭对被申请人前述抗辩主张不予支持。

综上所述,本案申请人在竣工验收交付后当月并未及时提交竣工环节的进度款付款申请,但依约有权要求被申请人支付竣工工程已完成工程量90%对应的工程进度款。即使未能及时支付有来自申请人的原因,但申请人垫付资金有利息损失是客观存在的。仲裁庭根据本案合同双方的履约情况,参照前述行政法规和文件关于禁止垫资的规定,根据《仲裁法》第7条"仲裁应当根据事实,符合法律规定,公平合理地解决纠纷"的规定,认定应以双方确认的送审价金额为基数计算被申请人在竣工节点应付工程进度款金额。被申请人应当在竣工当月付至前述送审价90%的期中工程款(21342198.70元×90%)即19207978.83元,再扣除被申请人竣工验收前已经支付的18510858元,被申请人在竣工节点应当支付的工程进度款为697120.83元。被申请人应当自2010年6月24日起至2017年4月4日之日止支付前述款项的逾期利息。

(二)关于结算款的逾期利息

《施工合同》约定工程结算书经审计部门审定后14日内付至结算款的97%。H市审计局作出涉案工程的结算造价审计报告之日即2017年3月21日,工程质量保修期早已经届满,被申请人此时无权预留3%工程保修金,被申请人应当付清全部结算款,鉴于被申请人并未支付,被申请人应以欠付工程结算款 1692425.86 元为基数支付逾期利息,自 2017 年 4 月 5 日起至 2019 年 8 月 19 日止按照中国人民银行同期贷款基准利率计算,自 2019 年 8 月 20 日起至实际履行之日止按同期全国银行间同业拆借中心公布的贷款市场报价利率计算。

四、裁决结果

1. 被申请人向申请人支付工程款 1692425.86 元,并按照下列的款项本金和计息起止时间向申请人支付逾期利息:

(1)关于工程预付款的逾期利息,以本金 5830858 元为基数,自 2008 年 9 月 13 日起至 2008 年 12 月 30 日止;以本金 830858 元为基数,自 2009 年 1 月 1 日起至 2009 年 6 月 9 日止。前述逾期利息根据中国人民银行同期贷款基准利率计算。

(2)关于工程进度款的逾期利息,以本金 3200000 元为基数,自 2009 年 1 月 20 日起至 2009 年 4 月 4 日止;以本金 3460000 元为基数,自 2009 年 4 月 9 日起至 2009 年 6 月 9 日止;以本金 3460000 元为基数,自 2009 年 11 月 17 日起至 2009 年 12 月 27 日止;以本金 2560000 元为基数,自 2010 年 1 月 27 日起至 2010 年 3 月 9 日止。以本金 697120.83 元为基数,自 2010 年 7 月 6 日起至 2017 年 4 月 4 日止。前述逾期利息根据中国人民银行同期贷款基准利率计算。

(3)关于工程结算款的逾期利息,以本金 1692425.86 元为基数,自 2017 年 4 月 5 日起至 2019 年 8 月 19 日止按照中国人民银行同期贷款基准利率计算,自 2019 年 8 月 20 日起至实际履行之日止按同期全国银行间同业拆借中心公布的贷款市场报价利率计算。

2. 被申请人向申请人支付律师费 100000 元。

3. 本案仲裁费由申请人承担 5%、被申请人承担 95%。

五、评析

《民法典》合同编第十八章以典型合同的形式规定了建设工程合同,重点规范了建设工程施工合同。建设工程施工合同作为双务有偿合同,支付工程价款是发包人的主要义务。除承包人完全垫资的工程总承包合同或施工初期垫资的施工合同外，承包人只负责工程建造、安装等施工工作。按照行业惯例，发包人要根据工程进度陆续向承包人支付工程价款并在竣工后进行结算和支付结算款，以保证工程的顺利施工和竣工。《建筑法》第18条第2款规定："发包单位应当按照合同的约定，及时拨付工程款项。"施工合同是持续履行的合同，有时会出现发包人延迟支付工程款的情形，发包人和施工人之间关于欠付工程款的逾期利息不时产生争议。本文对欠付工程款逾期利息争议进行阐析，梳理相关难点，以期引起业内人士的深入研讨。

（一）及时足额支付工程价款是发包人的合同约定义务

承发包人通常在施工合同中对工程价款的拨付（包括预付款、进度款、竣工结算款）以及期中结算、竣工结算及违约责任等进行约定。

工程预付款是为缓解施工人的资金压力并协助解决购买材料、设备租赁、施工进场等款项而由发包人提前支付的部分工程价款，工程预付款的支付时间一般在开工前7~10日。工程进度款是发包人对付款周期内承包人在每个时间段或施工节点已完成的暂计工程量及各项费用予以支付相应比例的价款，支付方式有按月支付、按季度支付和按照工程形象进度支付。在清单计价模式下，施工合同的工程量清单标注的工程量是根据施工图纸等拟定的工程量，在工程竣工验收后双方应当根据实际发生的工程量对造价进行核对、调整并确认结算价款。政府部门、事业单位或国有企业投资的工程有时约定以审计结果或财政评审结果确定工程结算价款。

（二）欠付工程款应支付逾期利息是发包人的约定义务和法定义务

欠付工程款应支付逾期利息是国内外的行业惯例。国际通行的FIDIC《土木工程施工合同条件》规定："雇主未能在合同约定的付款期内支付工程款的，雇主应当按照投标书附件中规定的利率，从应付之日起向承包人支付全部未付款利息。"[1]住建部和国家市场监督管理总局发布的2017版《建设工程施工合同（示范文本）》和2020版《建设项目工程总承包合同（示范文

---

[1] 最高人民法院民事审判第一庭编著：《最高人民法院新建设工程施工合同司法解释（一）理解与适用》，人民法院出版社2021年版，第269页。

本)》均对工程预付款、工程进度款、竣工结算款的支付及逾期应支付利息作出了约定。施工合同中通常会约定如果发包人未按照约定的时间和数额支付工程预付款、工程进度款、工程结算款,则构成违约,应承担支付违约金、逾期利息或赔偿损失等违约责任。欠付工程款给承包人造成的直接损失之一是逾期利息损失。考虑到承包人的筹资成本有差异以及期中工程量的确定有时间上的滞后性,应当允许承发包人自行约定逾期支付工程价款的应付利息利率标准。因此,承发包人在施工合同中可以约定欠付工程款发包人应当依约支付逾期利息。

如果合同双方未约定发包人迟延支付工程价款应当支付利息,仲裁庭对此如何处理?

最高人民法院配合《民法典》施行而新发布的《工程施工合同解释(一)》第26条规定:"当事人对欠付工程价款利息计付标准有约定的,按照约定处理。没有约定的,按照同期同类贷款利率或者同期贷款市场报价利率计息。"最高人民法院的前述规定,明确了在当事人未约定逾期利息的情况下对欠付工程价款利息的保护标准,究其原因在于"欠付工程款利息本质上属法定孳息,其产生并不一定以当事人约定为必要条件,其实质是补偿守约当事人资金被占用的损失"[1]。从法理上分析,当发包人依约应当支付工程进度款和结算款之时,承包人即施工人提供的人料机的成本和费用已经物化到工程实体中,发包人如未及时支付相应的工程价款,则施工人的资金势必被发包人占用,即工程款本金产生的利息也是承包人资金被占用的损失(承包人的损失包括但不限于利息损失)。因此,根据权利义务对等的公平原则,工程价款履行迟延所得请求之迟延利息,应作为法定孳息。"所谓法定孳息,是指因法律关系所应得的收益。发包人欠付承包人工程价款时就应当向承包人支付利息,发包人欠付的工程款利息与本金之间具有附属性。"[2]由此可见,利息作为法定孳息依附于本金,其产生以本金之债为前提。参照最高人民法院(2017)最高法民申1943号民事裁定书的裁判观点,利息是付款责任的一项随附义务,即使施工合同无效(但工程质量合格)或合同未约定逾期付款利息,只要存在欠付工程款的情形,发包人就应当支付逾期利息,除非承包人予

---

[1] 武建华、边坤、马赫宁:《欠付工程款利息及违约金的适用规则》,载《人民司法》2018年第11期。

[2] 王乾應:《建设工程造价专项法律实务》,法律出版社2020年版,第410页。

以容忍并明示放弃其逾期利息的主张。①

综上,支付欠付工程款的逾期利息是发包人的约定或法定义务。仲裁庭在本案中依据合同约定裁决支持申请人的逾期利息请求有充分的事实和法律依据。

(三)鉴于涉案合同主债权(即工程款债权)未经过仲裁时效,利息债权的仲裁时效期间应当与主债权的仲裁时效期间保持一致,申请人主张的利息债权亦应当予以支持

王利明教授认为:"利息之债具有相对的独立性,利息之债产生后,债权人可以请求债务人单独履行债务利息,债权人还可以让与其利息债权,并且在本金之债已经得到清偿的情况下,利息之债可以单独存在并发生效力。"②

涉案施工合同约定的应付预付款、进度款和结算款均为被申请人同一合同项下的金钱债务,属于分期履行的合同义务。最高人民法院《关于审理民事案件适用诉讼时效制度若干问题的规定》第5条规定:"当事人约定同一债务分期履行的,诉讼时效期间从最后一期履行期限届满之日起计算。"仲裁时效依法准用诉讼时效。施工合同是持续性履行的双务合同,承发包人在施工过程中具有合作协助关系,如果被申请人某一期进度款延迟支付,承包人没有索要和主张利息主要是基于维护双方的履约合作关系及对债务人的信任和谅解以利于顺利实现工程竣工,并非怠于行使其民事权利。③ 因此,利息债权的仲裁时效期间应等同于主债权的仲裁时效期间。只要主债权(工程款本金)未经过仲裁时效期间,申请人在主债权仲裁时效期间仍有权向被申请人主张迟延支付预付款、进度款的逾期利息。

(四)如果施工合同包含承包人声明或承诺在发包人延期支付工程款的情形下不得向被申请人主张支付逾期利息、违约金等内容,该类内容可以认定为无效条款

此类约定属于发包人免责条款。《民法典》第6条规定:"民事主体从事

---

① 参见江苏昊峰投资集团有限公司等诉江苏天沛建筑工程有限公司建设工程施工合同纠纷案,最高人民法院(2017)最高法民申1943号民事裁定书。
② 王利明:《合同法通则》,北京大学出版社2022年版,第307页。
③ 参见张雪楳:《诉讼时效审判实务与疑难问题解析:以〈民法总则〉诉讼时效制度及司法解释为核心》,人民法院出版社2019年版,第206页。

民事行为,应当遵循公平原则,合理确定各方的权利和义务。"《民法典》第506条规定:"合同中的下列免责条款无效:(一)造成对方人身损害的;(二)因故意或者重大过失造成对方财产损失的。"发包人支付合同价款是其受领工程所对应的主要义务,如果合同事先约定排除如发包人不及时支付工程价款应承担的逾期利息、违约金,既违反《民法典》的公平原则,亦可视为发包人通过免责约定故意造成对方财产损失,仲裁庭可以根据《民法典》第6条和第506条认定该类内容为无效条款。

(五)关于欠付工程款逾期利息的起算日期

《工程施工合同解释(一)》第27条规定,"利息从应付工程价款之日开始计付。当事人对付款时间没有约定或者约定不明的,下列时间视为应付款时间:(一)建设工程已实际交付的,为交付之日;(二)建设工程没有交付的,为提交竣工结算文件之日;(三)建设工程未交付,工程价款也未结算的,为当事人起诉之日。"可见,欠付工程款利息的起算日期,有约定的,应当优先适用约定。如无约定,应当按照前述司法解释的规定确定欠付工程款的利息起算之日。司法实践中,特别是施工合同约定结算款应在竣工结算后的若干日期内支付但在未约定发包人结算审核的时限的情况下,不时出现发包人无正当理由拒绝结算或以种种理由故意拖延竣工结算,致使造价结算过于迟延进而出现延期支付结算款。仲裁庭可以根据发包人拖延结算的事实并根据《民法典》第132条民事权利不得滥用的原则,参照《建设工程工程量清单计价规范》(GB 50500-2013)有关接受结算文件28天内完成审核的规定,酌情确定发包人结算审核的合理时限,并以此作为逾期支付结算款的利息起算时间。

(六)关于施工合同自行约定逾期利息利率

根据《工程施工合同解释(一)》第26条的规定,当事人对欠付工程价款利息计付标准有约定的,按照约定处理。实践中有的合同约定利息利率过高,例如按照月利率2%支付逾期利息。如果双方约定的逾期利息利率超过同期同类贷款利率或者同期贷款市场报价利率,此时该等利息已经不是法定孳息,可认为是合同约定了违约金计算标准。《九民纪要》第50条规定"除借款合同外的双务合同,作为对价的价款或者报酬给付之债……不能以受法律保护的民间借贷利率上限作为判断违约金是否过高的标准,而应当兼顾合同履行情况、当事人过错程度以及预期利益等因素综合确定"。笔者认为,如果承包人主张约定的逾期利息利率过高,仲裁庭可以参照《九民纪要》第50条的意见对约定利率是否过高进行判断并作出裁决。

(七)关于合同对逾期付款既约定违约金又约定利息的处理意见

最高人民法院民事审判第一庭编写的《民事审判实务问答》(法律出版社2021年版)一书在第059个问题"发包人同承包人仅就欠付工程款约定支付违约金,承包人是否还有权要求发包人在承担违约金责任之外支付欠付工程款"(第86页)的解答中认为,"如果施工合同约定利息又约定违约金,可以优先适用该约定。但如果合同仅就欠付工程款约定支付违约金,承包人无权再要求发包人在承担违约金责任之外支付欠付工程款利息"。笔者认为,如果施工合同既约定利息又约定违约金,发包人主张其承担的违约责任过重,仲裁庭可以参照最高法院《九民纪要》第50条的意见综合判断发包人的违约责任是否过高并适当进行调整。

(八)关于双方达成结算协议,承包人可否再主张延付预付款、进度款的逾期利息

目前法律法规对结算协议的终局性并没有明确规定。关于索赔期限,住建部和国家市场监督管理总局发布的2017版《建设工程施工合同(示范文本)》通用条款第19.5条规定,承包人在完成结算审核并接收竣工付款证书后,应被视为已无权再提出在工程接收证书颁发前所发生的任何索赔。[①] 司法实务中,有的结算协议未明确结算价款是否包括有关违约金、逾期利息和索赔等费用。关于双方达成结算协议后承包人可否再主张违约金或索赔费用的问题,法院会根据当事人在结算协议中的真实意思表示判断结算价款是否为终局性结算。目前法院主流意见认为双方在结算协议中未对违约、索赔等问题另行约定的,则视为已放弃或已考虑违约责任和索赔款[②],进而认定承包人无权再要求发包人支付延期付款违约金及索赔费用。

[①] 《建设工程施工合同(示范文本)》(GF—2017—0201)第19.5条第(1)项规定:"承包人按第14.2款〔竣工结算审核〕约定接收竣工付款证书后,应被视为已无权再提出在工程接收证书颁发前所发生的任何索赔。"

[②] 参见建纬大湾区建设工程业务中心编著:《施工合同纠纷专题解析与法律事务》,法律出版社2022年版,第74页。

本案仲裁庭考虑到,合同约定以审计局审定价格为最终结算造价,审计部门通常仅审核工程施工总费用的合法合理性,申请人认可审计部门审定的最终结算价,但送审价中包括逾期应付利息,申请人并未书面放弃追索预付款、进度款逾期利息损失。逾期利息为法定孳息,其性质不同于延付违约金或索赔费用,仲裁庭因此决定对申请人的逾期利息请求予以支持。

依约足额支付工程价款是发包人的主要合同义务。发包人应当依据合同约定全面履行付款义务,避免影响工程施工和竣工,也可减少不必要的纠纷和经济损失。

(本案例由深圳国际仲裁院仲裁员刘伟编撰)

案例21　审计机关未在合理期限内出具审计意见时工程价款的结算依据

仲裁要点：建设工程施工合同系平等主体之间的民事合同，若当事人约定工程价款结算以政府审计部门的审定价为准，需要在民事合同中约定且须明确具体；审计意见与财政评审意见法律性质不同；在行政部门明确表示已终止项目竣工结算评审，或者在合理期限内审计机关未出具确定的审计意见或审计结论性文书时，可根据当事人合意委托的造价咨询机构出具的结算审核报告作为工程价款结算依据。

当事人在仲裁过程中提交鉴定申请，若对证明待证事实无意义或缺乏鉴定必要性时，仲裁庭可不予准许。

一、案情概要

2011年5月30日，申请人与被申请人签订《建设工程施工承包合同》约定，工程结算完成后14日内支付至发包人审核的工程结算造价的90%，完成竣工备案、决算移交及审计部门审计后14日内，发包人将按约定扣留5%的工程质量缺陷保修金后的余款一次性支付给承包人。其后，双方分别签订《房建工程补充协议》和《补充协议（二）》。《补充协议（二）》根据新版图纸，对合同价款、项目单价、预算和结算原则等再次进行补充约定。合同价款调整为464420000元（暂定），项目单价按经审图通过的新版图纸编制预算并经审计部门审定的综合单价下浮，本工程中标下浮率11.13%即为本工程结算单价。

2019年1月，当事人签订《补充协议（三）》，合同签订依据包括：新修订施行的《××政府投资项目审计监督条例》《××政府投资项目管理条例》和S

市人民政府《关于印发市财政性基本建设资金直接支付暂行办法的通知》,将质量保证金的预留比例调整为3%。

2018年10月11日,涉案工程经竣工验收合格;2018年12月,申请人和被申请人双方办理了工程移交和档案移交;2020年5月,涉案工程取得竣工验收备案收文回执。

2019年1月25日,E公司根据被申请人委托对报审造价进行结算审核,审核造价为461182419.31元;2019年9月24日,被申请人委托F公司对报审造价进行第二次结算审核,审核造价为454283116.59元。被申请人提交的关于涉案工程《结(决)算项目评审申请书》载明,涉案工程送审造价454283116.59元,中介机构为F公司。

2019年11月19日,D区财政局财政结算组接收被申请人工程送审项目资料,送审金额为454283116.59元。2019年12月27日,D区财政局《结算评审结果确认书》载明,涉案工程送审金额为454283116.59元,审定金额为447253575.64元。《评审事项记录》载明,被评审单位为被申请人,根据招投标文件下浮率由11.13%调整为11.87%。2020年1月6日,D区财政局《结算评审结果确认书》载明,涉案工程送审金额为454283116.59元,审定金额为447895695.66元。上述《结算评审结果确认书》《评审事项记录》并未加盖印章。

2020年8月25日,D区财政局向被申请人发送《关于终止S市××产业园区整体搬迁安置区西区第二标段工程竣工结算评审的函》,载明:2020年1月,评审组向被申请人发出关于建安费核减和补充协议中标下浮率、信息价存在问题的评审事项,被申请人一直未书面回复。2020年4月20日,评审组退回送审资料原件,中止评审。截至2020年8月20日,被申请人仍未对评审事项进行书面回复。经研究,D区财政局决定终止该项目竣工结算评审。

庭后,被申请人补充提交2021年1月22日D区财政局出具的评审报告,评审报告载明对涉案工程竣工结算进行评审,送审金额为454283116.59元,审定金额为447895695.66元。存在问题、有关说明及建议为,建安费核减的主要原因是送审下浮率按11.87%计算,与原合同中标下浮率11.13%不符,评审按原合同中标下浮率予以调整以及送审多计材料调差等。

2020年9月29日,申请人依据涉案合同中的仲裁条款向深圳国际仲裁院申请仲裁,提出如下仲裁请求:

1. 裁决被申请人向申请人支付工程款18286116.59元。
2. 裁决被申请人向申请人支付逾期付款利息。

3. 裁决被申请人补偿申请人律师费500000元。
4. 裁决本案仲裁费用由被申请人承担。

二、当事人主张

申请人主张应以 F 公司出具的结算审核报告为依据,支付工程欠款18286116.59元(含工程结算造价的97%范围内尚欠的工程款4657623.09元和2020年10月11日到期的3%的质量保证金13628493.50元)。涉案工程结算已经完成,双方之间的结算应当以 F 公司出具的二审结算审核报告书为准。因政府机构改革、职能调整等原因,S 市审计局不再负有对政府投资项目全部进行结算审计的职能,涉案工程标段不可能由 S 市审计局出具结算审计报告。事实上,S 市审计局也并未对涉案项目进行结算审计。被申请人辩称,合同约定工程价款结算须以政府审计部门审定为准,中标下浮率应扣除不可竞争费用,应当以 D 区财政局2021年1月22日出具的最终评审报告作为涉案工程价款结算依据。

本案开庭后,被申请人提交《司法鉴定申请书》,请求依法委托鉴定机构对涉案工程的争议部分(即工程下浮率)结算造价进行鉴定。申请人不同意进行鉴定,其理由为:一是涉案工程结算已经完成,并无鉴定必要性;二是涉案工程标段的下浮率为11.13%,双方已经一致予以确认,无须鉴定。

三、仲裁庭认定的事实

1. 招投标及合同签订情况

2011年3月,E 公司就 S 市××产业园区整体搬迁安置区西区第二标段工程施工总承包编制的《建安工程预算造价书》中,工程造价为386057287.93元,总承包服务费为1510000元,车辆使用费为524113.89元,暂列金额为11180000元,高低压设备入网检测费工程暂估价为191600元。

《S 市建设工程招标文件》中"投标文件编制"第19.8条规定,"安全文明施工措施费"应当作为非竞争性费用,在投标报价中单列(但应计入投标总价),"安全文明施工措施费"包括临时设施费、安全施工费、文明施工费、环境保护费。投标报价上限为公示标底下浮9.82%,投标报价下限为公示标底下浮17.82%（投标限价下浮均为整体下浮，不扣除不可竞争费用）。评标阶段有关废标的情形（由评标委员会负责判定）第6项为，投标报价中擅自修改招标文件（包括补遗文件）中规定不可竞争的固定单价或合价的，如安全文明措施费、专业工程暂估价、材料设备暂估价、优质优价奖励费等。

2011年4月15日，被申请人发布招标公告，对涉案工程（施工总承包）进行公开招标。标底价为385182250.41元，安全文明施工措施费为7233959.69元，暂列金额为11180000元，总承包服务费为1510000元，专业工程暂估价为3500000元，高低压设备入网检测费工程暂估价为191600元，车辆使用费为524113.89元。

2011年4月24日，申请人编制的《投标文件》载明：投标总价为342311475.51元，安全文明施工措施费为7233959.69元，工程建设其他费为1510000元，暂列金额为11180000元，专业工程暂估价为3500000元，专业工程暂估价为191600元。

2011年5月30日，被申请人与申请人签订《建设工程施工承包合同》。约定价款为342311400元，施工现场安全文明施工措施费为7233959.69元，暂列金额为11180000元，总承包服务费为1510000元，专业工程暂估价为3500000元，高低压变配工程新设备入网检测费暂估价为191600元。该合同有关合同价款第29.8条分别约定依法必须招标的材料、设备或专业工程和依法无须招标的材料设备或专业工程暂估价最后确定方法，其中，依法无须招标的材料设备暂估价最后确定方法为，对于标底及《价格信息》中有的材料、设备，采用施工期间该材料设备的平均信息价按照标底的编制原则计算出该材料设备所在项目综合单价，然后下浮本工程中标下浮率后的价格作为结算依据。中标下浮率＝中标价（扣除暂估价合计和暂列金额合计）/标底（扣除暂估价合计和暂列金额合计）×100%。工程款支付部分约定，工程结算完成后14日内支付至发包人审核的工程结算造价的90%，完成竣工备案、决算移交及审计部门审计后14日内，发包人将按约定扣留5%的工程质量缺陷保修金后的余款一次性支付给承包人。

《建设工程施工承包合同》第四部分"补充条款"第8条工程结算主要原则约定：①本工程结算造价的确定：本工程结算造价＝扣除专业工程总承包服务费、安全文明施工措施费、暂估价合计和暂列金额合计等及合同中约定的其他按实结算部分价格后的中标价部分＋发包人按照《L区建筑工务局工程变更管理办法》规定的程序审核后的变更价款部分＋其他部分。②扣除安全文明施工措施费、暂估价和暂列金额合计等价格后的中标价部分。工程竣工结算总价以S市政府审计部门的审定价为准。

2012年6月10日,被申请人与申请人签订《房建工程补充协议》,调整承包范围,不再执行原合同约定的承包范围;合同工期不作调整,以发包人或监理工程师签发的开工令作为开工日期;由于合同承包范围重新约定,合同价款重新调整为342300000元(暂定),项目单价按规划批准和经审图通过的新图纸编制预算并经审计部门审定的综合单价下浮本工程中标下浮率11.13%即为本工程结算单价。预算结算原则中就结算方式约定:按规划批准和经审图通过的新图纸(即发包人重新签发的施工图)的工程造价[经审计部门审定的预算价下浮本工程中标下浮率11.13%(安全文明施工措施费不下浮)+设计变更造价+其他]。本协议为原合同的补充协议,与原合同有不一致或相冲突之处,以本协议为准。

2014年7月,申请人与被申请人签订《补充协议(二)》。根据第二版图纸(2012年3月版),对合同价款、项目单价、预算和结算原则等再次进行补充约定。其中,工程承包范围约定,同原合同补充协议,实施内容以经发包人确认后的施工图纸为准,同时包含未完成工程内必须完成的工作。合同价款调整为464420000元(暂定),项目单价按经审图通过的第二版图纸(2012年3月版)编制预算并经审计部门审定的综合单价下浮本工程中标下浮率11.13%即为本工程结算单价,并作为本补充协议附件,是合同的组成部分。预算结算原则中结算方式约定为,按经审图通过的第二版图纸(2012年3月版)的工程造价[经审计部门审定的预算价下浮本工程中标下浮率11.13%(安全文明施工措施费不下浮)+设计变更造价+其他]。

2019年1月30日,被申请人与申请人签订《补充协议(三)》,合同签订依据中包括:2018年1月17日起施行的S市人民代表大会常务委员会《关于修改〈××政府投资项目审计监督条例〉的决定》、S市人民代表大会常务委员会《关于修改〈××政府投资项目管理条例〉》、S市人民政府《关于印发市财政性基本建设资金直接支付暂行办法的通知》;工程承包范围、合同工期、合同价款、预算结算原则同原合同及补充协议、《补充协议(二)》;工程款支付约定,工程结算完成后14日内支付至经发包人审核(或委托造价咨询中介机构审核)的工程结算造价的93%,完成工程移交、档案移交及相关审计部门出具审定结果后14日内,发包人将按约定扣留结算价3%的工程质量保证金后的余款一次性支付给承包人;因本工程属政府投资,工程价款最终由政府财政部门支付,为此,发包人只负责按上述约定的时间办理款项支付手续,承包人不得以付款迟延为由,要求招标人承担违约责任。

2. 工程竣工验收与移交情况

2018年10月11日,涉案工程经竣工验收合格。

2018年12月21日、12月29日,申请人和被申请人双方办理了工程移交和档案移交。

2020年5月19日,涉案工程取得S市D区住房和建设局出具的竣工验收备案收文回执。

3. 工程结算与审计情况

2019年1月25日,E公司根据被申请人委托对报审造价进行了结算审核,涉案工程审核造价为461182419.31元。

2019年9月24日,被申请人委托F公司对涉案工程造价进行了第二次结算审核。涉案工程审核造价为454283116.59元。被申请人提交的关于涉案工程《结(决)算项目评审申请书》载明,涉案工程送审造价为454283116.59元,中介机构为F公司,开工日期为2015年1月9日,竣工日期2018年10月11日,审核完成日期为2019年9月24日。已付款435997000元,未付款18286116.59元。

2019年11月19日,D区财政局财政结算组接收被申请人就涉案工程送审的项目资料,送审金额为454283116.59元。

2019年12月27日,D区财政局《结算评审结果确认书》载明,涉案工程送审金额为454283116.59元,审定金额为447253575.64元。《评审事项记录》载明,被评审单位为被申请人,根据招投标文件下浮率由11.13%调整为11.87%。2020年1月6日,D区财政局《结算评审结果确认书》载明,涉案工程送审金额为454283116.59元,审定金额为447895695.66元。上述《结算评审结果确认书》《评审事项记录》并未加盖印章。

2020年1月6日,申请人向被申请人发送《关于对区财局审核S市××产业园区整体搬迁安置区西区第二标段(施工总承包)工程竣工结算初稿的异议》,就中标下浮率、编制期信息价的采用问题提出异议。

2020年8月25日,S市D区财政局向被申请人发送《关于终止S市××产业园区整体搬迁安置区西区第二标段工程竣工结算评审的函》,函中载明,2020年1月,评审组向被申请人发出关于建安费核减和补充协议中标下浮率、信息价存在问题的评审事项,被申请人一直未书面回复。2020年4月20日,评审组退回送审资料原件,中止评审。截至2020年8月20日,被申请人仍未对评审事项进行书面回复。经研究,S市D区财政局决定终止该项目竣工结算评审。

2020年9月10日,被申请人函告申请人:你单位在我单位承建的××产业园区整体搬迁安置区西区第二标段工程,区财政局已完成结算审核,你单位至今未进行结算成果确认,所以至今无法出具结算成果审定文件。近期区财政局已发函告知我单位终止该项目的结算审核工作,并退回送审资料。根据《补充协议(三)》完成工程移交、档案移交及相关审计部门出具审定结果后14日内,发包人将按约定扣留结算价3%的工程质量保证金后的余款一次性支付给承包人。本项目质保期限于2020年10月11日截止,此前我单位根据结算审核成果申报该项目年度资金计划,用于结算质保尾款支付。因该项目结算工作停止且重新申报结算审核周期较长,该项目资金已调剂至其他在建项目使用。鉴于本项目结算工作完成时间无法明确,后续项目资金我单位将于结算工作完成后另行向区财政部门申请。

就涉案工程,被申请人已付款435997000元。

四、仲裁庭意见

1. 关于合同效力

本案《建设工程施工承包合同》《房建工程补充协议》《补充协议(二)》《补充协议(三)》是双方当事人自愿协商签订的,系双方当事人真实意思表示,不违反中国的法律和行政法规的强制性规定,应属合法有效,并对本案双方当事人具有约束力。

2. 关于申请人要求支付工程欠款18286116.59元的仲裁请求

(1)关于涉案工程价款结算依据。

第一,合同约定情况。《补充协议(三)》约定,工程结算完成后14日内支付至经发包人审核(或委托造价咨询中介机构审核)的工程结算造价的93%,完成工程移交、档案移交及相关审计部门出具审定结果后14日内,发包人将按约定扣留结算价3%的工程质量保证金后的余款一次性支付给承包人。即,涉案工程价款结算合同约定以审计部门审定结果为依据。

第二,造价审核情况。2020年1月6日《结算评审结果确认书》并非为最终确定的审计意见或审计结论性文书。

第三,关于合同约定以审计部门审定价作为结算依据的性质。审计法规范的是审计机关与被审计单位之间的行政关系,不是被审计单位与其合同相对方的民事合同关系。在投资建设活动中,负责政府投资和以政府投资为主的建设工程的建设单位与施工单位是平等的民事主体,双方签订的建设工程施工合同属于民事合同。

第四,关于涉案约定以审计部门审定价作为结算依据的分析。对于工程款支付条件"相关部门出具审定结果"的约定并不明确具体,市区人民政府审计机关未进行审计也并不能必然得出需以D区财政局的评审结果作为工程价款结算前提的结论。

第五,关于被申请人补充提交的2021年1月22日D区财政局出具的评审报告应否作为工程价款结算的依据。仲裁庭认为,一是,如前所述,建设工程施工合同为平等主体之间的民事合同,若以审计结论或财政评审意见作为工程价款的结算依据,需要在民事合同中约定且需明确具体;二是,结合涉案《建设工程施工承包合同》《补充协议(二)》《补充协议(三)》的约定,并不能必然得出需以D区财政局评审报告作为工程价款结算依据的结论;三是,本案仲裁开庭之前,D区财政局发函,明示其已终止该项目的竣工结算评审;四是,仲裁活动需各方当事人如实充分提交证据、诚信参与仲裁程序,但在本案开庭前乃至开庭后,被申请人均未陈述已由D区财政局再次出具评审报告。

第六,涉案工程价款结算依据。尽管涉案《建设工程施工承包合同》约定工程竣工结算总价以S市政府审计部门的审定价为准,但在合理期限内,审计机关并未出具确定的审计意见或审计结论性文书。申请人主张以被申请人委托且据以送审的F公司出具的结算审核报告作为工程价款结算依据,并无明显不当。

(2)关于涉案工程的下浮率。

涉案《房建工程补充协议》《补充协议(二)》明确约定中标下浮率为11.13%,安全文明施工措施费不下浮。仲裁庭认为,一方面在招标文件投标报价上限、下限均已约定为整体下浮,不扣除不可竞争费用;另一方面,由于涉案工程按规划批准和经审图通过的新施工图纸编制新标底,范围调整、工程价款变化,承发包双方对于下浮率的调整明确,并非为违反招标投标法律实质性内容的变更,被申请人该项主张理据不足、不予支持,当事人应当依约诚信履行。F公司出具的《结算审核报告》有关下浮率亦无明显瑕疵。

五、裁决结果

1. 被申请人向申请人支付工程款 18286116.59 元。
2. 被申请人按同期全国银行间同业拆借中心公布的贷款市场报价利率计算利息,自 2019 年 9 月 29 日起至付清之日止。
3. 被申请人补偿申请人律师费 300000 元。
4. 驳回申请人的其他仲裁请求。

六、评析

本案涉及多个法律争点,因篇幅所限,下文仅对建设工程案件中经常涉及的两个争点进行评析。

(一)关于鉴定程序的启动

建设工程案件经常涉及鉴定问题,包括工期鉴定、质量鉴定、造价鉴定、修复费用鉴定等。鉴定程序的启动,如深圳国际仲裁院《鉴定指引》所言,鉴定不是必经程序,仲裁庭在考虑是否决定鉴定时,应充分、审慎考虑鉴定的必要性与可行性。但实务中对于鉴定程序应否予以启动争议很大,如本案开庭后,被申请人提交《司法鉴定申请书》,请求委托鉴定机构对涉案工程的争议部分(即工程下浮率)结算造价进行鉴定。

《民事诉讼法》第 79 条规定,当事人可以就查明事实的专门性问题向人民法院申请鉴定。当事人申请鉴定的,由双方当事人协商确定具备鉴定资格的鉴定人;协商不成的,由人民法院指定。鉴定是在诉讼或仲裁活动中,鉴定人运用科学技术或者专门知识对诉讼或仲裁涉及的专门性问题进行鉴别和判断并提供鉴定意见的活动。对于鉴定程序的启动,目前司法或仲裁实践中可以考虑采用"反向排除法",即特定情况下对于当事人的鉴定申请可不予准许:

1. 拟鉴定的事项并非属于查明案件事实的专门性问题

民事诉讼中鉴定的必要性或其认识论基础在于,对必须加以证明的待证事实,有些时候不能由一般人根据常识或生活经验就可以作出合理判断,而需要借助专门的技术知识来获取某种既知事实信息,以便法官据此展开将未知转化为已知的推理。①

鉴定意见属于证据的一种,申请鉴定是当事人履行自己举证责任的内容。若当事人申请鉴定的事项并非属于查明案件事实的专门性问题,可不准许鉴定,参照最高人民法院《关于人民法院民事诉讼中委托鉴定审查工作若干问题的规定》,比如通过生活常识、经验法则可以推定的事实,应当由当事人举证的非专门性问题,通过法庭调查、勘验等方法可以查明的事实,对当事人责任划分的认定,法律适用问题等,不属于查明案件事实的专门性问题。

2. 依照法律规定、合同约定可以确定工程价款结算情形

一是承发包双方约定按照固定价结算工程价款,一方当事人申请对建设工程造价进行鉴定的,不予准许;二是诉讼或仲裁前,当事人已对工程价款结算达成协议,诉讼或仲裁中一方当事人申请对工程造价进行鉴定,不予准许,比如最高人民法院(2019)最高法民终557号民事裁定书中,最高人民法院认为工程结算方式是双方共同委托第三方具备甲级资质的工程造价咨询公司对工程结算文件进行审核,审核确定的工程结算书经三方签字盖章生效,视为当事人明确表示受该咨询意见约束,发包人单方申请鉴定,不予准许。② 三是符合最高人民法院《工程施工合同解释(一)》第21条规定的情形,当事人约定发包人收到竣工结算文件后,在约定期限内不予答复,视为认可竣工结算文件的,按照约定处理;承包人请求按照竣工结算文件结算工程价款的,人民法院不予支持。此种情形下的鉴定申请应不予准许。

需要注意的是,鉴定意见只是诸多证据中的一种证据,审判人员应当结合案件的全部证据,加以综合审查判断,从而正确认定案件事实,作出正确判决,而不是被动地将"结论"作为定案依据。③

故在本案中,仲裁庭论述,参照最高人民法院《关于适用〈中华人民共和国民事诉讼法〉的解释》第121条规定,当事人申请鉴定,可以在举证期限届满前提出。申请鉴定的事项与待证事实无关联,或者对证明待证事实无意义的,人民法院不予准许。即,鉴定程序的启动需要满足下列要求:一须是案件

---

① 参见王亚新等:《中国民事诉讼法重点讲义》,高等教育出版社2017年版,第83页。
② 参见张晓霞、王登山主编:《最高人民法院建设工程施工合同纠纷典型案例与裁判规则》,法律出版社2021年版,第226页。
③ 参见王胜明主编:《中华人民共和国民事诉讼法释义》(最新修正版),法律出版社2012年版,第169页。

事实认定,二须是专门性问题,三须是必要性要求,鉴定所要解决的问题是通过其他方式无法解决的,只有通过鉴定才能解决或者应当排除以其他低成本方法查明案件的可能性。就本案而言,被申请人就涉案工程的争议部分(即工程下浮率)结算造价进行鉴定申请,在双方对于工程量并无争议的情况下仅就下浮率进行造价鉴定,缺乏鉴定必要性,对于被申请人鉴定申请,仲裁庭不予准许。

(二)关于工程价款的结算依据

本案的争议点在于,尽管涉案《建设工程施工承包合同》约定工程竣工结算总价以S市政府审计部门的审定价为准,依据修改后的《××政府投资项目审计监督条例》《××政府投资项目管理条例》,市、区人民政府审计机关对政府投资项目的项目前期审计、项目预算执行审计和项目竣工决算审计,以及对建设、施工、勘察、设计、监理、采购等单位与项目建设有关的财务收支的真实、合法、效益情况的审计监督,适用本条例。仲裁庭认为,《补充协议(三)》对于工程款支付条件"相关部门出具审定结果"的约定并不明确具体,市区人民政府审计机关未进行审计也并不能必然得出需以D区财政局的评审结果作为工程价款结算前提的结论。且D区财政局曾发函,明示其已终止该项目竣工结算评审。仲裁庭结合上述事实,确认以当事人合意委托的造价咨询机构出具的结算审核报告作为工程价款结算依据。实践中,对于能否以审计部门的审计意见或财政评审意见作为工程价款结算依据存有争议,笔者尝试予以梳理:

1. 关于合同约定以审计部门审定价作为结算依据的性质

《审计法》第22条规定,审计机关对政府投资和以政府投资为主的建设项目的预算执行情况和决算,进行审计监督。审计机关在法定职权范围内作出的审计报告、审计决定,被审计单位应当执行,即审计法规范的是审计机关与被审计单位之间的行政关系,不是被审计单位与其合同相对方的民事合同关系。在投资建设活动中,负责政府投资和以政府投资为主的建设工程的建设单位与施工单位是平等的民事主体,双方签订的建设工程施工合同属于民事合同。虽然建设工程出资全部或者主要来源于国家财政,有一定的特殊性,但没有因此改变二者之间平等的民事法律关系。不宜将适用于被审计单位的审计决定过度扩大适用于被审计单位的合同相对人,过多限制施工企业正当的合同权利。

2. 当事人未约定以审计意见作为工程价款结算依据的,发包人就此主张应不予支持

建设工程施工合同是平等主体之间就双方之间的民事权益缔结的协议,当事人的权利义务受到合同约束。合同未约定以审计机关出具的审计意见作为工程价款结算依据的,一方当事人主张以审计意见为依据结算工程价款的,应不予支持。参照最高人民法院《关于建设工程承包合同案件中双方当事人已确认的工程决算价款与审计部门审计的工程决算价款不一致时如何适用法律问题的电话答复意见》:审计是国家对建设单位的一种行政监督,不影响建设单位与承建单位的合同效力。建设工程承包合同案件应以当事人的约定作为法院判决的依据。只有在合同明确约定以审计结论作为结算依据或者合同约定不明确、合同约定无效的情况下,才能将审计结论作为判决依据。最高人民法院《关于人民法院在审理建设工程施工合同纠纷案件中如何认定财政评审中心出具的审核结论问题的答复》中亦认为,财政部门对财政投资的评定审核是国家对建设单位基本建设资金的监督管理,不影响建设单位与承建单位的合同效力及履行,但是,建设合同中明确约定以财政投资的审核结论作为结算依据的,审核结论应当作为结算的依据。

3. 当事人约定以审计意见作为工程价款结算依据的,应当明确具体

当事人尽管在合同中约定"按照业主审计为准",但不能必然得出当事人已同意接受国家机关审计对民事法律行为的介入。比如最高人民法院(2012)民提字第205号民事判决书中认为,根据审计法的规定,国家审计机关对工程建设单位进行审计是一种行政监督行为,审计人与被审计人之间因国家审计发生的法律关系与当事人之间的民事法律关系性质不同。因此,在民事合同中,当事人对接受行政机关审计作为确定民事法律关系依据的约定应当具体明确,而不能通过解释推定的方式,认为合同签订时当事人已同意接受国家审计机关的审计行为对民事法律关系的介入。另,在最高人民法院(2015)民一终字第94号民事判决书中,裁判意见认为,合同约定"审结结算"并非当然指行政审计,行政审计必须由当事人合意,以及签订合同时审计机关已将相关工程列入审计范围。

4. 若当事人约定将审计意见或财政评审意见作为工程价款结算依据,应视为双方当事人将具体行政行为转化为民事合同中的权利义务关系,应尊重当事人意思自治

价款结算是发包人和承包人依据合同约定的计价方式和计价标准以及

工程涉价结算资料对工程造价结算进行的审核工作。尽管2017年全国人大法工委复函中国建筑业协会,认为地方性法规中直接以审计结果作为竣工结算依据和应当在招标文件中载明或者在合同中约定以审计结果作为竣工结算依据的规定,限制了民事权利、超越了地方立法权限,并随后发出《对地方性法规中以审计结果作为政府投资建设项目竣工结算依据有关规定的研究意见》,要求各省、自治区、直辖市人大常委会对所制定或者批准的与审计相关的地方性法规开展自查,对有关条款进行清理修正。比如,2017年9月22日《北京市审计条例》将第23条修改为:"政府投资和以政府投资为主的建设项目纳入审计项目计划的,建设单位可以与承接项目的单位或者个人在合同中约定,双方配合接受审计,审计结论作为双方工程结算的依据;依法进行招标的,招标人可以在招标文件中载明上述内容。"将原规定的"应当"修正为"可以"。但从实证分析,随着相关地方性法规的修正,在建设工程招标文件、施工合同中约定以审计意见作为工程价款结算依据的案例仍屡见不鲜。对此,若无证据证明存在合同无效、可撤销的行为,应尊重当事人意思自治,依约履行。即合同约定以审计机关出具的审计意见作为工程价款结算依据的,应当遵循当事人缔约本意,将合同约定的工程价款结算依据确定为真实有效的审计意见。

5. 在行政部门明确表示已终止项目竣工结算评审,或者合理期限内审计机关未出具确定的审计意见或审计结论性文书时,可根据当事人合意委托的造价咨询机构出具的结算审核报告作为工程价款结算依据

如同本案情形,尽管当事人合意约定以审计部门出具的审计意见作为工程价款结算依据,但根据修订后的条例规定,相关行政职责转移,审计机关未能在合理期限内出具确定的审计意见或审计结论性文书,作为被申请人的发包方组织多次造价审核,且将相关造价审核结果载于《结(决)算项目评审申请书》,对方予以认可,可以体现当事人工程价款结算的合意并以此作为结算依据。

另,财政部门、审计部门明确表示无法进行审核、审计或者无正当理由长期未出具审核、审计结论的,也没有证据表明承发包双方就工程价款结算达成合意的,人民法院或仲裁机构可以通过司法鉴定方式确定工程价款,并依据鉴定意见作为双方结算的依据。

(本案例由深圳国际仲裁院仲裁员李琪编撰)

案例 22　当事人自行委托的第三方造价咨询机构出具的工程造价意见的效力认定

仲裁要点：在发包人未依约对承包人提交的竣工结算书进行审核的情况下，承包人自行联系发包人委托的第三方造价咨询公司对工程造价进行结算审核，发包人未提供足以反驳的理由或证据的，该结算审核造价意见可作为确定工程价款的依据。

一、案情概要

2015 年 6 月 17 日，被申请人 B 公司与造价咨询 C 公司签订《造价委托合同》，约定 C 公司对某项目一期工程进行全过程造价编制及审核，被申请人应当提供与咨询工作有关的全部资料，咨询工作自收到被申请人每批次的有效资料后开始实施。

次日，申请人 A 公司作为承包人和被申请人作为发包人就涉案工程签订《施工合同》，约定：工程质量标准为合格；合同暂定金额为 18649233.20 元，中标固定下浮费率为 10.80%；工程结算价为被申请人委托的造价咨询公司编制的施工图预算价×（1-中标的固定下浮费率）+暂列金额；被申请人应于合同签订后 7 日内按暂定金额的 30% 向申请人支付工程预付款，申请人按实际工程进度于每月 25 日进行计量申报进度，被申请人按审核完成的清单工程量计量，支付 85% 进度款。工程竣工验收合格并完成竣工结算后向申请人支付至工程结算审定总价的 95%，预留工程结算审定总价的 5% 作为工程质量缺陷保修金，竣工验收合格且满一年后 30 日内一次性支付保修金的 50%，满两年后 30 日内一次性支付剩余保修金；竣工报告批准后，申请人应按国家有关规定在竣工验收后 28 日内向被申请人提出结算报告和工程结算书，办理竣工结算。被申请人代表收到工程结算书后应在28日内审核完毕或提出审核意见。

2016年7月28日,因变更施工方案,申请人与被申请人对涉案工程的第三项子工程已完成工作量进行了签字盖章确认。此外,施工过程中,申请人向被申请人出具《承诺书》,承诺对第十项子工程中的未建工程,结算时按16%的优惠度进行结算。

涉案工程于2017年7月31日竣工,工程质量评定为合格,符合验收标准,申请人于当日向被申请人移交。2017年8月4日,申请人向被申请人提交涉案工程竣工结算书,报审造价为14595350.56元。被申请人未在28日内完成审核,亦未就工程结算价向申请人提出审核意见。

C公司对涉案工程进行了造价结算审核,并于2017年12月6日出具《结算审核说明》,审核依据包括《施工合同》、工程竣工图和现场签证单,审核造价为13578552.10元。

被申请人以未授权C公司进行涉案工程结算审核且未移交审核资料为由对其中第三项子工程和第十项子工程的结算审核造价(分别为745864.42元和752917.05元)不予认可,对其他子工程的结算审核造价无异议。对于前述争议部分的结算审核造价,双方当事人均未提出鉴定申请。

截至2018年2月9日,被申请人共向申请人支付10008751.66元工程款。申请人认为被申请人未向其足额支付工程款,已构成严重违约,于2020年1月23日依据涉案合同中的仲裁条款向深圳国际仲裁院申请仲裁,并提出如下仲裁请求:

1. 请求裁决被申请人向申请人支付工程款本金3569800元,以及逾期利息420939元[利息以年利率5.66%(即贷款基准利率4.35%上浮30%)计,自2017年12月6日计至款项还清之日,暂计至2020年1月5日为420939元]。

2. 请求裁决被申请人承担本案的仲裁费用。

二、当事人主张

(一)申请人主张

1. 双方签订的《施工合同》约定在申请人移交竣工结算资料之日起28日之内,被申请人必须予以审核,如被申请人不审核,应承担不利后果。申请人已经在 2017 年 8 月 4 日上报资料给被申请人,被申请人也予以认可,上报资料上载明报审造价是 1400 万余元。

2. C 公司由被申请人委托指定,其审核后出具的《结算审核说明》载明的审核造价为 1300 万余元,尽管该 C 公司未对《结算审核说明》签章,但该审核结果有利于被申请人。

3. 虽然被申请人当庭否认《结算审核说明》的效力,但未提出相应的证据。

(二)被申请人主张

申请人提交的竣工结算材料中载明的第三项子工程和第十项子工程已完成内容与其实际完成的工程内容不同。《结算审核说明》中对第三项子工程和第十项子工程的审核工程量多于实际工程量;被申请人未与 C 公司签订结算协议书,申请人未经被申请人同意,直接联系 C 公司对工程造价进行核算,核算结果未经被申请人审定确认,故被申请人不认可该核算结果,该核算结果无效。

三、仲裁庭意见

(一)关于涉案工程结算审核造价的认定

仲裁庭认为,被申请人于 2015 年 6 月 17 日与 C 公司订立了《造价委托合同》,委托 C 公司对涉案工程进行全过程造价编制及审核,还具体约定了 C 公司开始对被申请人提供咨询服务的时间和所需材料,这表明被申请人认可 C 公司的造价资质。

申请人于 2017 年 8 月 4 日向被申请人提交了涉案工程的竣工结算书,结算书上载明申请人报审造价为 14595350.56 元,被申请人盖章确认验收合格工程移交,后被申请人未在 28 日内自行完成审核。

C 公司于 2017 年 12 月 6 日出具了《结算审核说明》,该司对涉案工程进行了造价结算审核,结算审核造价为 13578552.10 元,但 C 公司未在《结算审核说明》上盖章。根据申请人提交的微信聊天记录内容,结合庭审中被申请人的自认,仲裁庭认为,C 公司未盖章之原因系因被申请人未按时支付造价咨询酬金;《结算审核说明》所依据的造价资料经被申请人签名确认,且被申请人在签收申请人报送的竣工结算书后未在约定期限内提出书面异议；C 公司的审核造价低于申请人的报审造价，且被申请人明确表示其仅对第三项子工程的 745864.42 元和第十项子工程 752917.05 元之审核造价有异议。基于上述原因，仲裁庭认可《结算审核说明》中除第三项子工程、第十项子工程以外的其他子工程项目的结算审核造价。因此，仲裁庭认定涉案工程无争议的结算审核造价为 12079770.63 元，争议的结算审核造价为 1498781.47 元。

关于被申请人持异议的第三项子工程的结算审核造价，仲裁庭认为，申请人已对该项子工程实际施工，双方就已完成的工程量进行了确认，C 公司根据双方确认的结算资料进行了造价审核并核减了部分工程量。被申请人虽辩称该子工程经审核的工程量过多，但未提交相应的证据。因此，仲裁庭认可《结算审核说明》中关于第三项子工程的结算审核造价。

关于被申请人持异议的第十项子工程的结算审核造价，仲裁庭认为申请人已对该子工程实际施工。被申请人虽辩称该子工程的审核工程量不实，但其未对仲裁庭发出的问题清单内容作出说明并提交相应证据，也未就申请人提交的补充证据发表质证意见，且其提交的证据不能证明第十项子工程的实际工程量明显少于审核工程量。仲裁庭根据优势证据规则，认可《结算审核说明》就第十项子工程的结算审核工程量，并根据申请人向被申请人承诺的调减比例确定该子工程的结算审核造价。

同时仲裁庭注意到，《结算审核说明》中结算单价是以 10.8% 作为单价下浮比例而确定的，而申请人向被申请人出具的《承诺书》中承诺原主合同西南入口范围内的未建工程，结算时按 16% 进行结算。被申请人以《承诺书》为依据提出西南入口处工程的审核金额过高的主张，仲裁庭予以采信。按照申请人承诺的比例调整后，第十项子工程的结算审核造价为 709025.02 元（参照 16% 比例调减）。

(二) 关于本案合同的效力

仲裁庭认为，本案申请人与被申请人于 2015 年 6 月 18 日签订的《施工合同》是双方当事人自愿协商签订的，是双方当事人的真实意思表示，不违反我国法律和行政法规的强制性规定，应属合法有效，并对本案双方当事人具有约束力。

(三)关于应付工程款本金的认定问题

涉案工程双方当事人没有争议的结算审核造价为12079770.63元,存在争议的第三项子工程及第十项子工程的结算审核造价,依前所述,仲裁庭认定应合计为1454889.44元。则涉案工程结算总造价为13534660.07元(12079770.63元+1454889.44元),扣减被申请人已支付的10008751.66元,被申请人应向申请人支付工程款本金3525908.41元。

(四)关于欠付工程款逾期利息问题

原《工程施工合同解释》第17条规定:"当事人对欠付工程价款利息计付标准有约定的,按照约定处理;没有约定的,按照中国人民银行发布的同期同类贷款利率计息。"本案中,双方就欠付工程款是否应支付逾期利息,以及如何支付逾期利息并未明确约定,仲裁庭参照上述司法解释,认定被申请人欠付工程款应支付相应的逾期利息。

参照上述司法解释,计息利率应按照中国人民银行发布的同期同类贷款基准利率或全国银行间同业拆借中心发布的贷款市场报价利率(以下简称"LPR利率")。申请人超出上述利率所主张的逾期利息部分,仲裁庭不予支持。

关于逾期利息的起算时间。虽然《施工合同》第31条第4款约定,工程竣工验收合格并完成竣工结算后工程款应支付至工程结算审定总价的95%,但双方并未明确约定造价咨询公司出具《结算审核说明》时可视为完成竣工结算,亦未约定被申请人怠于完成竣工结算审核义务的法律后果。现申请人以C公司出具《结算审核说明》当日作为逾期利息的起算时间,缺乏事实和法律依据。根据申请人提交的已支付工程款专用发票,并经庭审时双方共同确认,截至本案仲裁开庭前,被申请人最后一次支付工程款的时间为2018年2月8日,故仲裁庭酌定,被申请人对结算审定总价95%中欠付工程款的逾期利息应自2018年2月9日起算。

《施工合同》第31条第4款约定,预留工程结算审定总价的5%作为工程质量缺陷保修金,竣工验收合格且满一年后30日内一次性支付质量缺陷保修金的50%(不计利息),竣工验收合格且满两年后30日内一次性支付剩余质量缺陷保修金(不计利息)。申请人已于2017年7月31日向被申请人移交了涉案工程,按照上述约定,被申请人最迟应于2018年8月30日、2019年

8月30日分别向申请人支付工程质量缺陷保修金的50%,但被申请人未按时支付上述款项,故两笔工程质量缺陷保修金的逾期利息应分别自2018年8月31日、2019年8月31日起算。

根据前述意见,仲裁庭认定涉案工程结算总金额为13534660.07元,故被申请人在2018年2月8日时应支付工程款12857927.07元(13534660.07×95%),扣减已支付工程款10008751.66元,被申请人对结算审定总价95%中欠付工程款的逾期利息以2849175.41元为本金,自2018年2月9日计至该笔款项实际还清之日。两笔工程质量缺陷保修金本金为338366.50元(13534660.07×5%×50%),逾期利息分别自2018年8月31日、2019年8月31日计至款项实际还清之日。上述工程款逾期利息的利率,鉴于自2019年8月20日之日起实行LPR利率,故在实行LPR利率之前按照中国人民银行发布的同期同类贷款基准利率计算,自2019年8月20日之日起按LPR利率计算。

四、裁决结果

1. 被申请人向申请人支付工程款本金3525908.41元。
2. 被申请人向申请人支付工程款逾期利息(其中:从2018年2月9日至2018年8月30日以2849175.41元为计息本金;从2018年8月31日至2019年8月30日,以3187541.91元为计息本金;从2019年8月31日计至款项实际还清之日,以3525908.41元为计息本金。上述逾期利息的利率标准,自2018年2月9日至2019年8月19日按照中国人民银行发布的同期同类贷款基准利率计息,自2019年8月20日起按照LPR利率计息)。
3. 本案仲裁费用由被申请人承担。

五、评析

本案发生于《民法典》施行前,为对当下的案件审理更有参考意义,本案的评析尽量选择以现行法律法规和司法解释作为依据。

《民法典》第799条第1款规定,建设工程竣工验收合格的,发包人应当按照约定支付价款。① 但如果没有经结算确定的工程造价，工程价款的支付也就无从谈起。实践中，发包人拖延结算乃至拒绝结算导致工程审核造价无法确定，最终引起纠纷的情况并不少见。

本案中，《施工合同》约定发包人应在约定期限内对结算文件进行审核，但未约定其未按时履行审核义务之法律后果以及届时双方应如何确定涉案工程结算价款。因被申请人怠于履行审核义务，申请人自行联系被申请人委托的第三方工程造价咨询机构，由其对工程造价进行结算审核，并据此向被申请人主张权利并最终得到仲裁庭支持。

实践中，建设工程的发包方和/或承包方委托第三方造价咨询机构对工程造价进行结算审核的情形比较普遍，但该第三方机构出具的审核意见能否作为确定工程价款的依据，则视具体情形有所不同。

一种情形为，双方已约定工程竣工后委托第三方机构对承包人提交的结算资料进行审核并出具审核意见。在此情形下，如双方明确约定了审核意见对双方具有约束力，或双方在审核意见上签字认可审核结果，则该等审核意见对双方当事人的效力自不待言。但若双方仅约定委托第三方机构对工程造价进行审定，而并未约定工程结算价款以该审核意见为准，则该等审核意见对双方并无拘束力。若此后双方发生诉讼的，则不认可审核意见的一方，可向法院申请鉴定。②

另一种情形为，双方未约定委托第三方机构对工程造价进行结算审核，而发包人或承包人单方进行了委托。《民事诉讼证据规定》第41条规定："对于一方当事人就专门性问题自行委托有关机构或者人员出具的意见，另一方当事人有证据或者理由足以反驳并申请鉴定的，人民法院应予准许。"这一规定若适用到工程造价结算纠纷案件，与《工程施工合同解释（一）》第30条的规定相比，则对异议方申请司法鉴定设置了更为严苛的条件，需要异议方有充分的反驳理由或证据。而笔者认为，单方委托的结算审核与双方约定共同委托的结算审核相比，其证明力更低，更不利于异议方，因而对单方委托

---

① 《民法典》第799条第1款规定："建设工程竣工后，发包人应当根据施工图纸及说明书、国家颁发的施工验收规范和质量检验标准及时进行验收。验收合格的，发包人应当按照约定支付价款，并接收该建设工程。"

② 《工程施工合同解释（一）》第30条规定："当事人在诉讼前共同委托有关机构、人员对建设工程造价出具咨询意见，诉讼中一方当事人不认可该咨询意见申请鉴定的，人民法院应予准许，但双方当事人明确表示受该咨询意见约束的除外。"

情形下的异议方提出鉴定设置更高的要求并不完全合理。因此，在工程纠纷案件司法实践中，人民法院通常并未严格遵守前述规定，通常会向未能提出反驳证据或理由的一方释明其可以对工程价款申请鉴定。① 故笔者认为，对于单方在诉讼或仲裁前委托第三方机构形成的工程造价审核意见，另一方有权提出异议并申请司法鉴定，而无须提出足以反驳的证据或理由。

因此，在前述两种情形下，如双方均明确表示受结算审核意见约束，则该等意见可直接作为确定工程价款的依据；否则，一方有权不认可结算审核意见并对工程造价提出鉴定申请。问题是，如果不认可结算造价审核的一方未向裁判机构提出鉴定申请，那第三方机构出具的审核意见之效力应如何认定？这也正是本案仲裁庭在作出裁决前面临的情况。

在一方当事人单方委托第三方机构进行结算审核的情形下，对该机构出具的审核意见应如何采信的问题，在司法实践中有两种观点：一种观点认为，仅凭单方委托形成的结算审核意见不足以认定该方完成了对争议工程价款的举证责任②；另一种观点则认为，裁判者对审核意见进行审查，如无相反证据足以推翻审查意见的，则可对其予以采信③。

笔者认为，既然民事诉讼相关法律法规未禁止当事人就专业性问题委托第三方机构出具意见并将该等意见用作证据，则在双方当事人未明确排除单方委托的情形下，裁判机构不能简单地以审核意见系由一方当事人委托的第三方机构作出的为由对该审核意见不予采信。

因此，无论第三方机构系由一方单方委托，还是由双方共同委托，均应按照证据认定规则对该机构出具的审核意见进行审查，分析其证明力。

从民事证据角度看，案件当事人自行委托第三方机构出具的审核意见属于民事委托合同中受托人完成的工作成果，可以准用私文书证的规则进行处理，着重审查接受委托的第三方机构是否具备相应资质资格、审核意见依据的基础证据材料是否真实可靠、审核意见的形成过程是否正当、审核意见与

---

① 参见甘肃金程建筑工程有限责任公司诉凉州区交通运输局建设工程施工合同纠纷案，最高人民法院(2019)最高法民终695号民事判决书。

② 参见江苏泓建集团有限公司诉枣庄市盛苑房地产开发有限公司建设工程施工合同纠纷案，最高人民法院(2017)最高法民申2462号民事裁定书；王正民诉陕西宏业实业有限责任公司建设工程施工合同纠纷案，陕西省高级人民法院(2018)陕民申2164号民事裁定书。

③ 凉州区交通运输局诉甘肃金程建筑工程有限责任公司建设工程施工合同纠纷案，最高人民法院(2019)最高法民终695号民事判决书；兰州鸿达电力工程有限公司诉甘肃科源电力集团有限公司建设工程施工合同纠纷案，最高人民法院(2021)最高法民申4491号民事裁定书。

案件中的其他证据是否存在矛盾和冲突等。①

  本案的特殊之处在于,第三方机构 C 公司系由发包人选聘,但却是承包人绕过发包人直接联系该机构对涉案工程进行造价结算审核,而聘任 C 公司的发包人则对该机构出具的审核意见不予认可。因此,本案并非纯粹的单方委托结算审核问题,但上述裁判规则亦同样适用。无论第三方机构由哪方聘任,事前双方未约定工程造价通过第三方审核结算方式确认,事后发包人亦未对审核意见予以认可,在双方均未提出鉴定申请的情况下,仲裁庭只能从 C 公司出具的审核意见是否具有足够的证明力的角度出发进行分析。本案中,仲裁庭对 C 公司的造价资质、结算审核依据、审核意见内容等方面进行了审查。对发包人提出的异议,由于其未提供充分证据证明,不足以反驳审核意见,仲裁庭最终对第三方审核意见予以采信,并将其作为确定涉案工程之价款的依据。

(本案例由深圳国际仲裁院仲裁员张国平编撰)

---

① 参见最高人民法院民事审判第一庭编著:《最高人民法院新民事诉讼证据规定理解与适用(上)》,人民法院出版社 2020 年版,第 404 页。

案例 23 招投标文件中漏量漏项的
价款是否可以调整

仲裁要点：工程合同约定工程总价为暂定价，合同相关条款分别定义了中标价格和合同价款的含义，合同价款中包括了价款调整事件，同时相关条款约定了合同价款调整的情况和程序，并且约定了合同价款的调整方式为据实计算。此种情况下，申请人主张清单漏量漏项工程价款可调整的仲裁请求可以得到支持。

一、案情概要

B 机关（发包人，本案仲裁本请求被申请人及仲裁反请求申请人，以下简称"被申请人"）需建设某空调系统装修工程，该工程经公开招标，A 公司（承包人，本案仲裁本请求申请人及仲裁反请求被申请人，以下简称"申请人"）中标。申请人与被申请人于 2012 年 8 月 14 日签订《某空调系统采购项目施工合同》（以下简称《施工合同》）。

《施工合同》第一部分协议书主要约定，合同总价暂定为 11698590.58 元。《施工合同》第二部分通用条款主要约定，承包人应按照合同约定实施变更工作。工程量偏差不属于工程变更，该项工程量增减不需要任何指令。对于依据图纸、标准与规范应在工程量清单中计量但未计量的工作，应根据《施工合同》第 72 条规定确定合同价款的增加额。合同价款的调整事件包括：工程量清单缺项漏项事件；工程变更事件；工程量偏差事件；等等。按照《施工合同》第 69 条至第 76 条的规定调整合同价款。合同履行期间，出现工程量清单中分部分项工程缺项漏项事件的，合同双方当事人应调整合同价款；《施工合同》第 73.1 条和第 73.2 条均约定了工程量偏差调整合同价款的计算标准。《施工合同》第 77.1 条约定了合同价款调整程序,合同履行期间,出现第 68.2 条规定的调整合同价款事件的,双方应按照本条规定出现合同价款调整事件后的 14 日内,承包人应向造价工程师提交合同价款调整报告并附上相关资料。如承包人未提交合同价款调整报告的,则造价工程师可在报发包人批准后,根据实际情况决定是否调整合同价款以及调整的金额。《施工合同》第 82.2 条、第 82.3 条、第 82.4 条约定了结算程序。《施工合同》第三部分专用条款主要约定,合同生效后被申请人付合同总价的 30%;被申请人接到申请人设备发货通知后付合同总价的 40%;验收合格后付总价的25%。涉案工程计划竣工日期为 2012 年 12 月 31 日。工程质量保修期为 1 年。

建筑工程竣工验收报告载明,申请人、被申请人、监理单位 D 公司及设计单位 E 公司在内的有关各方,于 2013 年 9 月 25 日对涉案工程进行竣工验收,开工日期为 2012 年 8 月 1 日,竣工日期为 2012 年 12 月 30 日,各方均同意验收。

审计单位 C 公司于 2015 年 1 月 19 日出具结算审核报告。该报告载明:其审核依据为《施工合同》、招标文件、投标文件与竣工图纸等,被申请人方项目审计工作规范和现行工程施工技术规范,有关计价规范、计价办法等;涉案合同项目送审造价为 15078432.07 元,审核价为 14290728.12 元,审定工程造价 14290728.12 元。C 公司对其审核意见还作了进一步说明:本项目工程合同内由于招标清单内漏项及数量偏少引起的增加金额约为 1381700元,由于深化设计而引起的增加金额约为 14.40 万元。

监理单位 D 公司于 2015 年 4 月 15 日向申请人出具《告知函》,其主要内容为:本项目工程于 2012 年 8 月开工,于 2013 年 4 月通过初验收并交付投入使用,并于 2013 年 9 月通过终验收;本项目工程合同金额为 11698590.58 元;发包人已按照合同约定支付承包人进度款 11113660.17 元,支付比例约占合同金额的 95%;本项目工程经发包人委托审计单位进行了项目工程审核,本项目工程审核总价为 14290728.12 元,项目工程结算总价增加了 2592137.54元;其中:招标工程量清单内审定增加金额为 1525731.53 元,招标工程量清单外审定增加金额为 1066406.01 元。

申请人提交了被申请人在招标时提供的施工图纸以及其在中标后对施工图进行深化设计的图纸,该图纸上有被申请人工程管理人员的签字,对此,申请人声明是按深化设计图纸进行施工的。

申请人提交的工程款支付凭证证明被申请人已向其支付工程进度款 11113660.17 元。

2015 年 6 月 12 日,申请人以被申请人拖延支付工程款为由向深圳国际仲裁院申请仲裁,提出如下仲裁请求:

1. 裁决被申请人向申请人支付所拖欠的工程款 3177067.95 元,并按中国人民银行规定的同期同类贷款利率承担从 2013 年 9 月 26 日起至全部工程余款付清之日止的利息(利息暂计算至 2015 年 6 月 10 日止为 291231.23 元)。

2. 裁决被申请人向申请人支付因仲裁所支付的律师费 160000 元。

3. 裁决本案仲裁费由被申请人承担。

2015 年 8 月 10 日,被申请人以涉案工程存在质量问题为由提出如下仲裁反请求:

1. 裁决申请人修复涉案工程楼面渗水、霉变等质量问题。

2. 裁决由申请人承担本案仲裁费。

二、当事人主张

(一)关于工程价款是否可以调整

1. 被申请人主张

(1)涉案工程在申请人中标价 11698590.58 元之上,增加价款为 2592137.54 元,其中包括:未纳入本次招标范围内增加的工程价款 1066000 元,被申请人予以认可;已纳入本次招标范围内增加的工程价款 1525731.53 元,被申请人在涉案工程施工过程中对此并不知情,直到申请人与被申请人在工程竣工结算时,被申请人通过 C 公司审价,才知涉案招标范围内增加工程价款 1525731.53 元,故对该部分价款,被申请人不予认可。

(2)在施工前和施工过程中,申请人采用欺瞒手法,对增加的该部分价款,申请人从未告知被申请人,也未告知被申请人委派的监理工程师和造价工程师,构成严重违约。

(3)在双方签署《施工合同》之前,以及在申请人施工过程中,对被申请人委托 S 大学设计院设计的原招标图纸,申请人从未向被申请人或者其委托的监理单位 D 公司提出过书面修改或者深化设计方案,更未提出要求相应增加工程的任何意见。更重要的是,直至本案庭审中,申请人也未举证其对被申请人委托 S 大学设计院设计的原招标图纸,向被申请人或者其委托的监理单位 D 公司提出过合理修改或者深化设计方案。

(4)申请人要求增加该部分价款,是对国家财政资金工程项目通过招投标方式签订的《施工合同》的单方改变,构成严重违法。

2. 申请人主张

(1)申请人是严格按照《施工合同》及施工规范进行施工的,对于申请人已完成的工程,被申请人应当按照合同约定据实向申请人支付工程款。工程款审计单位 C 公司是由被申请人委托的,该单位所作出的工程款审核报告,视同被申请人自己的审计,被申请人不得出尔反尔!

(2)合同内审定增加额为 1525371.53 元,实际上包括三部分:招标清单内工程量少量、深化设计末端设备增加和招标清单工程量漏项。

对于招标清单工程量少量部分,由于本项目本次招标的实施方案的图纸只作为参照,中标人须负责提交符合国家规范及本项目实际使用需求的深化设计图纸,工程量偏差不属于工程变更,该项工程量增减不需要任何指令。申请人按经被申请人确认的深化设计图纸进行施工,实际完成的工程量与招标工程量的偏差,依合同约定被申请人应当据实向申请人支付工程款。

对于招标清单工程量漏项部分,针对依据图纸、标准与规范应在工程量清单中计量但未计量的工作,应根据《施工合同》第 72 条规定确定合同价款的增加额。对于工程漏项的计价处理,同样是依据上述据实结算的原则。

对于深化设计末端设备增加部分,该增加部分,在申请人所作出的深化设计施工图纸中有明确的显示,被申请人也对申请人所作的深化设计施工图进行过审图,并由其驻工地负责人对图纸进行签字确认,被申请人所谓未告知之说,同样不能成立。

(二)关于工程是否通过国家验收及工程质量

1. 被申请人主张

涉案工程因系国家投资须进行国家验收,涉案工程取得国家初步验收的时间为 2013 年 11 月 29 日,至今未取得最终验收。此外,涉案工程现发生大面积楼面渗水、霉变等质量问题,被申请人告知申请人后,至今未予修复。申请人应依约承担修复责任。

2. 申请人主张

申请人按经确认的深化设计图纸进行施工,全部工程完工后于 2013 年 4

月23日经过初验,被申请人于2013年5月投入使用,2013年9月25日正式办理竣工验收,工程质量合格。

(三)关于申请人请求支付余款利息是否应该支持

1. 被申请人主张

申请人对招标范围内增加的工程价款1525731.53元不能结算存在严重过错,被申请人不应承担任何违约责任。被申请人对《施工合同》中标价11698590.58元范围内的价款,已严格依约按工程进度付款,不存在任何违约情形。对超过中标价的部分,因被申请人无法通过审计而无法付款,申请人对此存在严重过错,被申请人不应承担所谓的违约付款责任。

2. 申请人主张

被申请人迟延办理工程款结算并支付工程款,应当向申请人支付应付工程款的利息,并应承担申请人因仲裁所支出的合理费用。

三、仲裁庭意见

(一)关于工程价款是否可以调整

被申请人认为该工程为招投标工程,申请人投标中标价为11698590.58元,该工程价款不可变动。对此,仲裁庭注意到《施工合同》的下列约定:在合同第一部分协议书中,合同总价暂定为11698590.58元,此处约定是暂定价款;合同第二部分通用条款第1.29条、第1.30条分别定义了中标价格和合同价款的含义,合同价款中包括了价款调整事件;通用条款第56条、第61.1条、第68.2条、第71.1条、第71.2条、第72.2条、第73.1条、第73.2条、第77.1条、第77.4条等条款约定了合同价款调整的情况和程序;专用条款第68条约定了合同价款的调整为据实计算。

从以上《施工合同》约定的情况来看,合同约定价款明确为暂定价,同时用多个条款也约定了调整价款的情形和程序。因此,仲裁庭认为,涉案合同价款是可调整的。

C公司的审核报告认为,招标清单内金额增加主要是由于招标清单内缺项漏项、工程量偏少以及深化设计等。

被申请人认为该部分增加的造价未告知发包人,因而不予认可。《施工合同》通用条款第77.1条约定了合同价款调整程序,约定出现合同价款调整事件的,既可以由承包人提出,也可以由发包人委托的造价工程师提出,仲裁庭注意到双方当事人提交的证据中,均未见到承包人、造价工程师的调整报告,也未见到发包人聘请的监理单位对增加价款部分工程提出异议。而审计单位C公司在其报告中分析说明增加的工程金额的事实有出处。因此,仲裁庭认为,被申请人称清单内增加的金额由于申请人未告知而不予认可的抗辩,不予支持,清单内增加的金额应依《施工合同》专用条款第68条的约定据实计算。

申请人请求被申请人支付工程款3177067.95元。按照C公司审核意见,涉案合同工程项目工程总价为14290728.12元。双方当事人均认定被申请人已支付申请人11113660.17元,尚有3177067.95元未支付。该笔未付余款包括被申请人已认可的清单外增加金额,也包括被申请人不予认可但仲裁庭已认可的清单内审定增加金额。因此,仲裁庭支持申请人的要求被申请人支付工程余款3177067.95元的请求。

(二)工程是否通过国家验收及工程是否存在质量问题

《施工合同》通用条款第1.52条中对国家验收进行了定义,仲裁庭注意到国家验收是由政府部门组织的,并非针对本案合同工程,而是包括本案合同工程在内的整个工程,合同并未约定本案合同工程竣工验收后申请人参加国家验收的程序和义务,而且国家验收是整个工程正式交付投运前的验收,据监理单位D公司的《告知函》,涉案工程于2013年4月交付投入使用,2013年9月通过竣工验收。

被申请人也未举证证明何时进行国家验收或已经国家验收发现涉案工程项目存在本案《施工合同》约定的工程质量问题。因此,被申请人针对该项工程余款支付的抗辩,仲裁庭不予采纳。被申请人就反请求提交的渗水、霉变记录和照片,不能证明渗水、霉变与涉案工程的关系,亦不能证明该种问题是在保修期间发生且保修期已届满。因此,仲裁庭不支持被申请人的仲裁反请求。

(三)关于申请人请求支付余款利息是否应该支持

申请人在其仲裁请求中请求被申请人支付以3177067.95元为计算基数,自2013年9月26日起,以银行利率计算的利息。

对此请求,仲裁庭认为,利息自 2013 年 9 月 26 日即竣工验收的第二天开始起算依据和事实不足。《施工合同》专用条款第 82 条约定,结算的程序按合同通用条款规定办理,而合同通用条款第 82.2 条、第 82.3 条、第 82.4 条,专用条款第 86 条等约定了结算程序,在结算尚未了结、结算数额尚未确定时,支付工程余款的条件尚未成就,请求未付款的利息的条件也尚未成就。参照原《工程施工合同解释》第 18 条规定,建设工程未交付,工程价款也未结算的,利息的起算时间为当事人起诉之日,以及本案《施工合同》关于结算的约定,利息的起算时间应为申请人向深圳国际仲裁院提出仲裁申请之日,即 2015 年 6 月 12 日。因此,仲裁庭支持申请人支付利息的请求,被申请人应向申请人支付以 3177067.95 元为计算基数,以中国人民银行同期同类贷款利率为计算标准,自 2015 年 6 月 12 日起至全部工程余款付清之日的利息。

四、裁决结果

1. 被申请人向申请人支付工程余款 3177067.95 元。
2. 被申请人向申请人支付以 3177067.95 元为计算基数,以中国人民银行规定的同期同类贷款利率为计算标准,自 2015 年 6 月 12 日起至全部工程余款付清之日计算的利息。
3. 被申请人向申请人支付律师费 60000 元。
4. 驳回被申请人的仲裁反请求。
5. 本案本请求仲裁费由被申请人承担,反请求仲裁费由被申请人自行承担。

五、评析

本案涉及的主要争议为出现招投标文件中工程量漏量漏项清单描述不清等情形,是否可以调整工程价款以及用何种方式调整工程价款。针对这一问题,笔者结合目前主要的司法裁判观点、处理此类争议仲裁庭应考量的因素和建议的裁判方法以及关于错漏部分工程价款的认定方式这几个方面,进行如下分析:

在采用工程量清单计价的招投标项目中,若招标人发布的招标工程量清单和施工图纸记载的工程量、工程项目不匹配,就会产生合同约定的工程量与实际施工量不一致的情形。工程量清单依据施工图纸编制,若图纸中存在某项可以以工程量清单列示的工作内容,但清单中没有体现的,为清单漏项;依图纸施工的实际工程量与清单列示工程量不符,为清单漏量。清单漏量漏项,以及工程量清单对分项工程的项目特征描述不清,均可能导致实际施工量和相应工程造价增加,由此引发发承包双方关于工程价款的争议。

(一)针对招投标文件中漏量漏项问题,目前主要的裁判观点

1. 由投标人承担清单错漏的风险

在司法实践中,如果裁判者发现在工程招投标和合同履约过程中有以下情形,通常会裁判由投标人承担清单错漏的风险:

(1)投标人在投标邀请文件中明确自行承担投标漏项风险,施工合同约定投标漏项部分施工所产生的工程价款已经包含于投标总价中或工程量的计算错漏均不予调整价款。

(2)投标人在投标时怠于履行图纸审核义务,而在工程竣工后再行提出存在工程量清单缺漏项的,需自行承担责任。

(3)投标人和招标人在合同履约过程中达成合意,约定投标漏项属于让利,在此种情形下,合同价款不作调整。

2. 由招标人承担清单错漏的风险

如果在工程招投标和合同履约过程中有以下情形,司法实践中通常会认定由招标人承担清单错漏的风险:

(1)招标人明知投标总价仅针对施工图纸中的部分工程量作出且在合同履行过程中表示将原投标报价书中漏项项目作为增补项目办理竣工结算,或者招标人书面同意对工程量清单缺漏项结算工程款;

(2)招标文件或施工合同约定不因报价中漏项或缺项、少报或漏报工程量等任何原因而增加费用,属于不合理地将所有的风险和责任转嫁于投标人,该约定因违反国家标准的强制性规定而不发生效力,发包人仍需承担因投标漏项施工产生的工程款。

3. 由招标人和投标人分担清单错漏的风险

如果在工程招投标和合同履约过程中有以下情形,司法实践中通常会认定由招标人和投标人共同分担清单错漏的风险:

(1) 投标漏项是由于招标人疏于保证工程量清单的准确性和完整性以及投标人未尽图纸审核义务共同导致的,招标人和投标人对造成缺项和漏项均有过错。

(2) 无法确认清单漏项是否构成投标让利,根据公平原则,裁判招标人和投标人分担清单错漏的风险。

(3) 发包人提供的工程量清单存在的漏项漏量情况已经超出合理范围,而承包人对此未及时指出。

(二) 处理招投标工程量清单错漏引发的工程价款争议时,仲裁庭应考量的因素以及建议的裁判方法

1. 在招标文件和施工合同中是否明确约定了由投标人承担清单错漏风险的因素

(1) 如果当事人在招标文件和施工合同中未明确约定投标人承担清单错漏风险的,通常应由发包人承担风险,仲裁庭应该根据实际发生的工程量或项目裁判据实调整价款。

根据《招标投标法》第27条规定,投标人应当依据招标人在招标文件中提出的要求编制招标文件,不能单方更改招标文件中列示的工程项目、工程量等。《建设工程工程量清单计价规范》(GB 50500-2013)第4.1.2条规定:"招标工程量清单必须作为招标文件的组成部分,其准确性和完整性应由招标人负责。"因此,仲裁庭可以裁判据实结算工程量清单错漏部分的工程价款。

(2) 如果招标文件及施工合同中明确约定了投标人承担清单错漏风险,虽然该约定不因违反《建设工程工程量清单计价规范》(GB 50500-2013)而无效,但也不能单纯依照该约定裁判投标人承担清单错漏的风险,应该综合审查相关情况,作出公正裁判。

在实际操作中,发包人常常在招标文件及施工合同条款中将工程量偏差、漏项的风险约定均由承包人承担。《建设工程工程量清单计价规范》(GB 50500-2013)第4.1.2条规定:"招标工程量清单必须作为招标文件的组成部分,其准确性和完整性应由招标人负责。"该条虽然是强制性条款,但是由于《建设工程工程量清单计价规范》(GB 50500-2013)是国家标准文件,违反其第4.1.2条规定是否会导致约定无效,目前存在无效说和有效说两种观点。①《民法典》第 153 条第 1 款规定,违反法律、行政法规的强制性规定的民事法律行为无效。鉴于《建设工程工程量清单计价规范》(GB 50500-2013)不属于法律、行政法规,其仅是带有规范性文件性质的国家标准,因此,其第 4.1.2 条不属于效力性强制性规范,违反该条款并不当然产生无效的法律后果。

经过检索此类案件的相关判例,对于招标文件和施工合同,明确约定清单漏项责任由投标人承担的情形,部分判例裁定应遵照约定执行,承包人不得就工程量清单中的漏项主张价款调整。与此同时,另外一部分判例认为,即使存在约定清单漏项错项责任由投标人承担的情形,该条款不因违反《建设工程工程量清单计价规范》(GB 50500-2013)第 4.1.2 条无效,但是考虑到该约定与国家标准强制性条款相冲突,不便于对该条款的效力问题作出认定,因此不适用该条款作为工程款的结算依据。

2. 建议裁判清单错漏风险问题的具体方法

即使招标人和投标人双方在涉案合同或其他相关交易文件中约定有"风险分担条款",仲裁庭也不应该单纯依照约定认定责任,而应该结合案件情况,考虑招标人和投标人双方在合同起草与订立时的地位、合同的计价方式、双方对于清单错漏的过错程度、漏量漏项的幅度等因素,公正理性地认定责任,分判当事人的风险。

(1)根据招标人投标人双方在合同起草与订立时的地位以及沟通的过程情况酌情裁判。

如果双方约定工程量偏差、漏项的风险均由承包人承担,该条款的约定经过了双方充分磋商,招标人明确表示工程量清单可以修改或补充,并给予投标人充分的复核时间,招标人提供了必要的进行复核工作的条件以及保障了投标人提异议的权利,或者承包人在明知或可以预见工程量清单存在错漏风险的情况下仍承诺承担相应风险,则仲裁庭可以依据双方约定的责任分担条款,认定投标人承担清单错漏部分的工程价款不能调整的风险,对投标人主张清单错漏工程价款的请求不予支持。

本案中,申请人和被申请人双方经过招投标程序,平等协商订立《施工合同》,合同约定工程总价暂定为 11698590.58 元,合同相关条款分别定义了中

---

① 两种观点具体理由参见高印立、黄丽芳:《"工程量清单错漏风险由承包人承担"的认定与处理》,载《建筑经济》2018 年第 6 期。

标价格和合同价款的含义,合同价款中包括价款调整事件;同时相关条款约定了合同价款调整的情况和程序;并且约定了合同价款的调整为据实计算。结合上述情况,仲裁庭认为,清单错漏工程价款是可调整的。结合本案的情况,被申请人和申请人依照招投标相关程序进行招标和投标,双方的权利义务充分得到保障,在订立合同过程中双方也不存在地位不平等的情况,仲裁庭的裁判据实调整清单错漏工程价款并无不当。

(2)根据招标人和投标人对产生工程量清单错漏的过错比例情况酌情裁判。

一方面,发包人作为招标人负有审慎编制工程量清单、提供准确施工设计图纸的义务,在发现清单错漏时,招标人可以对已发出的招标文件进行必要的澄清或者修改,对于超出合理范围的错漏或发现错漏却未及时澄清修改的,或者发包人在招标中要求投标人核对工程量清单和图纸的一致性,但是没有为其提供必要的条件,则可以认定发包人负有一定的过错,裁判其应承担相应责任。

另一方面,投标过程中,投标人需要根据招标人提供的招标文件制作投标文件,在此过程中,投标人应尽合理的审慎注意义务。特别是在招标人明确工程量清单可以修改或补充,提供了必要的进行复核工作的必要条件,并要求有异议的投标人可以在合理期限内提出异议,倘若在此情况下,投标人未审慎核实工程量清单的准确性、完整性以及与施工图纸、招标文件的内容的对应性等,对于超过合理范围之外的漏项漏量未能发现或者提出异议,那么投标人也存在过错,应裁判投标人承担相应的错漏责任。

(3)考虑漏量漏项金额和幅度情况,根据公平原则酌情裁判。

从通常情况看,如果出现漏量漏项的金额比例大,幅度比较高的情形,一般招标人和投标人在招投标程序、合同订立或者合同履行过程中,都会存在过错,考虑到投标人已经实实在在付出了成本,招标人也是实际受益方,仲裁庭可根据公平原则,结合双方的过错程度,酌情裁判由双方分担风险。

(三)关于错漏部分工程价款的认定方式

根据相关法律规定,如果仲裁庭判定应当调整工程价款,双方当事人对于错漏部分的计价方式有约定,或事前未作约定但之后达成了一致意见,应依双方合意确定工程价款。如果招标人和投标人双方未约定错漏部分的计价方式,可参照相应地方政府出台的相关规定,对于工程量清单中已有适用的综合单价,按已有的综合单价确定;对于清单外项目,一般应由承包人提出清单错漏引起新的工程量清单项目的综合单价,经发包人确认后作为双方结算的依据。

仲裁过程中,如果涉案合同未作出相关约定,也没有其他具有法律效力的文件可供作为依据或参考,双方当事人对于该部分工程价款无法达成一致时,当事人一般会申请造价鉴定,在此情况下仲裁庭可根据鉴定机构作出的鉴定结果,认定错漏部分的工程价款。

综上,如果出现招投标文件中漏量漏项清单描述不清等情形时,仲裁庭一般会结合案件情况,考虑招标人和投标人双方在合同起草与订立时的地位、合同的计价方式、双方对于清单错漏的过错程度、漏量漏项的幅度等因素,公正理性地认定责任,分配当事人的风险。本案仲裁庭关于清单漏量漏项部分工程价款是否应该调整的分析逻辑清晰、有理有据,值得学习借鉴。

(本案例由深圳国际仲裁院仲裁员周泉编撰)

案例24　工程结算的四项材料造价调差及其金额的认定

仲裁要点：在建设工程竣工结算时四项调差经常存在争议，往往双方无法达成协议而通过仲裁或者诉讼解决争端的情况居多。本案申请人与被申请人已就材料因市场价格的异常上涨引发的商业风险作了详细的约定，当调差条件成就时，应当按照合同约定予以调差。预设暂估价是为了便于计算措施费，建筑行业的惯例是以采购的暂估价设备（材料）的合同价（或中标价）作为结算依据。申请人与被申请人虽未明确约定人工费可以调差，但《建设工程工程量清单计价规范》（GB 50500-2013）规定对异常的市场价格涨落风险应约定价格风险分摊机制，对于非申请人原因工期外的人工费增加，仲裁庭基于前述规定和本案案情酌情支持一半；双方约定了税金的调增规则，申请人该项请求的条件没有成就，故不予以支持。

一、案情概要

2011年1月20日，申请人A公司与被申请人B公司签订了《S市建设工程施工合同》（以下简称《施工合同》），该《施工合同》经过S市C区建设交易中心招投标程序，并于2011年3月4日登记备案。《施工合同》约定了以下主要内容：①工程名称：B公司肉类综合加工厂；②工程承包范围：肉类综合加工厂16个单体的土建、给排水、电气、制冷和暖通工程、室外工程及水土保持；③合同工期，开工日期为2011年1月18日，竣工日期为2011年12月10日；④合同价款：169813988.41元；⑤关于组成合同的文件，《施工合同》第6条约定，"组成本合同的文件及优先解释顺序与本合同通用条款第4.1条的规定一致"。⑥《施工合同》第10条约定本合同自双方签字盖章后成立,并送 C 区建设局备案后生效。

2011 年 3 月 10 日工程正式开工,2013 年 3 月 29 日工程竣工验收合格,实际工期比合同约定的工期 326 天延长了 1 年多。2013 年 3 月 29 日,申请人出具《工程竣工验收报告》,结论为:工程质量达到合格标准要求,质保技术资料齐全,符合验收条件,同意验收。工程质量评定为合格。

2013 年 10 月 25 日,申请人向被申请人提交了全部结算资料和工程结算报价书,结算金额为 199215345.59 元。2014 年 8 月,被申请人委托 D 公司编制结算报告。2015 年 9 月 28 日,被申请人向申请人出具 D 公司审定的《工程造价结算报告书》,载明工程总造价为 166702448.71 元,其中 A 类工程①结算工程造价为 156184148.32 元。经双方核对后,申请人对结算报告中的材料费、人工费调差未予计取提出异议,但因双方对合同内容理解不同致使结算工作无法进展,久拖未决。

2016 年 2 月 29 日,S 市 C 区建设局出具《关于 B 公司肉类综合加工厂工程项目竣工结算调差事宜的回复》,内容为:根据《建设工程价款结算暂行办法》的规定,建议当事人双方执行合同相关条款调差。

涉案工程实际开工日为 2011 年 3 月 10 日,竣工验收合格日为 2013 年 3 月 29 日,实际工期为 750 日,比约定的工期延长了 424 日。被申请人主张应扣减工期延误违约金,但未提出反请求,也未提交工期延误的相关证据。申请人提交的证据十六至证据十九中,工程联系函、监理资料和会议纪要中的部分表述可以反映工程工期延误存在被申请人的责任因素。

根据仲裁过程中仲裁庭委托的鉴定机构 E 公司制作的《鉴定意见终稿》,鉴定意见书有关造价调差的具体金额如下:①材料调差金额为 5512419.03 元,材料范围包括商品砂浆调差、钢材调差、电线电缆调差,其中商品砂浆调差金额为 977032.11 元,钢材调差金额为 3686893.29 元,电线电缆调差金额为 848493.63 元,合计材料调差金额为 5512419.03 元;②暂估价设备费调差金额为 985168.57 元;③人工费调差金额为 8209234.83 元;④税金调整金额为 287492.62 元。根据 S 市建设工程造价管理站文件,税金的费率由 3.23% 调整为 3.41%,因税率变动导致申请人应付的税费金额增加 287492.62 元。

---

① 本案工程款分为 A 类工程款和 B 类工程款,A 类工程是指申请人直接施工的工程。B 类工程是指以申请人的名义与被申请人指定的单位签订的分包合同。申请人仲裁请求的范围仅限于 A 类工程款中被申请人尚未支付的部分以及申请人认为应予调差的部分。

申请人认为，根据《施工合同》的约定，该工程结算中应依约计算材料价差、人工费价差，并对工程造价中的税金计取进行调整。

2016年10月26日，申请人依据涉案合同中的仲裁条款向深圳国际仲裁院申请仲裁，提出如下仲裁请求：

1. 裁决被申请人支付涉案工程欠付的工程款32294153元及利息4784508元（利息自工程交付之日2013年3月27日起暂计算至申请仲裁之日，应计算至实际支付之日止，按照中国人民银行发布的同期同类贷款利率计算），本息合计37078661元。

2. 裁决被申请人支付违约金7176762元（按照银行计算罚息标准暂计至仲裁申请日，即以利息4784508元为基数上浮50%，应计算至实际支付之日止）。

3. 裁决被申请人支付申请人因本案所支出的律师费100万元。

4. 裁决被申请人承担本案仲裁费用、鉴定费用。

2017年4月11日，申请人向仲裁庭提交《先行裁决申请书》，称双方当事人确认除调差争议外对于结算金额与已付款金额均无异议，若不考虑调差争议，被申请人依然欠付工程款14881282元。无论将来调差鉴定结论如何，将不会影响到该未付款金额的确定性，故请求仲裁庭就该部分未付款项先行裁决。仲裁庭根据《仲裁规则》第60条之规定，于2017年6月7日作出《裁决书》，裁决被申请人向申请人支付尚欠工程款14881282元。

二、当事人主张

(一) 关于工程结算四项（材料费、暂估价设备费、人工费、税金）调差

1. 被申请人主张

(1) 关于材料费调差。被申请人根本无法确认申请人在施工过程中是否存在材料价格调整之事实，申请人此前也从来没有履行过材料价格调差手续。退一步来说，即便存在材料价格调整之事实，而申请人的行为也应视为其对自身权利的一种放弃。

(2) 关于暂估价设备调差。暂估价设备以中标价予以结算，不存在价格调差的合同依据。

(3) 关于人工费调差。人工费调差并非约定的可调差事项；即便存在人

工费调差之事实,而申请人没有履行相应手续的行为应视为其对自身权利的一种放弃。

(4)关于税金调差。根据《施工合同》通用条款第29.2条之约定,按照国家现行税法及有关部门的规定,承包人需缴纳的一切税金和费用,均应由其承担并支付。

2. 申请人主张

(1)材料费应调差583万元。从审核后的工程量清单中可以计算出当月钢材、商品砂浆、电线电缆的用量,按照当月的《S市建设工程价格信息》与2010年第9期《S市建设工程价格信息》比较即可计算价差。

(2)暂估价设备费调差192万元。本工程在投标报价时,相关的电气设备价格均按照招标文件确定的暂估价报价(见合同附件2暂估价材料设备表),该部分设备采购合同经过了双方确认,应该根据合同的约定予以调差。

(3)人工费调差950万元。本工程投标计价时的人工费按照S市建设工程造价管理站公布的《2010年度人工工日标准》(自2010年9月1日起施行)计价,但施工期间,S市建设工程造价管理站公布的《2011年度人工工日标准》(自2011年5月10日起实施),涨幅超过20%,公布的《2012年度人工工日标准》(自2012年6月1日起实施),人工单价比投标报价时上涨了35%以上。人工费的调整,合同中有明确的约定,结算时应予调整。

(4)税金调差28万元。涉案工程投标报价时的税率是3.22%,2010年12月1日起,S市工程造价税率由3.22%调整为3.41%,故税金应作相应调整。

涉案工程已经投产使用3年多,目前已经支付的工程款(仅A类工程)金额为141302866元,被申请人核定的竣工结算金额为156184148元,其未计算上述各项材料、设备、人工费价差约计17412871元,尚欠工程结算款约为32294153元(14881282+17412871=32294153,最终以鉴定结果为准)。

(二)关于利息及违约金

1. 被申请主张

被申请人认为,涉案工程迟迟无法完成结算完全是由于申请人自身原因所致。工程结算工作尚在进行之中,在此情况下,申请人要求被申请人承担利息和违约金的基数都无法确定,统观《施工合同》的全部条款,并无关于利息或违约金的约定。因此,申请人要求被申请人支付利息或违约金的请求无事实、合同及法律依据,不应得到支持。

2. 申请人主张

申请人认为,利息及违约金应自工程交付之日计算至工程结算款实际支付之日止。利息按照中国人民银行发布的同期同类贷款利率计算;违约金以利息为基数上浮50%按照银行计算罚息标准。

三、仲裁庭意见

(一)关于工程结算四项(材料费、暂估价设备、人工费、税金)调差

仲裁庭多数意见认为,是否进行结算调差属于法律问题,由仲裁庭决定。具体项目的调差金额属于专业性技术问题,可交由鉴定机构进行工程造价鉴定。关于工程结算的四项调差争议,仲裁庭在案件审理过程中委托E公司进行工程造价司法鉴定。E公司于2017年11月13日制作了《鉴定报告初稿》,并于2018年12月5日制作《鉴定意见终稿》。仲裁庭根据《鉴定意见终稿》确认:材料调差金额为5512419.03元、暂估价设备费调差金额为985168.57元、人工费调差金额为4104617.42元(鉴定结论8209234.83元的50%)。

综上所述,仲裁庭仅支持本案工程结算三项造价调差,合计造价调差金额为10602205元。

(二)关于利息及违约金

1. 关于利息

仲裁庭确认本案工程保修金为最终的工程结算金额166786353元的5%,即8339318元。鉴于本案被申请人在工程竣工结算后未付的结算工程款金额为25483487元,其中需扣除保修金8339318元,仲裁庭多数意见认为,对于本案的工程结算争议,关于95%结算工程款未付部分的金额为17144169元,应在工程验收合格交付之日即2013年3月29日支付。预留的保修金8339318万元应在2015年3月28日支付。如被申请人逾期支付,应按照中国人民银行同期同类贷款利率支付相应期间的利息直至实际付清之

日止。鉴于争议双方确认被申请人根据2017年6月7日的先行裁决书向申请人支付了工程款14881282元。因此,95%结算工程款金额中的14881282元工程款的应付利息自2013年3月29日计算至实际支付之日止(2017年6月7日)。

2. 关于违约金

仲裁庭审理的有关造价调差争议实质上是市场价格的异常上涨引发的商业风险,争议双方对此均无过错,被申请人对调差本身不应承担违约责任。涉案工程在2013年3月29日竣工验收合格并交付被申请人使用,已经6年多。被申请人在申请人提起仲裁时,明知存在无争议的应付工程款14881282元,但并未及时向申请人支付,属于履行合同的不当行为。在《施工合同》已经对材料调差的计算方式进行了约定及暂估价设备以三方合同价据实结算等约定十分明确的情形下,被申请人对申请人的正当调差请求予以拒绝,致使申请人的应收债权被延期支付,亦属于不当履约行为。工程款利息仅属于债权人的法定孳息,不足以体现被申请人逾期支付工程款本金本应承担的相应违约责任。仲裁庭参照最高人民法院《关于审理买卖合同纠纷案件适用法律问题的解释》第24条第4款的规定,酌情决定被申请人应在支付利息的同时并每日加付30‰逾期罚息(即酌定逾期支付违约金),以补偿申请人的经济损失,直至清偿全部工程款本金利息罚息之日止。

四、裁决结果

1. 被申请人向申请人支付尚欠工程款10602205元[被申请人在2013年3月29日应付工程款25483487元(其中含被申请人2015年3月28日应付5%保修金8339318元),鉴于被申请人根据先行裁决已经支付14881282元,本最终裁决被申请人应支付工程款10602205元]。

被申请人向申请人支付按照中国人民银行同期同类贷款利率计算的利息并同时每日加付30‰逾期罚息:95%应付未付工程款17144169元的应付利息、逾期罚息自2013年3月29日直至付清之日止,其中14881282元的应付利息、逾期罚息计算至实际支付之日止;5%保修金8339318元的应付利息、逾期罚息自2015年3月28日起直至付清之日止。

2. 被申请人向申请人支付律师费100万元。

3. 本案仲裁费和造价鉴定费用由申请人承担20%、被申请人承担80%。

五、评析

本案最大争议是工程结算四项(材料费、暂估价设备费、人工费、税金)调差,合同中对材料费、暂估设备费、税金调差均有明确的约定,应该按照约定执行。在对人工费的调差约定不明或者明确约定不调差的情况下,仲裁庭对异常的市场价格涨落风险应约定价格风险分摊机制,对于非申请人原因工期外的人工费增加,酌情支持一半。鉴于篇幅的原因,下文笔者仅从如何分配风险的角度阐述调差的结算问题。

(一)商业风险分配原则

目前对于商业风险的界定无统一的标准,只能在个案中综合分析具体情况予以判断,不能以单纯的价格涨落、合同履行的难易等进行简单判断。"商业风险有一个明显的特征,即其通常具有一定的可预见性,即使当事人声称其没有预见,也应当从客观情事出发,推定当事人已经预见到。"[1]

原建设部1991年10月27日发布《关于调整工程造价价差的若干规定》在"一、工程造价公差及其调整的范围"项下规定了"工程造价价差调整的范围包括:建筑安装工程费(包括人工费、材料费、施工机械使用费和其他直接费、间接费)、设备及工器具购置费用和工程建设其他费用"。从2021年5月到11月,各地住建部门(省市住建厅、建筑建材业市场管理总站、造价管理总站)陆续发文制定相关材料调差文件(表1),倡导诚信和公平的原则结合实际进行调差。该类文件从法律位阶上看属于指导性规范文件,故不具备强制力。

虽然合同约定不调差是主流,对于四项调差还是给予调整的空间。实务中,合同已经约定调差的按照合同约定结算,若约定不调差或者约定不明的,本着公平合理的原则进行风险分配。本案材料费调差合同约定对比2010年第9期《S市建设工程价格信息》两者的信息价格差≥±6%时可以调整,故仲裁庭也支持了申请人材料费调差的全部金额。

---

[1] 王利明、杨立新、王轶、程啸:《民法学》(第六版),法律出版社2020年版,第682页。

表 1　主要省市材料调差文件对比表

序号	地区	承包人承担比例	调价范围	调价原则	文号
1	广东	无	人工、材料、施工机具台班	合理约定主要材料价格波动的风险幅度及超出幅度后的调整办法，公平分担主要材料价格波动造成的风险	粤建市函〔2018〕2058号
2	上海	人工价格±3%，主要材料价格±5%，其他材料、施工机械价格±8%。	人工、材料、施工机械	固定价格包干，如果构成情势变更，本着诚信、公平的原则，协商签订补充协议	沪建市管〔2021〕36号
3	福建	主要材料和设备单价的风险承包幅度控制在±5%以内。	主要材料和设备	风险共担、合理分摊	闽建筑〔2021〕19号
4	北京	人工、材料、工程设备、施工机械台班风险幅度一般不超过±5%	人工、材料、工程设备、施工机械台班	风险共担、合理分担	京建发〔2021〕270号

(二) 异常市场价格涨落是否属于情势变更

《指导意见》"一、慎重适用情势变更原则，合理调整双方利益关系"项下第3点规定："……商业风险属于从事商业活动的固有风险，诸如尚未达到异常变动程度的供求关系变化、价格涨跌等……"该规定明确商业风险不予以调整合同约定是原则，但因异常变动程度的供求关系变化、价格涨跌等调整合同约定是例外。最高人民法院《印发〈关于依法妥善审理涉新冠肺炎疫情民事案件若干问题的指导意见(二)〉的通知》"一、关于合同案件的审理"项下第2点规定："买卖合同能够继续履行，但疫情或者疫情防控措施导致人工、原材料、物流等履约成本显著增加，或者导致产品大幅降价，继续履行合同对一方当事人明显不公平，受不利影响的当事人请求调整价款的，人民法院应当结合案件的实际情况，根据公平原则调整价款……"在正常情况下，交易价格的波动一般属于正常的商业风险,但如果交易价格大幅波动并且属于当事人在订立合同时无法预见且不可归责于当事人的客观事实造成的,继续履行合同对当事人明显不公平,则可以认定为情势变更的情形。[①]

正常来讲商业风险应该按照合同的约定来负担。同时,《建设工程工程量清单计价规范》(GB 50500-2013)第3.4.1条规定:"建设工程发承包,必须在招标文件、合同中明确计价中的风险内容及其范围,不得采用无限风险、所有风险或类似语句规定计价中的风险内容及范围。"涉案合同约定取消了对人工费大幅上涨风险的价格风险分摊机制,仲裁庭认为合同约定人工费不在调差范围内违反前述强制性国家技术标准的禁止性规定,且被申请人工期拖延非申请人原因,仲裁庭支持了部分人工费调整的请求。笔者认为,根据仲裁庭查明的事实,人工单价比投标报价时上涨超过35%,工期的延长又非申请人导致的,涉案人工费价格大幅波动并且属于当事人在订立合同时无法预见且不可归责于当事人的客观事实造成的,继续履行合同对当事人明显不公平,根据公平原则支持调整一半人工费。

(三)暂估价设备(材料)调差

暂估价最初出现在2007年版《中华人民共和国标准施工招标文件》通用条款的词语定义第1.1.5.5条,"暂估价:指发包人在工程量清单中给定的用于支付必然发生但暂时不能确定价格的材料、设备以及专业工程的金额。"《建设工程工程量清单计价规范》(GB 50500-2013)中规范术语第2.0.19条规定:"招标人在工程量清单中提供的用于支付必然发生但暂时不能确定价格的材料、工程设备的单价以及专业工程的金额。"但其中仅包括材料暂估单价和专业工程暂估价两项,而不包括工程设备暂估价。2017版《建设工程施工合同(示范文本)》(GF-2017-0201)第1.1.5.4条规定:"暂估价是指发包人在工程量清单或预算书中提供的用于支付必然发生但暂时不能确定价格的材料、工程设备的单价、专业工程以及服务工作的金额。"暂估价范围不断扩大基本涵盖全部工程造价项目。

建设工程工程量清单计价方式备受推崇,设置暂估价的目的是解决发包

[①] 参见《关于情势变更制度适用条件及最高法院二十条裁判规则精解》,载四川大学华丽医院网(http://www.8888120.cn/editor/display.php?id=40474c5d413n3s3g),访问日期:2022年8月19日。

人在招投标阶段无法解决技术标准从而无法确定设备(材料)价格的问题,从而能够缩短招投标周期,降低招投标难度,甚至能在某种程度上转嫁风险给投标人。但对暂估价设备(材料)结算造成的争端,建设单位希望按照综合单价结算,总承包人希望按照实际采购价甚至增加部分管理费来结算。笔者认为,本案仲裁庭还原了设置暂估价的最重要功能,"将相关设备的价款设为暂估价以便于进行措施取费",初步确定合同暂定总价,仲裁庭将暂估价的结算问题剖析得比较深刻,最后支持以最终采购的暂估价材料、设备的合同价(或中标价)作为结算依据。暂估价调差遵循了设置暂估价的本来目的,值得肯定。实务中,建设施工合同对总承包人购置的暂估价设备(材料)结算进行下浮一定的点数来进行计价,此举基本解决了暂估价设备(材料)的结算争议。

(四)税金调差

本案涉及的税金是在"营改增"之前的税种,按照当时申请人主张涉案工程投标报价时的税率是3.22%,2010年12月1日起,工程造价税率由3.22%调整为3.41%,有关税金调整的依据是地方部门规范性文件非合同约定的法律法规,仲裁庭多数意见认为不支持申请人的主张。

"营改增"后大多数项目适用的是一般计税方式,关于建设工程的税率历经多次调整。通过案例搜索发现基本处理方式如下:①双方因增值税税率调整发生争议时,合同的价格条款是否已经包含了税率调整的约定,尊重当事人的真实意思表示,如(2020)赣民终955号民事判决书中所提到的案例;②如合同未对税率调整后的结算规则作出明确约定,则主张不按照调整后的税率进行结算的一方应当承担举证责任,如(2020)皖民终211号民事判决书中所提到的案例;③双方没有明确约定且没有其他证据证明不应适用调整后的税率的情况下,应当按照调整后的税率进行结算,如(2020)最高法民申4542号民事裁定书、(2020)桂民终737号民事判决书中所提到的案例。[①] 本案仲裁庭实际上按照合同约定裁定不予调整,充分尊重当事人意思自治,对于税金调差的风险按照当事人约定处理。

综上,面对建筑材料、设备、人工费、税金异常变化的形势,从公平原则出

[①] 参见王浩迪:《司法实践中的增值税税率调整争议》,载锦天城网(https://www.all-brightlaw.com/CN/10475/eb4bd65540c38cee.aspx),访问日期:2022年8月19日。

发,双方约定各自分担风险,有助于建设工程造价结算工作,减少不必要的纠纷。特别是近两年由于疫情的影响,各地住建部门均重视四项调差问题,作了原则性的提示。特建议如下:①合同的双方当事人事前充分考虑履约风险约定调差的条款。②如果调差没有约定或者约定不明,可依据《民法典》第510条签订补充协议或按照《民法典》第511条第(二)项来处理。①。③若合同明确约定不可调差,需要分析价格涨落是否异常超出商业风险范畴,若超出商业风险范畴,可以采用情势变更条款予以调整。

(本案例由深圳国际仲裁院仲裁员雷霆编撰)

---

① 《民法典》第510条规定:"合同生效后,当事人就质量、价款或者报酬、履行地点等内容没有约定或者约定不明确的,可以协议补充;不能达成补充协议的,按照合同相关条款或者交易习惯确定。"《民法典》第511条第(二)项规定:"(二) 价款或者报酬不明确的,按照订立合同时履行地的市场价格履行;依法应当执行政府定价或者政府指导价的,依照规定履行。"

案例 25　工程款利息及违约金能否一并主张

仲裁要点：协议明确约定了欠付工程款利息及逾期付款违约金，申请人按照协议约定的违约金计算方法计算至其申请仲裁前（即 2021 年 3 月 10 日止）的违约金，与其请求的利息合计金额，并不存在显著过高的情形，原则上应当予以支持。对于 2021 年 3 月 11 日之后的违约金，参照民间借贷可保护的利率标准予以调整。

一、案情概要

2016 年 7 月 25 日，申请人 A 公司与第一被申请人 B 医院、第二被申请人 C 医院就工程项目竣工移交、结算和付款等相关事宜，签订《〈B 医院迁扩建项目融资建设合同〉之补充协议》（以下简称《补充协议》），约定如下：

第 1 条"工程竣工移交"的第 1 款约定，自协议签订之日起 23 日内，申请人完成项目施工内容，达到验收移交使用的标准，申请人、第一被申请人签订验收工程移交单后完成移交工作；第 2 款约定，自前述移交履行完毕之日起 3 个月内，申请人完成原建设合同内所有的施工内容，达到验收移交使用标准，自协议签订之日起 3 个月内，需申请人向银行提供借款担保后，第一被申请人向申请人支付工程进度款 5000 万元。

第 2 条"关于项目工程结算"的第 1 款约定，经申请人、第一被申请人双方确认，目前项目工程合同价款确定总额约为 45000 万元（具体总金额以最终结算确定的为准）。其中，已完工程量约为合同额的 90%，已收第一被申请人工程进度款 19800 万元，截至本协议签署之日，第一被申请人仍欠申请人工程款约为 25200 万元。第 2 款约定，项目工程的结算方式为，按照已签订的合同约定的合同单价或合同清单单价及实际完成的工程量结算（不以工程进度款申请批件为依据)。第 3 款约定,第一被申请人结算审定期限约定,全部结算完成时间最迟不超过 2016 年 12 月 20 日,若遇个别分项工程因核对影响约定的最迟时间,可双方共同协定顺延。

第 3 条"工程款的支付款"的第 1 款约定,因工程项目实际发生合同额已远超原建设合同的暂定金额 25000 万元,第一被申请人需向银行申请借款 10000 万元,主要用于支付本项目工程款,申请人同意提供担保,第一被申请人办妥此笔借款的银行贷款手续后,将借款中的 5000 万元在银行放款后凭申请人出具的指定付款函或相应手续当日汇入申请人指定的账户。第 2 款约定,自本项目工程申请人、第一被申请人双方签订全部工程验收移交单或者第一被申请人实际使用项目工程之后,第一被申请人自 2016 年 11 月 21 日起在 5 年内(含保质期 3 年)每月 20 日前等额还本付息。还款本金金额为工程结算总金额减去已付工程款后的全部工程欠款,截至目前第一被申请人的项目工程欠款约为 20200 万元,利息按银行同期贷款利率 4.75% 计算,具体还款安排为,工程还款本金先按 20000 万元计算,详见本协议附件一《五年(60 期)等额还款一览表》,第一被申请人须先按该表中的还款清单规定的期限及款项金额按时向申请人还款,待工程结算完毕后按实际结算余额,次月调整上述《五年(60 期)等额还款一览表》。

第 6 条"违约责任"的第 2 款约定,如第一被申请人未能依本协议约定如期支付工程款及如期偿还所欠工程款,申请人有权自该期限届满的第二日起,要求第一被申请人和第二被申请人按照每逾期 1 日向申请人支付逾期款项的万分之六的违约金,并要求第一被申请人和第二被申请人一次性偿还剩余的欠款本金、利息及违约金。除上述情形外,如因第一被申请人责任或原因,导致本协议项下应由第一被申请人承担的其他义务未能在协议约定的时限内全部完成,则申请人有权在该期限届满的第二日起要求第一被申请人和第二被申请人按照 10000 元/日的标准向申请人支付违约金,并必须在申请人重新限定的日期内履行完毕。第 3 款约定,如因申请人责任或原因,导致本协议项下应由申请人承担的义务未能在协议约定的时限内全部完成,第一被申请人有权在该期限届满的第二日起要求申请人按照 10000 元/日的标准向第一被申请人支付违约金,并必须在第一被申请人重新限定的日期内履行完毕。第 4 款约定,在申请人、第一被申请人双方合作及履行合同义务的过程中,第二被申请人对第一被申请人欠付申请人的任何款项均承担不可撤销连带保证责任。

上述协议签订后,被申请人共向申请人支付5500万元,此后未按协议附件《五年(60期)等额还款一览表》履行相应工程款及利息支付义务。

2021年3月11日,申请人依据涉案协议中的仲裁条款向深圳国际仲裁院申请仲裁,提出如下仲裁请求:

1. 第一被申请人、第二被申请人向申请人支付工程款20000万元及利息20082944元。

2. 第一被申请人、第二被申请人向申请人支付违约金75550891.97元(自应付未付款项之日暂计算至2021年3月10日,按照应付未付款项的每日万分之六计算,实际应计至还清全部款项之日止)。

3. 第一被申请人、第二被申请人承担申请人因本案支出的律师费200000元。

4. 第一被申请人、第二被申请人承担本案全部仲裁费用。

2021年7月15日,法院裁定受理债权人对第二被申请人的重整申请。2021年9月2日,法院指定第二被申请人的管理人。

二、当事人主张

(一)关于本案是否应当终止或者中止审理的问题

1. 申请人主张

(1)本案不存在任何可引起终止或中止仲裁程序的法定事由,请求依法继续审理本案。《企业破产法》第20条规定,人民法院受理破产申请后,已经开始而尚未终结的有关债务人的民事诉讼或者仲裁应当中止,而非终止。由于本案系人民法院受理破产申请前,已经开始而尚未终结的仲裁案件,且法院已指定第二被申请人的管理人并已接管第二被申请人的财产,故本案依法应当继续审理。

(2)被申请人应向申请人支付的工程款及利息、违约金数额应以仲裁申请书中请求的金额为准,不应以《债权申报书》中的申报数额为依据。

2. 被申请人主张

因被申请人已进入破产预重整阶段,而且申请人就本案所涉债权在提起仲裁前就已经进行了债权申报,管理人正在审核之中,因此本案应终止审理。本案债权应在破产重整方案中予以解决,不应当继续审理和仲裁。

(二) 关于第一被申请人、第二被申请人是否应当向申请人支付工程款及利息的问题

1. 申请人主张

(1)根据《民法典》第 552 条的规定和《补充协议》第 3 条第 2 款及其附件一《五年(60 期)等额还款一览表》、第 6 条第 2 款的约定,因被申请人未按照约定履行向申请人支付工程款及利息的义务,两被申请人应当立即向申请人支付约定工程款 200000000 元及利息 20082944 元。

(2)申请人依据《补充协议》主张工程款及利息的支付条件早已成就,两被申请人主张申请人迟延移交工程,违反了先期义务,并主张如期移交工程是被申请人付款的先决条件,因涉案个别工程存在小瑕疵致申请人请求支付工程款及利息的条件未成就的观点,无事实与法律依据。

(3)申请人要求第二被申请人支付工程款、利息及违约金,并非基于要求其承担连带保证责任,而是基于债务加入。

2. 被申请人主张

(1)申请人迟延移交工程,违反了先期义务,如期移交工程是被申请人付款的先决条件,因涉案工程存在瑕疵,申请人请求支付工程款的条件未成就。

(2)第二被申请人系政府依法核准设置的非营利性民办非企业单位,依法不得作为保证人。其作为民办非企业单位,与申请人之间签订的保证合同无效,不应承担保证责任。

(三) 关于第一被申请人、第二被申请人是否应向申请人支付违约金的问题

1. 申请人主张

(1)第一被申请人未能依《补充协议》第 6 条第 2 款的约定如期向申请人支付工程款及利息,申请人依约有权要求两被申请人按照每逾期一日向申请人支付逾期款项万分之六的违约金,具体采用分段计算方式,共计违约金为 75550892.97 元。双方关于违约金的约定,是各方真实意思表示,未违反法律、法规的强制性规定,不存在不公平、不对等。

(2)申请人向两被申请人同时主张逾期工程款利息和违约金,有合同约定和法律规定作为依据,两者并不构成重复请求。

（3）被申请人主张申请人请求的违约金过高，但没有提出仲裁反请求，亦没有提供证据加以证明，应当承担举证不能的法律后果。

2. 被申请人主张

申请人逾期交工，应当先行承担违约责任；申请人违约金请求过高，《补充协议》的约定不对等不公平；违约金与利息重复计算，明显过高且不合理。

三、仲裁庭意见

（一）关于本案是否应当终止或中止审理的问题

《企业破产法》第20条规定："人民法院受理破产申请后，已经开始而尚未终结的有关债务人的民事诉讼或者仲裁应当中止；在管理人接管债务人的财产后，该诉讼或者仲裁继续进行。"2021年7月15日，法院裁定受理债权人对第二被申请人的重整申请。2021年9月2日，该院指定了第二被申请人的管理人。仲裁庭认为，本案审理过程中，第二被申请人的管理人已经委托工作人员作为第二被申请人的代理人，根据前述法律规定精神，本案已经无须中止，仲裁程序应当继续进行。

（二）关于第一被申请人、第二被申请人是否应当向申请人支付工程款及利息的问题

1. 关于工程款支付条件

根据《补充协议》第3条第2款的约定，第一被申请人向申请人支付约定工程款的前提应当为"申请人与第一被申请人双方签订全部工程验收移交单或者第一被申请人实际使用项目工程之后"。根据申请人提交的证据，第二被申请人作为第一被申请人的迁扩建项目，已于2016年12月24日正式揭牌开业，应当认为属于协议约定的"第一被申请人实际使用项目工程"，且申请人亦已和被申请人签订了涉案项目工程验收移交单。被申请人虽然主张项目仍有很多没有移交，但未就此提供证据证明。仲裁庭根据现有证据，不能确认存在仍未完成移交的工程项目，对被申请人所持该等主张，仲裁庭无法予以采纳。第一被申请人实际使用涉案项目工程后，应当按照《补充协议》的约定向申请人支付工程款。

2. 关于工程款支付主体

根据《补充协议》第 6 条第 2 款的约定,如第一被申请人未能依本协议约定如期支付工程款及如期偿还所欠工程款,申请人有权自该期限届满的第二日起要求两被申请人支付违约金,并要求两被申请人一次性偿还剩余的欠款本金、利息及违约金。鉴于被申请人未提供证据证明 2016 年 12 月 24 日后,按照《补充协议》向申请人如约支付工程款的事实,现申请人要求两被申请人一次性偿还欠款本金等,符合《补充协议》的约定,仲裁庭对此予以支持。就第二被申请人提出其依法不得作为保证人,不应承担保证责任的主张,仲裁庭认为,申请人于本案向第二被申请人主张权利的合同依据为前述《补充协议》第 6 条第 2 款之约定,该约定不属于法律及司法解释规定的作为保证人对外签订保证合同的情形。对于第二被申请人的上述主张,仲裁庭不予采纳。

3. 关于欠付工程款本金

根据《补充协议》第 2 条、第 3 条的约定,申请人与被申请人已明确约定,工程还款本金按照 20000 万元计算。申请人主张,被申请人在协议签订后,共向申请人支付 5500 万元,其中 5000 万元已在《补充协议》确定工程欠款约为 20200 万元时予以扣减,被申请人就此并未提出明确的反对意见,亦未提供相反证据予以反驳。鉴于此,仲裁庭确认两被申请人应当向申请人支付的欠付工程款本金应为 20000 万元。根据《补充协议》的约定,各方当事人仍保留完成工程结算后,按实际结算工程款数额进行结算清理的权利。

4. 关于欠付工程款利息

《补充协议》明确约定,欠付工程款利息按银行同期贷款利率 4.75% 计算,按照《补充协议》所附《五年(60 期)等额还款一览表》记载,工程欠款利息合计应为 25082943.79 元。需要说明的是,该利息系以 20000 万元欠款本金,按照前述利率标准,计算 5 年(60 期)等额本息还款计划,从 2016 年 12 月 20 日应当开始付款时计算至 2021 年 11 月 20 日最后一期付款时止。虽然根据本案现有证据,涉案工程项目于 2016 年 12 月 24 日被第一被申请人实际使用,按照《补充协议》的约定,应当自此时点之后的每月 20 日开始进行等额本息还款,《五年(60 期)等额还款一览表》所列还款计划应当相应顺延。但按照《补充协议》关于违约责任的约定,第一被申请人未能依约如期支付工程款及如期偿还所欠工程款时,申请人有权自该期限届满的第二日起要求两被申请人一次性偿还剩余的欠款本金、利息及违约金。因此,申请人于 2021

年 3 月 11 日申请本案仲裁时,应当视为还款计划所列全部欠款本金、利息加速到期,两被申请人应当予以一次性偿还。虽然第二被申请人于 2021 年 7 月 15 日正式进入破产重整程序,但不影响此前已经到期的涉案工程欠款本息的计算。就第一被申请人多支出的 5000000 元,申请人主张,在提起本案仲裁时,已经按照法律规定,在请求被申请人支付的应付利息中进行了相应扣减,即实际主张 20082944 元。对此,被申请人未提出明确的反对意见,亦未提供相反证据予以反驳。故仲裁庭对申请人提出的两被申请人应向其支付欠付工程款利息 20082944 元的仲裁请求予以支持。

(三)关于第一被申请人、第二被申请人是否应向申请人支付违约金的问题

首先,根据《补充协议》有关违约责任的约定,并结合申请人提交的《违约金计算表及说明》,可以确认申请人所主张的违约金 75550892.97 元系按照《补充协议》约定,以每一期欠付工程款本金作为基数,按照计算至 2021 年 3 月 10 日的实际逾期天数,以日万分之六的标准分段计算,而并非以 20000 万元以及相应利息作为计算基数。其次,《补充协议》就付款义务约定,每逾期一日,被申请人向申请人支付逾期款项万分之六的违约金标准,就其他义务约定,双方互负约定时限内不能完成时,在期限届满的第二日起按照 10000 元/日的标准支付违约金的合同责任。上述约定表明,各方当事人对违约金的约定,并不存在违反公平对等原则的情形,而是针对不同违约情形,约定了不同的违约金计算方式。最后,《补充协议》明确约定了欠付工程款利息及逾期付款违约金,前述申请人主张的计算至其申请仲裁前(即 2021 年 3 月 10 日止)的违约金,与其请求的利息合计金额,并不存在显著过高的情形,原则上应当予以支持。

需要说明的是,申请人主张的违约金起算点为 2016 年 12 月 21 日,如前所述,仲裁庭认为,涉案工程项目于 2016 年 12 月 24 日被第一被申请人实际使用,按照《补充协议》的约定,应当自此时点之后的每月 20 日开始进行等额本息还款,《五年(60 期)等额还款一览表》所列还款计划应当相应顺延(原付款计划为 2016 年 12 月至 2021 年 11 月,每月 20 日归还等额本息 3751382.40 元)。因此,第一期违约金应当自 2017 年 1 月 21 日起算,各期违约金应当按照《补充协议》约定,以每一期欠付工程款本金作为基数,按照计算至实际付清之日止的实际逾期天数,以日万分之六的标准分段计算。因此,计算至申请人提起本案仲

裁前(即 2021 年 3 月 10 日止)的违约金合计金额应为 70892395.31 元。

此外,如前所述,按照《补充协议》关于违约责任的约定,第一被申请人未能依约如期支付工程款及如期偿还所欠工程款时,申请人有权自该期限届满的第二日起要求两被申请人一次性偿还剩余的欠款本金、利息及违约金。因此,自申请人 2021 年 3 月 11 日申请本案仲裁时起,还款计划所列全部欠款本金加速到期,两被申请人应当予以一次性偿还,逾期未予偿还的,应当就全部 20000 万元欠款本金,依约支付日万分之六的违约金。按照 20000 万元计算的该等违约金,显然超过同期一年期贷款市场报价利率的 4 倍,参照最高人民法院《关于审理民间借贷案件适用法律若干问题的规定》第 25 条之规定,应将 2021 年 3 月 11 日之后的违约金计算标准相应下调为同期一年期贷款市场报价利率的 4 倍。

同时,仲裁庭还注意到,《补充协议》约定的 5 年 60 期分期还款计划中,对欠款利息系按照年利率 4.75% 计算,如前述欠款及利息加速到期的情况下,该 60 期还款计划中实际包含了 2021 年 3 月 11 日到预定还款计划完成(顺延后即 2021 年 12 月 20 日)期间年利率标准为 4.75% 的利息。该部分利息与前述违约金叠加,则将使相应阶段的利息、违约金之和超出司法解释规定的利率上限。参照最高人民法院《关于审理民间借贷案件适用法律若干问题的规定》第 29 条之规定,仲裁庭酌定 2021 年 3 月 11 日至 2021 年 12 月 20 日期间,以全部欠款本金作为计算基数,按照同期一年期贷款市场报价利率的 4 倍扣减年利率 4.75% 之后的相应年利率标准,计算违约金的数额。2021 年 12 月 21 日起至被申请人实际付清欠款之日止,以全部欠款本金作为计算基数,按照同期一年期贷款市场报价利率的 4 倍,计算违约金的数额。

鉴于法院已经裁定于 2021 年 7 月 15 日受理债权人针对第二被申请人的破产申请,参照《企业破产法》第 46 条第 2 款之规定,"附利息的债权自破产申请受理时起停止计息"。按日计算的违约金,自人民法院受理破产申请之日起,亦应停止计算。故仲裁庭认为,第二被申请人应当支付的违约金,应当计算至 2021 年 7 月 15 日止。

综上,仲裁庭认为,申请人要求两被申请人按照每逾期一日向申请人支付逾期款项万分之六的违约金,具体采用分段计算方式,具有合同依据,应当予以支持。同时,仲裁庭认为第一期违约金应当自 2017 年 1 月 21 日起算,故就被申请人应支付的截至 2021 年 3 月 10 日的违约金相应调整为 70892395.31 元。后续违约金应以全部欠款本金为基数,按照同期一年期贷款市场报价利率的 4 倍扣减年利率4.75%之后的相应年利率标准计算,对于第一被申请人计算至实际付清之日止,对于第二被申请人计算至2021年7月15日。

此外,被申请人主张申请人逾期交工,应当先行承担违约责任,但就申请人应当承担违约责任一节,被申请人未提出仲裁反请求,仲裁庭对此不予审理。

四、裁决结果

1. 第一被申请人、第二被申请人向申请人支付工程款20000万元及利息人民币20082944元。

2. 第一被申请人、第二被申请人向申请人支付违约金(其中计至2021年3月10日为70892395.31元;2021年3月11日至2021年12月20日,以全部欠款本金作为计算基数,按照同期一年期贷款市场报价利率的4倍扣减年利率4.75%之后的相应年利率标准计算;2021年12月21日起至被申请人实际付清欠款之日止,以全部欠款本金作为计算基数,按照同期一年期贷款市场报价利率的4倍计算;前述违约金第一被申请人计算至实际付清之日止,第二被申请人计算至2021年7月15日止)。

3. 第一被申请人、第二被申请人承担申请人因本案支出的律师费200000元。

4. 本案仲裁费由第一被申请人、第二被申请人承担。

五、评析

本案涉及多个法律争点,因篇幅有限,下文仅对工程款利息与违约金能否一并主张这一争点进行相关评析。本案被申请人主张违约金与工程款利息重复计算,明显过高且不合理,故对工程款利息和违约金能否一并主张以及计算标准问题进行讨论。

(一)工程款利息和违约金的法律性质

关于工程款利息的法律性质,主要有两种观点:

一种观点认为,逾期利息属于违约责任的范畴。主要理由在于逾期利息虽然含有利息的字样,但因其以债务人拒绝还本付息、迟延还本付息为成立要件,故非利息的范畴,而属于违约责任的系列。① 依据该种观点,在建设工程领域,建设单位向施工单位支付工程款利息是以建设单位未按约支付工程款的违约行为作为前提条件,故建设单位支付的工程款利息属于承担违约责任的一种方式。

另一种观点认为,工程款利息属于法定孳息。学界多认为法定孳息系因法律关系所得的收益。② 依据该观点,因建设单位应付未付工程款通常发生在工程已结算或已就工程价款达成一致意见,在工程价款金额已确定,且施工单位的施工义务已完成的情形下,建设单位仍不支付工程价款的,该欠付工程价款便具有类似借款的性质,此时双方的法律关系已转化为简单的债权债务关系。根据民法债的一般原理,债务人迟延履行债务,除应向债权人支付本金外,还应支付利息。《工程施工合同解释(一)》第26条规定:"当事人对欠付工程价款利息计付标准有约定的,按照约定处理。没有约定的,按照同期同类贷款利率或者同期贷款市场报价利率计息。"从该规定的内容上看,支付工程款是建设单位的法定义务,不履行义务的,应承担法律规定的相应民事责任。该条规定涉及的工程款利息的性质应当被界定为法定孳息。

关于违约金的法律性质。违约金是指当事人约定或法律规定的,在一方当事人不履行或不完全履行合同义务时向另一方当事人支付的一笔金钱或其他给付。③《民法典》第585条规定:"当事人可以约定一方违约时应当根据违约情况向对方支付一定数额的违约金,也可以约定因违约产生的损失赔偿额的计算方法。约定的违约金低于造成的损失的,人民法院或者仲裁机构可以根据当事人的请求予以增加;约定的违约金过分高于造成的损失的,人民法院或者仲裁机构可以根据当事人的请求予以适当减少。当事人就迟延履行约定违约金的,违约方支付违约金后,还应当履行债务。"从对该条规定的解读看,最高人民法院认为,违约金"以补偿为主、以惩罚为辅"④。即当约定的违约金低于造成的实际损失时,违约金体现为赔偿性;当违约金高于造成实际损失时,违约金则兼有赔偿与惩罚双重功能,违约金与损失相等部分

---

① 参见崔建远:《论利息之债》,载《中州学刊》2022年第1期。
② 参见隋彭生:《法定孳息的本质——用益的对价》,载《社会科学论坛(学术研究卷)》2008年第6期。
③ 参见韩世远:《合同法总论》(第四版),法律出版社2018年版,第822页。
④ 沈德咏主编:《最高人民法院关于合同法司法解释(二)理解与适用》,人民法院出版社2015年版,第256页。

体现为赔偿性,超过损失的部分,违约金则体现为惩罚性。①

(二) 工程款利息与违约金能否一并主张

对于工程款利息与违约金并用的问题,司法实践中存在分歧。

一种观点认为,利息与违约金不能并用,当事人只能择一主张。② 主要理由在于,逾期付款利息应认定为债权人因债务人逾期付款而产生的损失,从责任性质来说,欠付工程款是违约行为,利息为承担违约责任的一种方式,具有填补非违约方损失的功能。而违约金具有以补偿为主、惩罚为辅的双重性,有填补非违约方损失的功能,二者在性质上是相同的,如果允许并用违约金与利息,在欠付工程款利息得到偿付的情况下构成重复主张。如在中国华冶科工集团有限公司、营口雅威房地产开发有限公司建设工程施工合同纠纷案中,法院认为:我国合同法规定的违约金,其功能以补偿为主。中国华冶科工集团有限公司既主张欠款利息,又主张欠款违约金,虽有合同依据,但已明显超出补偿范围。工程欠款利息实质即属于要求承担赔偿损失的违约责任,而工程欠款违约金也应该属于主要要求承担赔偿损失违约责任。③ 根据本案具体情况,一审法院按银行同期贷款利率标准判付工程欠款利息,不宜再同时判付该工程欠款违约金。

另一种观点认为,利息与违约金可以并用,当事人可同时主张。④ 主要理由在于,工程款逾期利息系因资金占用行为而产生的工程款的法定孳息,逾期付款违约金系一方违约时因其违约行为给对方造成损失的赔偿,具有赔偿和惩罚的双重性质,二者在法律性质上并不相同。当事人对工程款利息和违约金一并主张的,不构成重复主张。如在宁夏瑞泰房地产开发有限公司、浙江宏成建设集团有限公司建设工程施工合同纠纷案中,法院认为,工程

---

① 参见最高人民法院民事审判第二庭编著:《〈全国法院民商事审判工作会议纪要〉理解与适用》,人民法院出版社 2019 年版,第 326 页。

② 浙江省高级人民法院民事审判第一庭《关于审理建设工程施工合同纠纷案件若干疑难问题的解答》第 21 条:承包人不能按照建设工程施工合同的约定,既请求发包人承担逾期支付工程款的违约金,又同时请求支付相应利息。

③ 参见最高人民法院(2019)最高法民终 612 号民事判决书。

④ 《北京高院工程案件解答》第 36 条规定,建设工程施工合同明确约定发包人逾期支付工程款,承包人可以同时主张逾期付款违约金和利息的,依照其约定。广东省高级人民法院《全省民事审判工作会议纪要》第 30 条规定,建设工程施工合同同时约定迟延付款的利息和违约金的,可以同时适用。

款利息与逾期付款违约金虽均是因逾期付款行为产生的责任,但两者性质不同。工程款利息属于法定孳息;逾期付款违约金系基于双方当事人的约定,具有补偿性和惩罚性,能督促当事人积极履行合同,保护当事人的合理预期,促进交易安全。宁夏瑞泰房地产开发有限公司关于工程款利息与违约金不能同时支持的上诉理由不能成立,本院不予支持。①

笔者认为,首先,依据合同自治原则,对于建设工程施工合同已约定工程款利息和逾期支付工程款违约金的,施工单位应有权同时主张工程款利息和违约金。如合同中仅约定了违约金条款,但未约定工程款利息,根据司法解释对于工程款利息的法定孳息性质的认定,施工单位亦有权在违约金之外主张工程款利息。而对于工程款利息与违约金并用后可能造成建设单位承担过重责任的问题,可在计算标准上予以限制。

其次,具体到本案,各方在《补充协议》中约定了欠付工程款本金及利息的分期支付计划,该支付计划中的利息约定,是基于工程款支付已经逾期的事实作出的。各方同时约定,如果被申请人未能按照支付计划按期支付欠款本金和利息,则构成对《补充协议》约定的还款义务的违反,被申请人为此应当承担相应的违约责任,即支付约定的违约金。以上约定结合起来不难看出,本案中,申请人主张的"利息"和"违约金",虽然在计算方法上都与欠付工程款本金相关,但从约定来看,"利息"是因被申请人未能按照原建设合同约定按期支付工程款而应向申请人支付的资金占用损失,"违约金"则是双方重新约定分期还款计划签订《补充协议》后,对《补充协议》约定义务构成违约的违约责任的承担方式。二者并不直接构成彼此替代或覆盖的关系。因此,仲裁庭认为,原则上应当支持申请人在本案中提出的利息和违约金并用的仲裁请求,二者在法律层面不存在适用冲突的问题。

(三) 工程款利息与违约金并用的计算标准

在肯定工程款利息与违约金可以同时主张的前提下,尚需讨论的是相应计算标准的问题。

单就工程款利息而言,按照《工程施工合同解释(一)》第26条的规定,"当事人对欠付工程价款利息计付标准有约定的,按照约定处理。没有约定的,按照同期同类贷款利率或者同期贷款市场报价利率计息"。司法裁判中

---

① 参见最高人民法院(2020)最高法民终1310号民事判决书。

对当事人没有约定利息标准的,根据该条司法解释的规定,可以直接采取贷款利息标准。在当事人约定了欠款利息标准的情况下,法院多参照民间借贷纠纷中可保护的最高利息标准作出调整和裁判。

对于违约金的数额和标准,司法实践中则存在争议。有观点认为,由于建设单位欠付工程款,造成施工单位无法按照预期及时利用工程款,与民间借贷中出借方无法及时收回借款本金导致其无法利用本金再行谋取收益的情形具有一致性,因此亦可参照民间借贷的适用标准认定。另有观点认为,《民法典》第585条第2款规定的损失范围应当按照《民法典》第584条规定确定,包括合同履行后可以获得的利益,但不得超过违约一方订立合同时预见到或者应当预见到的因违约可能造成的损失。当事人请求人民法院减少违约金的,人民法院应当以《民法典》第584条规定的损失为基础,兼顾合同的履行情况、当事人的过错程度等综合因素,根据公平原则和诚信原则予以衡量,并作出裁判。约定的违约金超过根据《民法典》第584条规定确定的损失的30%的,一般可以认定为《民法典》第585条第2款规定的"过分高于造成的损失"[①]。

对于建设工程欠款利息和违约金并用的情形,现行法律和司法解释并没有明确规定裁量标准。笔者认为,在此情形下,仍然应当对利息和违约金并用后的总计标准进行一定的调整和控制,避免出现合计计算出的数额过分高于违约造成的实际损失的情形。按照最高人民法院《关于审理民间借贷案件适用法律若干问题的规定》第29条的规定,在出借人与借款人既约定了逾期利率,又约定了违约金或者其他费用的情况下,出借人一并主张逾期利息、违约金或者其他费用的,人民法院应当以总计不超过一年期贷款市场报价利率4倍的标准,对出借人主张的利率、违约金等进行调整。如前所述,虽然本案申请人主张的"利息"和"违约金"分别来源于原建设合同项下工程欠款和《补充协议》项下逾期还款,但在计算上均与工程欠款本金直接关联,在被申请人违约使欠款本息加速到期的情况下,利息和违约金存在重叠计算的部分。仲裁庭最终参照前述民间借贷司法解释的规定,以同期一年期贷款市场报价利率的4倍作为控制标准,对利息和违约金总计超出4倍利率标准的部分予以扣减和调整。

(本案例由深圳国际仲裁院仲裁员辛正郁编撰)

[①] 《全国法院贯彻实施民法典工作会议纪要》第11条。

案例26 建设工程措施项目费的认定和调整

仲裁要点：为确保施工安全、提供施工维护措施、确保施工顺利等发生的非实体工程费用，属于措施项目费。虽然合同约定措施项目费不作调整，但如果措施项目的变化超出了承包人能够合理预见的范围，措施项目费仍可调整。

一、案情概要

2015年2月5日，申请人A公司与被申请人B公司签订《施工合同》，由申请人承建被申请人发包的××广场土石方、基坑支护及桩基础工程。《施工合同》的计价方式是固定单价，合同价款为141464232.85元。

《施工合同》协议书第5条合同价款约定，合同价款中包括"施工现场安全文明措施费"2785393.20元。

《施工合同》补充条款第2.1(3)条约定："措施项目费用结算办法：措施项目费用……按投标报价包干，结算时不再调整。上述措施项目费用已包括为保证工期、技术、安防、质量的所有费用，如果承包人未单列以上费用，视为承包人在投标报价项目单价中已综合考虑，结算时无论是否发生上述该类措施项目费用或无论实际发生数量是否一致，该部分费用不因分部分项工程的项目、工程量的变化和其他原因而调整。因不可抗力引起的清理、修复费用增加已含在合同价以内，不另行增加。"

本案工程于2015年4月开工，计划竣工日期为2016年年底。工程开工后，被申请人对基坑支护工程、桩基础工程的施工图纸进行了变更。

申请人根据变更图纸及施工的工程，认为被申请人应当向申请人支付工程变更增加的价款5765655.48元。申请人与被申请人多次沟通，而被申请人拒绝支付前述款项。申请人因此依据涉案合同中的仲裁条款向深圳国际仲裁院提起仲裁并提出如下仲裁请求：

1. 裁决被申请人向申请人支付工程变更增加的工程价款5765655.48元。
2. 裁决被申请人向申请人支付律师费500000元。
3. 裁决被申请人承担本案的全部仲裁费用。

根据申请人提交的《申请仲裁计价表》，就第1项仲裁请求中的费用，可分为5类13项：

(1)空孔回填费用及桩塌孔后的处理费用(第1、5、6、7、8、9、10、11项)；
(2)金属扶手、栏杆、栏板费用和实心砖墙、护栏踢脚板费用(第2、3项)；
(3)水泥混凝土硬化地面费用(第4项)；
(4)挖基坑土石方费用(第12项)；
(5)垫层费用(第13项)。

二、当事人主张

(一)空孔回填费用及桩塌孔后的处理费用(第1、5、6、7、8、9、10、11项)

1. 申请人主张

关于第1、5、6、7、8项空孔回填费用，申请人主张因为施工图纸发生了变更，相关费用属于变更增加费用，被申请人应当支付。

关于第9、10、11项桩塌孔处理费用，申请人主张其产生原因是强台风"妮妲"引发的暴雨导致桩塌孔，周边约150平方米地面随着塌孔沉陷，并致使局部停工。为满足机械行走要求，保证安全，该下陷地面采用换填1.5米厚砖渣和浇筑1.2米厚混凝土进行处理，并于之后拆除浇筑的混凝土。

2. 被申请人主张

空孔回填的目的在于保障施工安全，消除安全隐患。并且，申请人应当预见到空孔回填在施工过程中必然发生，在计算投标价格时应该全部计算在内。

因此，空孔回填及桩塌孔后的处理均为保障施工安全而采取的安全措施，不属于额外增加的工程量，由此产生的相关费用已包含在投标报价之中，被申请人无须另行支付。

(二) 金属扶手、栏杆、栏板费用和实心砖墙、护栏踢脚板费用(第2、3项)

1. 申请人主张

这部分费用不是措施项目费,被申请人应当支付。

2. 被申请人主张

这部分费用是安全施工措施费,已包含在合同价款中,依据是《施工合同》专用条款第10.2条:"……根据施工需要,由承包人承担现场施工场地安全保卫工作及提供维修施工使用的照明、维护措施(如护栏、警示牌等),并达到建设行政主管部门及相关单位对施工现场现行规定的要求。以上工作所需费用已经包括在合同价款中……"

(三) 水泥混凝土硬化地面费用(第4项)

1. 申请人主张

这部分费用不应包含在措施项目费中。根据《S市建设工程计价费率标准(2017)》,针对安全文明施工措施费,"基坑内场地硬地化应按实际工程量另行计算"。即使根据《施工合同》专用条款第10.2(2)条约定,"承包人应做好工程场地围墙范围内的土地硬化工作……",其也只有义务对施工道路、生产区、生活区进行硬化。基坑内的软基处理,不属于承包人硬化场地的义务范围。

2. 被申请人主张

这部分费用应当包含在措施项目费中,理由在于:

其一,本项目2014年签订合同,2015年4月开工,故《S市建设工程计价费率标准(2017)》不应适用于本案的情况。

其二,设计图纸上已经明确载明地质报告揭示场地表层为人工杂填土及淤泥层。在此情况下,只要作业就需要保证机械施工时机械稳定,这部分费用应包含在施工措施费中。

其三,《施工合同》专用条款第10.2(2)条约定:"承包人应做好工程场地围墙范围内的土地硬化工作,应按政府有关部门的规定在施工场地内运送土石方车辆出口处设置洗车池,运送土石方车辆驶入市政道路前必须经过洗车池以保证出厂上路的拉土车辆的整洁情况符合城管的要求,洗车池的修建、维护、拆除等费用全部由承包人承担……"故申请人有义务做好工程场地围墙范围内的土地硬化工作。

(四)挖基坑土石方费用(第12项)

1. 申请人主张

这部费用分为漏报的工程量对应的费用,不属于措施项目费,被申请人应当支付。

2. 被申请人主张

这部分费用系因处理台风"妮妲"引发的问题而产生的费用,属于措施项目费,已包含在合同价款中。

(五)垫层费用(第13项)

1. 申请人主张

这部分工作已经超出了配合检测的范围,是为配合检测实际进行了施工作业,不属于措施项目费,被申请人应当支付。

2. 被申请人主张

这部分费用是为配合检测所发生的费用,属于措施项目费,应由申请人自行承担。《施工合同》专用条款第23.3条约定:"检验费用的约定:(1)发包人承担检验费用的材料、设备;如发包人自行委托第三方监测,检测费用由发包人承担(但配合检测所发生的其他所有费用由承包人承担)……"

三、仲裁庭意见

(一)空孔回填费用及桩塌孔后的处理费用(第1、5、6、7、8、9、10、11项)

关于申请人主张的空孔回填费用及桩塌孔后的处理费用,其中第1项是基坑工程支护桩、支撑桩空孔回填中砂的费用;第5项是工程桩空孔回填中砂的费用;第6、7、8项是工程桩空孔回填物由中砂变为C15混凝土,之后再将回填的混凝土凿除的费用;第9、10、11项是因台风造成桩塌孔后,对周边地面换填砖渣和浇筑混凝土产生的费用。针对前述费用,仲裁庭的意见如下:

1. 基坑工程支护桩、支撑桩空孔回填费用(第1项)

仲裁庭认为,申请人主张的第1项基坑支护工程支护桩、支撑桩空孔回填费用应当部分予以支持,理由如下:

(1)被申请人自认作为报价依据的原有图纸仅供施工招标使用,无法作为施工依据。在此情况下,尽管根据《施工合同》补充条款第2.1(3)条的约定,申请人有义务对支护桩、支撑桩空孔回填产生的措施费在报价时予以考虑,但要求申请人使用无法作为施工依据的图纸对空孔回填产生的措施费进行报价,有失公允。

(2)被申请人当庭主张本案设计图纸上已经明确说明地质报告揭示施工场地表层为人工杂填土及淤泥层,申请人未予反驳。仲裁庭认为,申请人作为有经验的施工主体,在报价时应能考虑到施工场地的地质条件会导致挖出的土不能直接回填,直接的结果是本工程项目施工措施费将明显增加。毕竟,使用中砂回填的费用远高于使用工程现场挖出的土进行回填的费用。

综上,仲裁庭认为,鉴于被申请人提供的报价图纸不能作为施工依据,而申请人未充分考虑到本案特殊的地质条件不适宜使用挖出的土进行回填,故双方应对支护桩、支撑桩回填中砂的费用进行分担。针对这部分费用,仲裁庭酌定双方各自承担50%。

2. 桩基础工程中的工程桩空孔回填费用(第5项)

仲裁庭认为,申请人主张的第5项桩基础工程中的工程桩空孔回填费用不应予以支持,理由如下:

(1)空桩回填中砂的主要作用在于确保施工现场安全有序,防止场内施工人员掉落空孔造成安全事故。因回填产生的费用应属于安全文明施工措施费。

(2)本案工程特殊的地质条件是申请人在报价时就应知晓的,即申请人在报价时应当预见此种地质条件会导致挖出的土无法直接用于回填空桩。因此,申请人在报价时有义务预见因回填空桩将会产生较多的安全文明施工措施费,并在报价时予以体现。

(3)《施工合同》补充条款第2.1(3)条约定,就施工企业现场安全文明措施费,结算时无论是否发生或无论实际发生量是否一致,该部分费用不因分部分项工程的项目、工程量的变化和其他原因而调整。上述约定是双方当事人真实意思表示,申请人未在报价时考虑到本案施工现场挖出的淤泥不能回填,相应安全文明施工措施费将会增多,是其自身的疏漏。而图纸变化导致工程量变化引起措施费增加,根据上述合同约定,在结算时本就不予调整。

3. 工程桩空孔回填物由中砂变为C15混凝土,之后再将回填的混凝土凿除的费用(第6、7、8项)

仲裁庭认为,申请人主张的第6、7、8项主楼工程桩区域空孔回填物由中砂变为C15混凝土,之后再将回填的混凝土凿除的费用应予支持,理由如下:

(1)对于此部分工程桩空孔的回填材料,如前所述,申请人有义务预见无法用挖出的淤泥进行回填。但同时,仲裁庭认为,要求申请人合理预见施工过程中,因实际施工情况导致空桩部位填砂不能保证地基稳定,而应换填低标号混凝土,有失公允。

(2)申请人的处理方法得到了监理单位、设计单位的确认,应为合理的处理方式。

因此,对申请人主张的这部分费用,仲裁庭予以支持。

4. 因台风造成桩塌孔后,对周边地面换填砖渣和浇筑混凝土产生的费用(第9、10、11项)

仲裁庭认为,申请人主张的第9、10、11项费用是因台风暴雨导致桩塌孔和地面随塌孔沉陷而产生的确保施工安全的措施费用,应属于《施工合同》补充条款第2.1(3)条约定的不可抗力引起的修复费用,根据合同约定已包含在合同价内。

并且,S市作为沿海城市,在施工过程中受到台风影响产生141394.05元施工安全措施费,应属于承包人能够合理预见的范围。

因此,对于这部分费用,仲裁庭不予支持。

(二)金属扶手、栏杆、栏板费用和实心砖墙、护栏踢脚板费用(第2、3项)

仲裁庭认为,第2、3项费用对应的项目应属于为确保施工安全、提供施工维护措施进行的工作项目,相应费用为施工企业现场安全文明措施费、已完成工程及设备保护费等措施费。《施工合同》补充条款第2.1(3)条已约定,施工企业现场安全文明措施费、已完成工程及设备保护费及其他措施费用已包含在合同总价中,工程结算时不予调整。

因此,对申请人主张的这部分费用,仲裁庭不予支持。

(三)水泥混凝土硬化地面费用(第4项)

仲裁庭认为,申请人主张的第4项水泥混凝土硬化地面费用不应得到支持,理由如下:

仲裁庭查明，S市现行有效的工程计价规范文件是《S市建设工程计价费率标准(2018)》，《S市建设工程计价费率标准(2017)》已被废止。《S市建设工程计价费率标准(2018)》同样规定，针对安全文明施工措施费，"基坑内场地硬地化应按实际工程量另行计算"。

但本案《施工合同》于2015年2月5日签订，本案工程于2015年4月开工，合同约定的竣工日期为2016年年底，而申请人主张的这部分场地硬化应在2015年年中进行施工。故仲裁庭认为，在本案合同履行时，应适用的计价规范是《S市建设工程计价费率标准(2013)》，该文件并未规定基坑内场地硬地化费用应按实际工程量另行计算。此时，应适用《施工合同》专用条款第10.2(2)条的约定，即承包人有义务做好工程场地围墙范围内的土地硬化工作。

因此，在施工场地地质为人工杂填土及淤泥层的情况下，为确保施工顺利进行，作为承包人对基坑进行软地基处理产生的费用属于措施费，应由申请人承担。

(四) 挖基坑土石方费用(第12项)

针对第12项挖基坑土石方产生的费用，被申请人当庭表示属于工程费用而非措施费，将在庭后对账后予以结算。被申请人在庭后代理意见中主张上述费用系因处理台风"妮妲"引发的问题而产生的费用，但并未阐述理由，更未提供证据证明。

因此，仲裁庭认为，对于这部分实际工程量对应的费用，应由被申请人承担。

(五) 垫层费用(第13项)

仲裁庭认为，承包人配合检测的工作范围应是，当施工活动客观上对检测工作造成障碍时，其对检测工作顺利实施提供方便。而垫层施工本身属于检测实验的一部分，让现场施工单位进行施工应是由于检测单位不具备施工条件，这样处理更为便利。因此，这超出了承包人能够合理预见的检测配合范围，应属于新增施工内容。

因此，对申请人主张的这部分垫层费用，仲裁庭予以支持。

四、裁决结果

1. 被申请人向申请人支付工程变更增加的价款及税金共计 980617.16 元。
2. 被申请人向申请人支付申请人因本案支出的部分律师费 150000 元。
3. 本案仲裁费由申请人承担 70%、被申请人承担 30%。
4. 驳回申请人其他仲裁请求。

五、评析

(一) 措施项目费的认定

根据《建设工程工程量清单计价规范》(GB 50500-2013)第 2.0.5 条的规定,措施项目是指"为完成工程项目施工,发生于该工程施工准备和施工过程中的技术、生活、安全、环境保护等方面的项目"。

措施项目费,即措施项目对应的费用。根据《建筑安装工程费用项目组成》附件 2《建筑安装工程费用项目组成(按造价形成划分)》的规定,措施项目费是指为完成建设工程施工,发生于该工程施工前和施工过程中的技术、生活、安全、环境保护等方面的费用。内容包括:

(1) 安全文明施工费。

①环境保护费:是指施工现场为达到环保部门要求所需要的各项费用。

②文明施工费:是指施工现场文明施工所需要的各项费用。

③安全施工费:是指施工现场安全施工所需要的各项费用。

④临时设施费:是指施工企业为进行建设工程施工所必须搭设的生活和生产用的临时建筑物、构筑物和其他临时设施费用。包括临时设施的搭设、维修、拆除、清理费或摊销费等。

(2) 夜间施工增加费:是指因夜间施工所发生的夜班补助费、夜间施工降效、夜间施工照明设备摊销及照明用电等费用。

(3) 二次搬运费:是指因施工场地条件限制而发生的材料、构配件、半成品等一次运输不能到达堆放地点,必须进行二次或多次搬运所发生的费用。

(4) 冬雨季施工增加费:是指在冬季或雨季施工需增加的临时设施、防滑、排除雨雪,人工及施工机械效率降低等费用。

(5)已完工程及设备保护费:是指竣工验收前,对已完工程及设备采取的必要保护措施所发生的费用。

(6)工程定位复测费:是指工程施工过程中进行全部施工测量放线和复测工作的费用。

(7)特殊地区施工增加费:是指工程在沙漠或其边缘地区、高海拔、高寒、原始森林等特殊地区施工增加的费用。

(8)大型机械设备进出场及安拆费:是指机械整体或分体自停放场地运至施工现场或由一个施工地点运至另一个施工地点,所发生的机械进出场运输及转移费用及机械在施工现场进行安装、拆卸所需的人工费、材料费、机械费、试运转费和安装所需的辅助设施的费用。

(9)脚手架工程费:是指施工需要的各种脚手架搭、拆、运输费用以及脚手架购置费的摊销(或租赁)费用。

除上述规定外,就具体项目,合同文件(如合同条款、技术标准和要求、工程量清单等)中通常也会约定措施项目费包括的内容。

本案中,根据《施工合同》补充条款第2.1(3)条约定,措施项目费即包括履约担保手续费、环境保护费、工程保险费、施工企业现场安全文明措施费、脚手架费、垂直运输机械费、施工排水费、夜间施工增加费、赶工措施费、二次搬运费、已完成工程及设备保护费、大型机电设备进出场及安拆费、承包人自身的基坑变形等所有检测和监测费用、与专业监测机构的相关检测和监测配合及施工期间监测点的埋设配合、监测点保护费用、其他措施费用等。

又因为《施工合同》约定措施项目费按投标报价包干、结算时不再调整,所以针对申请人主张的费用,被申请人主要的抗辩理由是,这些费用属于措施项目费,已包括在合同价款中。因此,判断申请人主张的费用能否得到支持,首先需要认定其是否属于措施项目费。

关于哪些费用属于措施项目费,虽然《建筑安装工程费用项目组成》和《施工合同》已详细列举,但实践中的情形不限于此。而在判断某项费用是否属于措施项目费时,可重点关注以下两点:其一,措施项目费是措施项目对应的费用,而措施项目非实体工程,因此,若相关项目将成为实体工程的一部分,则对应费用不属于措施项目费;其二,措施项目费是为了保障工程的技术、生活、安全、环境保护等而发生的费用,若相关费用的用途属于上述用途,则属于措施项目费。

基于上述标准,针对申请人主张的空孔回填费用及桩塌孔后的处理费用(第1、5、6、7、8、9、10、11项),金属扶手、栏杆、栏板费用和实心砖墙,护栏踢脚板费用(第2、3项)和水泥混凝土硬化地面费用(第4项),仲裁庭认为其属于为确保施工安全、提供施工维护措施、确保施工顺利而发生的费用,属于措施项目费。

而针对挖基坑土石方产生的费用(第12项),仲裁庭认为其属于实体工程量对应的费用,不属于措施项目费;垫层费用(第13项)对应的工作超出了配合检测的范围,而构成检测实验的一部分,仲裁庭认为也不属于措施项目费。就前述不属于措施项目费的费用,仲裁庭支持了申请人的主张,裁决由被申请人承担。

(二)措施项目费的计价

根据《建筑安装工程费用项目组成》附件3《建筑安装工程费用参考计算方法》,措施项目费的类型和计价方式如下:

1. 国家计量规范规定应予计量的措施项目费,其计算公式为:措施项目费 = $\sum$ (措施项目工程量 × 综合单价);

2. 国家计量规范规定不宜计量的措施项目费,区分费用类型,其参考计算方法如下:

(1)安全文明施工费

安全文明施工费 = 计算基数 × 安全文明施工费费率(%)

计算基数应为定额基价(定额分部分项工程费 + 定额中可以计量的措施项目费)、定额人工费或(定额人工费 + 定额机械费),其费率由工程造价管理机构根据各专业工程的特点综合确定。

(2)夜间施工增加费

夜间施工增加费 = 计算基数 × 夜间施工增加费费率(%)

(3)二次搬运费

二次搬运费 = 计算基数 × 二次搬运费费率(%)

(4)冬雨季施工增加费

冬雨季施工增加费 = 计算基数 × 冬雨季施工增加费费率(%)

(5)已完工程及设备保护费

已完工程及设备保护费 = 计算基数 × 已完工程及设备保护费费率(%)

上述第(2)~(5)项措施项目的计费基数应为定额人工费或(定额人工

费+定额机械费),其费率由工程造价管理机构根据各专业工程特点和调查资料综合分析后确定。

而根据《建设工程工程量清单计价规范》(GB 50500-2013)第2.0.41条、第2.0.42条、第5.2.3条、第5.2.4条,从计价方式角度,措施项目又可分为单价项目和总价项目:

(1)单价项目是"工程量清单中以单价计价的项目,即根据合同工程图纸(含设计变更)和相关工程现行国家计量规范规定的工程量计算规则进行计量,与已标价工程量清单相应综合单价进行价款计算的项目"。

(2)总价项目是"工程量清单中以总价计价的项目,即此类项目在相关工程现行国家计量规范中无工程量计算规则,以总价(或计算基础乘费率)计算的项目"。

综合上述规定,措施项目可分为应予计量的措施项目(单价项目)和不宜计量的措施项目(总价项目),前者以措施项目的工程量乘以单价计算,后者以总价(或计算基础乘费率)计算。

在本案中,根据《施工合同》的约定,措施项目均为总价项目,且约定措施项目费总价包干,结算时不再调整。

(三)工程变更对总价包干措施项目费的影响

根据《建设工程工程量清单计价规范》(GB 50500-2013)第9.3.2条规定,工程变更引起施工方案改变并使措施项目发生变化时,承包人提出调整措施项目费的,应事先将拟实施的方案提交发包人确认,在方案经发包人确认后,可按照实际发生变化的措施项目,调整措施项目费。

但在施工合同中,经常也会有措施项目费总价包干、结算时不作调整的约定,例如本案合同补充条款第2.1(3)条。而在有此类约定的情形下,措施项目费是否会因工程变更而调整?

该问题的答案并非简单的"是"或"否",而需看工程变更导致措施项目的变化是否超出承包人能够合理预见的范围:如果未超出,则措施项目费不调整;如果超出,仍须调整。其理由在于:

首先,严守契约是民法的重要原则,合同条款只要是当事人的真实意思表示,且不违反法律、行政法规的强制性规定和公序良俗,其效力就应得到尊重。因此,如果合同约定措施项目费在结算时不作调整,则除非双方另行协商一致,否则通常情形下不作调整。

但是,如同《民法典》第584条将违约损失赔偿限制在"违约一方订立合同时预见到或者应当预见到的因违约可能造成的损失"的范围,关于措施项目费的总价包干,也是承包人基于签约时的图纸等文件和对项目情况的了解、在对工程变更等情形可能导致的措施项目变化进行合理预见后作出的意思表示,也应受到承包人合理预见范围的限制。

如果因为工程变更或其他情形,导致措施项目出现承包人在签订合同时不能合理预见的变化,但仍不调整措施项目费,则将使承包人承担其在签约时不能合理预见的风险,造成不公平的结果。

因此,即使有总价包干的约定,但如果因为工程变更等原因导致措施项目出现承包人不能合理预见的变化,则就发生变化的项目,其对应的措施项目费仍可调整。

本案中,针对申请人主张的工程桩空孔回填物由中砂变为C15混凝土,之后再将回填的混凝土凿除的费用(第6、7、8项),仲裁庭虽然认为其属于措施项目费,但亦认为要求申请人合理预见施工过程中,因实际施工情况导致空桩部位填砂不能保证地基稳定,而应换填低标号混凝土,有失公允,故支持了费用的增加。同样,针对基坑工程支护桩、支撑桩空孔回填费用(第1项),仲裁庭虽然也认为属于措施项目费,但亦从承包人能够合理预见的角度,认为要求申请人使用无法作为施工依据的图纸对空孔回填产生的措施费进行报价,有失公允,最终裁决双方各自承担50%。

(本案例由深圳国际仲裁院仲裁员孙傲编撰)

案例 27　建设工程价款支付与竣工结算的支付条件

仲裁要点：申请人完成工程施工并经建设单位验收合格后，向被申请人提交工程款支付申请表要求支付剩余未付全部工程款。工程款支付申请表由项目监理方履行了签字确认手续，并由合同双方与监理方依约共同进行整个项目的竣工结算。但是合同约定竣工结算 100%总价款的支付需要满足：①工程完工后经验收合格；②竣工结算经被申请人确认；③申请人开具总价款发票；④申请人提供总价款的 10%的质量保函等四个条件，其中第一项支付条件已经满足，其他三项支付条件均不满足。因此，涉案合同所约定的竣工结算 100%总价款的应付条件尚未成就。

一、案情概要

申请人 A 公司与被申请人 B 公司于 2018 年 7 月签订一份《建设工程施工合同》，其中约定被申请人作为发包人、申请人作为承包人，由申请人负责承建 C 公司某新型材料项目安装工程（以下简称"本案工程"）。《建设工程施工合同》就工程内容、主要日期、合同价格和付款方式作了明确具体的约定，其中合同暂定价格为 960 万元，最终工程价款按照实际工程量通过竣工验收决算后确定。

《建设工程施工合同》签订后，申请人组织队伍进行安装施工，并于 2019 年 7 月 17 日通过建设单位 C 公司验收。但被申请人未严格依约支付工程款，截至申请人申请之日，被申请人已向申请人支付工程款金额为 6556220.50 元，剩余未付工程款金额为 6648128.02 元。

2019 年 8 月 20 日，申请人依据涉案合同向深圳国际仲裁院申请仲裁，提出如下仲裁请求：

1. 裁决被申请人立即支付申请人工程款6648128.02元。
2. 裁决本案的仲裁费由被申请人承担。

二、当事人主张

本案当事人的争议焦点主要是未付工程款金额6648128.02元的应付条件是否已经成就。

1. 申请人主张

申请人认为，其已履行《建设工程施工合同》约定的义务，于2019年7月17日完成本案工程并经建设单位C公司验收通过。被申请人欠付工程款总额为6648128.02元，其中2941485.49元的应付条件早已成就；剩余3706642.53元的支付申请表已于2019年7月8日递交被申请人的监理方，对应的3706642.53元的支付条件也已成就，被申请人应该在2019年8月23日前予以支付。

2. 被申请人主张

（1）申请人所主张的欠付工程款总额6648128.02元中，已开具发票尚未支付的金额应为2941485.49元，被申请人认同该笔金额的支付条件已经成就；但是对剩余3706642.53元工程款，对应的支付申请表到2019年11月11日才提交给被申请人，根据《建设工程施工合同》专用条款第12.4.1条和第14.2条的约定，从被申请人收到申请人的工程款支付申请表次日（即2019年11月12日）开始计算28天为被申请人审批竣工付款申请单的到期日（即2019年12月9日）。在被申请人没有异议或者确认无误的情况下签发竣工付款证书，竣工付款证书签发后45天内被申请人完成竣工付款。被申请人签发竣工付款证书之后，申请人应该在上述45天内提供10%的质量保函和总价款发票。如果开票日期、提供保函的日期超过了45天，被申请人理所当然有权进行顺延。

（2）按照《建设工程施工合同》专用条款第14.1条、第14.2条的约定，被申请人在收到申请人工程款支付申请表后有28天的时间确认其答复意见。被申请人于2019年11月11日收到申请人提交的付款申请表，按照《建设工程施工合同》第12.4.4条中第一子项和第二子项的约定，被申请人有权在收到申请人开具的发票后30日历天内支付。

（3）因此，被申请人认为该部分3706642.53元尚未到付款节点。

三、仲裁庭认定的事实

1. 申请人已经按照《建设工程施工合同》约定以及设计图纸要求,完成本案工程全部安装工作。本案工程经建设单位 C 公司及相关机构联合验收、确认合格,所出具工程竣工验收报告真实有效。

2. 本案工程结算总价为 13204348.52 元,被申请人已向申请人支付工程款金额为 6556220.50 元,剩余未付工程款金额为 6648128.02 元,其中 2941485.49 元的付款条件已经成就。

四、仲裁庭意见

(一) 关于合同效力

仲裁庭认为,申请人与被申请人于 2018 年 7 月签订的《建设工程施工合同》系由双方当事人自愿协商签订,是双方当事人的真实意思表示,不违反中国的法律和行政法规的强制性规定,应属合法有效,并对本案双方当事人具有约束力,也是仲裁庭裁判双方争议的基本依据。

(二) 关于未付工程款 3706642.53 元的性质

1. 《建设工程施工合同》第 12 条"合同价格、计量与支付"中,第 12.4.1 条约定"关于付款周期的约定:工程进度款按每月实际完成工作量进行支付,承包人在每月 25 日向发包人报送监理确认的月工程计量报表和付款申报表,经发包人审核认可后支付本部分工程进度款的 75%(承包人必须先按实际付款金额提供增值税专用发票);工程完工后验收合格,竣工结算经发包人确认并开具总价款发票,且提供总价款的 10% 质量保函后,付至结算总价款的 100%……"从中可以看出,申请人的付款申请有工程进度款和竣工结算款的区别,并各自约定有对应的支付条件。

2. 申请人提交的第 001 号、第 002 号、第 003 号和第 004 号四份工程款支付申请表,从完成内容及申报时间均可以看出是履约过程中的期中进度款,按照合同约定这四份支付申请表所申请的金额为对应部分工程进度款的 75%。

3. 申请人提交的第 005 号工程款支付申请表明确为申请人完成本案工程工作后的支付申请,所申请的 3706642.53 元为《建设工程施工合同》总价款剩余未支付的全部工程款,因此应适用第 12.4.1 条中关于工程完工、验收合格后的竣工结算付款程序,其性质属于竣工结算,金额依约应付至结算总价款的 100%。

(三)关于竣工结算价款支付的前提条件

1. 从《建设工程施工合同》第 12.4.1 条的约定可以看出,竣工结算价款的支付前提条件包括:①工程完工后经验收合格;②竣工结算经被申请人确认;③申请人开具总价款发票;④申请人提供总价款的 10% 的质量保函。《建设工程施工合同》第 14.1 条"竣工结算申请"中第 14.1.1 条约定:"工程竣工验收报告经发包人认可后 28 天内,承包人向发包人递交交工结算报告及完整的结算材料,双方按照协议书约定的合同价款内容,进行工程交工结算。"因此上述支付前提条件第②项"竣工结算经被申请人确认"还应该包括"在工程验收报告经被申请人认可后的 28 天内,被申请人对申请人递交的交工结算报告及完整的结算材料的审核及认可"。

2. 仲裁庭就《建设工程施工合同》竣工结算价款的四个支付前提条件满足的情况分析如下:

(1)工程完工后经验收合格。

本案工程完工后于 2019 年 7 月 17 日通过建设单位 C 公司验收合格,《工程竣工验收报告》由监理单位、申请人及建设单位签字盖章。因此,该项前提条件已于 2019 年 7 月 17 日满足。

(2)竣工结算经被申请人确认,包括在工程验收报告经被申请人认可后的 28 天内,被申请人对申请人递交的交工结算报告及完整的结算材料的审核及认可。

申请人并未提供任何证据或材料显示其提交对应报告和材料的时间以及详细的内容及清单,以证明其按照合同约定提供了工程竣工验收报告、工程结算报告及完整的结算材料。但被申请人于 2019 年 12 月 9 日和 17 日两次通知申请人有关"工程量结算付款申请表及竣工资料"的审核结果,显示申请人的现场施工及竣工资料中缺少工程竣工图及变更记录。申请人在其质证意见中表示"被申请人要求申请人提交的工程竣工图及变更记录,申请人会及时提交",说明申请人亦认可其未提交被申请人所要求的工程竣工图及变更记录的事实。因此,该项前提条件尚未满足。

(3)申请人开具总价款发票。

申请人认可其并未向被申请人开具并提交合同总价款发票的事实,因此,该项前提条件尚未满足。

(4)申请人提供总价款的10%的质量保函。

申请人认可其并未向被申请人提供合同总价款10%的质量保函的事实,因此,该项前提条件尚未满足。

尽管申请人申明其已于2019年7月8日将第005号工程款支付申请表上报项目监理,从该份申请表上可以看出监理于当日履行了签字确认手续。考虑到本案工程在申请人提交该份工程款支付申请表后,于2019年7月17日通过建设单位C公司确认验收合格,随后申请人、监理与被申请人按照合同程序进行整个项目的竣工结算,但是按照合同约定,竣工结算100%总价款的支付需要满足上述四个前提条件,因此,申请人仅提交工程款支付申请表和对应的工程结算造价分析表,并未满足《建设工程施工合同》竣工结算价款全部四项支付的前提条件。

综上所述,《建设工程施工合同》约定的竣工结算价款支付的四个前提条件中,申请人仅满足了第(1)项,其他第(2)、(3)、(4)项均未满足。因此,仲裁庭认定《建设工程施工合同》约定支付至竣工结算100%总价款,即包括剩余3706642.53元的应付条件尚未成就,申请人关于该笔3706642.53元工程款的主张不予支持。

五、裁决结果

1. 被申请人支付申请人工程款2941485.49元。
2. 本案仲裁费由申请人承担55%、被申请人承担45%。
3. 驳回申请人的其他仲裁请求。

六、评析

涉案合同条款对期中进度款约定:按每月实际完成工作量进行支付,承包人需要在每月25日向发包人报送监理确认的月工程计量报表和付款申报表,经发包人审核认可后支付对应进度款的 75%,且承包人必须在发包人付款之前先按实际付款金额提供增值税专用发票;对竣工结算款约定:在工程完工后经验收合格,竣工结算经发包人确认,承包人递交交工结算报告以及完整的结算材料,承包人开具总价款发票且提供总价款 10% 的质量保函后,发包人向承包人支付 100% 的结算总价款。可以看出,建筑工程价款的支付,无论是月进度款还是竣工结算款,承包人获得工程价款的支付,需要确保付款的前提条件已经成就,付款的前提条件未成就则可能导致发包人拒绝相关价款的支付。结合本案,笔者试着对建设工程价款支付条件进行分类论证。

(一)建设工程价款的类型

建设工程价款是指在建设工程合同履行过程中,承包人依约享有的、发包人应当支付的款项。《民法典》第 788 条第 1 款规定:"建设工程合同是承包人进行工程建设,发包人支付价款的合同。"《工程价款结算办法》第 3 条规定,"本办法所称建设工程价款结算(以下简称'工程价款结算'),是指对建设工程的发承包合同价款进行约定和依据合同约定进行工程预付款、工程进度款、工程竣工价款结算的活动",并分别在第 12 条、第 13 条、第 14 条对工程预付款结算、工程进度款结算及竣工结算进行了规定。由此可见,《工程价款结算办法》将建设工程价款主要分为工程预付款、工程进度款和工程竣工结算款三种类型。尽管《工程价款结算办法》第 14 条中还提及约定的合同价款、合同价款的调整价款、合同以外零星项目工程价款以及索赔价款等其他类型的价款,但考虑建设工程行业实践以及大部分合同范本的应用,本文分为预付款、进度款、竣工结算款及其他四部分对建设工程价款的支付条件进行论述。[①]

(二)工程预付款的支付条件

1. 预付款

预付款是指在建设工程开工前,发包人按照合同约定支付给承包人用于

---

① 鉴于国际通用的 FIDIC 合同文本中将业主翻译为雇主,将承包人翻译为承包商,将监理人翻译为工程师,国内常见的施工合同示范文本以及部分法律法规则常见发包人、承包人、监理人、业主等说法。为了适当保持文本和法规的一致性,本文在引用 FIDIC 合同文本及其意思解读时,将沿用其中对于雇主、承包商、工程师的译法,在引用施工合同示范文本及国内法律法规时,则沿用其中对发包人、业主、承包人、监理人的称呼。

采购施工所需材料、修建临时设施、采购工程设备以及组织施工人员进场所需费用等的款项。《FIDIC 红皮书》①(2017 年版)第 14.2 条则将预付款表述为"雇主支付的一笔用于动员的无息贷款"。

2. 工程预付款的支付条件

(1)合同签订且工程具备施工条件,参见《工程价款结算办法》第 12 条第(四)项的规定。

(2)承包商提交与预付款等额的预付款保函,参见《建设工程施工合同(示范文本)》(GF-2017-0201)通用合同条款第 12.2.2 条的约定。《FIDIC 红皮书》(2017 年版)第 14.2 条也明确预付款保函应由雇主批准的国家(或其他司法管辖区)的实体签发,格式则采用专用条件所附格式或雇主同意的其他格式,金额和货币种类与预付款保持一致。

(3)雇主收到履约保函,参见《FIDIC 红皮书》(2017 年版)第 14.2 条约定。

(4)承包商提交预付款支付申请书,参见《FIDIC 红皮书》(2017 年版)第 14.2 条约定。

(5)审核负责人对预付款支付申请进行核实后向承包人签发期中付款证书;在《FIDIC 红皮书》(2017 年版)中的审核人为工程师,在《建设工程工程量清单计价规范》(GB 50500-2013)中审核人为发包人。

(6)预付款对应的支付证书签发后在一定的期限内向承包人支付预付款,如《FIDIC 红皮书》(2017 年版)第 14.7 条约定"在雇主收到预付款证书后,在合同数据中规定的期限内(如未规定,应为 21 天)各预付款证书确认的金额";《建设工程施工合同(示范文本)》(GF-2017-0201)通用合同条款第 12.2.1 条约定"预付款的支付……至迟应在开工通知载明的开工日期 7 天前支付";《建设工程工程量清单计价规范》(GB 50500-2013)第 10.1.4 条规定"发包人……向承包人发出预付款支付证书……后的 7 天内向承包人支付预付款"。

(三)工程进度款的支付条件

1. 工程进度款

工程进度款是发包人施工过程中在一定的付款周期内就承包人完成的工程量及依约有权获得的各项费用向承包人予以支付的款项,付款周期通常

---

① 指 FIDIC 施工合同条件(The FIDIC Conditions of Contract for Construction)。

以月为单位,或者约定某一固定的时间段或到达某些特定的施工节点。

2. 工程进度款的支付条件

(1)承包人对拟申请进度付款的工程量首先进行自查,确保有关工作已经完成、物品已经供应,且均满足合同所约定的质量要求;这是承包人提交工程进度款申请的基本前提。

(2)承包人按照合同约定的方法和时间,将前述经自查已经完成的工程量报告提交给发包人;发包人收到承包人提交的已完工程量报告后在一定的时间内(如14天)安排与承包人联合对已完工程量进行核实。

(3)承包人对经核实后的工程量进行正确的计量计算后,向发包人提出支付工程进度款申请,申请应随附有关证明文件,包括且不限于实验、测量等验收报告、工程进度报告等。

(4)承包人在每个付款周期末或付款期结束后提交工程进度付款的申请;付款周期在单价合同/《FIDIC 红皮书》中通常按月为单位,在总价合同/《FIDIC 银皮书》①中也可能是固定的时间段、特定的形象进度阶段或里程碑节点。承包人提交工程进度付款申请应采用合同各方普遍接受或事先确定的格式,一式数份,详细说明承包人自己认为有权得到发包人支付的工程进度付款金额。

(5)工程进度付款的审核人(可以是工程师、雇主、监理人或发包人中的任一个)收到承包人的申请、有关报表和证明文件后,应当在一定的时间内(如28天)予以审核并签发期中付款证书,证书中应该明确当期工程进度应付金额,可以显示不同意支付的工程项以及相关理由说明。如果经审核后的应付金额低于合同中约定的期中付款最低限额,则当期证书可能不会签发,而会累积到下期期中付款证书中一并签发。

(6)值得注意的是,在《FIDIC 红皮书》中,雇主对承包商期中工程进度付款进行确认并支付,应该以雇主已经收到承包商提交的履约担保以及承包商依约指定了承包商代表为前提。

(7)工程进度付款证书签发后的一定期限内向承包人支付期中付款,如《FIDIC 红皮书》(2017年版)第14.2条约定,期中付款证书确认的金额,应该在工程师收到承包商提交的报表和证明文件后的一定期限(如未规定,应为

---

① 指 FIDIC 设计采购施工(EPC)/交钥匙工程合同条件(The FIDIC Conditions of Contract for EPC/Turnkey Projects)。

56 天）内支付。《工程价款结算办法》规定，承包人向发包人提出支付工程进度款申请后 14 天内，发包人应向承包人支付工程进度款。

(四) 工程竣工结算价款的支付条件

1. 竣工结算

竣工结算是指工程竣工验收合格，发、承包双方依据合同约定办理的工程结算。

2.《FIDIC 红皮书》(2017 年版)中约定的竣工结算价款的支付条件

(1)工程竣工后 84 天内，承包商按照期中付款申请的规定，向工程师提交竣工报表并附证明文件，参见《FIDIC 红皮书》(2017 年版)第 14.10 条的约定。

(2)工程最后一个缺陷通知期限期满后 28 天内，承包商提供所有承包商文件，并依约完成所有工程的施工和试验(包括修补任何缺陷)，工程师应向承包商签发履约证书，并抄送雇主和争端避免/裁决委员会，参见《FIDIC 红皮书》(2017 年版)第 11.9 条的约定。

(3)在履约证书签发后 56 天内，承包商应向工程师提交一份最终报表草案，经工程师核实后，承包商按照其与工程师商定的意见编制并向工程师提交最终报表。提交最终报表的同时，承包商还应提交一份书面结清证明，确认最终报表上的总额代表了根据合同规定的或与合同有关的事项，应付给承包商的所有款项的全部和最终的结算总额。参见《FIDIC 红皮书》(2017 年版)第 14.11 条、第 14.12 条的约定。

(4)在收到最终报表和结清证明后 28 天内，工程师应向雇主签发最终付款证书，其中说明：①工程师应公平地考虑最终应付款额；②确认雇主先前已付的所有款额，以及雇主有权得到的所有款额后，雇主尚需付给承包商，或承包商尚需付给雇主的余额(如果有)，视情况而定。参见《FIDIC 红皮书》(2017 年版)第 14.13 条的约定。

(5)在雇主收到最终付款证书后的一定期限内(如未规定，应为 56 天)，雇主应按照最终付款证书中确认的金额向承包商支付工程竣工结算款。参见《FIDIC 红皮书》(2017 年版)第 14.7 条的约定。

3.《建设工程施工合同(示范文本)》(GF-2017-0201)中约定的竣工结算价款的支付条件

(1)承包人实现合同工程竣工，并经由监理人进行竣工验收合格。

(2)工程竣工验收合格后28天内,承包人编制竣工结算单后向发包人和监理人提交,并随附完整的结算资料。

(3)监理人应在收到竣工结算申请单后14天内完成核查,并报送发包人。

(4)发包人应在收到监理人提交的经审核的竣工结算申请单后14天内完成审批,并由监理人向承包人签发竣工付款证书,竣工付款证书应经发包人签认。

(5)发包人在收到承包人递交的竣工结算申请书后应该按合同约定,给予确认或者提出修改意见。发包人在收到竣工结算申请书后28天内未完成审批且未提出异议的,视为发包人认可承包人提交的竣工结算申请单,并自发包人收到承包人提交的竣工结算申请单后第29天起视为已签发竣工付款证书。

(6)发包人应在签发竣工付款证书后的14天内,完成对承包人的竣工付款。

值得注意的是,前述竣工结算以承包人实现竣工为前提,验收合格是建设工程价款支付的前提条件。《建设工程施工合同(示范文本)》第14.1条对承包人实现工程竣工并经监理人验收合格专门作了强调。原《工程施工合同解释》还特别强调了在建设工程施工合同无效,但工程经竣工验收合格时,承包人可以请求支付工程价款。[①] 实践中,关于建设工程施工须经验收合格的要求不仅适用于竣工结算价款的支付,对于进度款也同样适用。因此,除预付款的支付外,建设工程未经(监理人或发包人)验收或者验收不合格,将被视为工程款结算条件不成就,发包人完全可以拒绝支付工程价款。

(五)建设工程价款支付的其他条件

《工程价款结算办法》第11条对于发、承包双方办理建设工程价款结算的依据明确规定,"应按合同约定办理",在"合同未作约定或约定不明"时,发、承包双方协商处理的依据不仅包括国家有关法律、法规和规章制度,还包括各级行政主管部门发布的造价计价标准和计价办法,还有建设项目的合同、补充协议以及双方认可的其他有效文件,以及其他可依据的材料。

[①] 《工程施工合同解释》第2条规定:"建设工程施工合同无效,但建设工程经竣工验收合格,承包人请求参照合同约定支付工程价款的,应予支持。"

由此可见,针对建设工程价款除前述常见的支付条件之外,还有其他一些支付条件在业务实践中也被发、承包双方约定使用。

(1)依据行政审计结果确定工程价款。

建设工程施工合同中可能会约定以行政审计机关的审计结果为准确定工程造价或结算款金额,尤其是在政府投资建设的工程项目上。

《计价办法》第18条规定:"工程完工后,应当按照下列规定进行竣工结算:(一)承包方应当在工程完工后的约定期限内提交竣工结算文件。(二)国有资金投资建筑工程的发包方,应当委托具有相应资质的工程造价咨询企业对竣工结算文件进行审核,并在收到竣工结算文件后的约定期限内向承包方提出由工程造价咨询企业出具的竣工结算文件审核意见;逾期未答复的,按照合同约定处理,合同没有约定的,竣工结算文件视为已被认可。"《审计法》(2021年修正)第23条规定,对政府投资和以政府投资为主的建设项目的预算执行情况和决算,是审计机关对建设单位项目预算与决算的一种行政监督措施。当事人在合同中没有明确约定的情况下,行政审计结论一般不能作为结算工程价款的依据。国家审计机关对建设单位审计的这一行政监督行为,不能强行介入合同双方作为平等民事主体参与的商事合同的订立和履行,亦不能影响建设单位与承建单位的合同效力。《民事审判纪要》第25条规定:"当事人以审计机关作出的审计报告、财政评审机构作出的评审结论,主张变更有效的建设工程施工合同约定的工程价款数额的,不予支持。"

合同双方当事人在建设工程施工合同中约定应以国家财政部门或国家审计部门的审核、审计结果作为工程价款结算依据时,应该认为是双方当事人自愿、平等和意思自治的表示,在不违反法律、行政法规的前提下,应当尊重双方当事人的真实意思表示,确认其效力。最高人民法院《关于建设工程承包合同案件中双方当事人已确认的工程决算价款与审计部门审计的工程决算价款不一致时如何适用法律问题的电话答复意见》①、江苏省高级人民

---

① 最高人民法院《关于建设工程承包合同案件中双方当事人已确认的工程决算价款与审计部门审计的工程决算价款不一致时如何适用法律问题的电话答复意见》([2001]民一他字第2号)对河南省高级人民法院答复:"经研究认为,审计是国家对建设单位的一种行政监督,不影响建设单位与承建单位的合同效力。建设工程承包合同案件应以当事人的约定作为法院判决的依据。只有在合同明确约定以审计结论作为结算依据或者合同约定不明确、合同约定无效的情况下,才能将审计结论作为判决的依据。"

法院《关于审理建设工程施工合同纠纷案件若干问题的意见》[①]、《2015年全国民事审判工作会议纪要》[②]均体现了对双方当事人意思自治原则的尊重。

(2) 以"背靠背"条款的满足为工程价款支付前提。

建设工程合同中,常见分包合同中约定"以总包合同收到发包人支付作为向分包方支付工程价款的前提条件",也有总包合同约定"以政府向发包人签发支持函并得到银行的融资放款作为发包人向承包人支付工程价款的前提条件",这些都是以上游或关联协议项下付款条件的满足作为下游协议中工程价款的支付前提。"背靠背"条款的本质属于总包方将自己承担相关协议项下的风险通过此类条款转移或分散给分包人等的机制。

关于"背靠背"条款,有着附条件、附期限和既非附条件又非附期限三种不同的观点。主流观点认为"背靠背"条款属于合同当事人双方的意思自治,符合交易习惯和诚实信用原则,属于有效条款,承包人获得工程价款支付应该满足合同中所约定的"背靠背"前提条件。《北京高院工程案件解答》持该等观点。[③] 在重庆市智翔铺道技术工程有限公司与山东省路桥集团有限公司建设工程施工合同纠纷案[④]中,二审法院认为,合同约定"甲方在收到业主拨付的工程款后及时向乙方支付工程款""业主单位未及时拨付甲方工程款……甲方对乙方不承担任何由此延期支付造成的违约金及利息"等内容,反映了合同双方关于业主向总包方支付工程款后再向分包方支付分包工程款的意思表示,符合交易习惯且不违反诚实信用原则。[⑤] 因此,虽然分包方已经完成分包合同施工,总包方也已经向业主单位提出工程款支付申请,但是分包方的付款条件是否成就取决于总包方是否收到业主方的工程款

[①] 江苏省高级人民法院《关于审理建设工程施工合同纠纷案件若干问题的意见》(苏高法审委〔2008〕26号)第13条规定:"由国家财政投资的建设工程,当事人未在合同中约定以国家财政部门或国家审计部门的审核、审计结果作为工程价款结算依据的,承包人要求按照合同约定结算工程价款的,人民法院应予支持。"

[②] 《2015年全国民事审判工作会议纪要》第49条规定,合同约定以审计机关出具的审计意见作为工程价款结算依据的,应当遵循当事人缔约本意,将合同约定的工程价款结算依据确定为真实有效的审计结论。

[③] 《北京高院工程案件解答》第22条明确,"分包合同中约定待总包人与发包人进行结算且发包人支付工程款后,总包人再向分包人支付工程款的,该约定有效"。

[④] 参见山东省济南市中级人民法院(2014)济民五终字第182号民事判决书。

[⑤] 参见常设中国建设工程法律论坛第八工作组:《中国建设工程施工合同法律全书:词条释义与实务指引》,法律出版社2019年版,第336页。

支付,该案件中的"背靠背"条款得到了法院的支持。另外,在中冶地勘岩土工程有限责任公司与中冶沈勘工程技术有限公司、丹东港集团有限公司建设工程施工合同纠纷案①中,二审法院认为"背靠背"条款作为支付条件的限制并不违反法律强制性规定,是双方当事人对建筑工程市场风险判断的共识,系合同各方当事人根据建筑工程行业规则和施工习惯所作的商业约定,体现了当事人的意思自治,符合自愿平等的原则,应属有效条款。

也有观点认为"背靠背"条款违反了合同相对性原则和公平原则,所以应被认定无效。北京东方信联无线通信有限公司与天津讯广科技有限公司建设工程施工合同纠纷案②中,二审法院认为,北京东方信联无线通信有限公司在付款条件上约定很显然将第三人付款的风险转移给天津讯广科技有限公司,第三人何时付款、付款比例的大小、第三人拒绝付款或者违反约定延迟付款等均会影响施工方天津迅广科技有限公司的利益,该约定明显有违公平原则。

(3)以签订的结算协议作为工程价款支付基础。

建设工程施工合同中可能会约定以当事人双方签订的结算协议为准确定工程价款金额并进行支付。

工程结算价款经由当事人就承包人已完成的工程量及发包人应支付的工程款签署结算协议,代表着发、承包人双方自愿就工程价款结算达成的新的合意和协议,其法律效力并非施工合同结算条款的延伸,亦不依赖于工程施工合同而存在,而是与施工合同相互独立。《工程施工合同解释(二)》第12条规定:"当事人在诉讼前已经对建设工程价款结算达成协议,诉讼中一方当事人申请对工程造价进行鉴定的,人民法院不予准许。"《北京高院工程案件解答》第7条明确:"当事人在诉讼前已就工程价款的结算达成协议,一方在诉讼中要求重新结算的,不予支持。但结算协议被法院或仲裁机构认定为无效或撤销的除外。建设工程施工合同无效,但工程经竣工验收合格,当事人一方以施工合同无效为由要求确认结算协议无效的,不予支持。"

(4)以承包人开具发票为工程价款支付条件。

建设工程施工合同中可能会约定由承包人先行开具发票作为发包人支付工程价款的条件。该条件表明双方当事人在合同中将开具发票的义务与支付工程价款的义务同等对待。如果承包人拒不开具发票而直接主张支付

---

① 参见辽宁省丹东市中级人民法院(2015)丹民一终字第00442号民事判决书。
② 参见北京市第一中级人民法院(2014)一中民终字第01260号民事判决书。

工程价款,发包人则可能会行使先履行抗辩权而拒绝支付。根据《八民纪要》第34条规定,承包人不履行配合工程档案备案、开具发票等协作义务的,人民法院视违约情节,可以依据原《合同法》第60条、第107条规定,判令承包人限期履行、赔偿损失等。但也有观点认为,建设工程施工合同中,承包人的基本义务是依约按期保质保量地完成工程建设,发包人的基本义务是支付价款,而开具发票并不属于承包人的主给付义务,应属于随附义务,因此发包人不能以承包人未开具发票为由行使先履行抗辩权,《四川省高级人民法院民一庭关于审理建设工程施工合同纠纷案件若干疑难问题的解答》(川高法民一〔2015〕3号)持相同观点。

(5)以结案文件办理备案或移交竣工资料为工程价款支付条件。

建设工程施工合同中还可能会约定其他类型的工程价款支付前提条件,例如以竣工验收结算文件报送相关行政主管部门办理备案为支付条件,以承包人向发包人移交竣工资料为支付条件等。发、承包人约定此类条件可能是基于某些地方行政法规的规定,例如《山东省建设工程造价管理办法》第26条规定:"竣工结算文件经发承包双方确认后,发包人应当于工程竣工验收备案前,按照规定报工程所在地住房和城乡建设行政主管部门备案。经备案的竣工结算文件应当作为工程结算价款支付的依据和工程竣工验收备案、交付使用的必备文件。"也可能是发包人出于内部管理的目的而对承包人设置的条件。

通常情况下,与前述"依据行政审计结果确定工程价款"的裁判原则类似,发、承包双方当事人在建设工程施工合同中明确此类工程价款支付条件时,主流观点认为是双方当事人自愿、平等和意思自治的表示,在不违反法律、行政法规的前提下,应当尊重双方当事人的真实意思表示,确认其效力。《北京高院工程案件解答》第23条第2款明确:"发包人以承包人未移交工程竣工资料为由拒绝支付工程款的,不予支持,但合同另有规定的除外。"尤其是在结案文件办理备案或移交竣工材料对发包人存在重要影响的情况下,例如未能办理结案文件备案或竣工材料移交将导致发包人无法履行其相关程序而失去获得付款的权利,那么更需要对该等条款约定的效力给予支持。但如果此类支付条件仅单方面限制承包人获得工程价款的支付,未能办理结案文件备案或竣工材料移交对发包人不会造成任何实质权利的影响,甚至存在由发包人自行决定或存在控制权力而影响承包人义务的履行时,那么基于公平原则和诚实信用原则,并考虑这些条件的设置可能会导致承包人是否可以实现债权存在一定的不确定性,法院会结合相关义务未予履行可能给发、承包人带来损失的影响程度,而考虑支持承包人主张支付工程价款的请求。

本案《建设工程施工合同》中,竣工结算价款第(1)项支付条件"工程完工后经验收合格"与《建设工程施工合同(示范文本)》(GF-2017-0201)中约定的支付条件一致,工程完工后经建设单位验收合格,《工程竣工验收报告》由监理单位、申请人及建设单位签字盖章,该项条件于2019年7月17日满足。但竣工结算价款第(2)项支付条件"竣工结算经被申请人确认"与第(3)项支付条件"申请人开具总价款发票"两项则属于前述分析"建设工程价款支付的其他条件"中第(4)项"以承包人开具发票为工程价款支付条件"与第(5)项"以结案文件办理备案或移交竣工资料为工程价款支付条件"所明确的原则,竣工结算价款第(4)项支付条件"申请人提供总价款的10%的质量保函"属于前述分析"建设工程价款支付的其他条件"中第(4)项"以承包人开具发票为工程价款支付条件"相同的原则,所涉质量保函是承包人对其质量维修责任所提供的担保,属于承包人基本义务之一。本案《建设工程施工合同》约定的竣工结算价款的四个支付条件,申请人仅满足了第(1)项,其他第(2)(3)(4)项均未满足。因此,仲裁庭认定《建设工程施工合同》所约定竣工结算价款的应付条件尚未成就,而对申请人的主张不予支持。

综上,建设工程价款的支付条件,因所对应款项的性质属于预付款、进度款或者竣工结算款而存在条件约定的不同。常见需要满足合同签订、工程具备施工条件、承包人提交预付款保函和履约保函、期中完工内容或工程竣工经验收合格等前提,需要承包人对所申请人付款工程量进行自查、编制相应工程量报告、经监理人或发包人核实相关报告后签发期中付款证书或最终付款证书等程序性工作,还可能包括行政审计、"背靠背"限制、结算协议、发票开具、文件备案或竣工资料移交等相对特别的条件约定,其中部分条件源自国家有关政府部门的规章要求,部分则源自当事人双方的意思自治。通常情况下,承包人需要满足合同中所约定的全部支付条件后,才有权获得建设工程价款的支付。但也存在部分支付条件因为违反合同相对性、公平原则而被认定为无效条款。总而言之,建设工程价款的支付条件纷繁多样,承包人与发包人在签约前需要对条件的合理性和可实现性认真考虑,一旦合同签署则建议遵守相关条件履行申请和支付义务,避免纠纷发生。

(本案例由深圳国际仲裁院仲裁员李志永编撰)

案例 28　工程进度款支付时间以及口头约定的款项往来是否应排除在工程款以外的认定

仲裁要点：工程进度款支付一般与工程进度、竣工验收、交付、结算等事项挂钩，工程款纠纷案件在认定工程进度款支付时间时，需结合涉案工程的特征、工程实际情况进行综合认定，简单以举证责任+合同约定难以达到利益衡平、定分止争的目标。本案结合土石方工程实际情况以及监理单位的确认认定土石方工程完成及验收交付的事实，并以在后结算时间起算工程款应付款时间。另外，对于口头约定的款项往来是否属于涉案工程款，在一方没有证据证明双方对此另有约定或存在其他法律关系时，认定为工程款，纳入一并结算范畴。

一、案情概要

申请人与被申请人于 2014 年 4 月 30 日签署《S 市建设工程施工（单价）合同》（以下简称《施工合同》），约定被申请人委托申请人承包××体育中心项目基坑土石方挖运工程，土方量按被申请人委托的第三方专业机构测绘方量和开挖区域，坡度按基坑支护设计图纸要求进行开挖。第 3 条"承包方式"约定，合同实行综合单价包干方式，包干单价包括土石方开挖、破碎、外运等相关费用，包括办理《余泥排放证》和所需的一切费用，同时亦包括申请人土方边坡开挖、破碎、土石方清运等施工过程中的一切安全防护责任和措施费用，包含土石方开挖的所有施工资料。第 5 条"合同价款"约定，土石方工程按照合同预算工程量及预算单价，总造价约为 6065000 元。结算金额以工程实际工程量结算为准。第 7 条"工程进度款支付与工程结算"约定：①工程款分三个阶段给付：第一阶段为完成基坑基础部分 25000m³ 的外运全部方量报被申请人审验后支付工程量的80%;第二阶段为完成基坑外运总方量的全部方量报被申请人审验后给付此部分的80%;第三阶段为场内转运全部完成后报被申请人审验后支付总合同的80%。②工程结算,工程竣工验收合格后30天内,申请人提供完成的结算资料报被申请人审核,结算完毕45天内支付剩余的总工程量的20%。③给付工程款时申请人需出具相应的票据,详细见《补充协议》。第9条"双方责任"约定,监理及被申请人应根据工程进度情况及时组织工程计量,及时审核申请人工程计量文件和工程进度款请示报告,及时支付工程进度款。如被申请人在应付款之日起后10日内未能约定付款,则被申请人应从付款日后第11日起,按同期一年银行贷款利率承担拖欠进度款利息。工程竣工后,监理及被申请人组织专业人员在7天内进行验收,如验收不合格,申请人需无条件、积极整改至工程验收合格为止。该合同由双方签字盖章,并由深圳市福田区建设工程价格管理站进行备案。

申请人与被申请人签署《××体育中心土石方工程施工合同补充合同》(以下简称《补充合同》),约定申请人在申请工程款项时需向被申请人提供的票据为广东省财政厅印制的"余泥渣土受纳费"和汽车燃油发票,提供比例为工程总金额的60%(余泥渣土受纳费)和40%(燃油发票),两种票据需在申请人申请工程款和结算时提供给被申请人,作为申请人的结算依据之一。后工程量有增加,四号楼工程外运土方大大增加。

申请人提交编制日期为2015年7月29日的《××体育中心项目土石方工程分包项目进度汇总表》,其中列明13项工程合计7999521.45元,已支付进度款4819000元,本次付进度款按完成工程量的80%支付,本次实际应付1580617.16元,最后一栏写明"经核算,以上2—13项工程量属实,其中第1项4号楼土方已完成,请甲方造价校定。陈×从,2015.8.22"。2015年8月1日,申请人向监理单位报送最终工程结算,监理单位于2015年8月22日进行确认,经核算本项目工程款共计7999521.45元。被申请人提交了六份支付工程款证据,证明被申请人实际支付的工程款总金额合计是5205280元。申请人于2017年4月17日通过邮政和顺丰快递分别向被申请人的注册地址邮寄《关于××体育中心土石方工程款支付的催告函》,写明本项目工程款累计7999521.45元,被申请人共计支付4819000元,尚欠3180521.45元,催告被申请人在收到催告函之日起3日内支付。上述两个快递均被退件。申请人依据涉案合同中的仲裁条款于2019年8月28日向深圳国际仲裁院申请仲裁,提出如下仲裁请求:

1. 裁决被申请人立即偿还拖欠工程款本金共计3180521元。

2. 裁决被申请人向申请人支付所拖欠工程款利息728869元(从2015年11月16日起暂计至2019年8月22日)。

3. 裁决本案仲裁费用由被申请人承担。

申请人当庭将第2项仲裁请求变更为:裁决被申请人向申请人支付所拖欠工程款利息881146元(从2015年8月31日起暂计至2020年7月17日,最终利息金额以实际付清之日为准)。

二、当事人主张

(一)关于被申请人已付及欠付工程款

1. 被申请人认为申请人主张工程款本金错误,被申请人确认程量总价金额是7999521.45元,但实际已支付的涉案工程款为5205280元,而不是申请人所称的4819000元。自2014年7月14日至2015年4月15日期间,被申请人根据申请人完成的工作量,分六次向申请人支付工程款合计5205280元,被申请人签发了相应的支票,申请人出具了相应的收款收据,确认了其所收到的工程款总金额。故所欠的工程款本金为2794241元,而不是申请人所主张的3180521元。

2. 申请人确认工程量总价金额是7999521.45元,包括1、2、3号楼工程总金额为6023750.9元,第4号楼的工程量为1975770.55元,但申请人认为收到本项目工程款4819000元,收到涉案合同以外的工程款386280元。申请人解释386280元款项系双方口头约定,在合同履行以前即在6月19日之前将垃圾、砖渣、泥土、废料等拉走的费用,并解释虽然合同签订时间是2014年4月30日,但根据申请人提供1、2、3号楼的标高显示,双方签字确认的时间为2014年6月19日,备案时间是2014年6月20日,实际的标高没有测好之前实际开挖工程不属于履行合同的项目。

(二)被申请人是否违约

1. 被申请人认为,按《施工合同》的约定,在申请人提供相应的票据后,被申请人才需要履行向其支付工程款的义务,申请人一直未提供相应的票据,被申请人无须支付申请人相应的涉案工程款。

对于申请人提交的编制日期为2015年7月29日《××体育中心项目土石方工程分包项目进度汇总表》，被申请人不认可该证据的真实性，认为未经其盖章确认，也不确认签字人员陈×从的身份。被申请人对监理确认工程量事宜不予认可。庭后被申请人说明如下：本公司从未收到申请人的工程结算材料，申请人从未向被申请人交付涉案的工程，双方从未确认过该工程的完工时间，该工程一直未完工。

2. 申请人对被申请人关于先票据再付款的说法不予认可，解释说这是当时避税的约定，双方支付工程款的惯例是申请人把付款申请提交给被申请人，被申请人批复后，申请人将相应的票据交付给被申请人，被申请人同步付款。

根据申请人提供的《工程付款申请》，申请人已于2015年7月29日提交了《工程款进度汇总表》，监理单位于2015年8月22日对涉案工程进行确认。申请人陈述，涉案工程没有进行验收手续，1、2、3、4号楼土石方工程于2015年7月完工，被申请人已在土石方工程上面建房。申请人认为，被申请人应在监理确认工程量之日即2015年8月22日起10日内即2015年8月31日前支付工程款。

(三) 关于迟延支付工程款的利息

1. 被申请人认为，原《工程施工合同解释》第17条规定，"当事人对欠付工程价款利息计付标准有约定的，按照约定处理；没有约定的，按照中国人民银行发布的同期同类贷款利率计息"；第18条规定："利息从应付工程价款之日计付。当事人对付款时间没有约定或者约定不明的，下列时间视为应付款时间：(一) 建设工程已实际交付的，为交付之日；(二) 建设工程没有交付的，为提交竣工结算文件之日；(三) 建设工程未交付，工程价款也未结算的，为当事人起诉之日。"涉案合同并未对逾期支付工程款的利息进行相应的约定，涉案逾期利息应以中国人民银行发布的同期同类贷款利率计息为计算依据。另，申请人未能提供工程竣工验收合格的时间证明，应从当事人起诉(仲裁)之日起(2019年8月22日)开始计算利息。

2. 申请人从2015年8月31日起算违约金，按同期一年期银行贷款利率标准计算。

三、仲裁庭意见

(一) 关于合同效力

关于《施工合同》《补充合同》的效力问题。

申请人与被申请人于 2014 年 4 月 30 日签署的《施工合同》以及《补充合同》，上述两份合同系双方的真实意思表示，合同内容不违反法律和行政法规的强制性规定，均合法有效。

(二) 关于本案被申请人欠付申请人工程款的数额

根据被申请人的答辩意见和庭审调查，申请人和被申请人均确认涉案工程项目的工程量总价金额是 7999521.45 元。申请人认为收到本项目工程款 4819000 元，被申请人认为已支付本项目工程款 5205280 元。关于双方争议的 386280 元，仲裁庭认为 386280 元属于本案《施工合同》内的工程款，理由如下：

1. 签署《施工合同》的时间为 2014 年 4 月 30 日。根据支付证据，其中关于 30 万元《付款申请审批表》填写为"中间款"，工程部审核意见"同意支付土方施工进度款叁拾万元"，收据上申请人写明"工程款"，被申请人于 2014 年 8 月 12 日以支票支付 30 万元给申请人。其中关于 86280 元的《付款申请审批表》填表时间 2014 年 8 月 26 日，申请 386280 元工程款（已付 30 万元）的余款 86280 元，工程部审核意见"土方余款 86280 元属实"，被申请人于 2014 年 9 月 3 日以支票支付 86280 元给申请人。可见，申请人的申请及付款时间均在双方签署《施工合同》以后的履行期间。

2. 申请人认为，386280 元工程款由双方口头约定，系在合同履行、实测标高以前即在 6 月 19 日之前将垃圾、砖渣、泥土、废料等拉走的费用。根据《施工合同》第 3 条的约定，本合同实行综合单价包干方式，包干单价包括土石方开挖、破碎、外运等相关费用，包括办理《余泥排放证》和所需的一切费用，同时亦包括申请人土方边坡开挖、破碎、土石方清运等施工过程中的一切安全防护责任和措施费用，包含土石方开挖的所有施工费用。按照上述约定，涉案土石方工程实行包干单价的承包方式，上述 386280 元对应的工程属于××体育中心土石方工程的一部分。

3. 申请人并未提交任何证据证明前述386280元对应的工程区别于涉案《施工合同》约定的工程,故申请人应承担举证不力的后果。

4. 申请人庭后提交了数份《现场计量之原始记录表》,计量原因显示"增加部分""合同外"但没有显示工程款金额,与申请人主张的386280元无法对应,也不能证明386280元系合同外款项。

综上所述,仲裁庭确认本项目工程款总价为7999521.45元,被申请人已支付本项目工程款5205280元,故被申请人欠付申请人工程款的金额为2794241.45元。

(三)被申请人是否违约

根据《施工合同》第7条的约定,工程款分三个阶段给付……工程竣工验收合格且结算完毕45天内支付剩余的总工程量的20%。据此,被申请人应依约支付工程进度款和工程尾款。结合申请人提交的《××体育中心项目土石方工程分包项目进度汇总表》,申请人主张的工程款包括按照80%工程进度款部分和20%尾款部分。申请人未提交证据证明其主张的80%工程进度款部分属于哪个阶段,仲裁庭确认属于最后的第三阶段,申请人并未提交证据证明场内转运全部完成后报被申请人审验的具体时间。

庭审中,申请人陈述,涉案工程于2015年7月完工,被申请人之后在土石方工程上进行了施工建设,被申请人并未否认上述事实,被申请人也未对施工工期、工程质量等问题提出异议。对于被申请人庭后说明,认为申请人并未向其交付该工程,该工程一直未完工,与常理不符,仲裁庭不予认可。申请人举证其于2015年7月底向被申请人报告工程量,监理单位人员陈×从在《××体育中心项目土石方工程分包项目进度汇总表》上签字确认工程量属实并请被申请人审核造价,申请人于2015年8月22日向监理方提交竣工结算资料,并经监理单位核算确认。虽然被申请人不认可陈×从的身份,但申请人提交的《工程签证单》监理单位处有陈×从作为监理工程师的签字,可见陈×从系涉案项目的监理工程师。根据《施工合同》第9条的约定,工程竣工后,监理及被申请人组织专业人员在7日内进行验收。被申请人庭审中确认工程总价款数额,但表示至今未进行结算。

根据原《工程施工合同解释》第18条的规定,当事人对付款时间没有约定或者约定不明的,下列时间视为应付款时间:①建设工程已实际交付的,为交付之日;②建设工程没有交付的,为提交竣工结算文件之日;③建设工程未交付,工程价款也未结算的,为当事人起诉之日。本案涉案工程为基坑土石方挖运工程,特点在于承包方在建设单位的基坑范围内进行开挖、破碎、外运,土石方工程完成后直接由建设单位或总包单位进行后续施工建设,故一般无须由承包方与发包方办理正式的工程交付手续。监理单位的职责是在施工阶段对建设工程质量、进度、造价进行控制和管理,负责计划管理、质量控制、计量与支付、合同管理。申请人向监理单位报送结算资料的时间为2015年8月1日。虽然被申请人表示无法确认具体交付时间,但未提供相反证据,结合申请人陈述,监理单位于2015年8月22日确认工程价款的事实,以及土石方工程作业的特点,可以判断在2015年8月22日这个时点,申请人的土石方作业界面交付给被申请人,故2015年8月22日既是结算完成日,也可作为土石方工程交付之日。仲裁庭认为,被申请人应自2015年8月22日向申请人支付工程进度款,并自结算完成日之日起45日内即2015年10月6日支付20%工程尾款。

被申请人认为,申请人必须先提供票据,被申请人才履行支付工程款的义务。仲裁庭认为,《补充合同》仅约定了票据的要求,并未约定提供票据为付款的前提条件,故被申请人的抗辩理由不成立。

故仲裁庭认为,被申请人未依约进行结算,被申请人欠付申请人工程进度款和尾款,存在违约行为。

(四)关于被申请人支付欠付工程款的利息

根据申请人的仲裁请求,结合申请人提交的《××体育中心项目土石方工程分包项目进度汇总表》,申请人主张的工程款包括按照支付工程进度款的80%和20%尾款。本项目工程款总价为7999521.45元,故80%的工程进度款为6399617.16元,减去被申请人已支付的进度款5205280元,被申请人应支付的进度款部分为1194337.16元,被申请人应支付的20%工程尾款为1599904.29元。如前,被申请人应于2015年8月22日支付剩余进度款1194337.16元,2015年10月6日支付尾款1599904.29元。

《施工合同》第9条第1款第(4)项约定,如被申请人在应付款之日起10日内未能按约定付款,则被申请人应从付款日后第11日起,按同期一年期银行贷款利率承担拖欠进度款利息。故被申请人应自付款日后第11日起向申请人支付利息,鉴于应付款的利息计算基数和起算时间不一,被申请人应自2015年9月2日起向申请人支付1194337.16元的利息,自2015年10月17

日向申请人支付1599904.29元的利息。仲裁庭对2019年8月20日以前的利息按照中国人民银行公布的金融机构人民币一年期贷款基准利率为标准进行计算,从2019年8月20日(含本日)开始的利息,以全国银行间同业拆借中心公布的贷款市场报价利率进行计算。

四、裁决结果

1. 被申请人向申请人支付工程款2794241.45元。
2. 被申请人向申请人支付逾期利息,逾期利息的计算方式为:

以1194337.16元为基数,自2015年9月2日至2019年8月19日,按照中国人民银行一年期贷款利率进行计算,从2019年8月20日至实际支付之日的利息,按照全国银行间同业拆借中心公布的贷款市场报价利率进行计算。

以1599904.29元为基数,自2015年10月17日至2019年8月19日,按照中国人民银行一年期贷款利率进行计算,从2019年8月20日至实际支付之日的利息,按照全国银行间同业拆借中心公布的贷款市场报价利率进行计算。

3. 本案仲裁费由申请人承担13%、被申请人承担87%。

五、评析

本案涉及对工程进度款支付时间认定以及口头约定的款项往来是否应排除在工程款以外的问题,下文针对这两个问题分别展开评析。

(一)工程进度款支付时间的认定

工程价款支付问题,是建设施工合同的必备条款,且由于建设施工合同标的金额较大,合同签约方尤其是承包人对工程价款的支付时间尤为关注,因此工程款支付时间一般会有明确的约定。

1. 工程款支付的约定

实务中,建设工程价款的约定条款会考虑工期、工程进度、工程验收、交付、结算等因素,故工程款的支付会受到前述因素的影响,一般不会直接约定明确的支付日期,通常会设计付款条件条款,以平衡发包方、承包方在合同项下的利益。本案中,《施工合同》第 7 条为"工程进度款支付与工程结算"条款,包括工程进度款和工程尾款。工程进度款支付分三个阶段:第一阶段为完成基坑基础部分 25000m³ 的外运全部方量报被申请人审验后支付工程量的 80%;第二阶段为完成基坑外运总方量的全部方量报被申请人审验后给付此部分的 80%;第三阶段为场内转运全部完成后报被申请人审验后支付总合同的 80%。工程尾款约定为工程竣工验收合格后 30 日内,申请人提供完成的结算资料报被申请人审核、结算完毕 45 日内支付剩余的总工程量的 20%。可见,本案工程款支付与基坑外运、场内转运工程进度有关。

  在实际履行过程中,与工程款支付相关联的工期、工程进度、竣工验收、交付、结算等事项的发生存在不确定性,通常也会出现签约时无法预见的情形或事件,也有强势的发包人附加付款条件,比如业主向发包人支付货款、配合办理融资等。关于工程款支付所附的条件在性质上是属于附条件的民事行为还是履行期限的问题,在贵州亿杰置业有限公司(以下简称"亿杰公司")与重庆建工第十一建筑工程有限责任公司(以下简称"建工公司")建设工程施工合同纠纷案①中,最高人民法院以及贵州省高级人民法院均认为,民事法律行为附条件是在意思表示当中附有决定该行为发生或者消灭条件的民事法律行为,履行期限是指双方当事人约定的履行合同义务的时间,是对实际履行合同义务的规定,并不是对合同效力的规定。建工公司是否已经完成协助亿杰公司办理贷款到账的义务并不决定亿杰公司向其付款的义务是否生效,因为建工公司已对涉案工程实际施工完毕并交付使用,亿杰公司对于剩余工程款的付款义务是必然的,只是何时付款而已。关于"施工单位协助开发商办理贷款到账"的约定不是工程款支付时间的附条件,而是关于履行期限的约定。因被告并未举证证明其已经向或准备向银行申请办理贷款,故本案中所约定的"施工单位协助开发商办理贷款到账"是一个不明确的时间概念,属于当事人对履行期限约定不明的情形。最终认定,涉案工程已实际施工完毕且交付使用,亿杰公司亦履行了部分付款义务,支持了施工方建工公司支付工程款的诉请。

  另外,双方在签约时的合同价款尚不确定,在施工过程要发生工程变更

---

 ① 参见最高人民法院(2016)最高法民终第 811 号民事判决书、贵州省高级人民法院(2015)黔高民初字第 107 号民事判决书。

(增减)等情形,有待于在工程竣工验收后按照实际工程结算总价确定合同价款,因此,合同约定的支付工程进度款的基数需待工程验收和工程结算才能最终确定。此时,发、承包双方可通过签署补充协议明确结算金额及支付时间。但由于工程进度、竣工、交付、结算等事项的主动权或控制权通常控制在发包方手里,常常也出现因为发包方恶意不配合导致付款的前提条件无法成就,承包方也因为无证据收集的意识或缺乏证据无法举证条件的成就。

2. 工程款支付时间的认定

关于工程进度款支付时间问题,司法机关一般首先认定支付时间的约定条款是否合法有效,其次考察是否存在约定不明的情形。比如最高人民法院认为,"背靠背"条款意在转嫁商业风险,而否认其合法有效性。所谓的约定不明,并非建设施工合同没有约定,一般是在约定的情形发生变化或发生新的事件导致约定无法适用时,法院据此认定为约定不明。如约定不明时且无法按照原《合同法》第61条进行补充约定时,司法机关一般按照原《工程施工合同解释》第18条、现《工程施工合同解释(一)》第27条的规定处理,按照是否实际交付、结算来认定工程款的应付款时间。

本案中,《施工合同》第7条为"工程进度款支付与工程结算",不存在违反法律、法规的强制性规定,故为合法有效。从该条的约定来看,关于支付节点及比例的约定明确具体,即:完成基坑基础部分25000m³的外运全部方量报审后支付工程量的80%,完成基坑外运总方量的全部方量报审后给付此部分的80%,场内转运全部完成后报审后支付总合同的80%,工程竣工验收合格、结算完毕45日内支付剩余的总工程量的20%。在发生争议诉至深圳国际仲裁院时,申请人并未向仲裁庭举证完成基坑基础部分25000m³的外运的时间、完成基坑外运总方量的全部方量的时间、场内转运全部完成的时间。根据庭审陈述,申请人陈述土石方工程于2015年7月完工,双方没有进行工程验收,土石方工程不需要交付,被申请人直接在上面建造;申请人于2015年7月29日向监理单位提交了《××体育中心项目土石方工程分包项目进度汇总表》,并于2015年8月1日向监理单位提交结算资料,监理单位于2015年8月22日对涉案工程进行了确认,但因为被申请人的原因导致项目迟迟无法结算。被申请人对工程量及监理单位的确认文件不认可,但确认涉案工程量总额是7999521.45元。

基于此,关于支付阶段,鉴于别申请人已支付工程量总额7999521.45元中的5205280元,达65%,申请人无法举证属于第几阶段,故仲裁庭将该款认定为第三阶段和尾款,将被申请人欠付的工程款2794241.45元,分为第三阶段的进度款1194337.16元,20%的工程尾款1599904.29元。

关于支付时间,本案约定的第三阶段的支付条件即场内转运全部完成的时间,尾款支付条件的验收没有进行,工程结算双方也存在争议。基坑土石方挖运工程包括施工准备、清表、土石方开挖、破碎和清运,均在施工场地红线内完成。基于基坑土石方挖运工程完成后直接由建设单位或总包单位进行后续施工建设,故一般不办理正式的工程交付手续。主要按照开挖、转运的方量计算工程款,完工后施工单位退场,由建设单位在施工场地进行后续开发建设。虽然申请人未能举证场内转运完成及竣工验收时间,但申请人主张工程完工时间为2015年7月,且此后被申请人接手进行了开发建设,被申请人未对此事实提出异议,至今未提出整改或其他意见。监理单位的职责是在施工阶段对建设工程质量、进度、造价进行控制和管理,负责计划管理、质量控制、计量与支付、合同管理。本案中,监理单位在《××体育中心项目土石方工程分包项目进度汇总表》上签字确认前述工程量属实,现被申请人对工程量和工程总价款也没有异议。可见事实上涉案工程已完工,也已完成竣工验收和交付。监理单位于2015年8月22日对涉案工程量及价款进行了确认,虽然被申请人不认可监理单位的意见,怠于进行工程结算,但被申请人确认工程总价款金额,仲裁庭基于监理单位的法定职责,认定2015年8月22日为工程结算日。此前的转运完成、竣工验收和交付的具体时间,申请人无法举证,理应承担不利后果,仲裁庭按照在后的结算日认定为验收交付日。

如果严格按照"谁主张谁举证"原则,按照约定的付款条件简单认定,认为现有证据不能证明工程款支付条件不成就,显然对被申请人不公平。基于定分止争、维护相对的公平正义,在认定工程款支付时间时,司法机关不仅应关注合同约定与承包方的举证,也需结合涉案工程的特征、工程实际情况进行综合认定。

基于申请人未能举证第三阶段的场内转运全部完成的时间、验收的具体时间,仲裁庭将第三笔进度款支付时间按照在后的结算日即2015年8月22日为起算点;尾款的支付时间为工程竣工验收合格、结算完毕45日内,仲裁庭认定2015年8月22日后的第45日,即2015年10月6日为应付款日。

(二) 口头约定的款项往来是否应排除在工程款以外的认定

口头形式是以语言意思表示订立合同,一般适用于即时结清、现货交易或金额不大的场合。《民法典》第469条规定,当事人订立合同,可以采用书面形式、口头形式或者其他形式,可见口头合同属于合法的合同形式之一。原《合同法》第270条规定,建设工程合同应当采用书面形式,《民法典》第789条也有同样规定。可见,建设工程合同属于法律规定应采取书面形式的合同。但根据《民法典》第490条第2款的规定,法律、行政法规规定或者当事人约定合同应当采用书面形式订立,当事人未采用书面形式但是一方已经履行主要义务,对方接受时,该合同成立。故建设工程领域的口头合同可因当事人的履行行为而成立。

本案涉及申请人所述的存在合同内款项及合同外款项的争议。虽然口头约定具有法律效力的,但是如果一方对该口头约定予以否认,那么就需要另一方提供证据来证明该口头约定的存在。被申请人认为已支付本项目工程款5205280元,申请人确认收到工程款5205280元,但认为包括《施工合同》内的工程款4819000元,以及《施工合同》之外双方口头约定,在合同履行以前,即在6月19日之前,将垃圾、砖渣、泥土、废料等拉走的费用386280元。

对于本案口头约定的款项往来是否应排除在工程款以外的问题,要看申请人是否能举证证明双方存在合同外法律关系,具体看双方协商及履行情况、来往文件、请款单、付款凭证等资料。本案中,申请人声称口头约定将垃圾、砖渣、泥土、废料等清运事宜,但无法举证证明双方存在合同外的约定,且清运的履行时间落入了《施工合同》签署后的履行期间,清运事宜也属于《施工合同》的合同内容,支付价款的时间也在《施工合同》的正常付款期限内,没有证据证明清运事宜区别于《施工合同》的合同内容。鉴于双方已签署《施工合同》,按照惯例,如有合同外事宜双方也应签署书面协议,采用口头约定的方式不合常理。故申请人关于386280元清运费用不属于涉案《施工合同》的工程款的说法无法自圆其说,仲裁庭认定386280元为《施工合同》所涉款项并计入被申请人支付的工程款。

(本案例由深圳国际仲裁院仲裁员李建华编撰)

案例 29　工程款支付条件是否已经成就以及是否应计付利息的认定

仲裁要点：虽然《施工合同》专用条款第 30.4 条以"完成审计"作为后续工程款支付条件，但其主要原因在于"完成审计"时才得以确定工程结算总造价。现根据双方当事人的共同确认，涉案工程的结算总造价可以造价站于 2019 年 1 月 31 日出具的《工程结算造价审定表》的审定金额为准，二被申请人支付后续工程款已不存在障碍。因此，仲裁庭认为，二被申请人支付第四期工程款和工程保修金的付款条件已经于 2019 年 1 月 31 日成就，申请人有权自次日即 2019 年 2 月 1 日起收取利息。

一、案情概要

2010 年 5 月 26 日，D 城管局（第二被申请人）以"招标人"身份，向 A 公司（第一申请人）、B 公司（第二申请人）（第一申请人和第二申请人以下合称"申请人"）发出《中标通知书》。《中标通知书》载明："S 市 B 区城市管理局的 S 市区域绿道 2 号线 B 区示范段（工程编号：44030620100106001），建设地点：S 市 B 区，2010 年 5 月 18 日 10：00 公开开标后，经抽签法定标并报建设主管部门备案，确定 A 公司、B 公司联合体为中标人，中标价暂定为：21250000 元，币种：人民币，金额（大写）：贰仟壹佰贰拾伍万元整，最终中标价以 B 区建设工程造价管理站审定的预算价下浮 15% 计取。""中标施工工期为 120 日历天，工程质量达到招标文件规定的合格标准。"

2010 年 6 月 18 日，第二被申请人以"责任单位"身份，C 街道办事处（第一被申请人）（第一被申请人和第二被申请人以下合称"被申请人"或"二被申请人"）以"建设单位"身份，与"施工单位"即申请人签订工程编号为

44030620100106001 的《S 市建设工程施工（单价）合同》（以下简称《施工合同》）。《施工合同》由协议书、通用条款、专用条款、工程质量缺陷保修书等内容构成。

《施工合同》协议书第 1 条"工程概况"约定："工程名称：S 市区域绿道 2 号线 B 区示范段"（以下简称"涉案工程"）；第 3 条"合同工期"约定："开工日期：2010 年 5 月 19 日（以监理工程师开工令为准），合同工期总日历天数 120 天"；第 4 条"质量标准"约定："本工程质量标准：达到国家验收'合格'标准"；第 5 条"合同价款"约定："币种：人民币；合同价款（暂定）21250000 元；项目单价：其余合同中的单价以 B 区建设工程造价管理站审定的预算价格项目的综合单价下浮 15%为准"；第 6 条"组成合同的文件"约定："组成本合同的文件及优先解释顺序与本合同通用条款第 4.1 条的规定一致：1. 协议书；2. 中标通知书；3. 专用条款和补充条款；4. 通用条款；5. 投标文件；6. 标准、规范及有关技术文件；7. 图纸；8. 工程量清单；9. 双方有关工程的洽商、变更等书面记录和文件；10. 发包人和工程师有关通知及工程会议纪要；11. 工程进行过程中的有关信件、数据电文（电报、电传、传真、电子数据交换和电子邮件）。"

《施工合同》通用条款未详细列举，仅载明"见《S 市建设工程施工（单价）合同示范文本通用条款》"。

《施工合同》专用条款第 30.4 条约定："办理期中结算与支付的时间间隔和要求：本工程支付四次进度款。按实际完成的工程量填报并经监理工程师和项目负责人审核；第一次工程进度款在实际完成一个月的合格工作量后，支付金额为实际合格工作量的 80%；第二次工程进度款在实际又完成一个月的合格工作量后支付金额为实际合格工作量的 80%；第三次工程进度款在实际再次完成一个月的合格工作量后，支付金额为实际合格工作量的 80%，且进度款支付金额将不超过合同价；按规定完成审计后支付至工程结算总造价的 95%，其余 5%作为工程质保金，待保修期满后按规定付清。"第 34.4 条约定："……工程竣工结算审核期限可参照以下期限规定：竣工结算书金额……20000000 元～50000000 元，从收到竣工结算书和结算资料之日起 45 天。"第 35.2 条约定："……因承包人原因使工程工期每延误一天，承包人需支付违约金人民币 30000 元/天……"第 45.13 条约定："发包人及政府有关管理部门对工程造价的控制、审查、监督非常严格。因此承包人在投标时应充分考虑投标的风险。"

《施工合同》附件《工程质量缺陷保修书》第4条约定,"本工程的质量保修金为施工合同价款的5%";第5条约定:"发包人在工程竣工验收合格满二年后第14天内,将剩余工程质量缺陷保修金支付给承包人,但并不免除承包人在保修期内的保修责任。"

《施工合同》签订后,第一被申请人分别于2010年9月8日、2010年11月2日、2010年12月31日、2011年1月26日、2012年1月12日分五笔向申请人支付工程进度款合计17300000元。

2012年4月28日,经组织专家组验收,第一被申请人与申请人签署《工程竣工验收报告》,报告第一部分"工程概况"载明:"合同工期120天,开工日期2010年6月20日,竣工日期2010年12月20日"。第四部分"工程竣工验收结论"载明:"该工程已按设计文件和合同完成全部建设任务,工程质量符合设计规范要求,外观质量良好,资料基本齐全。验收工作组同意本工程通过竣工验收,工程质量评为合格。"

2012年4月30日,第一申请人向第一被申请人和E监理公司出具《S市区域绿道2号线B区示范段工期顺延说明》。该说明称:"由我司承建的'S市区域绿道2号线B区示范段'工程,本工程合同约定工期为120天,实际开工日期为2010年6月21日,我司按合同约定工期施工完成。由于当时后期维护单位尚未确定,应业主单位要求,由我司暂时做好苗木浇灌及后续维护工作。2012年4月份,业主单位确定了后期维护单位后办理了竣工验收,竣工验收日期为2012年4月28日。"对于该说明,E监理公司确认"情况属实,同意延期",并加盖公章,第一被申请人亦加盖公章。

2019年1月31日,造价站经审核后就涉案工程出具工程编号为2014003500601的《工程结算造价审定表》,载明涉案工程"送审造价32761323.33元;审定造价32084806.61元"。2019年3月20日,申请人在该审定表的"施工单位"处加盖公章。2019年3月21日,第一被申请人在该审定表的"建设单位"处加盖公章。

2019年4月15日,F造价咨询公司就涉案工程出具编号为1904025的《S市B区政府投资项目工程竣工结算审核报告》。该报告第三部分"审核结果"载明:"该项目总投资212312700元,送审竣工结算价32747614.61元,审定竣工结算价32747614.61元(包含建安工程费32084806.61元,其他费用662808元)"。

申请人认为,根据审定金额32084806.61元,扣除第一被申请人已付工程款 17300000 元,尚欠申请人工程款 14784806.61 元未付。因二被申请人拖延支付剩余工程款,申请人于 2019 年 8 月 1 日根据《施工合同》中的仲裁条款向深圳国际仲裁院申请仲裁,仲裁请求如下:

1. 裁决二被申请人支付申请人工程款 14784806.61 元及利息(按照中国人民银行 5 年以上人民币贷款基准利率计算,其中,工程结算款利息以 13180566.28 元为基数,自 2012 年 4 月 29 日起算;工程保修金利息以 1604240.33 元为基数,自 2014 年 5 月 13 日起算,均计至实际付清之日止。现暂计至 2019 年 8 月 1 日,利息合计 5875420.09 元)。

2. 裁决二被申请人支付申请人因仲裁支出的律师费用 380000 元。

3. 裁决二被申请人承担本案的案件受理费、处理费等因仲裁支出的费用。

二、当事人主张

(一)关于第二被申请人是否应承担向申请人支付工程价款及利息(如有)的责任

申请人认为,第二被申请人应当成为涉案工程款的付款主体,因为涉案工程本身由第二被申请人招标并向申请人发出《中标通知书》,且第二被申请人以"责任单位"身份在《施工合同》上盖章,该"责任"本身就应理解为包括承担付款责任在内。在《施工合同》履行过程中,申请人申请支付工程款也是先向第一被申请人提出,然后必须要经过第二被申请人的同意才能支付。虽然第二被申请人在具体的施工过程中、开、竣工中没有参与,但涉案工程本身就是以第二被申请人为主体,《施工合同》协议书也明确合同解释顺位最优先的是协议书和中标通知书,因此第二被申请人承担付款责任既符合合同约定,也符合客观事实。

第一被申请人认为,第二被申请人作为招标人就涉案工程开展招标工作,并向申请人发出中标通知书,且作为责任单位进行签署《施工合同》,实质就是第二被申请人确认招标之后项目通过《施工合同》的形式把该项目交付给第一被申请人去具体实施,因涉案工程在第一被申请人辖区范围内,交由第一被申请人实施是从便利性考虑(其实就是从工作便利性方面形成的委托关系)。在具体履行过程中,虽然第一被申请人向申请人直接支付工程款,但支付前均需向第二被申请人申请,第二被申请人从专项资金中转付给第一被申请人后,第一被申请人再支付给申请人。因此,二被申请人共同承担发包人主体责任更符合合同目的。

第二被申请人认为,本案所涉项目的实施是采取了统一立项、统一规划,而把任务分解到各区各单位的模式。在《施工合同》签署时,虽有第二被申请人作为责任单位,但当时是为密切配合绿道工程的建设和组织,由市级统筹安排的模式。在《施工合同》的履行过程中,该项目位于第一被申请人辖区范围内,交由第一被申请人建设更有利于工程项目的开展和实施,第二被申请人实际上并不承担具体的合同权利义务。本案工程已支付3次工程款,均由本案第一被申请人办理支付;工程完工后的竣工验收、结算、审定等均为建设单位即本案第一被申请人牵头实施,并不需要第二被申请人的审核或确认等。因此本案《施工合同》的签署,实际上是原招标人第二被申请人将合同的权利义务概括转让给了建设单位第一被申请人,第一被申请人实际承担了合同中约定的发包人的权利义务。

(二)关于申请人是否有权就未支付工程款收取利息,以及若其有权收取利息,利息的起算点如何

关于涉案工程结算总造价应以造价站于2019年1月31日出具的《工程结算造价审定表》确定的审定造价32084806.61元为准,申请人和被申请人均无异议。关于申请人已收到工程进度款共17300000元,申请人和被申请人亦均无异议。

但对于申请人是否有权就欠付工程款收取利息,以及利息的起算点,双方当事人存在争议。

申请人认为,虽然《施工合同》专用条款第30.4条约定"按规定完成审计后支付至工程结算总造价的95%",但就何时审计完毕,审计完毕后多长时间付款等没有具体约定,所以以"完成审计后"作为付款时间属于付款时间约定不明。根据原《工程施工合同解释》第18条的规定,"利息从应付工程价款之日计付。当事人对付款时间没有约定或者约定不明的,下列时间视为应付款时间:(一)建设工程已实际交付的,为交付之日;(二)建设工程没有交付的,为提交竣工结算文件之日;(三)建设工程未交付,工程价款也未结算的,为当事人起诉之日"。涉案工程于2012年4月28日完成竣工验收,因此最迟该日应认定为"建设工程已实际交付",因此前述第四期工程进

度款 13180566.28 元应自 2012 年 4 月 29 日起计付利息。此外,《施工合同》专用条款第 30.4 条约定"其余 5%作为工程质保金,待保修期满后按规定付清",据《施工合同》附件《工程质量缺陷保修书》第 5 条约定"发包人在工程竣工验收合格满二年后第 14 天内,将剩余工程质量缺陷保修金支付给承包人",涉案工程于 2012 年 4 月 28 日完成竣工验收,因此前述工程保修金 1604240.33 元应在 2014 年 5 月 12 日前付清,故自次日即 2014 年 5 月 13 日起计付利息。

二被申请人均认为,《施工合同》专用条款第 30.4 条约定的"按规定完成审计后支付至工程结算总造价的 95%"已明确第四期工程进度款应在"按规定完成审计后"支付,并非申请人所称的"约定不明"。该"审计"指政府审计局的审计,现因政府审计工作尚未完成,故尚不满足后续工程款的付款条件,因此不应就工程款计付利息。

对二被申请人的上述抗辩,申请人认为,2012 年 6 月 10 日签订《施工合同》时,相关地方性法规确实有政府投资项目结算应以政府审计机关的审计结果为准的规定,但该规定在 2018 年已经被废除,即不再要求必须以政府审计机关的审计结果为准,本案中以造价站的审定结果为准即可。

对申请人的上述抗辩,二被申请人则认为,现二被申请人并未否认涉案工程结算造价按照造价站的审定结果为准,二被申请人认可该审定造价,但是《施工合同》专用条款第 30.4 条约定的"完成审计"是支付后续工程款的付款条件,"审计"当然指政府审计机关的审计,现因审计工作尚未完成,自然不具备支付后续工程款的条件。

(三) 关于申请人是否存在工期违约,是否应承担工期违约金,以及若应承担,相应违约金是否应在应收工程款中予以抵扣

二被申请人认为,涉案《施工合同》约定工期为 120 天,而根据《工程竣工验收报告》,开工日期为 2010 年 6 月 20 日,竣工日期为 2010 年 12 月 20 日,实际工期为 183 天。因此申请人延误工期 63 天,根据《施工合同》专用条款第 35.2 条的约定,工期每延误一天,应支付 30000 元违约金,因此申请人应承担 1890000 元的工期违约金,该违约金应在后续应付工程款中抵扣。

申请人则认为,虽然涉案工程的《工程竣工验收报告》载明"开工日期 2010 年 6 月 20 日,竣工日期 2010 年 12 月 20 日",但申请人完成涉案工程并未超过约定工期 120 天。申请人已按合同约定工期完成施工,只是由于当时

后期维护单位尚未确定,应被申请人要求,由申请人暂时做好苗木浇灌及后续维护工作,在2012年4月后续维护单位确定后才办理竣工验收。申请人为证明其主张,提交了其于2012年4月30日出具的工期顺延说明,E监理公司在其上写明"情况属实,同意延期",并加盖公章,第一被申请人亦在其上加盖了公章。

三、仲裁庭意见

(一)关于第二被申请人是否应承担向申请人支付工程价款及利息(如有)的责任

仲裁庭认为,第二被申请人是否应承担工程款及利息(如有)的支付责任,应综合《施工合同》签订和履行的全过程进行综合分析,而不能仅针对全过程中的某一个具体的行为或阶段作出片面认定。

仲裁庭注意到,涉案工程的招标系由第二被申请人组织,《中标通知书》也由第二被申请人向申请人发出;后续签订的《施工合同》第二被申请人也以"责任单位"的身份加盖公章,且《施工合同》协议书第6条"组成合同的文件"明确约定:"组成本合同的文件及优先解释顺序与本合同通用条款第4.1条的规定一致:1.协议书;2.中标通知书;3.专用条款和补充条款;4.通用条款;5.投标文件;6.标准、规范及有关技术文件;7.图纸;8.工程量清单;9.双方有关工程的洽商、变更等书面记录和文件;10.发包人和工程师有关通知及工程会议纪要;11.工程进行过程中的有关信件、数据电文(电报、电传、传真、电子数据交换和电子邮件)";并且前三期工程进度款虽然由第一被申请人直接支付给申请人,但支付程序中第一被申请人需向第二被申请人提出申请,由第二被申请人从专项资金中转付第一被申请人后再由第一被申请人支付给申请人。虽然第二被申请人抗辩称由其统一组织招投标,确定中标单位后以"责任单位"身份签订《施工合同》的性质是将其在合同中的全部权利义务概括转让给第一被申请人,但在《施工合同》中并未见到有以上"权利义务概括转让"的明确表述,若凭第二被申请人的单方陈述即认定存在"权利义务概括转让",将与原《合同法》第88条"当事人一方经对方同意,可以将自己在合同中的权利和义务一并转让给第三人"的规定精神不符。

因此,仲裁庭认为,第二被申请人应与第一被申请人共同承担涉案工程款及利息(如有)的支付责任。

(二)关于申请人是否有权就未支付工程款收取利息,以及若其有权收取利息,利息的起算点如何

仲裁庭确认被申请人欠付申请人工程款的总额为 14784806.61 元(计算公式:工程审定造价 32084806.61 元－已付工程款 17300000 元),其中包括第四期工程进度款 13180566.28 元(计算公式:工程审定造价 32084806.61 元 × 95%－已付工程款 17300000 元)和工程保修金 1604240.33 元(计算公式:工程审定造价 32084806.61 元 × 5%)。

仲裁庭认为,双方均认可涉案工程结算总造价以 B 区建设工程造价管理站的审定结果为准,双方争议焦点并不在于应付工程款的具体数额,而在于后续工程款的支付条件是否具备,时间是否届至。

仲裁庭注意到,涉案工程的《中标通知书》载明,"最终中标价以造价站审定的预算价下浮 15% 计取";《施工合同》协议书第 5 条约定,"项目单价:其余合同中的单价以 B 区建设工程造价管理站审定的预算价格项目的综合单价下浮 15% 为准"。而《施工合同》专用条款第 30.4 条约定,"按规定完成审计后支付至工程结算总造价的 95%"。按照文义解释,《施工合同》专用条款使用的"审计"一词与《中标通知书》和《施工合同》协议书使用的"审定"一词应为不同概念,否则均统一使用"审定"或"审计"一词即可。结合《施工合同》签署当时有效的涉案工程所在地的地方性法规的规定:"审计机关对投资项目竣工决算出具的审计意见书和作出的审计决定,应当作为投资项目竣工后财务结算和国有资产移交的依据,并对建设单位、设计单位和施工单位具有约束力",《施工合同》专用条款第 30.4 条使用的"审计"一词应指政府审计机关对涉案工程进行的审计,虽然在《施工合同》签署当时,"完成审计"的具体时间是不确定的,但"审计"最终将"完成"是确定的,因此对于申请人关于专用条款第 30.4 条付款时间约定不明的主张,仲裁庭不予认可。并且如果按照申请人之主张,后续应付工程款的具体金额在 2019 年 1 月 31 日《工程结算造价审定表》出具时才得以确定,第四期工程进度款的利息却从工程竣工验收完毕(2012 年 4 月 28 日)后即开始计算,明显不合逻辑。

但仲裁庭亦注意到,虽然《施工合同》专用条款第 30.4 条以"完成审计"作为后续工程款支付条件,但其主要原因在于"完成审计"时才得以确定工程结算总造价。现根据双方当事人的共同确认,涉案工程的结算总造价可以

造价站于2019年1月31日出具的《工程结算造价审定表》的审定金额为准,二被申请人支付后续工程款已不存在障碍。因此,仲裁庭认为,二被申请人支付第四期工程款和工程保修金的付款条件已经于2019年1月31日成就,申请人有权自次日即2019年2月1日起收取利息。

(三)关于申请人是否存在工期违约,是否应承担工期违约金,以及若应承担,相应违约金是否应在应收工程款中予以抵扣

就二被申请人主张的工期延误事宜,仲裁庭已明确询问是否提出仲裁反请求,并已释明若不提出仲裁反请求,则可能影响其作为一项抗辩用于抵扣工程款的效力。二被申请人在仲裁庭询问和释明后,并未就工期延误事宜提出仲裁反请求。

仲裁庭认为,本案为建设工程施工合同纠纷,申请人向二被申请人主张支付欠付工程款并就欠付工程款支付利息,被申请人除抗辩称工程款支付条件尚未具备之外,还抗辩称,申请人存在工期违约并应承担违约金,且违约金应在应付工程款中抵扣。申请人主张的工程款与二被申请人主张的工期延误违约金系性质完全不同的两笔款项。

有鉴于此,仲裁庭认为,在二被申请人未就工期违约金提出仲裁反请求的情况下,其在应付工程款中直接抵扣工期违约金的抗辩不构成有效抗辩,因此对其该项抗辩不予支持。若二被申请人认为申请人应支付工期违约金,应另循法律途径解决。

四、裁决结果

1. 第一、第二被申请人支付第一、第二申请人工程款人民币14784806.61元及利息(以欠付工程款总额人民币14784806.61元为基数,自2019年2月1日起按照中国人民银行同期人民币贷款基准利率,自2019年8月20日起按照全国银行间同业拆借中心公布的贷款市场报价利率计算,计至全部款项实际付清之日止)。

2. 第一、第二被申请人支付第一、第二申请人因仲裁支出的律师费用人民币342000元。

3. 本案仲裁费由第一、第二申请人承担10%,第一、第二被申请人承担90%。

五、评析

本案涉及多个法律争点,因篇幅有限,下文仅对合同约定工程结算以行政审计为准,审计未完成是否可认定工程款付款条件已成就这一焦点进行评析。

(一) 工程结算以行政审计为准的基本含义

工程结算以行政审计为准是指当事人在政府投资或以政府投资为主的建设项目施工合同中,约定以审计机关作出的审计结论作为确定工程价款的依据时,应按照合同约定以审计结论结算工程价款。

《审计法》(2021年修正)第23条规定,审计机关对政府投资和以政府投资为主的建设项目的预算执行情况和决算,进行审计监督。因此,当政府投资或以政府投资为主的建设项目完成后,审计机关会对该建设工程的工程价款进行审计并出具审计结论。

(二) 地方性法规的相关规定

为了使工程结算与行政审计结论保持一致,不少地方性法规曾经明确规定,在政府投资或以政府投资为主的建设项目中,应在招标文件或合同中明确以审计结论作为结算工程价款依据。

2012年《北京市审计条例》第23条规定:"政府投资和以政府投资为主的建设项目,建设单位应当与承接项目的单位或者个人在合同中约定,建设项目纳入审计项目计划的,双方应当配合、接受审计,审计结论作为双方工程结算的依据;依法进行招标的,招标人应当在招标文件中载明上述内容。"

2012年《上海市审计条例》第14条第3款也规定:"政府投资和以政府投资为主的建设项目,按照国家和本市规定应当经审计机关审计的,建设单位或者代建单位应当在招标文件以及与施工单位签订的合同中明确以审计结果作为工程竣工结算的依据。审计机关的审计涉及工程价款的,以招标投标文件和合同关于工程价款及调整的约定作为审计的基础。"[1]

---

[1] 常设中国建设工程法律论坛第八工作组:《中国建设工程施工合同法律全书:词条释义与实务指引》(第二版),法律出版社2021年版,第380页。

涉案工程所在地的审计条例亦规定:"审计机关对投资项目竣工决算出具的审计意见书和作出的审计决定,应当作为投资项目竣工后财务结算和国有资产移交的依据,并对建设单位、设计单位和施工单位具有约束力。"

中国建筑业协会于 2015 年 5 月向全国人大常委会法工委寄送了《关于申请对规定"以审计结果作为建设工程竣工结算依据"的地方性法规进行立法审查的函》,对地方性法规中有关以审计结果作为政府投资和以政府投资为主的建设项目竣工结算依据的规定提出审查建议,认为这些规定混淆了行政法律关系与民事法律关系,与审计法、合同法的有关规定相抵触。全国人大常委会法工委于 2017 年 6 月 5 日向中国建筑业协会发出《关于对地方性法规中以审计结果作为政府投资建设项目竣工结算依据有关规定提出的审查建议的复函》(法工备函〔2017〕22 号),指出:"地方性法规中直接以审计结果作为竣工结算依据和应当在招标文件中载明或者在合同中约定以审计结果作为竣工结算依据的规定,限制了民事权利,超越了地方立法权限,应当予以纠正。"同时,全国人大常委会法工委将《对地方性法规中以审计结果作为政府投资建设项目竣工结算依据有关规定的研究意见》印送各省、自治区、直辖市人大常委会,要求地方人大常委会对地方性法规中的相关规定自行清理、纠正。①

目前,各地已经按照全国人大的要求将地方性法规中要求以行政审计结果作为政府投资建设项目竣工结算依据的规定进行了清理。例如,2017 年 9 月 22 日北京市第十四届人民代表大会常务委员会第四十一次会议作出决定,将《北京市审计条例》第 23 条修改为:"政府投资和以政府投资为主的建设项目纳入审计项目计划的,建设单位可以与承接项目的单位或者个人在合同中约定,双方配合接受审计,审计结论作为双方工程结算的依据;依法进行招标的,招标人可以在招标文件中载明上述内容。"2017 年 11 月 23 日上海市第十四届人民代表大会常务委员会第四十一次会议通过上海市人民代表大会常务委员会《关于修改本市部分地方性法规的决定》,将《上海市审计条例》第 14 条第 3 款修改为:"政府投资和以政府投资为主的建设项目,按照国家和本市规定应当经审计机关审计的,建设单位或者代建单位可以在招标文件以及与施工单位签订的合同中明确以审计结果作为工程竣工结算的依据。

---

① 参见常设中国建设工程法律论坛第八工作组:《中国建设工程施工合同法律全书:词条释义与实务指引》(第二版),法律出版社 2021 年版,第 380—381 页。

审计机关的审计涉及工程价款的,以招标投标文件和合同关于工程价款及调整的约定作为审计的基础。"[1]本案涉及的涉案工程所在地审计条例则在2014年修订为:"审计机关依法出具的审计结果,应当作为政府投资项目工程结算、竣工决算的依据。"后于2018年再次修订时被删除。

(三)"以行政审计为准"必须有当事人的明确约定

原《工程施工合同解释》第16条第1款规定:"当事人对建设工程的计价标准或者计价方法有约定的,按照约定结算工程价款。"《工程施工合同解释(一)》第19条第1款亦规定:"当事人对建设工程的计价标准或者计价方法有约定的,按照约定结算工程价款。"

从以上司法解释的规定和前述地方性法规的立法沿革可知,行政审计作为行政监督措施,在没有当事人明确约定的情况下,行政审计结论一般不能作为结算工程价款的依据。但在当事人明确约定的情况下,行政审计结论则可以作为结算工程价款的依据。

《民事审判纪要》第25条规定:"当事人以审计机关作出的审计报告、财政评审机构作出的评审结论,主张变更有效的建设工程施工合同约定的工程价款数额的,不予支持。"最高人民法院(2012)民提字第205号民事判决书中认为:"分包合同中对合同最终结算价约定按照业主审计为准,系因该合同属于分包合同,其工程量与工程款的最终确定,需依赖合同之外的第三人即业主的最终确认。因此,对该约定的理解,应解释为工程最终结算价须通过专业的审查途径或方式,确定结算工程款的真实合理性,该结果须经业主认可,而不应解释为须在业主接受国家审计机关审计后,依据审计结果进行结算。根据审计法的规定,国家审计机关的审计系对工程建设单位的一种行政监督行为,审计人与被审计人之间因国家审计发生的法律关系与本案当事人之间的民事法律关系性质不同。因此,在民事合同中,当事人对接受行政审计作为确定民事法律关系依据的约定,应当具体明确,而不能通过解释推定的方式,认为合同签订时,当事人已经同意接受国家机关的审计行为对民事法律关系的介入。"可见,最高人民法院在该案中的态度非常明确,若要适用

---

[1] 常设中国建设工程法律论坛第八工作组:《中国建设工程施工合同法律全书:词条释义与实务指引》(第二版),法律出版社2021年版,第381页。

以行政审计为准,必须在合同中有明确的约定,且该约定不能通过解释推定。①

(四)审计机关无正当理由迟迟不作出行政审计结论,当事人可以申请司法鉴定确定工程价款

长期以来,大量的政府投资项目的发包人以等候审计结果为由拖延支付工程款,使承包人不堪重负,并直接影响到对材料、设备供应商及劳务企业的款项结算和支付。为了缓解僵化适用以审计为准规则带来的发承包双方利益失衡,对审计机关无正当理由迟迟不作出审计结论的情况,部分地方法院出台的规范性意见明确允许当事人可以申请司法鉴定确定工程价款。如江苏省高级人民法院《关于审理建设工程施工合同纠纷案件若干问题的解答》第10条规定:"当事人约定以行政审计、财政评审作为工程款结算依据的,按照约定处理。但行政审计、财政评审部门明确表示无法进行审计或者无正当理由长期未出具审计结论,当事人申请进行司法鉴定的,可以准许。"②

本案中,申请人与被申请人双方在《施工合同》专用条款第30.4条明确约定以"完成审计"作为后续工程款支付条件,原则上应当以当事人的约定为准,认定支付条件在完成行政审计后才成就。但根据双方当事人在仲裁程序中的共同确认,涉案工程的结算总造价可以造价站于2019年1月31日出具的《工程结算造价审定表》的审定金额为准,二被申请人支付后续工程款已不存在障碍。仲裁庭据此认为,二被申请人支付第四期工程款和工程保修金的付款条件已经于2019年1月31日成就,申请人有权自次日即2019年2月1日起收取利息。

(本案例由深圳国际仲裁院仲裁员钟国才编撰)

---

① 参见常设中国建设工程法律论坛第八工作组:《中国建设工程施工合同法律全书:词条释义与实务指引》(第二版),法律出版社2021年版,第382页。
② 常设中国建设工程法律论坛第八工作组:《中国建设工程施工合同法律全书:词条释义与实务指引》(第二版),法律出版社2021年版,第382页。

案例 30　合同未明确约定的爆破工程措施费用不必然排除在爆破工程价款以外

仲裁要点：合同双方就争议的爆破工程费用和措施费用并无明确约定。但在合同实际履行过程中，有关爆破工程的费用和措施费用是惯常发生的工程造价，申请人也已实际履行了爆破工程的合同义务，涉案项目也已经验收合格，确实存在《施工合同》未明确约定而实际产生的相关措施费用，如果仅按照《施工合同》的约定范围来确定爆破工程的价款，或以调差、暂定金的规定来限制和排除申请人主张爆破工程相关合理费用的权利，有失公平，也不利于合同目的的实现。

一、案情概要

申请人 A 公司与被申请人 B 工程管理中心于 2008 年 10 月签订《S 市××供水调蓄工程第Ⅲ标段施工合同》（以下简称《施工合同》），被申请人将 S 市××供水调蓄工程第Ⅲ标段发包给申请人进行施工，合同价款 91766115.19 元，合同工期 990 日历天。申请人于 2008 年 10 月 17 日领取中标通知书。

合同签订后，该工程于 2009 年 2 月 16 日正式开工。

申请人与 D 公司于 2009 年 3 月 1 日签订《S 市××供水调蓄工程第Ⅲ标段隧洞爆破手续委托办理合同书》（以下简称《爆破手续委托办理合同书 1》），委托 D 公司负责办理 S 市××供水调蓄工程第Ⅲ标段隧洞爆破工程的供水隧道爆破工作面、竖井爆破作业面两个工作面的相关爆破手续。

申请人与 G 公司于 2009 年 3 月 1 日签订《S 市××供水调蓄工程第Ⅲ标段隧洞爆破手续委托办理合同书》（以下简称《爆破手续委托办理合同书 2》），委托 G 公司负责办理 S 市××供水调蓄工程第Ⅲ标段隧洞爆破工程的

1号支洞爆破工作面的相关爆破手续。

申请人于2011年9月16日向监理机构、发包人提交《报告单》(W水〔2011〕报告31号),申请爆破手续费从暂定金中列支。监理机构及发包人均回复按照合同相关条款申报。

S市住房和建设局发布于2011年4月的《关于2011年××会期间控制建设工程施工作业管理的通知》第3条规定:"对××会前不能完工,施工时间跨过××会期间的建筑工地,根据工程总造价分档次增加文明施工特别措施费……特别措施费由建设单位承担,各档次特别措施费分别为:(三)工程总造价5000~10000万元,特别措施费10万元。其他正常文明施工费用或超出部分由施工单位从既有的安全文明施工措施费中列支。"

涉案工程实际完工日期为2017年6月20日。施工期间,由于征地、拆迁、变更、××会以及不可抗力等因素的影响,经监理机构批复有效顺延工期1551天,竣工通过时间为2017年6月20日。双方当事人关于本案项目的工程造价尚未办理结算手续。申请人与被申请人就涉案工程的爆破工程价款、特别措施费用以及窝工费用的支付问题未能达成一致。

2018年4月27日,申请人依据涉案《施工合同》中的仲裁条款向深圳国际仲裁院申请仲裁,提出如下仲裁请求:

1. 裁决在施工合同未明确约定爆破工程费用的情况下,被申请人应当在工程竣工结算时综合考虑爆破工程发生的实际费用、工程期间爆破工程价格的实际变化,按调增后的价格结算并支付申请人爆破工程价款14417181.80元(具体计算方式请参考《工程造价计算书》)。

2. 裁决被申请人向申请人支付申请人窝工损失(含建筑工地文明施工特别措施费10万元)2151840.55元。

3. 裁决被申请人向申请人支付律师费500000元。

4. 裁决由被申请人承担本案的仲裁费用和鉴定费用。

本案申请人提出了鉴定申请,仲裁庭依法通过了司法鉴定程序,确定鉴定机构为C公司进行相关的司法鉴定。此后,该鉴定机构出具了粤××〔2019〕司造鉴字0123号《C公司工程造价鉴定意见书》(以下简称《鉴定意见书》)。《鉴定意见书》载明,"S市××供水调蓄工程第Ⅲ标段隧洞爆破价款等工程造价为11382275.84元";"S市××供水调蓄工程第Ⅲ标段2011年××会期间产生的窝工、停工等经济损失费为130798元"。

二、当事人主张

(一) 关于爆破工程价款问题

1. 申请人主张

申请人于 2011 年 9 月 16 日向监理机构、被申请人提交《报告单》(W 水〔2011〕报告 31 号),申请爆破手续费从暂定金中列支。监理机构及发包人均回复按照合同相关条款申报,即同意该项费用可从暂定金中列支。因此,该部分费用(即爆破手续费用)被申请人应当支付给申请人。

针对爆破所需,从申请人与 D 公司、E 公司所签订《隧洞爆破手续委托办理合同书》可知,除合同明确约定由第三方办理爆破手续、购买炸药、雷管外,申请人需自行另外购买起炮器、对讲机、炸药雷管的保管箱、爆破器材、防护材料、起炮连接线等,并且还要进行爆破振动检测、安全评估,对上述爆破材料进行合乎相关规定的存储、保管等,这部分产生的爆破成本费用,实际是不含在"爆破手续费"中的,以上费用被申请人应当另行支付给申请人。

依据《施工合同》,爆破作业批件的办理实质上是被申请人方义务,相关费用应当由其承担,合同的造价以及工程量清单是不包含上述费用的。被申请人不顾合同约定,将办理批件的义务交由申请人,申请人为了工程可以顺利推进,只能一同委托第三方代为办理。但被申请人推诿责任之余还不支付相关费用,这对申请人非常不公平。

2. 被申请人主张

(1) 爆破工程价款已计入相应的工程量清单子项综合价格(固定单价)内,并未漏项,不应另行计价。

(2) 爆破手续费区别于爆破工程成本费用,爆破工程成本费用不可能从爆破手续费或暂定金额中列支。

申请人并未按照合同约定申请列支爆破手续费,在未经批准的情况下,其主张自行完成了相关工作并发生了爆破手续费,据此再要求被申请人承担爆破手续费,不符合合同要求,依法不应支持。而且,客观上,申请人主张支出爆破手续费的合同依据及支付凭证均明显不符合常理,且其故意隐匿与爆破单位签订并履行的真实的爆破施工合同,而提供上述涉嫌伪造的材料,试图混淆爆破工程价款(即其所称的"爆破工程成本费用")及爆破手续费,以爆破手续费的名义从暂定金中骗取资金以获取不当利益,依法不应得到支持。

(二)关于窝工损失问题

1. 申请人主张

(1)依据《施工合同》第22页第17.5条的约定,在施工期间如遇到对于有经验的承包人无法预见的外界障碍或条件,给承包人造成损失和/或导致工期延误的,发包人应赔偿承包人的损失、顺延延误的工期。工期延误原因是征地、拆迁、××会停工、变更等非申请人原因,申请人在签订合同时不可预见。

(2)被申请人批复的报告单里,被申请人也同意在结算期间根据政府针对××会下发的相关文件和合同文件进行处理,并且报告人已明确申请人提交了统计表供审核并获得批复,因此应当按照申请人提交的统计表结算窝工损失赔偿申请人。

2. 被申请人主张

(1)申请人已严重延误工期,且依据《施工合同》通用条款第28.5条、专用条款第28.5条的约定,对于人工、材料、机械使用调差等,合同均有明确的约定,对工料机进行调差应当符合合同约定。而申请人并未提供充分证据证明发生了符合合同约定的需要进行工料机调差的情形,且相关工程延误系其自身原因,其要求对包括在原工程量清单项目的综合单价中的爆破作业成本费用进行工料机调差,没有任何事实依据。并且申请人在相关会议中亦明确表达了要求爆破工程调差的意图,亦证明爆破工程价款均已包含在工程量清单及合同价款内。

(2)《施工合同》专用条款第35.1条约定,通用条款第19.4条所指发包人暂停工程施工持续63天以上发包人的违约责任约定:只顺延延误的工期,不增加任何费用。即便××会确实造成申请人工期延误,实际影响工期必然少于63天(整个××会期间共52天),根据上述合法有效的合同条款,发包人亦可不予支付任何补偿。故申请人要求给予窝工补偿的要求,无任何合同依据。

(3)对于S市住房和建设局于2011年4月印发的《关于2011年××会期间控制建设工程施工作业管理的通知》,其中第三项明确的增加文明施工特别措施费一事,因《施工合同》专用条款第10.2条明确约定:"本合同价中的施工企业现场安全文明措施费为包干费用,该费用结算时不作任何调整。"而该文件并非可调整价款的依据,故申请人据此主张增加文明施工特别措施费10万元,缺乏合同依据。

(三) 关于建筑工地文明施工特别措施费

1. 申请人主张

S市住建局印发的《关于2011年××会期间控制建设工程施工作业管理的通知》,其中明确××会前不能完工,以及施工时间跨过××会期间的建筑工地,根据工程总造价分档次增加文明施工特别措施费,工程造价5000~10000万元,特别措施费是10万元。

2. 被申请人主张

涉案工程标段,被申请人在合同价格中已经充分计取了安全文明施工措施费,且约定该费用为包干费用,结算时不予调整。申请人并无任何证据证明合同中包含的安全文明施工措施不足以达到该通知所规定的要求或是当时工地尚未达到上述规定的要求,申请人仅以相关部门未对其进行处罚为由,因采取了上述安全文明特别措施,要求被申请人支付10万元,没有任何事实和法律依据,依法不应支持。

三、仲裁庭意见

(一) 关于爆破工程价款问题

《施工合同》通用条款第9.3条和专用条款第9.4条约定,被申请人委托申请人办理爆破作业等批件,费用由被申请人承担;专用条款第28.9条约定,爆破手续费列入暂定金,由被申请人承担;通用条款第14.2条和第15.3条约定,专业工程应分包给具备专业工程资质的分包人,发包人与承包人另行约定配合费和管理费的金额与支付方式。本案中,双方就争议的爆破工程费用和措施费用并无明确约定。但在合同实际履行过程中,有关爆破工程的费用和措施费用是惯常发生的工程造价,申请人也已实际履行了爆破工程的合同义务,涉案项目也已经验收合格,确实存在《施工合同》未明确约定而实际产生的相关措施费用,如果仅按照《施工合同》约定的范围来确定爆破工程的价款,或以调差、暂定金的规定来限制和排除申请人主张爆破工程相关合理费用的权利,有失公平,也不利于合同目的的实现。

《鉴定意见书》认定,S市××供水调蓄工程第Ⅲ标段隧洞爆破价款等工程造价为11382275.84元。虽然《施工合同》规定,工程造价需按标底下浮18.56%,但因本案中的爆破工程手续费及措施费用属于特殊的不可竞争的措施费用,故参照市场规则与交易习惯,仲裁庭不予下浮。

因此,根据法律规定的公平原则,仲裁庭查明的相关事实、工程造价结算相关规范以及鉴定机构的《鉴定意见书》及其他相关证据,仲裁庭支持申请人请求按调整后的价格结算并支付爆破工程价款的仲裁请求。根据鉴定结论,申请人的第一项仲裁请求金额应调整为11382275.84元。

(二)关于窝工损失问题

被申请人于2013年10月24日印发的《工作例会纪要》载明:"××会停工期间窝工损失费用:由监理单位按相关程序受理,由项目部会同监理单位申报审批。"本案中,双方当事人均确认××会停工期间存在52天的窝工损失,《工作例会纪要》仅对确定窝工损失费用的流程进行规定;申请人按合同约定向被申请人提出了书面的工期延误索赔,监理和发包人意见为:"建议在结算期间根据政府针对××会下发的相关文件和合同文件处理。"结合被申请人同意监理意见的客观事实,说明本案双方当事人对窝工费的产生并不持异议,故应由被申请人对此对申请人进行相应补偿。

《鉴定意见书》认定,S市××供水调蓄工程第Ⅲ标段2011年××会期间产生的窝工、停工等经济损失费为130798元。申请人称,涉案项目停工时间很长,并且停工期间人员及机械并未离开现场,应按照实际停工机械和人员数给予窝工费用补偿。仲裁庭认为,鉴定人员当庭确认90天以上为长期停工,涉案项目52天不属于长期停工范畴,但鉴定机构已就窝工、停工等经济损失费计算进行合理解释,申请人作为一个有经验的施工企业,明知已发生停工,而未及时合理安排人员及机械的调配,是不符施工常规的,故窝工费金额以鉴定金额计算为准。

综上,根据法律规定的公平原则、仲裁庭查明的相关事实、鉴定机构的《鉴定意见书》及其他相关证据,仲裁庭支持申请人请求支付2011年××会期间产生的窝工损失的仲裁请求。根据鉴定结论,申请人的第二项仲裁请求金额应调整为人民币130798元。

(三)关于建筑工地文明施工特别措施费问题

S市住房和建设局于2011年4月印发的《关于2011年××会期间控制建设工程施工作业管理的通知》第3条明确规定:"对××会前不能完工,施工时间跨过××会期间的建筑工地,根据工程总造价分档次增加文明施工特别措施费……特别措施费由建设单位承担……(三)工程总造价5000～10000万元,特别措施费10万元"。本案中,涉案项目总造价为91766115.19元,特别措施费为10万元。被申请人称,《施工合同》中的施工企业现场安全文明措施费为包干费用,结算时不作任何调整。仲裁庭认为,因××会而产生的文明施工特别措施费属于新增的特别措施费,区别于《施工合同》约定的施工企业现场安全文明措施费,且被申请人同意"在结算期间根据政府针对××会下发的相关文件和合同文件进行处理",故该等新增文明施工特别措施费10万元应由被申请人承担。

四、裁决结果

1. 在《施工合同》项下的工程竣工结算时,确认被申请人向申请人支付爆破工程手续费及爆破工程手续相应配套措施费11382275.84元。

2. 在《施工合同》项下的工程竣工结算时,确认被申请人向申请人支付2011年××会期间产生的窝工损失130798元。

3. 在《施工合同》项下的工程竣工结算时,确认被申请人向申请人支付新增文明施工特别措施费100000元。

4. 被申请人补偿申请人律师费200000元。

5. 本案鉴定费由申请人承担30%、被申请人承担70%。

6. 本案仲裁费由申请人承担30%、被申请人承担70%。

7. 驳回申请人的其他仲裁请求。

五、评析

本案涉及实际施工量超过工程量清单及施工合同约定范围时的工程结算、窝工损失索赔、特别措施费用等多个法律争议焦点,因篇幅有限,下文仅对施工合同工程量清单错漏时如何进行工程结算这一主要争议焦点进行相关评析。本案申请人主张,在履行施工合同的过程中存在合同及工程量清单未约定,但实际施工过程中存在支出的爆破工程价款,而被申请人认为,爆破工程价款已计入相应的工程量清单子项综合价格(固定单价)内,并未漏项,不应另行计价。仲裁庭的论述主要围绕施工合同及工程量清单未明确约定时,依据公平原则如何结算实际发生的工程价款而展开,故结合本案,笔者对工程量清单错漏的情况下如何认定责任进行相应分析。

(一)工程量清单计价方式的定义

工程量清单计价是指在统一的工程量清单项目设置和工程量清单计量规则的基础上,由招标人根据具体工程的施工图纸等资料计算出各个清单项目的工程量,投标人根据掌握的信息、资料并结合企业定额自主报价,最终形成合同价格的方法。这种计价模式是建设工程领域采用市场经济定价体系的具体表现形式。工程量清单由分部分项工程量清单、措施项目清单、其他项目清单、规费项目清单、税金项目清单组成。分部分项工程量清单根据项目编码、项目特征、计量单位和工程量计算规则进行编制。

工程量清单计价使各个投标人能够在同样条件下竞争,在相同的清单项目、清单项目工程量的基础上,自主报价。同时,这种模式避免了定额计价模式下招标人与投标人之间在工程量计算上的重复工作,有利于提高工程计价效率,促进了各投标人企业定额的完善。[①]

工程量清单是工程量清单计价的基础,它是招标文件的组成部分,是编制招标控制价和投标报价的依据之一。同时,工程量清单也是工程量调整、工程结算及索赔的依据之一,主要表现在:

1. 工程量清单漏项或由于设计变更引起新的工程量清单项目,其相应综合单价由承包人提出,经发包人确认后作为结算的依据。

2. 由于设计变更引起的工程量增减部分,属合同约定幅度以内的,应执行原有的综合单价;属合同约定幅度以外的,其综合单价由承包人提出,经发包人确认后作为结算的依据。

3. 由于工程量的变更,且实际发生了约定以外的费用损失,承包人可提

[①] 参见周和生、尹贻林主编:《建设工程工程量清单计价规范(GB 50500-008)应用与发展研究》,天津大学出版社2010年版,第19页。

出索赔要求,与发包人协商确认后,给予补偿。

需注意的是,在由定额计价模式向工程量清单计价模式转变过程中,我国目前实行的清单计价还带有许多定额计价的痕迹。工程量清单中的工程量计算规则仍然沿用了地方或行业定额的规定。虽然在材料消耗、用工消耗、机械使用、管理费用构成等各项指标上,企业可根据自身特点和实际情况自主报价,但由于国内大部分施工企业还未编制企业定额,"大部分投标人把工程量清单所提供的分部分项工程与定额子目相对照,参考定额中的人工费、材料费和机械费,再考虑一定比例的管理费来确定一个综合单价,这实质上仍是沿用了过去的定额计价模式"①。

(二)工程量清单错漏风险相关责任的认定与处理②

住房和城乡建设部《建设工程工程量清单计价规范》(GB 50500-2013)第4.1.2条规定:"招标工程量清单必须作为招标文件的组成部分,其准确性和完整性应由招标人负责。"但该计价规范并非效力性强制性规定,加之建设工程实践中存在的多变性、复杂性,应对工程量清单错漏风险相关责任的认定还要具体问题具体分析,依据合同价款的确定方式以及招标文件规定分类探讨。

1. 单价合同

工程量清单计价方式下单价合同的特点是"量价分离",量的风险由发包人承担,价的风险由承包人承担。承包人作出的报价依据的是发包人招标提供的工程量清单,在建工合同履行过程中,清单项目的工程量、项目特征与实际不符或出现漏项的,则应当按照实际发生的项目进行调整。《建设工程工程量清单计价规范》(GB 50500-2013)第 9.4.2 条③、第 9.5.1 条④及第

---

① 周和生、尹贻林主编:《建设工程工程量清单计价规范(GB 50500-2008)应用与发展研究》,天津大学出版社 2010 年版,第 310 页。

② 参见高印立、黄丽芬:《"工程量清单错漏风险由承包人承担"的认定与处理》,载《建筑经济》2018 年第 6 期。

③ 《建设工程工程量清单计价规范》(GB 50500-2013)第 9.4.2 条规定,"承包人应按照发包人提供的设计图纸实施合同工程,若在合同履行期间,如出现设计图纸(含设计变更)与招标工程量清单任一项目的特征描述不符,且该变化引起该项目工程造价增减变化的,应按实际施工的项目特征,按本规范第 9.3 节相关条款的规定重新确定相应工程量清单项目的综合单价,并调整合同价款"。

④ 《建设工程工程量清单计价规范》(GB 50500-2013)第 9.5.1 条规定:"合同履行期间,由于招标工程量清单中缺项,新增分部分项工程清单项目的,应按照本规范第 9.3.1 条的规定确定单价,并调整合同价款。"

9.6.1条①也作了相应规定。在单价合同计价方式下,若招标文件规定由投标人承担工程量清单的错漏责任与风险,则与实际招标投标情况不符,也违反了工程量清单的计价原理。而且,如果允许各个投标人按照各自的理解去修改工程量清单,也会使得各个投标人失去统一的报价参照。因此,在单价合同计价方式下,如工程量清单存在错漏,发包人也应按工程实际发生的项目以及项目特征支付工程价款。

2. 总价合同

在总价合同计价方式中,发包人一般采取以下两种招标方式:

(1) 以定额为计价模式的施工图预算招标,此时投标报价由投标人依据招标人提供的施工图编制,投标人应当对其所报的工程量和价格的准确性、完整性负责,该方式一般不采用工程量清单计价,而采用定额计价。在未发生不可抗力、情势变更的情况下,当合同约定工程施工内容和有关条件未发生变化时,工程价款不予调整,其中,施工内容是否发生变化则以招标的施工图纸为参照。《建设工程工程量清单计价规范》(GB 50500-2013)第8.3.2条也规定,采用经审定批准的施工图预算方式发包形成的总价合同,除按照工程变更规定的工程量增减外,总价合同各项目的工程量应为承包人用于结算的最终工程量。

(2) 以工程量清单为计价模式的招标。在该模式下,发包人招标时会提供工程量清单,此时要判断投标报价的依据是工程量清单还是招标图纸。具体来说,可以按以下情形分别认定:

①看招标人是否明确投标报价以工程量清单为依据,或其是否提供了招标图纸。如果招标人明确投标报价以工程量清单为依据,或虽对此进行明确但并未提供招标图纸,则表明该总价合同的报价基础是招标人提供的工程量清单。一旦实际实施的工程项目与清单项目不一致,则工程造价应当按实际实施的项目进行调整,或者说总价合同的总价并不固定。《建设工程工程量清单计价规范》(GB 50500-2013)第8.3.1条规定采用工程量清单方式招标形成的总价合同,其工程量应当按照该规范第8.2节所规定的"单价合同的计量"来计算。实质上,对于工程量计算来说,以发包人提供的工程量清单为

---

① 《建设工程工程量清单计价规范》(GB 50500-2013)第9.6.1条规定:"合同履行期间,当应予计算的实际工程量与招标工程量清单出现偏差,且符合本规范第9.6.2条、第9.6.3条规定时,发承包双方应调整合同价款。"

基础形成的总价同与单价合同并无差别。

②如果招标人在提供工程量清单的同时也提供了招标图纸,并说明投标报价以招标图纸为依据,则要看招标人是否明确"工程量清单可以修改或补充"。如果招标文件规定,投标人不得对工程量清单进行修改或补充,只需按照招标人提供的工程量清单列出的工程项目和工程量填报综合单价及合价,那么,即使招标文件给予投标人问题澄清及工程量清单复核的时间,投标人也只能按照招标人提供的工程量清单进行报价,无法达到对工程量清单错误、漏项进行修正、补充并重新组价的目的。在这种情形下,若工程量清单存在不准确、不完整的情况,则投标人的报价必然与以图纸为依据的报价不一致,招标人对此存在明显过错,如工程量清单错漏,相关风险不能直接归责于承包人。

③如果招标人在提供工程量清单的同时也提供了招标图纸,规定"投标人投标报价以招标图纸为准""工程量清单仅供投标人参考",并明确"工程量清单可以修改或补充",同时,也给予投标人充足的时间进行现场查勘和工程款清单的复核,则工程量清单上所报的综合单价仅是作为合同履行过程中单价确定的依据,并且合同约定"工程量清单错漏风险由承包人承担"的,应当按照该约定处理。

需要特别指出的是,工程量清单的错漏项和项目特征不准确等问题,是指与作为其编制依据的图纸相比较而言存在的错漏和不准确,在实践中应当将其与施工图纸变化所导致的工程项目及其特征、工程量变化区别开来。

(三) 公平原则与过错区分

关于具体个案的处理方式,由于实践中的情形复杂多样,也不宜一概而论,还需针对具体案件具体分析。如果发包人和承包人在招标投标过程中均存在过错,则应当根据当事人的过错程度,对因工程量清单错漏项引起的工程造价差额进行分担。

笔者认为,采用工程量清单计价作为招标方式属现行招标的主要形式,鉴于建设工程清单确定的复杂性和专业性,招标人确定的工程量清单难免会出现漏项漏量的情形,招标人和投标人可以将这种漏项漏量的风险通过合同的方式进行分配。但这种漏项漏量应控制在合理范围之内,发包人和承包人在招投标过程中应本着诚信原则,尽量减少漏项漏量的发生,以维护建筑市场的正常交易秩序。如发包人在作为招标人编制工程量清单是审慎义务缺失,将超过合理范围之外的工程漏项漏量责任全部归由承包人承担,不仅有违《建设工程工程量清单计价规范》(GB 50500-2013)的规定,也有违诚信原则。而承包人作为专业的建筑公司,亦应审慎核实招标人编制的工程量清单,及时指出工程量清单中的漏项漏量情况,如果对于超过合理范围之外的漏项漏量未能发现和指出,不仅与其专业建筑公司的能力水平不符,也有违诚信原则。本案中,仲裁庭在《施工合同》工程量清单漏项漏量的情况下,对于申请人委托第三方鉴定已实际施工完成的爆破工程量,从公平合理原则角度考虑,根据《鉴定意见书》及其相关证据,综合裁决被申请人按调整后的价格结算并支付爆破工程价款,逻辑清晰,有理有据,既考虑到合同双方的过错,又弘扬合同诚信原则,具有一定的参考意义。

(本案例由深圳国际仲裁院仲裁员朱滔编撰)